기출이 답이다

GSAT

온라인 삼성직무적성검사

SD에듀

(주)시대고시기획

🏵 머리말

삼성 경영철학의 최우선순위는 '인간존중' 이념이다. 이를 구현하기 위해 삼성은 1995년에 개인의 능력과 무관한 학력, 성별 등의 모든 차별을 배제한 '열린채용'을 실시함으로써 채용문화에 변화의 바람을 일으켰다. 이때 삼성 직무적성검사(SSAT : SamSung Aptitude Test)를 도입, 단편적 지식과 학력 위주의 평가 방식에서 과감히 탈피했다.

20년 동안 채용을 진행하면서, 입사 후 우수 직원들의 업무성과 요인 등을 분석한 결과 직군별 성과요인에 차이가 있었다. 또한 미래 경영환경의 변화와 글로벌 주요 기업들의 사례를 통해, 창의적이고 우수한 인재를 효과적으로 확보할 필요성이 생겼다. 이에 삼성은 2015년 하반기 공채부터 시험 위주의 획일적 채용방식을 직군별로 다양화하는 방향으로 채용제도를 개편했다. 이와 더불어 SSAT(국내)와 GSAT(해외)로 혼재되어 사용하던 삼성 직무적성검사의 명칭을 GSAT(Global Samsung Aptitude Test)로 통일시켰다.

실제 삼성 직무적성검사 기출문제를 살펴보면 평소 꾸준히 준비하지 않으면 쉽게 통과할 수 없도록 구성되어 있다. 더군다나 입사 경쟁이 날이 갈수록 치열해지는 요즘과 같은 상황에서는 이에 대한 더욱 철저한 준비가 요구된다. '철저한 준비'는 단지 입사를 위해서뿐만 아니라 성공적인 직장생활을 위해서도 필수적이다.

이에 SD에듀는 수험생들이 GSAT에 대한 '철저한 준비'를 할 수 있도록 다음과 같이 교재를 구성하였으며, 이를 통해 단기에 성적을 올릴 수 있는 학습법을 제시하였다.

도서의 특징

❶ 최신기출유형을 반영한 기출유형 뜯어보기를 수록하여 유형별 풀이방법과 이에 따른 팁을 적용할 수 있게 하였다.

❷ 2022년 하반기~2015년 상반기까지의 삼성 GSAT 8개년 기출복원문제를 수록하여 삼성그룹만의 출제 경향을 한눈에 파악할 수 있게 하였다.

❸ 2022년 하반기~2020년 하반기까지 3개년 주요기업 기출복원문제를 수록하여 다른 기업의 기출유형을 접해보고 시험의 변화에 대비할 수 있도록 하였다.

끝으로 본서로 삼성 채용 시험을 준비하는 여러분 모두의 건강과 합격을 진심으로 기원한다.

SD적성검사연구소 씀

삼성 GSAT

Always **with you**

사람의 인연은 길에서 우연하게 만나거나
함께 살아가는 것만을 의미하지는 않습니다.
책을 펴내는 출판사와 그 책을 읽는 독자의 만남도 소중한 인연입니다.
SD에듀는 항상 독자의 마음을 헤아리기 위해 노력하고 있습니다.
늘 독자와 함께하겠습니다.

삼성 이야기

핵심가치

인재제일

'기업은 사람이다'라는 신념을 바탕으로 인재를 소중히 여기고 마음껏 능력을 발휘할 수 있는 기회의 장을 만들어 간다.

최고지향

끊임없는 열정과 도전정신으로 모든 면에서 세계 최고가 되기 위해 최선을 다한다.

변화선도

변화하지 않으면 살아남을 수 없다는 위기의식을 가지고 신속하고 주도적으로 변화와 혁신을 실행한다.

정도경영

곧은 마음과 진실되고 바른 행동으로 명예와 품위를 지키며 모든 일에 있어서 항상 정도를 추구한다.

상생추구

우리는 사회의 일원으로서 더불어 살아간다는 마음을 가지고 지역사회, 국가, 인류의 공동 번영을 위해 노력한다.

경영원칙

법과 윤리를 준수한다.	<table>

법과 윤리를 준수한다.
- 개인의 존엄성과 다양성을 존중한다.
- 법과 상도의에 따라 공정하게 경쟁한다.
- 정확한 회계기록을 통해 회계의 투명성을 유지한다.
- 정치에 개입하지 않으며 중립을 유지한다.

깨끗한 조직문화를 유지한다.
- 모든 업무활동에서 공과 사를 엄격히 구분한다.
- 회사와 타인의 지적 재산을 보호하고 존중한다.
- 건전한 조직 분위기를 조성한다.

고객, 주주, 종업원을 존중한다.
- 고객만족을 경영활동의 우선적 가치로 삼는다.
- 주주가치 중심의 경영을 추구한다.
- 종업원의 삶의 질 향상을 위해 노력한다.

환경·안전·건강을 중시한다.
- 환경친화적 경영을 추구한다.
- 인류의 안전과 건강을 중시한다.

글로벌 기업시민으로서 사회적 책임을 다한다.
- 기업시민으로서 지켜야 할 기본적 책무를 성실히 수행한다.
- 현지의 사회·문화적 특성을 존중하고 상생을 실천한다.
- 사업 파트너와 공존공영의 관계를 구축한다.

신입사원 채용 안내

✿ 모집시기

❶ 회사별 특성에 맞게 인력소요가 생길 경우에 한해 연중 상시로 진행하고 있다.
❷ 회사별로 대규모 인력이 필요한 경우에는 별도의 공고를 통해 모집한다.

✿ 지원방법

❶ 삼성채용 홈페이지(www.samsungcareers.com)에 접속한 후 상단메뉴「채용지원/조회 –
3급 신입채용」을 클릭한 다음 로그인하여 신규 작성한다.
❷ 제시된 안내와 채용공고에 따라 지원서를 작성하여, 지원서 접수기간 내에 제출한다.
❸ 이후 해당 회사의 안내에 따라 전형절차에 응시한다.

✿ 채용전형 절차

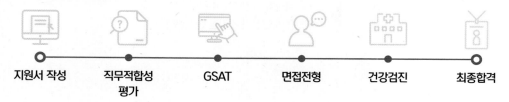

| 지원서 작성 | 직무적합성 평가 | GSAT | 면접전형 | 건강검진 | 최종합격 |

❖ 채용절차는 채용유형, 채용직무, 채용시기 등에 따라 변동될 수 있으므로 반드시 발표되는 채용공고를 확인하시기 바랍니다.

합격 선배들이 알려주는
삼성 GSAT 필기시험 합격기

풀고 또 풀고!

대기업 인적성 하면 제일 먼저 떠오르는 게 GSAT이고 가장 높은 장벽처럼 느껴졌습니다. 그래서 도서를 구입하고 책이 너덜너덜해질 때까지 풀고 또 풀었습니다. 안 그래도 다른 대기업 인적성 도서보다 두껍고 어려운 도서를 반복해서 보려고 하니 힘들어서 포기하고 싶었지만 도서를 믿고 기출 유형을 반복하여 익혔습니다. 실제 시험에서 SD에듀 도서로 공부한 문제와 유형도 비슷하게 나오고 난이도도 얼추 맞아 수월하게 시험에 응시할 수 있었던 것 같아 SD에듀 도서를 믿고 푼 보람이 있었습니다.

유형부터 모의고사까지!

취업 준비를 시작하면서 가장 막막했던 것이 인적성시험 준비였습니다. 특히 삼성 같은 경우에는 합격의 당락을 좌우하는 요소 중 GSAT의 비중이 매우 크다고 들었던 터라 더욱 걱정이 되었습니다. 서점에 가서 여러 종류의 책들을 훑어보다가 SD에듀 도서가 유형부터 모의고사까지 구성이 되어 있어 체계적인 학습이 가능할 것 같아 선택하게 되었습니다. 저처럼 인적성시험 공부가 처음인 사람에게는 굉장히 도움이 될 것 같았고, 실제로도 그랬습니다. 기출복원문제가 맨 앞에 따로 나와 있어서 이걸 풀어보면서 시험이 어떤 식으로 출제되는지 감을 잡을 수 있었습니다. 책의 구성이 저 같은 초심자도 체계적으로 공부할 수 있도록 이루어져 있어 굉장히 도움이 되었습니다.

❖ 본 독자 후기는 실제 SD에듀의 도서를 통해 공부하여 합격한 독자들께서 보내주신 후기를 재구성한 것입니다.

2022년 하반기
기출 분석

✿ 총평

유형별로 난이도 차이가 다소 있었지만, 전체적으로 난이도가 평이했다는 의견이 많았다. 신유형 없이 기존에 출제되던 유형으로만 출제되었으며, 영역별 유형의 비율 또한 기존 GSAT 시험과 비슷했다. 시험 영역, 유형 등이 전체적으로 안정된 시험이었고, 난이도도 평이했다. 다만, 추리 영역의 조건추리 유형을 풀이하는 데 시간이 걸려 다소 까다로웠다고 느껴졌다.

✿ 온라인 GSAT의 핵심 전략

시간 내에 풀 수 있는 문제를 전략적으로 선택하여 높은 정답률로 가장 많이 푸는 것이 핵심이다. 따라서 먼저 본인이 가장 자신 있는 유형과 자신 없는 유형을 파악해야 하고 문제 순서를 미리 정해 자신 있는 유형을 먼저 풀고 약한 유형에 나머지 시간을 투자해야 한다.

2022년 하반기 시험에는 키트가 배송되지 않았으므로, 이후 시험에도 삼각대나 휴대폰 거치대를 미리 준비하는 것이 좋다. 그리고 문제풀이 용지는 본인이 인쇄하여 준비하는 것으로 변경되었으므로, 화면만 보고 문제 푸는 법을 연습을 한다.

✿ 영역별 출제 유형 및 비중

❶ 수리논리

영역	유형	문항 수	비율	제한시간
수리논리	응용수리	2문항	10%	30분
	자료해석	18문항	90%	

❷ 추리

영역	유형	문항 수	비율	제한시간
추리	명제	3문항	10%	30분
	도형추리	3문항	10%	
	도식추리	4문항	13%	
	어휘추리	2문항	7%	
	논리추리	7문항	23%	
	조건추리	11문항	37%	

✿ 온라인 GSAT 합격 팁!

❶ 실제 온라인 GSAT에서는 풀고자 하는 문제 번호를 검색하면 해당 문제로 바로 갈 수 있다. 페이지를 마우스 클릭으로 일일이 넘기지 않아도 된다.

❷ 오답은 감점 처리된다. 따라서 확실하게 푼 문제만 답을 체크하고 나머지는 그냥 둔다.

❸ 온라인 시험에서는 풀이를 문제풀이 용지에 작성하고 정답은 화면에서 체크해야 하므로 문제를 풀고 정답을 바로바로 체크하는 연습이 필요하다.

❹ 풀이가 작성된 문제풀이 용지는 시험 직후 jpg로 제출해야 하며 부정행위가 없었는지 확인하는 데에 사용된다.

❺ 시간 관리가 중요하므로 나에게 어려운 문제는 다른 수험생들도 어려운 거라는 마인드를 다잡으며 시험 도중 당황하거나 좌절하지 않는다.

✿ 주의사항

❶ 시험시간 최소 20분 전에 접속 완료해야 한다.

❷ 촬영 화면 밖으로 손이나 머리가 나가면 안 된다.

❸ '응시자 매뉴얼'을 준수해야 한다.

❹ 시험 문제를 메모하거나 촬영하는 행위는 금지된다.

❺ 외부 소음이 나면 시험이 중지될 수 있다.

❻ 휴대전화는 방해금지 모드를 설정하는 것이 좋다.

❼ 거울, 화이트보드, CCTV가 있는 장소에서는 응시가 불가능하다.

❽ 부정행위는 절대 금지된다.

✿ 부정행위

❶ 신분증 및 증빙서류를 위 · 변조하여 검사를 치르는 행위

❷ 대리 시험을 의뢰하거나 대리로 검사에 응시하는 행위

❸ 문제를 메모 또는 촬영하는 행위

❹ 문제의 일부 또는 전부를 유출하거나 외부에 배포하는 행위

❺ 타인과 답을 주고받는 행위

주요 대기업 적중문제

삼성

수리논리 ▶ 확률

06 S부서에는 팀원이 4명인 제조팀, 팀원이 2명인 영업팀, 팀원이 2명인 마케팅팀이 있다. 한 주에 3명씩 청소 당번을 뽑으려고 할 때, 이번 주 청소 당번이 세 팀에서 한 명씩 뽑힐 확률은?

① $\frac{1}{3}$ ② $\frac{1}{4}$

③ $\frac{2}{5}$ ④ $\frac{2}{7}$

⑤ $\frac{2}{9}$

추리 ▶ ❶ 조건추리

04 신발가게에서 일정 금액 이상 구매 한 고객에게 추첨을 통해 다양한 경품을 주는 이벤트를 하고 있다. 함께 쇼핑을 한 A ~ E는 이벤트에 응모했고 이 중 1명만 신발에 당첨되었다. 다음 A ~ E의 대화에서 한 명이 거짓말을 한다고 할 때, 신발 당첨자는?

> A : C는 신발이 아닌 할인권에 당첨됐어.
> B : D가 신발에 당첨됐고, 나는 커피 교환권에 당첨됐어.
> C : A가 신발에 당첨됐어.
> D : C의 말은 거짓이야.
> E : 나는 꽝이야.

① A   ② B

③ C   ④ D

⑤ E

추리 ▶ ❷ 독해추론

10 다음 글의 내용이 참일 때 항상 거짓인 것을 고르면?

> 사회 구성원들이 경제적 이익을 추구하는 과정에서 불법 행위를 감행하기 쉬운 상황일수록 이를 억제하는 데에는 금전적 제재 수단이 효과적이다.
> 현행법상 불법 행위에 대한 금전적 제재 수단에는 민사적 수단인 손해 배상, 형사적 수단인 벌금, 행정적 수단인 과징금이 있으며, 이들은 각각 피해자의 구제, 가해자의 징벌, 법 위반 상태의 시정을 목적으로 한다. 예를 들어 기업들이 담합하여 제품 가격을 인상했다가 적발된 경우, 그 기업들은 피해자에게 손해 배상 소송을 제기당하거나 법원으로부터 벌금형을 선고받을 수 있고 행정 기관으로부터 과징금도 부과받을 수 있다. 이처럼 하나의 불법 행위에 대해 세 가지 금전적 제재가 내려질 수 있지만 제재의 목적이 서로 다르므로 중복 제재는 아니라는 것이 법원의 판단이다.
> 그런데 우리나라에서는 기업의 불법 행위에 대해 손해 배상 소송이 제기되거나 벌금이 부과되는 사례는 드물어서, 과징금 등 행정적 제재 수단이 억제 기능을 수행하는 경우가 많다. 이런 상황에서는 과징금 등 행정적 제재의 강도를 높임으로써 불법 행위의 억제력을 끌어올릴 수 있다. 그러나 적발 가능성이 매우 낮은 불법 행위의 경우에는 과징금을 올리는 방법만으로는 억제력을 유지하는 데 한

수리 ▶ 응용수리

☑ 제한시간 30초

02 같은 헤어숍에 다니고 있는 A양과 B군은 일요일에 헤어숍에서 마주쳤다. 서로 마주친 이후 A양은 10일 간격으로 헤어숍에 방문했고, B군은 16일마다 헤어숍에 방문했다. 두 사람이 다시 헤어숍에서 만났을 때의 요일은 언제인가?

① 월요일 　　　　　　② 화요일
③ 수요일 　　　　　　④ 목요일
⑤ 금요일

언어 ▶ 일치 · 불일치

※ 다음 글의 내용과 일치하지 않는 것을 고르시오. **[1~2]**

01
> 1994년 미국의 한 과학자는 흥미로운 실험 결과를 발표하였다. 정상 유전자를 가진 쥐에게 콜레라 독소를 주입하자 심한 설사로 죽었다. 그러나 낭포성 섬유증 유전자를 한 개 가진 쥐에게 독소를 주입하자 설사 증상은 보였지만 그 정도는 반감했다. 낭포성 섬유증 유전자를 두 개 가진 쥐는 독소를 주입해도 전혀 증상을 보이지 않았다.
> 낭포성 섬유증 유전자를 가진 사람은 장과 폐로부터 염소 이온을 밖으로 퍼내는 작용을 정상적으로 하지 못한다. 반면 콜레라 독소는 장에서 염소 이온을 비롯한 염분을 과다하게 분비하게 하고, 이로 인해 물을 과다하게 배출시켜 설사를 일으킨다. 그 과학자는 이에 따라 1800년대 유럽을 강타했던 콜레라의 대유행에서 살아남은 사람은 낭포성 섬유증 유전자를 가졌을 것이라고 추측하였다.

① 장과 폐에서 염소 이온을 밖으로 퍼내는 작용을 하지 못하면 생명이 위험하다.

추리 ▶ 조건추리

☑ 제한시간 60초

08 한 마트에서는 4층짜리 매대에 과일들을 진열해 놓았다. 매대의 각 층에는 서로 다른 과일이 한 종류씩 진열되어 있을 때, 다음에 근거하여 바르게 추론한 것은?

> • 정리된 과일은 사과, 귤, 감, 배의 네 종류이다.
> • 사과 위에는 아무 과일도 존재하지 않는다.
> • 배는 감보다 아래쪽에 올 수 없다.
> • 귤은 감보다는 높이 위치해 있지만, 배보다 높이 있는 것은 아니다.

① 사과는 3층 매대에 있을 것이다.
② 귤이 사과 바로 아래층에 있을 것이다.
③ 배는 감 바로 위층에 있을 것이다.
④ 귤은 감과 배 사이에 있다.
⑤ 귤은 가장 아래층에 있을 것이다.

포스코

언어이해 ▶ 주제찾기

Easy

02 다음 글의 주제로 가장 적절한 것은?

> 빅데이터는 스마트 팩토리 등 산업 현장 및 ICT 소프트웨어 설계 등에 주로 활용되어 왔다. 유통이나 물류 업계의 '콘텐츠가 대량으로 이동하는 현장'에서는 데이터가 발생하면, 이를 분석하고 활용하는 쪽으로 주로 사용됐다. 이제는 다양한 영역에서 빅데이터의 적용이 빨라지고 있다. 대표적인 사례가 금융권이다. 국내의 은행들은 현재 빅데이터 스타트업 회사를 상대로 대규모 투자에 나서고 있다. 뉴스와 포털 등 현존하는 데이터를 확보하여 금융 키워드 분석에 활용하기 위해서다. 의료업계도 마찬가지다. 정부는 바이오헬스 산업의 혁신전략을 통해 연구개발 투자를 2025년까지 4조 원 이상으로 확대하겠다고 밝혔으며, 빅데이터와 인공 지능 등을 연계한 다양한 로드맵을 준비하고 있다. 벌써 의료 현장에 빅데이터 전략을 구사하고 있는 병원도 다수이다. 국세청도 빅데이터에 관심이 많다. 빅데이터 플랫폼 인프라 구축을 끝내는 한편, 50명 규모의 빅데이터 센터를 가동하기 시작했다. 조세 행정에서 빅데이터를 통해 탈세를 예방·적발하는 등 다양한 쓰임새를 고민하고 있다.

자료해석

02 다음은 연도별 자원봉사 참여현황을 나타낸 자료이다. 자료에 대한 설명으로 〈보기〉 중 적절하지 않은 것을 모두 고르면?

〈연도별 자원봉사 참여현황〉

(단위 : 명)

구분	2017년	2018년	2019년	2020년	2021년
총 성인 인구수	41,649,010	42,038,921	43,011,143	43,362,250	43,624,033
자원봉사 참여 성인 인구수	2,667,575	2,874,958	2,252,287	2,124,110	1,383,916

보기

ㄱ. 자원봉사에 참여하는 성인 참여율은 2018년도가 가장 높다.
ㄴ. 2019년도의 성인 자원봉사 참여율은 2020년보다 높다.
ㄷ. 자원봉사 참여 증가율이 가장 높은 해는 2018년이고 가장 낮은 해는 2020년이다.
ㄹ. 2017년부터 2020년까지의 자원봉사에 참여한 성인 인구수는 천만 명 이상이다.

공간지각 ▶ 전개도

※ 제시된 전개도를 접을 때 나타나는 입체도형으로 옳은 것을 고르시오. [1~2]

01

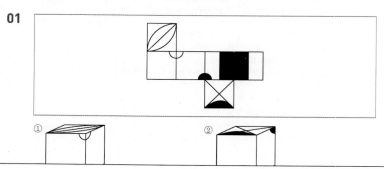

LG

언어추리 ▶ 명제

01 다음 문장을 읽고, 올바르게 유추한 것은?

> • 한나는 장미를 좋아한다.
> • 노란색을 좋아하는 사람은 사과를 좋아하지 않는다.
> • 장미를 좋아하는 사람은 사과를 좋아한다.

① 사과를 좋아하지 않는 사람은 장미를 좋아한다.
② 노란색을 좋아하지 않는 사람은 사과를 좋아한다.
③ 장미를 좋아하는 사람은 노란색을 좋아한다.
④ 한나는 노란색을 좋아하지 않는다.
⑤ 사과를 좋아하는 사람은 장미를 싫어한다.

자료해석

02 다음은 최근 5년 동안 아동의 비만율을 나타낸 자료이다. 이에 대한 설명으로 옳은 것을 〈보기〉에서 모두 고른 것은?

〈연도별 아동 비만율〉

(단위 : %)

구분	2017년	2018년	2019년	2020년	2021년
유아(만 6세 미만)	11	10.80	10.20	7.40	5.80
어린이(만 6세 이상 만 13세 미만)	9.80	11.90	14.50	18.20	19.70
청소년(만 13세 이상 만 19세 미만)	18	19.20	21.50	24.70	26.10

보기

ㄱ. 모든 아동의 비만율은 전년 대비 증가하고 있다.
ㄴ. 어린이 비만율은 유아 비만율보다 크고, 청소년 비만율보다 작다.
ㄷ. 2017년 대비 2021년 청소년 비만율의 증가율은 45%이다.

창의수리 ▶ 수추리

01 다음 시계는 일정한 규칙을 갖는다. $2B - \dfrac{A}{20}$ 의 값은?(단, 분침은 시간이 아닌 숫자를 가리킨다)

① 25
② 20
③ 15
④ 10
⑤ 5

STRUCTURES

도서 200% 활용하기

01

기출유형 뜯어보기

기출복원문제를 바탕으로 영역별로 대표유형과 상세한 해설을 수록하여 영역별 출제경향과 학습방법을 익히고 확인할 수 있도록 하였다.

CHAPTER 01 | 수리논리 거리·속력·시간 ①

유형분석

- 출제되는 응용수리 2문제 중 1문제에 속할 가능성이 높은 유형이다.
- $(시간) = \dfrac{(거리)}{(속력)}$
- $(속력) = \dfrac{(거리)}{(시간)}$
- $(거리) = (시간) \times (속력)$

물의 방향 → ③ 물의 방향: +1m/s · 물의 반대 방향: −1m/s

→ 3,000m

강물이 A지점에서 3km 떨어진 B지점으로 흐르고 있을 때, 물의 속력이 1m/s이다. 철수가 A지점에서 B지점까지 갔다가 다시 돌아오는 데 1시간 6분 40초가 걸렸다고 한다. 철수의 속력은 몇 m/s인가?

④ 4,000초 ② 미지수 설정 ⑥ 구해야 할 최종 단위에 맞추어 계산

① 2m/s ② 4m/s
③ 6m/s ④ 8m/s
⑤ 12m/s

02

8개년 기출복원문제

2022년 하반기부터 2015년 상반기까지의 삼성그룹 GSAT 기출복원문제를 수록하여 변화하는 출제 경향을 파악할 수 있도록 하였다.

CHAPTER 01 | 2022년 하반기 기출복원문제

정답 및 해설 p.000

| 01 | 수리논리

01 S기업에서는 사회 나눔 사업의 일환으로 마케팅부에서 5팀, 총무부에서 2팀을 구성해 어느 요양시설에서 7팀 모두가 하루에 한 팀씩 7일 동안 봉사활동을 하려고 한다. 7팀의 봉사활동 순번을 임의로 정할 때, 첫 번째 날 또는 일곱 번째 날에 총무부 소속 팀이 봉사활동을 하게 될 확률은 $\dfrac{b}{a}$ 이다. $a - b$의 값은?(단, a와 b는 서로소이다)

① 4 ⑥ 6

CHAPTER 16 | 2015년 상반기 기출복원문제

정답 및 해설 p.000

| 01 | 수리논리

01 총무부에서는 물품구매예산으로 월 30만 원을 받는다. 이번 달 예산 중 80%는 사무용품 구매에 사용하고, 남은 예산 중 40%는 서랍장 구매에 사용했다. 남은 예산으로 정가가 500원인 볼펜을 사려고 한다. 인터넷을 이용하면 정가에서 20% 할인된 가격으로 살 수 있다고 할 때, 남은 예산으로 살 수 있는 볼펜의 개수는?

① 40개 ② 50개
③ 70개 ④ 80개

06

(가) 문화재(문화유산)는 옛사람들이 남긴 삶의 흔적이다. 그 흔적에는 유형의 것과 무형의 것이 모두 포함된다. 문화재 가운데 가장 가치 있는 것으로 평가받는 것은 다름 아닌 국보이며, 현행 문화재보호법 체계상 국보에 무형문화재는 포함되지 않는다. 즉 국보는 유형문화재만을 대상으로 한다.

(나) 국보 선정 기준에 따라 우리의 전통 문화 가운데 최고의 명품으로 꼽힌 문화재로는 국보 1호 숭례문이 있다. 숭례문은 현존 도성 건축물 중 가장 오래된 건물이다. 다음으로 온화하고 해맑은 백제의 미소로 유명한 충남 서산 마애여래삼존상은 국보 84호이다. 또한 긴 여운의 신비하고 그윽한 종소리로 유명한 성덕대왕신종은 국보 29호, 유네스코 세계유산으로도 지정된 석굴암은 국보 24호이다. 이렇듯 우리나라 전통문화의 상징인 국보는 다양한 국보 선정의 기준으로 선발된 것이다.

(다) 국보 선정 기준에 따라 우리는 특히 "역사적·학술적·예술적 가치가 큰 것, 제작 연대가 오래되고 그 시대를 대표하는 것, 제작 의장이나 제작 기법이 우수해 그 유례가 적은 것, 형태 품질 용도가 현저히 특이한 것, 저명한 인물과 관련이 깊거나 그가 제작한 것" 등을 대상으로 한다. 이것이 국보 선정의 기준인 셈이다.

(라) 이처럼 국보 선정의 기준으로 선발된 문화재는 지금 우리 주변에서 여전히 숨쉬고 있다. 우리와 늘 만나고 우리를 늘 교류한다. 우리에게 감동과 정보를 주기도 하고, 때로는 이 시대의 사람들과 갈등을 겪기도 한다. 그렇기에 국보를 둘러싼 현장은 늘 역동적이다. 살아있는 역사라 할 수 있다. 문화재는 그 스스로 숨쉬면서 이 시대와 교류하기에, 우리는 그에 어울리는 시선으로 국보를 바라볼 필요가 있다.

① (가) – (나) – (라) – (다)　　② (가) – (다) – (나) – (라)
③ (다) – (가) – (나) – (라)　　④ (다) – (나) – (가) – (라)
⑤ (나) – (다) – (라) – (가)

Easy
23

자연계는 무기적인 환경과 생물적인 환경이 상□□□□
템을 이루고 있음이 밝혀진 이래, 이 이론은 지□□□□
여지고 있다. 그동안 인류는 보다 윤택한 삶을 □□□□
명을 이룩해 왔다. 이로써 우리의 삶은 매우 윤□□□
며, 환경오염으로 인한 공해가 누적되고 있고 □□□

- -

Hard
57　다음은 엔화 대비 원화 환율과 달러화 대비 환□□
으로 적절한 것을 모두 고르면?

〈원/엔□

22　　**정답** ⑤

의료용 3D프린팅 기술의 안전성 검증의 과정에서 전체적 동식물 □□

오답분석
① 3D프린터는 재료와 그 크기에 따라 사람의 치아나 피부, 자동차□
② 3D프린터 기술의 발전에 따라 환자의 필요한 장기를 인쇄함으□
③ 피부를 직접 환자에게 인쇄하기 위해서는 피부 세포와 콜라겐 □
④ 환자 본인의 세포에서 유래된 바이오 잉크를 사용했느냐에 따라 거□ 다 하더라도 거부 반응이 발생할 수 있다.

23　　**정답** ③

제시문을 통해 산업 및 가정에서 배출된 생활폐기물을 바이오매스 자□

3개년 주요기업 기출복원문제

KT, SK, CJ, 포스코 등 주요기업의 2022년 하반기~2020년 하반기 기출복원문제를 영역별로 수록하여 최근 변화하고 있는 인적성검사에 대비하고 추가로 연습할 수 있도록 하였다.

Easy & Hard로 난이도별 시간 분배 연습

조금만 연습하면 시간을 절약할 수 있는 난이도가 낮은 문제와 함께, 다른 문제에서 절약한 시간을 투자해야 하는 고난도 문제를 각각 표시하였다. 이를 통해 일반적인 문제들과 다르게 시간을 적절하게 분배하여 풀이하는 연습이 가능하도록 하였다.

상세한 설명 및 오답분석으로 풀이까지 완벽 마무리

정답에 대한 자세한 해설은 물론 문제별 오답분석을 수록하여 오답이 되는 이유를 올바르게 이해할 수 있도록 하였다.

이 책의 차례

PART 01

기출유형 뜯어보기

유형분석

- 출제되는 응용수리 2문제 중 1문제에 속할 가능성이 높은 유형이다.

- $(\text{시간}) = \dfrac{(\text{거리})}{(\text{속력})}$

- $(\text{속력}) = \dfrac{(\text{거리})}{(\text{시간})}$

- $(\text{거리}) = (\text{시간}) \times (\text{속력})$

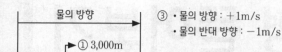

③ · 물의 방향 : +1m/s
· 물의 반대 방향 : −1m/s

강물이 A지점에서 3km 떨어진 B지점으로 흐르고 있을 때, 물의 속력이 1m/s이다. 철수가 A지점에서 B지점까지 갔다가 다시 돌아오는 데 1시간 6분 40초가 걸렸다고 한다. 철수의 속력은 몇 m/s인가?

① 3,000m
① 4,000초
② 미지수 설정
① 구해야 할 최종 단위에 맞추어 계산

① 2m/s
② 4m/s
③ 6m/s
④ 8m/s
⑤ 12m/s

철수의 속력을 xm/s라 하자. ┌ 물의 방향   ┌ 물의 반대 방향

② A지점에서 B지점으로 갈 때 속력은 $(x+1)$m/s, B지점에서 A지점로 갈 때 속력은 $(x-1)$m/s이다.
③

1시간 6분 40초는 $1\times60\times60+6\times60+40=4,000$초이고, 3km는 3,000m이므로
① ①

$$\frac{3,000}{x+1}+\frac{3,000}{x-1}=4,000$$

$$\rightarrow 6,000x=4,000(x+1)(x-1)$$

$$\rightarrow 3x=2(x^2-1)$$

$$\rightarrow 2x^2-3x-2=0$$

$$\rightarrow (2x+1)(x-2)=0$$

$$\therefore x=2(\because 속력\geq0)$$

정답 ①

 이거 알면 30초 컷!

• 기차나 터널의 길이, 물과 같이 속력이 있는 장소 등 추가적인 조건을 반드시 확인한다.
• 속력과 시간의 단위를 처음에 정리하여 계산하면 계산 실수 없이 풀이할 수 있다.
  − 1시간=60분=3,600초
  − 1km=1,000m=100,000cm

PART 1 기출유형 들여다보기

- 기차와 터널의 길이, 물과 같이 속력이 있는 공간 등 추가적인 시간·속력·거리에 관한 정보가 있는 경우 난이도가 높은 편에 속하는 문제로 출제되지만, 기본적인 공식에 더하거나 빼는 것이므로 기본에 집중한다.

미주는 집에서 백화점에 가기 위해 시속 8 km 의 속력으로 집에서 출발했다. 미주가 집에서 출발한 지 12분 후에 지갑을 두고 간 것을 발견한 동생이 시속 20 km 의 속력으로 미주를 만나러 출발했다. 미주와 동생은 미주가 출발하고 몇 분 후에 만나게 되는가?(단, 미주와 동생은 쉬지 않고 일정한 속력으로 움직인다)

③ 문제에서 제시하는 단서 찾기

① 문제 확인

단서 2
동생과 미주는 같은 거리를 움직임
$8(x+12)=20x$
→ $x=8$

단서 1
- 동생이 움직인 시간 : x분
- 미주가 움직인 시간 : $x+12$분

① 11분　　　　　　② 14분
③ 17분　　　　　　④ 20분
⑤ 23분

〈풀이 1〉

동생이 움직인 시간을 x분이라고 하자. 미주가 움직인 시간은 $x+12$분이다.

미주는 시속 8km로 움직였고, 동생은 시속 20km로 움직였다. 이때, 미주와 동생이 움직인 거리는 같으므로

$8(x+12)=20x$

$\rightarrow x=8$

따라서 미주와 동생은 미주가 출발하고 $8+12=20$분 후에 만나게 된다.

〈풀이 2〉

미주가 집에서 출발해서 동생을 만나기 전까지 이동한 시간을 x시간이라고 하자. <u>미주</u>가 이동한 거리는 $8x$km이고, 동생은 미주가 출발한 후 12분 뒤에 지갑을 들고 이동했으므로 동생이 이동한 거리는 <u>$20\left(x-\dfrac{1}{5}\right)$km</u>이다.

$8x=20\left(x-\dfrac{1}{5}\right) \rightarrow 12x=4 \rightarrow x=\dfrac{1}{3}$

따라서 미주와 동생은 $\dfrac{1}{3}$시간$=20$분 후에 만나게 된다.

정답 ④

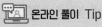 **온라인 풀이 Tip**

온라인 GSAT는 풀이를 문제풀이 용지에 작성하여 시험이 끝난 후 제출해야 한다. 따라서 문제풀이 용지를 최대한 활용해야 한다. 문제를 풀 때 필요한 정보를 문제풀이 용지에 옮겨 적어 문제풀이 용지만 보고 답을 구할 수 있도록 한다. 다음은 문제풀이 용지를 활용한 풀이 예시이다.

미주의 속력 : 8km/h 동생의 속력 : 20km/h 둘이 이동한 거리는 같음 둘은 몇 분 후에 만나는가?

주어진 정보

동생이 움직인 시간을 x분이라고 하면
미주가 움직인 시간은 $x+12$
$8(x+12)=20x$
$\rightarrow x=8$

동생이 움직인 시간 8분, 미주가 움직인 시간 12분
따라서 둘은 20분 후에 만난다.

문제 풀이

01 수리논리 농도

유형분석

- $(\text{소금물의 농도}) = \dfrac{(\text{소금의 양})}{(\text{소금물의 양})}$
- $(\text{소금물의 양}) = (\text{소금의 양}) + (\text{물의 양})$

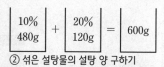

② 섞은 설탕물의 설탕 양 구하기

- 농도 : 변화 ×
- 설탕물의 양 : $(600-x)$g
- 설탕의 양 : ↓

10% 설탕물 480g에 20% 설탕물 120g을 섞었다. 이 설탕물에서 한 컵의 설탕물을 퍼내고, 퍼낸 설탕물의 양만큼 다시 물을 부었더니 11%의 설탕물이 되었다. 이때 컵으로 퍼낸 설탕물의 양은?

④ 방정식   ③   ① 미지수 설정

- 농도 : 변화 ○
① 30g   · 설탕물의 양 : $600(=600-x+x)$g   ② 50g
③ 60g   · 설탕의 양 : 변화 ×   ④ 90g
⑤ 100g

- 10% 설탕물에 들어있는 설탕의 양 : $\dfrac{10}{100} \times 480 = 48$g

- 20% 설탕물에 들어있는 설탕의 양 : $\dfrac{20}{100} \times 120 = 24$g

- 두 설탕물을 섞었을 때의 농도 : $\dfrac{48+24}{480+120} \times 100 = 12\%$ —②

컵으로 퍼낸 설탕물의 양을 xg이라고 하자. 이때, 컵으로 퍼낸 설탕의 양은 $\dfrac{12}{100}x$g이다.
　　①　　　　　　　　　　　　　　　　　　　　　　　　　③

컵으로 퍼낸 만큼 물을 부었을 때의 농도는 $\dfrac{(48+24) - \dfrac{12}{100}x}{600 - x + x} \times 100 = 11\%$이므로
　　　　　　　　　　　　　　　　　　　　④

$\dfrac{\left(72 - \dfrac{12}{100}x\right) \times 100}{600} = 11$

$\rightarrow 7{,}200 - 12x = 600 \times 11$

$\rightarrow 12x = 600$

$\therefore x = 50$

정답 ②

이거 알면 30초 컷!

- 숫자의 크기를 최대한 간소화해야 한다. 특히, 농도의 경우 분수와 정수가 같이 제시되고, 최근에는 비율을 활용한 문제가 많이 출제되고 있으므로 통분이나 약분을 통해 수를 간소화시켜 계산 실수를 줄일 수 있도록 한다.

- 소금물이 증발하는 경우 소금의 양은 유지되지만, 물의 양이 감소한다. 따라서 농도는 증가한다.

- 농도가 다른 소금물 두 가지를 섞는 문제의 경우 보통 두 소금물을 합했을 때의 전체 소금물의 양을 제시해주는 경우가 많다. 때문에 각각의 미지수를 x, y로 정하는 것보다 하나를 x로 두고 다른 하나를 (전체)$-x$로 식을 세우면 계산을 간소화할 수 있다.

유형분석

- 구하고자 하는 값을 미지수로 놓고 식을 세운다.
- 최근 증가·감소하는 비율이나 평균과 결합된 문제가 많이 출제되고 있다.

유진이네 반 학생 50명이 총 4문제가 출제된 수학시험을 보았다. 1번과 2번 문제를 각 3점, 3번과 4번 문제를 각 2점으로 채점하니 평균이 7.2점이었고, 2번 문제를 2점, 3번 문제를 3점으로 배점을 바꾸어서 채점하니 평균이 6.8점이었다. 또한 각 문제의 배점을 문제 번호와 같게 하여 채점하니 평균은 6점이었다. 1번 문제를 맞힌 학생이 총 48명일 때, 2번, 3번, 4번 문제를 맞힌 학생 수의 총합으로 알맞은 것은?

┌── 식 2   ┌── 식 1
└── 식 3

① 미지수 설정
- 2번 문제를 맞힌 학생의 수 : a명
- 3번 문제를 맞힌 학생의 수 : b명
- 4번 문제를 맞힌 학생의 수 : c명

② 문제 확인

① 82명
② 84명
③ 86명
④ 88명
⑤ 90명

2번, 3번, 4번 문제를 맞힌 학생 수를 각각 a, b, c명이라 하자.

$3(48+a)+2(b+c)=7.2\times50 \rightarrow 3a+2b+2c=216 \cdots \bigcirc$

$3(48+b)+2(a+c)=6.8\times50 \rightarrow 2a+3b+2c=196 \cdots \bigcirc\!\bigcirc$

$48+2a+3b+4c=6\times50 \rightarrow 2a+3b+4c=252 \cdots \bigcirc\!\bigcirc\!\bigcirc$

$\bigcirc\!\bigcirc$과 $\bigcirc\!\bigcirc\!\bigcirc$을 연립하면 $-2c=-56 \rightarrow c=28$

$c=28$을 대입하여 $\bigcirc$과 $\bigcirc\!\bigcirc$을 연립하면

③ 미지수 줄이기
$\bigcirc\!\bigcirc$과 $\bigcirc\!\bigcirc\!\bigcirc$의 경우 $2a+3b$가 공통되어 있으므로 이를 먼저 소거하여 c계산

$a=40$, $b=20$

따라서 2번, 3번, 4번 문제를 맞힌 학생 수는 각각 40명, 20명, 28명이고, 이들의 합은 $40+20+28=88$명이다.

정답 ④

이거 알면 30초 컷!

최근에는 가중평균을 활용한 문제가 많이 출제되고 있다. 따라서 산술평균과 가중평균의 개념을 알아두고, 적절하게 활용하도록 한다.

• 산술평균

n개로 이루어진 집합 x_1, x_2, x_3, $\cdots$, x_n이 있을 때 원소의 총합을 개수로 나눈 것

$$m=\frac{x+x_2,+\cdots+x_n}{n}$$

• 가중평균

n개로 이루어진 집합 x_1, x_2, x_3, $\cdots$, x_n이 있을 때, 각 원소의 중요도나 영향도를 f_1, f_2, f_3, $\cdots$, f_n이라고 하면 각 원소의 중요도나 영향도를 가중치로 곱하여 가중치의 합인 N으로 나눈 것

$$m=\frac{x_1f_1+x_2f_2+\cdots x_nf_n}{N}$$

예 B학생의 성적이 다음과 같다.

과목	국어	수학	영어
점수	70점	90점	50점

B학생의 산술평균 성적은 $\frac{70+90+50}{3}=70$점이다.

A대학교는 이공계 특성화 대학이다. 때문에 국어, 수학, 영어에 각각 2 : 5 : 3의 가중치를 두어 학생을 선발할 예정이다. 이때 B학생 성적의 가중평균을 구하면 $\frac{740}{2+5+3}=74$점이다.

유형분석

- 미지수의 값이 계산에 의해 정확하게 구해지는 것이 아니라 가능한 여러 경우의 수를 찾아서 조건에 맞는 값을 고르는 유형이다.
- 사람이나 물건의 개수를 구하는 문제라면 0이나 자연수로만 답을 구해야 한다. 이처럼 문제에서 경우의 수로 가능한 조건이 주어지므로 유의한다.

② 미지수 확인 ┐   ┌ 식 1

획수가 5획, 8획, 11획인 한자를 활용하여 글을 쓰려고 한다. 각 한자를 a, b, c번 사용하였을 때 총 획의 수는 71획이고, 5획과 11획의 활용 횟수를 바꿔 사용했더니 총 획의 수가 89획이 되었다. 이때 8획인 한자는 최대 몇 번 쓸 수 있는가?(단, 각 한자는 한 번 이상씩 사용하였다)

└ 식 2   └ ① 문제에서 묻는 내용 확인

① 4번   ② 5번
③ 6번   ④ 7번
⑤ 8번

$5a+8b+11c=71$ … ㉠

$11a+8b+5c=89$ … ㉡

㉠과 ㉡을 연립하면   ③ 미지수 줄이기

$6a-6c=18 \rightarrow a-c=3 \rightarrow a=c+3$ … ㉢   8획인 한자 c가 남도록 식 간소화

㉢을 ㉠에 대입하면

$5(c+3)+8b+11c=71 \rightarrow 16c+8b=56 \rightarrow 2c+b=7$

b, c는 1 이상의 자연수이므로 (b, c)는 $(1, 5)$, $(5, 1)$가 가능하다.

b의 값이 최대가 되려면 c가 최솟값을 가져야하므로 $c=1$이고, $b=5$가 된다.

따라서 8획인 한자는 최대 5번을 활용할 수 있다.

└b, c가 될 수 있는 조건 확인

• 획의 수=0 or 자연수

정답 ②

PART 1

기출유형 뜯어보기

 이거 알면 30초 컷!

• 연립방정식이 나오는 경우 중복이 많은 문자를 소거할 수 있는 방법을 찾거나 가장 짧은 식을 만든다.

• 미지수를 추리해야 하는 경우 계수가 큰 미지수를 먼저 구하면 계산 과정을 줄일 수 있다.

01 | 수리논리 인원수·개수 ③

- 구하고자 하는 값을 미지수로 놓고 식을 세운다.
- 최근에는 증가·감소하는 비율이나 평균과 결합된 문제가 많이 출제되고 있다.

- 태경 : x건
- 건희 : y건

$x+y=27$ … 식1

S생명 보험설계사 직원인 태경이와 건희의 8월 실적 건수 합계는 27건이었다. 9월에 태경이와 건희의 실적 건수가 8월 대비 각각 20% 증가, 25% 감소하였고 9월의 실적 건수 합 또한 27건일 때, 태경이의 9월 실적 건수는?

- 태경 : $(1+0.2)x$ — 문제에서 구해야 하는 값
- 건희 : $(1-0.25)y$

$1.2x+0.75y=27$ … 식2

문제 확인

① 12건
② 14건
③ 16건
④ 18건
⑤ 20건

〈풀이 1〉

8월 태경이의 실적 건수를 x건, 건희의 실적 건수를 y건이라고 하자.

$x+y=27\cdots\bigcirc$

9월에 태경이의 실적 건수가 20% 증가했으므로 $1.2x$건이고, 건희의 실적 건수는 25% 감소했으므로 $0.75y$건이다.

$1.2x+0.75y=27 \rightarrow 8x+5y=180\cdots\bigcirc\bigcirc$

$\bigcirc$과 $\bigcirc\bigcirc$을 연립하면 $x=15$, $y=12$이다.

따라서 태경이의 9월 실적 건수는 $1.2x=1.2\times15=18$건이다.

〈풀이 2〉

8월 태경이의 실적 건수를 x건이라고 하자. 건희의 실적 건수는 $(27-x)$건이다.

9월에 태경이의 실적 건수가 20% 증가했고, 건희의 실적 건수는 25% 감소했으므로

$0.2x-0.25(27-x)=0$

$\rightarrow 20x-25(27-x)=0$

$\therefore x=15$

따라서 태경이의 9월 실적 건수는 $1.2x=1.2\times15=18$건이다.

정답 ④

 이거 알면 30초 컷!

미지수를 여러 개 사용하는 것보다는 한 개만 사용해서 최대한 간소화한다. 연립방정식으로 풀이하는 것보다 하나의 식으로 한 번에 계산하는 것이 풀이 단계를 줄일 수 있는 방법이다.

PART 1

기출유형 뜯어보기

01 | 수리논리 금액

- 원가 · 정가 · 할인가 · 판매가의 개념을 명확히 한다.
- (정가)=(원가)+(이익)
- (할인가)=(정가)$\times\left\{1-\dfrac{(\text{할인율})}{100}\right\}$

윤정이는 어떤 물건을 100개 구입하여, 구입 가격에 25%를 더한 가격으로 50개를 팔았다. 남은 물건 50개를 기존 판매가에서 일정 비율 할인하여 판매했더니 본전이 되었다. 이때 할인율은 얼마인가?

원가   (정가)=(원가)$\times\left(1+\dfrac{25}{100}\right)$

정가   (할인 판매가)   ② 조건 확인   ① 미지수 설정

① 32.5%   =(정가)×{1-(할인율)}   (100개의 원가)   ・구입가격(원가): x원

② 35%   =(정가)$\times\left(1-\dfrac{y}{100}\right)$ =(100개의 판매가)   ・할인율: y%

③ 37.5%

④ 40%

⑤ 42.5%

윤정이가 구입한 개당 가격을 x원, 할인율을 $y\%$라고 하자.
물건 100개의 원가는 $100 \times x$원이고, 판매가는 다음과 같다.

$$50 \times 1.25 \times x + 50 \times 1.25 \times \left(1 - \frac{y}{100}\right) \times x$$

윤정이가 물건을 다 팔았을 때 본전이었으므로 (판매가)=(원가)이다.

$$100x = 50 \times 1.25 \times x + 50 \times 1.25 \times \left(1 - \frac{y}{100}\right) \times x$$

$$\rightarrow 2 = 1.25 + 1.25 \times \left(1 - \frac{y}{100}\right)$$

$$\rightarrow 3 = 5 - \frac{y}{20}$$

$$\therefore y = 40$$

 정답 ④

 이거 알면 30초 컷!

- 제시된 문제의 원가(x)처럼 기준이 동일하고, 이를 기준으로 모든 값을 계산하는 경우에 처음부터 x를 생략하고 식을 세우는 연습을 한다.
- 정가가 반드시 판매가인 것은 아니다.
- 금액을 계산하는 문제는 보통 비율과 함께 제시되기 때문에 풀이과정에서 실수하기 쉽다. 때문에 선택지의 값을 대입해서 풀이하는 것이 실수 없이 빠르게 풀 수 있는 방법이 될 수도 있다.

01 | 수리논리 일의 양

- 전체 작업량을 1로 놓고, 분·시간 등의 단위 시간 동안 한 일의 양을 기준으로 식을 세운다.
- $(일률) = \dfrac{(작업량)}{(작업시간)}$

┌─① (전체 일의 양)=1　　　　　　　┌─② (하루 동안 할 수 있는 일의 양)=(일률)=$\dfrac{(작업량)}{(작업기간)}$

프로젝트를 완료하는 데 **A사원이 혼자 하면 7시간, B사원이 혼자 하면 9시간이 걸린다. 3시간 동안 두 사원이 함께 프로젝트를 진행하다가 B사원이 반차를 내는 바람에 나머지는 A사원이 혼자 처리해야 한다. A사원이 남은 프로젝트를 완료하는 데에는 시간이 얼마나 더 걸리겠는가?**

　　　　　　　　　　　└─③ 남은 일의 양을 계산　　　　　　　　　　　　　　⑤ $(작업기간)=\dfrac{(작업량)}{(일률)}$

　　　　└─④ 미지수 설정

① 1시간 20분　　　　　　　　　　　② 1시간 40분

③ 2시간　　　　　　　　　　　　　　④ 2시간 10분

⑤ 2시간 20분

프로젝트를 완료하는 일의 양을 1이라 하면, A사원은 한 시간에 $\frac{1}{7}$, B사원은 한 시간에 $\frac{1}{9}$만큼의 일을 할 수 있다.
① ②

3시간 동안 같이 한 일의 양은 $\left(\frac{1}{7}+\frac{1}{9}\right)\times3=\frac{16}{21}$이므로, A사원이 혼자 해야 할 일의 양은 $\frac{5}{21}\left(=1-\frac{16}{21}\right)$가 된다.
③

이때 프로젝트를 완료하는 데 걸리는 시간을 x시간이라 하자.
④

$\frac{1}{7}\times x=\frac{5}{21} \rightarrow x=\frac{5}{3}$
⑤

따라서 A사원 혼자 프로젝트를 완료하는 데에는 총 1시간 40분이 더 걸린다.

정답 ②

 이거 알면 30초 컷!

• 전체의 값을 모르는 상태에서 비율을 묻는 문제의 경우 전체를 1이라고 하면 쉽게 풀이할 수 있다. 이는 단순히 일률을 계산하는 경우뿐만 아니라 조건부 확률과 같이 비율이 나오는 문제에는 공통적으로 적용가능하다.
• 문제에서 제시하는 단위와 선택지의 단위가 같은지 확인한다.

유형분석

- 부등식의 양변에 같은 수를 더하거나 같은 수를 빼도 부등호의 방향은 바뀌지 않는다.
  $\rightarrow a<b$이면 $a+c<b+c$, $a-c<b-c$
- 부등식의 양변에 같은 양수를 곱하거나 양변을 같은 양수로 나누어도 부등호의 방향은 바뀌지 않는다.
  $\rightarrow a<b$, $c>0$이면 $a\times c<b\times c$, $\dfrac{a}{c}<\dfrac{b}{c}$
- 부등식의 양변에 같은 음수를 곱하거나 양변을 같은 음수로 나누면 부등호의 방향은 바뀐다.
  $\rightarrow a<b$, $c<0$이면 $a\times c>b\times c$, $\dfrac{a}{c}>\dfrac{b}{c}$

〈1개 기준〉

구분	A제품	B제품
재료비	3,600	1,200
인건비	1,600	2,000

어느 회사에서는 A, B 두 제품을 주력 상품으로 제조하고 있다. A제품을 1개 만드는 데 재료비는 3,600원, 인건비는 1,600원이 들어간다. 또한 B제품을 1개 만드는 데 재료비는 1,200원, 인건비는 2,000원이 들어간다. 이 회사는 한 달 동안 두 제품을 합하여 40개를 생산하려고 한다. 재료비는 12만 원 이하, 인건비는 7만 원 이하가 되도록 하려고 할 때, A제품을 최대로 생산하면 몇 개를 만들 수 있는가?

③ 부등식   ① 미지수 설정

① 25개

② 26개

③ 28개

④ 30개

⑤ 31개

- A제품 생산 개수 : x개
- B제품 생산 개수 : y개

② 미지수 줄이기
$x+y=40$
$y=40-x$

- A제품 생산 개수 : x개
- B제품 생산 개수 : $(40-x)$개

A제품의 생산 개수를 x개라 하자. —— ①

B제품의 생산 개수는 $(40-x)$개이다. —— ②

$3,600 \times x + 1,200 \times (40-x) \leq 120,000$
$x \leq 30$
$1,600 \times x + 2,000 \times (40-x) \leq 70,000$ —— ③
$x \geq 25$

$\rightarrow 25 \leq x \leq 30$

25   30 ← 최대

따라서 A제품은 최대 30개까지 생산할 수 있다.

정답 ④

 이거 알면 30초 컷!

- 문제에 이상, 이하, 초과, 미만, 최대, 최소 등의 표현이 사용된다.
- 미지수가 2개 이상 나오는 경우나 부등식이 2개 사용되는 경우 그래프를 활용하면 실수의 확률을 줄일 수 있다.
- 최대를 묻는 경우의 부등호의 방향은 미지수가 작은 쪽($x \leq n$)으로 나타내고, 최소를 묻는 경우 부등호의 방향은 미지수가 큰 쪽($x \geq n$)으로 나타낸다.

01 | 수리논리 경우의 수

유형분석

- 두 사건 A, B가 동시에 일어나지 않을 때, A가 일어나는 경우의 수가 a가지, B가 일어나는 경우의 수를 b가지라고 하면 A 또는 B가 일어나는 경우의 수는 $(a+b)$가지이다.
- 두 사건 A, B가 동시에 일어날 때, A가 일어나는 경우의 수가 a가지, B가 일어나는 경우의 수를 b가지라고 하면 A와 B가 동시에 일어나는 경우의 수는 $a \times b$가지이다.
- n명 중 자격이 다른 m명을 뽑는 경우의 수 : $_nP_m$
- n명 중 자격이 같은 m명을 뽑는 경우의 수 : $_nC_m$

중복 확인(사람일 때는 같은 사람이 없으므로 중복이 없지만,
사물이나 직급, 성별같은 경우에는 중복이 있을 수 있으므로 주의해야 함)

합의 법칙

A, B, C, D, E 다섯 명을 전방을 향해 일렬로 배치할 때, B와 E 사이에 1명 또는 2명이 있도록 하는 경우의 수는?

순서를 고려하므로 순열 P   ──①, ②   ──④

① 30가지   ② 60가지
③ 90가지   ④ 120가지
⑤ 150가지

어떤 둘 사이에 n명($n \geq 2$)을 배치할 때,
$(n+2)$명을 한 묶음으로 생각하고 계산
→ $(n+2)$명을 1명으로 치환

전체 m명을 일렬로 배치하는 데 n명($2 \leq n \leq m$)이 붙어있을 경우의 수는?
① n명을 한 묶음으로 본다. 이때, 이 한 묶음 안에서 n명을 배치하는 경우의 수 : $n!$
② n명을 1명으로 생각
③ $(m-n+1)$명을 배치하는 경우의 수 : $(m-n+1)!$
④ 곱의 법칙으로 전체 경우의 수 : $n! \times (m-n+1)!$

ⅰ) B와 E 사이에 1명이 있는 경우

 • A, C, D 중 B와 E 사이에 위치할 1명을 골라 줄을 세우는 방법 : $_3P_1$ — ①, ②

 B와 E, 가운데 위치한 1명을 한 묶음으로 생각하고, B와 E가 서로 자리를 바꾸는 것도 고려하면

 전체 경우의 수는 $\underbrace{_3P_1 \times 3! \times 2}_{③} = 3 \times 6 \times 2 = 36$가지이다.

ⅱ) B와 E 사이에 2명이 있는 경우

 • A, C, D 중 B와 E 사이에 위치할 2명을 골라 줄을 세우는 방법 : $_3P_2$ — ①, ②

 B와 E, 가운데 위치한 2명을 한 묶음으로 생각하고, B와 E가 서로 자리를 바꾸는 것도 고려하면

 전체 경우의 수는 $\underbrace{_3P_2 \times 2! \times 2}_{③} = 6 \times 2 \times 2 = 24$가지이다.

∴ 구하는 경우의 수 : $36 + 24 = 60$가지

정답 ②

이거 알면 30초 컷!

• 기본적으로 많이 활용되는 공식은 숙지한다.

 − 동전 n개를 던졌을 때의 경우의 수 : 2^n가지

 − 주사위 n개를 던졌을 때의 경우의 수 : 6^n가지

 − n명을 한 줄로 세우는 경우의 수 : $n!$

 − 원형 모양의 탁자에 n명이 앉는 경우의 수 : $(n-1)!$

• 확률과 경우의 수 문제는 빠르게 계산할 수 있는 방법을 생각해야 한다. 특히 '이상'과 같은 표현이 사용됐다면 1(전체)에서 나머지 확률(경우의 수)를 빼는 방법(여사건 활용)이 편리하다.

유형분석

- 제시된 자료의 규칙을 바탕으로 미래의 값을 추론하는 유형이다.
- 등차수열이나 등비수열, log, 지수 등의 수학적인 지식을 묻기도 한다.

주요 수열 종류

구분	설명
등차수열	앞의 항에 일정한 수를 더해 이루어지는 수열
등비수열	앞의 항에 일정한 수를 곱해 이루어지는 수열
계차수열	수열의 인접하는 두 항의 차로 이루어진 수열
피보나치수열	앞의 두 항의 합이 그 다음 항의 수가 되는 수열
건너뛰기 수열	1. 두 개 이상의 수열이 일정한 간격을 두고 번갈아가며 나타나는 수열
	2. 두 개 이상의 규칙이 일정한 간격을 두고 번갈아가며 적용되는 수열
군수열	일정한 규칙성으로 몇 항씩 묶어 나눈 수열

A제약회사에서는 유산균을 배양하는 효소를 개발 중이다. 이 효소와 유산균이 만났을 때 다음과 같이 유산균의 수가 변화하고 있다면 효소의 양이 12g일 때 남아있는 유산균의 수는?

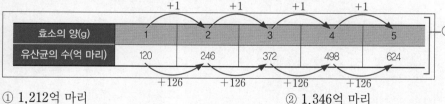

효소의 양(g)	1	2	3	4	5
유산균의 수(억 마리)	120	246	372	498	624

① 1,212억 마리

② 1,346억 마리

③ 1,480억 마리

④ 1,506억 마리

⑤ 1,648억 마리

① 규칙 파악

수열 문제에 접근할 때 가장 먼저 등차수열이나 등비수열이 아닌지 확인해야 한다. 문제에서 효소와 유산균이 만났을 때 유산균의 수가 변화한다고 하였으므로 효소의 양과 유산균의 수의 변화는 관련이 있는 것을 알 수 있다. 효소의 양은 1g씩 늘어나고 있고 그에 따른 유산균의 수는 계속 증가하고 있다. 이 문제에서 유산균의 수는 공차가 126인 등차수열임을 알 수 있다.

② 계산

식을 세워 계산하는 방법은 다음과 같다.

식을 세우기 전에 미지수를 지정한다. 효소의 양이 ng일 때 유산균의 수를 a_n 억 마리라고 하자.

등차수열의 공식이 $a_n = (첫 항) + (공차) \times (n-1)$임을 활용한다.

유산균의 수는 매일 126억 마리씩 증가하고 있다. 등차수열 공식에 의해

$a_n = 120 + 126(n-1) = 126n - 6$이다.

따라서 효소의 양이 12g일 때의 유산균의 수는 $a_n = 126 \times 12 - 6 = 1,512 - 6 = 1,506$억 마리이다.

삼성 수추리는 직접 계산해도 될 만큼의 계산력을 요구한다. 물론 식을 세워서 계산하는 방법이 가장 빠르고 정확하지만 공식이 기억나지 않는다면 머뭇거리지 말고 직접 계산을 해야 한다.

이 문제 역시 효소의 양이 12g일 때 유산균의 수를 물었으므로 공식이 생각나지 않는다면 직접 계산으로 풀이할 수 있다.

효소의 양(g)	5		6		7		8		9		10		11		12
유산균의 수(억 마리)	624	→ +126	750	→ +126	876	→ +126	1,002	→ +126	1,128	→ +126	1,254	→ +126	1,380	→ +126	1,506

정답 ④

이거 알면 30초 컷!

자료해석의 수추리는 복잡한 규칙을 묻지 않고, 지나치게 큰 n(미래)의 값을 묻지 않는다. 등차수열이나 등비수열 등이 출제되었을 때, 공식이 생각나지 않는다면 써서 나열하는 것이 문제 풀이 시간을 단축할 수 있는 방법이다.

온라인 풀이 Tip

쉬운 수열은 눈으로 풀 수 있지만 대부분은 차이를 계산해봐야 하는 등 여러 경우를 생각해봐야 한다. 문제풀이 용지도 활용해야 하므로 문제를 읽고 바로 수열을 문제풀이 용지에 옮겨 적도록 한다.

01 | 수리논리 수추리 ②

유형분석

• 제시된 자료의 일정한 규칙을 판단하여 미래의 값을 예측하는 유형이다.
• 등차수열이나 등비수열 등의 개념을 묻기도 한다.

① 조건 1

매일 하루에 한 번 어항에 자동으로 먹이를 주는 기계가 다음 〈규칙〉에 따라 먹이를 준다. 당일에 줄 먹이 양이 0이 되는 날은 먹이를 준 지 13일 차 였을 때, 이때까지 준 총 먹이 양의 합은 얼마인가?(단, m은 자연수이고, 1일 차는 홀수 일이다)
① 조건 2   ① 조건 3

미지수 확인

〈규칙〉

㉠ 첫날 어항에 준 먹이의 양은 $3m$kg이다.
㉡ 당일에 줄 먹이의 양은 전날이 홀수 일인 경우, 전날 먹이의 양에 1kg을 더한다.
㉢ 당일에 줄 먹이의 양은 전날이 짝수 일인 경우, 전날 먹이의 양에 2kg을 뺀다.

① 46kg   ② 47kg
③ 48kg   ④ 49kg
⑤ 50kg

② 제시된 조건 한눈에 보이게 정리

(단위 : kg)

1일 차	2일 차	3일 차	4일 차	5일 차	6일 차	7일 차
$3m$	$3m+1$	$3m-1$	$3m$	$3m-2$	$3m-1$	$3m-3$

③ 미지수 구하기

홀수 일을 나열하면 13일 차의 먹이 양은 $(3m-6)$kg

$3m-6=0$

$\therefore m=2$

④ 빠르게 풀 수 있는 규칙 찾기

(1일 차)+(2일 차)=$6m+1$=13, (3일 차)+(4일 차)=$6m-1$=11, (5일 차)+(6일 차)=$6m-3$=9 …

첫째 항은 a_1=13이고 공차는 -2인 등차수열인 것을 알 수 있다.

따라서 이의 합은 $\dfrac{2\times13+(6-1)(-2)}{2}\times6=48$kg이다.

㉠~㉢ 규칙에서 일차에 따라 먹이 개수를 나열하면 다음과 같다.

(단위 : kg)

1일 차	2일 차	3일 차	4일 차	5일 차	6일 차	7일 차
$3m$	$3m+1$	$3m-1$	$3m$	$3m-2$	$3m-1$	$3m-3$

홀수 일을 보면 1일 차$=3m$, 3일 차$=3m-1$, 5일 차$=3m-2$ …로 -1씩 계산되어 13일 차에는 $(3m-6)$개의 먹이를 준다.

문제에서 13일 차에 먹이 개수가 0이 된다고 했기 때문에 $3m-6=0 \rightarrow m=2$이다.

두 항씩 묶어서 계산하면, 첫 번째 항이 $6m+1$이고, 공차가 -2인 등차수열임을 알 수 있다.

(1일 차)$+$(2일 차)$=6m+1$, (3일 차)$+$(4일 차)$=6m-1$ …

12일 차까지는 6개의 항이 되며, 각항을 모두 더하면 $6 \times 6m+(1-1-3-5-7-9)=36m-24$이다.

따라서 13일차까지 어항에 준 먹이의 양은 $36 \times 2-24=48$kg이다.

정답 ③

 이거 알면 30초 컷!

삼성에서 나오는 미래의 값을 묻는 수추리의 경우 복잡한 규칙을 묻지 않고, 지나치게 큰 n(미래)의 값을 묻지 않는다. 때문에 공식이 생각나지 않는다면 직접 써서 나열하는 것이 문제 풀이 시간을 단축할 수 있는 방법이다.

01 | 수리논리 자료해석

- 자료를 보고 해석하거나 추론한 내용을 고르는 문제가 출제된다.
- 증감 추이, 증감률, 증감폭 등의 간단한 계산이 포함되어 있다.
- %, %p 등의 차이점을 알고 적용할 수 있어야 한다.

  %(퍼센트) : 어떤 양이 전체(100)에 대해서 얼마를 차지하는가를 나타내는 단위

  %p(퍼센트 포인트) : %로 나타낸 수치가 이전 수치와 비교했을 때 증가하거나 감소한 양

- (백분율)$=\dfrac{(\text{비교하는 양})}{(\text{기준량})}\times100$

- (증감률)$=\dfrac{(\text{비교대상의 값})-(\text{기준값})}{(\text{기준값})}$

- (증감량)$=$(비교대상 값 A)$-$(또 다른 비교대상의 값 B)

다음은 은행별 금융민원감축 노력수준 평가에 해당 공시자료이다. 이에 대한 설명 중 적절하지 않은 것은?

① 표 제목 확인
표 제목은 표의 내용을 요약한 것으로 표를 보기 전 확인하면 표 해석에 도움이 됨

〈금융민원 발생 현황〉

② 단위 확인
함정이 생길 수 있는 부분이므로 확인 필수

③ 표의 항목 확인

②

(단위 : 건)

은행명	민원 건수(고객 십만 명당)		민원 건수	
	2021년	2022년	2021년	2022년
A	5.62	4.64	1,170	1,009
B	5.83	4.46	1,695	1,332 ↑ 제일 많음
C	4.19	3.92	980	950 ↓ 제일 적음
D	5.53	3.75	1,530	1,078

감소

① 금융민원 발생 건수는 전반적으로 전년 대비 감소했다고 평가할 수 있다.

$$(\text{○○○○년 대비 □□□□년 증감률}) = \frac{(\text{□□□□년 데이터}) - (\text{○○○○년 데이터})}{(\text{○○○○년 데이터})} \times 100$$

② 2022년을 기준으로 C은행은 금융민원 건수가 가장 적지만, 전년 대비 민원 감축률은 약 3.1%로 가장 낮았다.

A를 A은행의 전년 대비 민원 감축률, B를 B은행의 전년 대비 민원 감축률, C를 C은행의 전년 대비 민원 감축률, D를 D은행의 전년 대비 민원 감축률이라 하자.

C와 A, B, D 배수 비교

$$C : \frac{30}{980} \times 100 < (A : \frac{161}{1,170} \times 100, B : \frac{363}{1,695} \times 100, D : \frac{452}{1,530} \times 100)$$

(∵ 분자는 5배 이상 차이가 나지만 분모는 2배 미만)

③ 가장 많은 고객을 보유하고 있는 은행은 2022년에 금융민원 건수가 가장 많다.

— $(\text{고객 십만 명당 민원 건수}) = \dfrac{(\text{전체 민원 건수})}{(\text{전체 고객 수})}$ ÷ (십만 명)

— (전체 고객 수) = (전체 민원 건수) ÷ (고객 십만 명당 민원 건수) × (십만 명)

④ 금융민원 건수 감축률을 기준으로 금융소비자보호 수준을 평가했을 때 D → A → B → C은행 순서로 우수하다. **A와 B 배수 비교**

$$A : \frac{161}{1,170} \times 100 < B : \frac{363}{1,695} \times 100$$

(∵ $363 = 161 \times n$, $1,695 = 1,170 \times m$

이라고 하면, $n > 2$이고 $0 < m < 2$이므로 $\dfrac{n}{m} > 1$)

B와 D 분수 비교

$$B : \frac{363}{1,695} \times 100 < D : \frac{452}{1,530} \times 100 (∵ 452 > 363, 1,530 < 1,695)$$

⑤ 민원 건수가 2021년 대비 2022년에 가장 많이 감소한 곳은 D은행이다.

은행별 감축률을 구하면 다음과 같다.

- 전년 대비 2022년 A은행 금융민원 건수 감축률 : $(|1,009-1,170|)\div1,170\times100=\dfrac{161}{1,170}\times100\fallingdotseq13.8\%$

- 전년 대비 2022년 B은행 금융민원 건수 감축률 : $(|1,332-1,695|)\div1,695\times100=\dfrac{363}{1,695}\times100\fallingdotseq21.4\%$

- 전년 대비 2022년 C은행 금융민원 건수 감축률 : $(|950-980|)\div980\times100=\dfrac{30}{980}\times100\fallingdotseq3.1\%$

- 전년 대비 2022년 D은행 금융민원 건수 감축률 : $(|1,078-1,530|)\div1,530\times100=\dfrac{452}{1,530}\times100\fallingdotseq29.5\%$

따라서 D → B → A → C은행 순서로 우수하다.

오답분석

① 제시된 자료의 민원 건수를 살펴보면, 2021년 대비 2022년에 모든 은행의 민원 건수가 감소한 것을 확인할 수 있다.

② C은행의 2022년 금융민원 건수는 950건으로 가장 적지만, 전년 대비 약 3%로 가장 낮은 수준의 감축률을 달성하였다.

- 전년 대비 2022년 A은행 금융민원 건수 감축률 : $(|1,009-1,170|)\div1,170\times100=\dfrac{161}{1,170}\times100\fallingdotseq13.8\%$

- 전년 대비 2022년 B은행 금융민원 건수 감축률 : $(|1,332-1,695|)\div1,695\times100=\dfrac{363}{1,695}\times100\fallingdotseq21.4\%$

- 전년 대비 2022년 C은행 금융민원 건수 감축률 : $(|950-980|)\div980\times100=\dfrac{30}{980}\times100\fallingdotseq3.1\%$

- 전년 대비 2022년 D은행 금융민원 건수 감축률 : $(|1,078-1,530|)\div1,530\times100=\dfrac{452}{1,530}\times100\fallingdotseq29.5\%$

③ 각 은행의 고객 수는 '(전체 민원 건수)÷(고객 십만 명당 민원 건수)×(십만 명)'으로 구할 수 있다. B은행이 약 29,865,471명으로 가장 많으며, 2022년 금융민원 건수도 1,332건으로 가장 많다.

- A은행 고객 수 : $1,009\div4.64\times(십만\ 명)=\dfrac{1,009}{4.64}\times(십만\ 명)\fallingdotseq21,745,690명$

- B은행 고객 수 : $1,332\div4.46\times(십만\ 명)=\dfrac{1,332}{4.46}\times(십만\ 명)\fallingdotseq29,865,471명$

- C은행 고객 수 : $950\div3.92\times(십만\ 명)=\dfrac{950}{3.92}\times(십만\ 명)\fallingdotseq24,234,694명$

- D은행 고객 수 : $1,078\div3.75\times(십만\ 명)=\dfrac{1,078}{3.75}\times(십만\ 명)\fallingdotseq28,746,667명$

십만 명이 곱해지는 것은 모두 같기 때문에 앞의 분수만으로 비교를 해보면, 먼저 A은행과 B은행의 고객 수는 4.64>4.46이고 1,009<1,332이므로 분모가 작고 분자가 큰 B은행 고객 수가 A은행 고객 수보다 많다. 또한 C은행 고객 수와 D은행 고객 수를 비교해보면 3.92>3.75이고 950<1,078이므로 분모가 작고 분자가 큰 D은행 고객 수가 C은행 고객 수보다 많다. 마지막으로 D은행 고객 수와 B은행 고객 수를 직접 계산으로 비교를 하면 B은행이 D은행보다 고객 수가 많은 것을 알 수 있다.

⑤ D은행은 총 민원 건수가 452건 감소하였으므로 적절하다.

정답 ④

이거 알면 30초 컷!

- 계산이 필요 없는 선택지를 먼저 해결한다.
  예 ②와 ④의 풀이방법은 동일하다.
- 정확한 값을 비교하기보다 어림값을 활용한다.
  배수 비교
  - $D=mB$, $C=nA$(단, n, $m \geq 0$)일 때,

  $n>m$이면 $\dfrac{n}{m}>1$이므로 $\dfrac{A}{B}<\dfrac{C}{D}$

  $n=m$이면 $\dfrac{n}{m}=1$이므로 $\dfrac{A}{B}=\dfrac{C}{D}$

  $n<m$이면 $0<\dfrac{n}{m}<1$이므로 $\dfrac{A}{B}>\dfrac{C}{D}$

  - $A=mB$, $C=nD$(단, n, $m \geq 0$)일 때,

  $\dfrac{A}{B}=\dfrac{mB}{B}=m$, $\dfrac{C}{D}=\dfrac{mD}{D}=n$이므로

  $n>m$이면 $\dfrac{A}{B}<\dfrac{C}{D}$

  $n=m$이면 $\dfrac{A}{B}=\dfrac{C}{D}$

  $n<m$이면 $\dfrac{A}{B}>\dfrac{C}{D}$

- 간단한 선택지부터 해결하기 계산이 필요 없거나 생각하지 않아도 되는 선택지를 먼저 해결한다.
- 적절한 것/적절하지 않은 것 헷갈리지 않게 표시하기 자료해석은 적절한 것 또는 적절하지 않은 것을 찾는 문제가 출제된다. 문제마다 매번 바뀌므로 이를 확인하는 것은 매우 중요하다. 따라서 선택지에 표시할 때에도 선택지가 적절하지 않은 내용이라서 '×' 표시를 했는지, 적절한 내용이지만 문제가 적절하지 않은 것을 찾는 문제라 '×' 표시를 했는지 헷갈리지 않도록 표시 방법을 정해야 한다.
- 제시된 자료를 통해 계산할 수 있는 값인지 확인하기 제시된 자료만으로 계산할 수 없는 값을 묻는 선택지인지 먼저 판단해야 한다. 문제를 읽고 바로 계산부터 하면 함정에 빠지기 쉽다.

 온라인 풀이 Tip

오프라인 시험에서는 종이에 중요한 부분을 표시할 수 있지만, 온라인 시험에서는 표시할 방법이 없어 필요한 여러 정보를 눈으로 확인해야 한다. 따라서 마우스 포인터와 손가락으로 표시하는 행동은 자료해석 유형을 풀이할 때 많은 도움이 되므로 이를 활용하여 풀이한다.

자료에서 가장 큰 값 찾기
자료를 위에서 아래로 또는 왼쪽에서 오른쪽으로 훑으면서 지금까지 확인한 숫자 중 가장 큰 값을 손가락으로 가리킨다. 자료가 많으면 줄이 헷갈릴 수 있으므로 마우스 포인터로 줄을 따라가며 읽는다.

CHAPTER
01 | 수리논리 자료계산

유형분석

- 주어진 자료를 통해 문제에서 주어진 특정한 값을 찾고, 자료의 변동량을 구할 수 있는지를 평가하는 유형이다.
- 계산하지 않고 눈으로 확인할 수 있는 내용(증감추이)이 있는지 확인한다.

① 문제 확인 → $\dfrac{\text{고위직}}{\text{총 진출 인원}} \times 100$

다음은 내국인 국제기구 진출현황에 관한 그래프이다. 그래프에서 국제기구 <u>총 진출 인원</u> 중 <u>고위직</u> 진출 인원수의 비율이 가장 높은 해는?

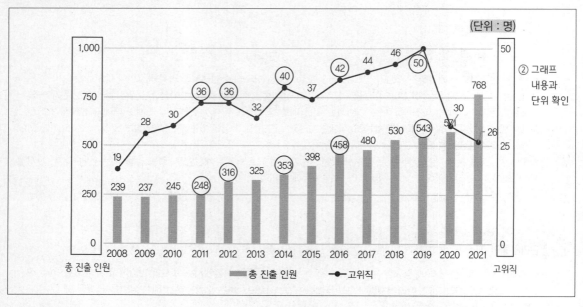

② 그래프 내용과 단위 확인

① 2011년
② 2012년
③ 2014년
④ ~~2016년~~
⑤ ~~2019년~~

③ 선택지에 제시된 해만 표시하고 계산
비율이 크다는 것은 분모가 작고 분자는 크다는 의미이다. 즉, ④와 ⑤는 계산해보지 않아도 답이 아닌 것을 알 수 있다.

연도별 국제기구 총 진출인원 중 고위직 진출 인원수의 비율은 다음과 같다.

① 2011년 : $\frac{36}{248} \times 100 ≒ 14.5\%$

② 2012년 : $\frac{36}{316} \times 100 ≒ 11.4\%$

③ 2014년 : $\frac{40}{353} \times 100 ≒ 11.3\%$

④ 2016년 : $\frac{42}{458} \times 100 ≒ 9.2\%$

⑤ 2019년 : $\frac{50}{543} \times 100 ≒ 9.2\%$

따라서 국제기구 총 진출 인원 중 고위직 진출 인원수의 비율이 가장 높은 해는 2011년이다.

정답 ①

 이거 알면 30초 컷!

자료계산 문제의 경우 2가지 경우로 나눌 수 있다.

• **정확한 수치를 구해야 하는 경우**
선택지가 아닌 제시된 자료나 그래프를 보고 원하는 수치를 찾는다. 이때, 수치가 크다면 전체를 다 계산하는 것이 아니라 일의 자릿수부터 값이 맞는지를 확인한다.

• **원하는 수치에 해당하는 값을 찾는 경우**
제시된 문제처럼 정확한 수치가 아닌 해당하는 경우나 해당하지 않는 경우를 묻는 문제는 선택지를 먼저 보고, 제시되어 있는 경우만 빠르게 계산한다.

 온라인 풀이 Tip

• 숫자를 정확하게 옮겨 적은 후, 정확하게 계산을 할지 어림계산을 할지 고민한다.
• 최근 시험에서는 숫자 계산이 깔끔하게 떨어지는 경우가 많다.

01 | 수리논리 자료변환

- 제시된 표를 그래프로 적절하게 변환한 것을 묻는 유형이다.
- 복잡한 표가 제시되지 않으므로 수의 크기만을 판단하여 풀이할 수 있다.

다음은 B대학교의 학과별 입학정원 변화에 대한 자료이다. 이를 나타낸 그래프로 적절하지 않은 것은?

③ 표의 항목 확인

〈학과별 입학정원 변화〉

② 단위 확인

이 표의 경우에는 연도가 내림차순으로 정렬되어 있다. ← ① 제목 확인

(단위 : 명)

구분	2018년		2017년	2016년	2015년	2014년
A학과	150	—7	157	135	142	110
B학과	54	—6	60	62	55	68
C학과	144	—6	150	148	130	128
D학과	77	—8	85	80	87	90
E학과	65	+5	60	64	67	66
F학과	45	+3	42	48	40	50
G학과	120	+10	110	114	114	115
H학과	100	—5	105	108	110	106

① 2017~2018년 학과별 입학정원 변화

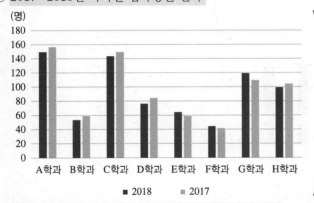

⑤ 빠르게 확인 가능한 선택지부터 확인
  ①의 경우 2018, 2017년 수치를 바로 적용시킬 수 있으
  므로 우선 확인한다.

② 2014~2018년 A, C, D, G, H학과 입학정원 변화

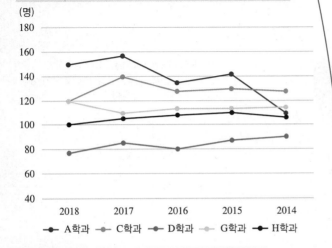

③ 2014~2018년 B, E, F, G학과 입학정원 변화

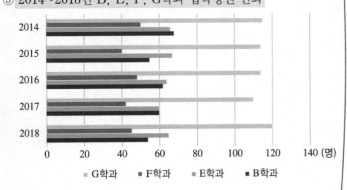

⑥ 증감 추이 판단 후 수치가 맞는지 확인

④ 2014~2016년 학과별 입학정원 변화

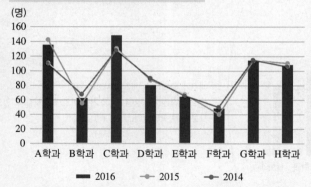

⑤ 전년 대비 2018년도의 A~F학과 입학정원 증감 인원

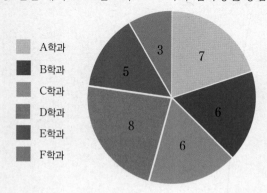

⑥

④ 선택지의 제목과 자료에서 필요한 정보 확인
　⑤의 경우 필요한 자료는 증감량이므로 표에 미리 표시
　하면 빠른 풀이가 가능하다.

C학과의 2016~2018년도 입학정원이 자료보다 낮게 표시되었다.

 이거 알면 30초 컷!

- 수치를 일일이 확인하는 것보다 증감 추이를 먼저 판단해서 선택지를 1차적으로 거르고 나머지 선택지 중 그래프의 모양이 크게 차이나는 곳을 확인한다.
- 선택지에서 특징적인 부분이 있는 선택지를 먼저 판단한다.
- 제시된 자료의 증감 추이를 나타내면 다음과 같다.

구분	2018년	2017년	2016년	2015년	2014년
A학과	감소	증가	감소	증가	—
B학과	감소	감소	증가	감소	—
C학과	감소	증가	증가	증가	—
D학과	감소	증가	감소	감소	—
E학과	증가	감소	감소	증가	—
F학과	증가	감소	증가	감소	—
G학과	증가	감소	불변	감소	—
H학과	감소	감소	감소	증가	—

이에 따라 C학과의 2016~2018년의 증감 추이가 제시된 자료와 다른 것을 알 수 있다.

 온라인 풀이 Tip

이 유형은 계산이 없다면 눈으로만 풀이해도 되지만, 문제풀이 용지에 풀이를 남겨야 하므로 다음과 같이 작성한다.
1. 계산이 있는 경우
   계산 부분만 문제풀이 용지에 적어도 충분하다.
2. 계산이 없는 경우
   해설처럼 '② C학과의 16~18년도 입학정원이 자료보다 낮음'으로 자료하고 다른 부분만 요약하여 작성한다.

유형분석

• 주어진 단어 사이의 관계를 유추하여 빈칸에 들어갈 적절한 단어를 찾는 문제이다.
• 출제되는 어휘 관련 2문제 중 1문제가 이 유형으로 출제된다.
• 유의관계, 반의관계, 상하관계 이외에도 원인과 결과, 행위와 도구, 한자성어 등 다양한 관계가 제시된다.

① 제시된 단어 뜻 파악
자기의 손이나 발처럼 마음대로 부리는 사람
을 비유적으로 이르는 말

다음 제시된 단어의 대응 관계로 볼 때 빈칸에 들어가기에 적절한 것은?

② 관계 유추   유의어 ③ 유의 관계에 맞는 단어 유추

유의 관계 손발 : 하수인＝바지저고리 : (   )

주견이나 능력이 전혀 없는 사람을 놀림조로 이르는 말

① 비협조자   ② 불평분자 └ ＝무능력
③ 의류업자   ④ 무능력자
⑤ 비관론자

남의 밑에서 졸개 노릇을 하는 사람

제시문은 유의 관계이다. '손발'의 유의어는 '하수인'이고 '바지저고리'의 유의어는 '무능력자'이다.
• 바지저고리 : 주견이나 능력이 전혀 없는 사람을 놀림조로 이르는 말

오답분석
② 불평분자 : 어떤 조직체의 시책에 불만을 품고 투덜거리는 사람
⑤ 비관론자 : 비관론을 따르거나 주장하는 사람

정답 ④

 이거 알면 30초 컷!

최근에 출제되는 어휘유추 유형 문제는 선뜻 답을 고르기 쉽지 않은 경우가 많다. 이 경우 먼저 ①~⑤의 단어를 모두 빈칸에 넣어보고, 제시된 단어와 관계 자체가 없는 보기 → 관계가 있지만 빈칸에 들어갔을 때 옆의 단어 관계와 등가 관계를 이룰 수 없는 보기 순서로 소거하면 좀 더 쉽게 답을 찾을 수 있다.

동의어/반의어 종류

종류		뜻	예시
동의어		형태는 다르나 동일한 의미를 가지는 두 개 이상의 단어	가난 – 빈곤, 가격 – 비용, 가능성 – 잠재력 등
반의어	상보 반의어	의미 영역이 상호 배타적인 두 영역으로 양분하는 두 개 이상의 단어	살다 – 죽다, 진실 – 거짓 등
	정도(등급) 반의어	정도나 등급에 있어 대립되는 두 개 이상의 단어	크다 – 작다, 길다 – 짧다, 넓다 – 좁다, 빠르다 – 느리다 등
	방향(상관) 반의어	맞선 방향을 전제로 하여 관계나 이동의 측면에서 대립하는 두 개 이상의 단어	오른쪽 – 왼쪽, 앞 – 뒤, 가다 – 오다, 스승 – 제자 등

함정 제거
동의어를 찾는 문제라면 무조건 보기에서 반의어부터 지우고 시작한다. 반대로 반의어를 찾는 문제라면 보기에서 동의어를 지우고 시작한다. 단어와 관련이 없는 보기는 헷갈리지 않지만 관련이 있는 보기는 아는 문제여도 함정에 빠져 틀리기 쉽기 때문이다.

02 | 추리 명제 - 삼단논법

- '$p \to q$, $q \to r$이면 $p \to r$이다.' 형식의 삼단논법과 명제의 대우를 활용하여 푸는 유형이다.
- 전제를 추리하거나 결론을 추리하는 유형이 출제된다.
- 'A○ → B×' 또는 '$p \to {\sim}q$'와 같이 명제를 단순화하여 정리하면서 풀어야 한다.

제시된 명제가 모두 참일 때, 빈칸에 들어갈 명제로 가장 적절한 것을 고르면?

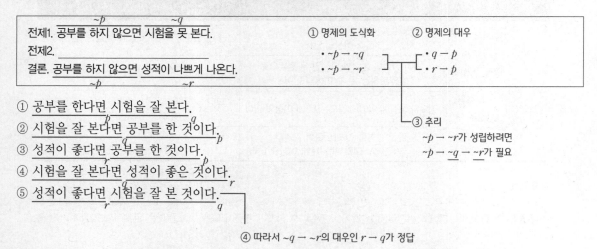

① 공부를 한다면 시험을 잘 본다.
② 시험을 잘 본다면 공부를 한 것이다.
③ 성적이 좋다면 공부를 한 것이다.
④ 시험을 잘 본다면 성적이 좋은 것이다.
⑤ 성적이 좋다면 시험을 잘 본 것이다.

'공부를 함'을 p, '시험을 잘 봄'을 q, '성적이 좋게 나옴'을 'r'이라 하면 첫 번째 명제는 $\sim p \rightarrow \sim q$, 마지막 명제는 $\sim p \rightarrow \sim r$이다. 따라서 $\sim q \rightarrow \sim r$이 빈칸에 들어가야 $\sim p \rightarrow \sim q \rightarrow \sim r$이 되어 $\sim p \rightarrow \sim r$이 성립한다. 참인 명제의 대우도 역시 참이므로 $\sim q \rightarrow \sim r$의 대우인 '성적이 좋다면 시험을 잘 본 것이다.'가 답이 된다.

정답 ⑤

 이거 알면 30초 컷!

전제 추리 방법	결론 추리 방법
전제1이 $p \rightarrow q$일 때, 결론이 $p \rightarrow r$이라면 각 명제의 앞부분이 같으므로 뒷부분을 $q \rightarrow r$로 이어준다. 만일 형태가 이와 맞지 않는다면 대우명제를 이용한다.	대우명제를 활용하여 전제1과 전제2가 $p \rightarrow q$, $q \rightarrow r$의 형태로 만들어진다면 결론은 $p \rightarrow r$이다.

온라인 풀이 Tip

해설처럼 p, q, r 등의 문자로 표현하는 것이 아니라 자신이 알아볼 수 있는 단어나 기호로 표시한다. 문제풀이 용지만 봐도 문제 풀이가 가능하도록 풀이과정을 써야 한다.

전제1. 공부 × → 시험 × 전제2. 결론. 공부 × → 성적 × 　**주어진 정보** ⇒ 전제2. 시험 × → 성적 × & 성적 ○ → 시험 ○ 　**문제 풀이**

유형분석

- '$p \rightarrow q$, $q \rightarrow r$이면 $p \rightarrow r$이다.' 형식의 삼단논법과 명제의 대우를 활용하여 푸는 유형이다.
- 명제의 역 · 이 · 대우

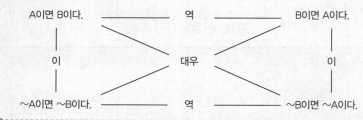

다음 명제가 참일 때, 항상 옳은 것은?

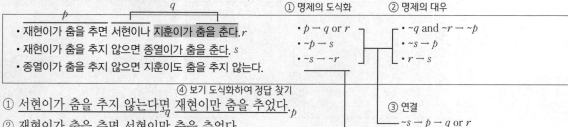

- 재현이가 춤을 추면 서현이나 지훈이가 춤을 춘다. r
- 재현이가 춤을 추지 않으면 종열이가 춤을 춘다. s
- 종열이가 춤을 추지 않으면 지훈이도 춤을 추지 않는다.

① 명제의 도식화
- $p \rightarrow q$ or r
- $\sim p \rightarrow s$
- $\sim s \rightarrow \sim r$

② 명제의 대우
- $\sim q$ and $\sim r \rightarrow \sim p$
- $\sim s \rightarrow p$
- $r \rightarrow s$

③ 연결
$\sim s \rightarrow p \rightarrow q$ or r
$\Rightarrow \sim s \rightarrow p \rightarrow q$

④ 보기 도식화하여 정답 찾기

① 서현이가 춤을 추지 않는다면$_{\sim q}$ 재현이만 춤을 추었다. $_p$
② 재현이가 춤을 추면$_p$ 서현이만 춤을 추었다. $_q$
③ 종열이가 춤을 추지 않았다면$_{\sim s}$ 지훈이만 춤을 추었다. $_r$
④ 서현이가 춤을 추면$_q$ 재현이와 지훈이는 춤을 추었다. $_{p \text{ and } r}$
⑤ 종열이가 춤을 추지 않았다면$_{\sim s}$ 재현이와 서현이는 춤을 추었다. $_{p \text{ and } q}$

'재현이가 춤을 춘다.'를 p, '서현이가 춤을 춘다.'를 q, '지훈이가 춤을 춘다.'를 r, '종열이가 춤을 춘다.'를 s라고 하면 주어진 명제는 순서대로 $p \rightarrow q$ or r, $\sim p \rightarrow s$, $\sim s \rightarrow \sim r$이다. 두 번째 명제의 대우는 $\sim s \rightarrow p$이고 이를 첫 번째 명제와 연결하면 $\sim s \rightarrow p \rightarrow q$ or r이다. 세 번째 명제에서 $\sim s \rightarrow \sim r$라고 하였으므로 $\sim s \rightarrow p \rightarrow q$임을 알 수 있다. 따라서 ⑤가 적절하다.

정답 ⑤

 이거 알면 30초 컷!

- 꼬리 물기 명제의 경우 가장 첫 문장을 찾는다.
- 참/거짓 문제는 모순이 되는 진술을 먼저 찾고 이의 참/거짓을 판단한다.

02 | 추리 명제 - 벤다이어그램

- '어떤', '모든' 등 일부 또는 전체를 나타내는 명제 유형이다.
- 전제를 추리하거나 결론을 추리하는 유형이 출제된다.
- 벤다이어그램으로 나타내어 접근한다.

제시된 명제가 모두 참일 때, 빈칸에 들어갈 명제로 가장 적절한 것을 고르면?

전제1. 어떤 키가 작은 사람은 농구를 잘한다.
전제2. _____
결론. 어떤 순발력이 좋은 사람은 농구를 잘한다.

① 어떤 키가 작은 사람은 순발력이 좋다.
② 농구를 잘하는 어떤 사람은 키가 작다.
③ 순발력이 좋은 사람은 모두 키가 작다.
④ 키가 작은 사람은 모두 순발력이 좋다.
⑤ 어떤 키가 작은 사람은 농구를 잘하지 못한다.

1. '키가 작은 사람'을 A, '농구를 잘하는 사람'을 B, '순발력이 좋은 사람'을 C라고 하면,
   전제1과 결론은 다음과 같은 벤다이어그램으로 나타낼 수 있다.
   1) 전제1   2) 결론

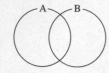

2. 결론이 참이 되기 위해서는 B와 공통되는 부분의 A와 C가 연결되어야 하므로 A를 C에 모두 포함시켜야 한다.
   즉, 다음과 같은 벤다이어그램이 성립할 때 마지막 명제가 참이 될 수 있으므로
   빈칸에 들어갈 명제는 '키가 작은 사람은 모두 순발력이 좋다.'의 ④이다.

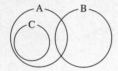

오답분석

① 다음과 같은 경우 성립하지 않는다.

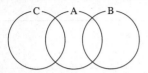

③ 다음과 같은 경우 성립하지 않는다.

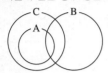

정답 ④

(30) **이거 알면 30초 컷!**

다음은 출제 가능성이 높은 명제 유형을 정리한 표이다. 이를 응용한 다양한 유형의 문제가 출제될 수 있으므로 대표적인 유형을 학습해두어야 한다.

명제 유형		전제1	전제2	결론
유형 1	명제	어떤 A는 B이다.	모든 A는 C이다.	어떤 C는 B이다. (=어떤 B는 C이다.)
	벤다이어그램	A─B 교집합	C 안에 A	A─B, C
유형 2	명제	모든 A는 B이다.	모든 A는 C이다.	어떤 C는 B이다. (= 어떤 B는 C이다.)
	벤다이어그램	B 안에 A	C 안에 A	B─C, A

- 제시된 여러 조건/상황/규칙들을 정리하여 경우의 수를 구한 후 문제를 해결하는 유형이다.
- 고정 조건을 중심으로 표나 도식으로 정리하여 확실한 조건과 배제해야 할 조건들을 정리한다.

① 문제에서 요구하는 조건을 표시한다.

등산 동아리는 봄을 맞아 소풍을 가고자 한다. 동아리 회원인 A, B, C, D, E 5명은 서로 다른 색의 접시에 각기 다른 한 가지의 과일을 준비하였다. 다음 내용에 따라 B가 준비한 접시의 색깔과 C가 준비한 과일은?

- 회원들이 준비한 과일들은 A, B, C, D, E 순으로 일렬로 놓여있다.
- 접시의 색은 빨강, 노랑, 초록, 검정, 회색이다.
- 과일은 참외, 수박, 사과, 배, 바나나가 있다.
- 수박과 참외는 이웃하지 않는다.
- 노란색 접시에 배가 담겨있고, 회색 접시에 참외가 담겨있다.
- (B는 바나나를 준비하였다.)
- 양쪽 끝 접시는 빨간색과 초록색이며, 이 두 접시에 담긴 과일의 이름은 두 글자이다.
- 바나나와 사과는 이웃한다.

② 주어진 조건 중 고정 조건을 기준으로 나머지 조건을 정리한다.
  - 노란색 : 배
  - 회색 : 참외

	B가 준비한 접시의 색깔	C가 준비한 과일
①	검정	사과
②	빨강	사과
③	검정	참외
④	초록	참외
⑤	회색	수박

③ 고정 조건을 중심으로 표나 도식을 활용하여 정리한다.

두 글자인 과일만 가능
→ 검정색 접시

i) 먼저 과일 접시의 색 확인

구분	참외	수박	사과	배	바나나
빨강	×			×	×
노랑	×	×	×	○	×
초록	×			×	×
검정	×	×	×	×	○
회색	○	×	×	×	×

바나나와 이웃

수박과 이웃하지 않음

ii) A~E의 과일과 접시 확인

구분	A	B	C	D	E
과일	수박 / 사과	바나나	참외	배	사과 / 수박
접시	빨강 / 초록	검정	회색	노랑	초록 / 빨강

④ 정리한 내용을 바탕으로 문제의 답을 찾는다.

B가 바나나를 준비하였으므로 A와 C 중 한 명이 사과를 준비하였다. 그런데 양쪽 끝 접시는 빨간색, 초록색이고 참외는 회색 접시에 담겨있으므로 양쪽 끝에 담긴 과일은 두 글자인 과일 중 참외를 제외한 사과, 수박이다. 즉, A는 사과를, E는 수박을 준비하였다. 수박과 참외는 이웃하지 않으므로 D가 준비한 과일은 참외일 수 없으므로 C가 준비한 과일은 참외이다.

C는 참외를 준비했으므로 회색 접시를 준비하고, D는 노란 접시에 배를 준비했음을 알 수 있다. A와 E가 준비한 접시는 각각 초록색 혹은 빨간색이므로 남은 색은 검정색이다.

조건에 따라 각 회원들이 준비한 과일과 접시를 정리하면 다음과 같다.

구분	A	B	C	D	E
과일	사과	바나나	참외	배	수박
접시	초록/빨강	검정	회색	노랑	빨강/초록

따라서 B가 준비한 접시의 색깔은 검정색임을 알 수 있다.

정답 ③

 이거 알면 30초 컷!

고정적인 조건을 가장 먼저 파악하는 것이 중요하다. 보통 고정적인 조건은 마지막 부분에 제시되는 경우가 많은데, 앞에 나온 조건들을 아무리 잘 정리해도 고정 조건 하나면 경우의 수가 많이 줄어든다. 때문에 항상 이를 먼저 찾는다.

 온라인 풀이 Tip

• 명제와 마찬가지로 간소화시키는 것이 가장 중요하다. 때문에 문제풀이 용지에 확정적인 조건과 그에 따라 같이 확정적이게 되는 나머지 조건을 정리하고, 문제를 풀이한다.

- 일반적으로 4~5명의 진술이 제시되며, 각 진술의 진실 및 거짓 여부를 확인하여 범인을 찾는 유형이다.
- 추리 영역 중에서도 체감난이도가 상대적으로 높은 유형으로 알려져 있다.
- 각 진술 사이의 모순을 찾아 성립하지 않는 경우의 수를 제거하거나, 경우의 수를 나누어 모든 조건이 성립하는지를 확인해야 한다.

---

① 문제에서 구하는 것 확인
→ 범인을 찾는 문제, 거짓말을 한 사람을 찾는 문제가 아님

어젯밤에 탕비실 냉장고에 보관되어 있던 행사용 케이크가 없어졌다. 어제 야근을 한 갑, 을, 병, 정, 무를 조사했더니 다음과 같이 진술했다. 케이크를 먹은 범인은 2명이고, 다음 중 단 2명만이 진실을 말한다고 할 때, 다음 중 범인이 될 수 있는 사람으로 짝지어진 것은?(단, 모든 사람은 진실만 말하거나 거짓만 말한다)

└─ 조건 1
② 조건 확인
└─ 조건 2

갑 : 을이나 병 중에 한 명만 케이크를 먹었어요.
을 : 무는 확실히 케이크를 먹었어요.
병 : 정과 무가 모의해서 함께 케이크를 훔쳐먹는 걸 봤어요.
정 : 저는 절대 범인이 아니에요.
무 : 사실대로 말하자면 제가 범인이에요.

③ 2명의 진술이 일치 → 동시에 진실을 말하거나 거짓을 진술

① 갑, 을   ② 을, 정
③ 을, 무   ④ 갑, 정
⑤ 정, 무

을의 진술이 진실이면 무의 진술도 진실이고, 을의 진술이 거짓이면 무의 진술도 거짓이다.

• 을과 무가 모두 진실을 말하는 경우

무는 범인이고, 나머지 3명은 모두 거짓을 말해야 한다. 정의 진술이 거짓이므로 정은 범인인데, 병이 무와 정이 범인이라고 했으므로 병은 진실을 말하는 것이 되어 2명만 진실을 말한다는 조건에 모순이다. 따라서 을과 무는 거짓을 말한다.

• 을과 무가 모두 거짓을 말하는 경우

무는 범인이 아니고, 갑·병·정 중 1명만 거짓을 말하고 나머지 2명은 진실을 말한다. 만약 갑이 거짓을 말한다면 을과 병이 모두 범인이거나 모두 범인이 아니어야 한다. 그런데 갑의 말이 거짓이고 을과 병이 모두 범인이라면 병의 말 역시 거짓이 되어 조건에 모순이다. 따라서 갑의 말은 진실이고, 병이 지목한 범인 중에 을이나 병이 없으므로 병의 진술은 거짓, 정의 진술은 진실이다. 따라서 범인은 갑과 을 또는 갑과 병이다.

정답 ①

 이거 알면 30초 컷!

진실게임 유형 중 90% 이상은 다음 두 가지 방법으로 풀 수 있다. 주어진 진술을 빠르게 훑으며 다음 두 가지 중 어떤 경우에 해당되는지 확인한 후 문제를 풀어나간다.

• **두 명 이상의 발언 중 한쪽이 진실이면 다른 한쪽이 거짓인 경우**

1) A가 진실이고 B가 거짓인 경우, B가 진실이고 A가 거짓인 경우 두 가지로 나눌 수 있다.

2) 두 가지 경우에서 각 발언의 진위 여부를 판단한다.

3) 주어진 조건과 비교한다(범인의 숫자가 맞는지, 진실 또는 거짓을 말한 인원수가 조건과 맞는지 등).

• **두 명 이상의 발언 중 한쪽이 진실이면 다른 한쪽도 진실인 경우**

1) A와 B가 모두 진실인 경우, A와 B가 모두 거짓인 경우 두 가지로 나눌 수 있다.

2) 두 가지 경우에서 각 발언의 진위 여부를 판단하여 범인을 찾는다.

3) 주어진 조건과 비교한다(범인의 숫자가 맞는지, 진실 또는 거짓을 말한 인원수가 조건과 맞는지 등).

유형분석

- 주어진 글을 바탕으로 추론할 수 있는 내용, 또는 추론할 수 없는 내용을 고르는 유형이다.
- 언어이해 영역의 내용일치와 유사한 면이 있다. 그러나 내용일치 유형은 지문에 제시된 내용인지 아닌지만 확인하는 유형이라면, 내용추론은 지문에 직접적으로 제시되지 않은 내용까지 추론하여 답을 도출해야 한다는 점에서 차이가 있다.

다음 글에서 추론한 내용으로 적절하지 않은 것은? ① 문제에서 제시하는 추론 유형을 확인한다. →
세부적인 내용을 추론하는 유형

헤로도토스의 앤드로파기(=식인종)나 신화나 전설적 존재들인 반인반양, 켄타우로스, 미노타우로스 등은 아무래도 역사적인 구체성이 크게 결여된 편이다. 반면에 르네상스의 야만인 담론에 등장하는 야만인들은 서구의 전통 야만인관에 의해 각색되었지만, 이전과는 달리 현실적 구체성을 띠고 나타난다. 하지만 이때도 문명의 시각이 작동하여 야만인이 저질 인간으로 인식되는 것은 마찬가지이다. 다만 이런 인식이 서구 중심의 세계체제 형성과 관련을 맺는다는 점이 이전과의 차이점이다. 르네상스 야만인 상은 서구인의 문명건설 과업과 관련하여 만들어진 것이다. '신대륙 발견'과 더불어 '문명'과 '야만'의 접촉이 빈번해지자 야만인은 더는 신화적 · 상징적 · 문화적 이해 대상이 아니다. 이제 그는 실제 경험의 대상으로서 서구인의 일상생활에까지 모습을 드러내는 존재이다.

특히 주목해야 할 점은 콜럼버스의 '신대륙 발견' 이후로 야만인 담론은 유럽인이 '발견'한 지역의 원주민들과 집단으로 직접 만나는 실제 체험과 관련되어 있다는 사실이다. 르네상스 이전이라고 해서 이방의 원주민들을 만나지 않았을 리 없겠지만 그때에는 원주민에 관한 정보가 직접 경험에 의한 것이라기보다는 뜬소문에 근거하거나 아니면 순전히 상상의 산물인 경우가 많았다. 반면에 르네상스 시대 야만인은 그냥 원주민이 아니다. 이때 원주민은 식인종이며 바로 이 점 때문에 문명인의 교화를 받거나 정복과 절멸의 대상이 된다. 이 점은 코르테스가 정복한 아스테카 제국인 멕시코를 생각하면 쉽게 이해할 수 있다. ⑤의 근거

멕시코는 당시 거대한 제국으로써 유럽에서도 유례를 찾아보기 힘들 정도로 거대한 인구 25만의 도시를 건설한 '문명국'이었다. 하지만 멕시코 정벌에 참여한 베르날 디아즈는 나중에 이 경험을 토대로 한 회고록 「뉴스페인 정복사」에서 멕시코 원주민들을 지독한 식인습관을 가진 것으로 매도한다. 멕시코 원주민들이 식인종으로 규정되고 나면 그들이 아무리 스페인 정복군이 눈이 휘둥그레질 정도로 발달된 문화를 가지고 있어도 소용이 없다. 그들은 집단으로 '식인' 야만인으로 규정됨으로써 정복의 대상이 되고 또 이로 말미암아 세계사의 흐름에 큰 변화가 오게 된다. 거대한 대륙의 주인이 바뀌는 것이다. ② 문단을 읽으면서 선택의 근거가 되는 부분을 확인
④의 근거

②의 근거

③의 근거
고대 야만인 이미지와 르네상스 이후 야만인 이미지 형성의 차이

①의 근거
실제 야만인과의 접촉 및 정복의 정당성 부여를 위한 이미지 형성

상당한 문명의 발달을 이룩한 멕시코임에도 식인 이미지(전통 야만인 상)를 뒤집어 씌움

① 고대에 형성된 야만인 이미지들은 경험에 의한 것이기보다 허구의 산물이었다.

② 르네상스 이후 서구인의 야만인 담론은 전통적인 야만인관과 단절을 이루었다.

③ 르네상스 이후 야만인은 서구의 세계제패 전략의 관점에서 인식되고 평가되었다. ── 첫 번째 문단

④ 스페인 정복군에 의한 아즈테카 문명의 정복은 서구 야만인 담론을 통해 합리화되었다. ── 세 번째 문단

⑤ 콜럼버스 신대륙 발견 이후 야만인은 문명에 의해 교화되거나 정복되어야 할 잔인한
존재로 매도되었다. ── 두 번째 문단

정답 해설

르네상스의 야만인 담론은 이전과는 달리 현실적 구체성을 띠고 있지만 전통 야만인관에 의해 각색되는 것은 여전하다.

정답 ②

 이거 알면 30초 컷!

문제에서 제시하는 추론 유형이 어떤 형태인지 파악한다.

- 글쓴이의 주장/의도를 추론하는 유형 : 글에 나타난 주장, 근거, 논증 방식을 파악하는 유형으로, 주장의 타당성을 평가하여 글쓴이의 관점을 이해하며 읽는다.
- 세부적인 내용을 추론하는 유형 : 주어진 선택지를 먼저 읽고 지문을 읽으면서 답이 아닌 선택지를 지워나가는 방법이 효율적이다.

유형분석

• 글의 세부적인 내용을 이해하고 있는지 평가하는 유형이다.

다음 글의 내용으로 적절한 것은?

2. 선택지에 표시한 핵심어와 관련된 내용을 지문에서 파악하여 글의 내용과 비교

①과 불일치   ②와 불일치

음악에서 화성이나 멜로디가 하나의 음 또는 하나의 화음을 중심으로 일정한 체계를 유지하는 것을 조성(調性)이라고 한다. 조성을 중심으로 한 음악은 서양음악에 지배적인 영향을 미쳤는데, 여기에서 벗어나 자유롭게 표현하고 싶은 음악가의 열망이 무조(無調) 음악을 탄생시켰다. 무조 음악에서는 한 옥타브 안의 12음 각각에 동등한 가치를 두어 음들을 자유롭게 사용하였다. 이로 인해 무조 음악은 표현의 자유를 누리게 되었지만 조성이 주는 체계성은 잃게 되었다. 악곡의 형식을 유지하는 가장 기초적인 뼈대가 흔들린 것이다. 이와 같은 상황 속에서 무조 음악이 지닌 자유로움에 체계성을 더하고자 고민한 작곡가 쇤베르크는 '12음 기법'이라는 독창적인 작곡 기법을 만들어 냈다. 쇤베르크의 12음 기법은 12음을 한 번씩 사용하여 만든 기본 음렬(音列)에 이를 '전위', '역행', '역행 전위'의 방법으로 파생시킨 세 가지 음렬을 더해 악곡을 창작하는 체계적인 작곡 기법이다.

③과 불일치

⑤와 불일치

1. 지문에서 접할 수 있는 핵심어를 중심으로 선택지에 표시

① 조성은 하나의 음으로 여러 음을 만드는 것을 말한다.
② 무조 음악은 조성이 발전한 형태라고 말할 수 있다.
③ 무조 음악은 한 옥타브 안의 음 각각에 가중치를 두어서 사용했다.
④ 조성은 체계성을 추구하고, / 무조 음악은 자유로움을 추구한다.
⑤ 쇤베르크의 12음 기법은 무조 음악과 조성 모두에서 벗어나고자 한 작곡 기법이다.

제시문은 조성과 무조 음악을 합쳐 쇤베르크가 탄생시킨 12음 기법에 대한 내용이다. 멜로디가 하나의 음 또는 하나의 화음을 중심으로 일정한 체계를 유지하는 것을 '조성'이라고 하였고, 여기에서 벗어나 자유롭게 표현하고 싶은 음악가의 열망이 '무조 음악'을 탄생시켰다고 하였다.

오답분석

① 조성은 음악에서 화성이나 멜로디가 하나의 음 또는 하나의 화음을 중심으로 일정한 체계를 유지하는 것이다.

② 무조 음악은 조성에서 벗어나 자유롭게 표현하고자 한 것이므로, 발전한 형태라고 말할 수 없다.

③ 무조 음악은 한 옥타브 안의 음 각각에 동등한 가치를 두었다.

⑤ 쇤베르크의 12음 기법은 무조 음악이 지닌 자유로움에 조성의 체계성을 더하고자 탄생한 기법이다.

정답 ④

 이거 알면 30초 컷!

주어진 글의 내용으로 적절한 것 또는 적절하지 않은 것을 고르는 문제의 경우, 제시문을 읽기 전에 문제와 선택지를 먼저 확인하는 것이 좋다. 이를 통해 제시문에서 알아내야 하는 정보가 무엇인지를 인지한 후 제시문을 독해한다.

PART 1 기출유형 뜯어보기

02 추리 반박·반론·비판

• 글을 읽고 비판적 의견이나 반박을 생각할 수 있는지를 평가하는 유형이다.

• 제시문의 '주장'에 대한 반박을 찾는 것이므로, '근거'에 대한 반박이나 논점에서 벗어난 것을 찾지 않도록 주의해야 한다.

다음 주장에 대한 반대 의견의 근거로 가장 적절하지 않은 것은? 1. 문제를 풀기 위해 글의 주장, 관점, 의도, 근거 등 글의 핵심을 파악

소년법은 반사회성이 있는 소년의 환경 조정과 품행 교정을 위한 보호처분 등의 필요한 조치를 하고, 형사처분에 관한 특별조치를 적용하는 법이다. 만 14세 이상부터 만 19세 미만의 사람을 대상으로 하며, 인격 형성 도중에 있어 그 개선가능성이 풍부하고 심신의 발육에 따르는 특수한 정신적 동요상태에 놓여 있으므로 현재의 상태를 중시하여 소년의 건전한 육성을 기하려는 것이 본래의 목적이다. → 소년법의 사전적 정의와 목적

하지만 청소년이 강력범죄를 저지르더라도 소년법의 도움으로 처벌이 경미한 점을 이용해 성인이 저지른 범죄를 뒤집어쓰거나 일정한 대가를 제시하고 대신 자수하도록 하는 등 악용사례가 있으며, 최근에는 미성년자들 스스로가 모의하여 발생한 강력범죄가 날로 수위를 높여가고 있다. 무엇보다 이러한 죄를 저지른 이들이 범죄나 처벌을 대수롭지 않게 여기는 태도를 보이는 경우가 많아 법의 존재 자체를 의심받는 상황에 이르고 있다. 따라서 해당 법을 폐지하고 저지른 죄에 걸맞은 높은 형량을 부여하는 것이 옳다. → 소년법의 악용 사례와 실효성에 대한 의문 제기를 통한 소년법 폐지 및 형량 강화 주장

① 성인이 저지른 범죄를 뒤집어쓰는 경우는 <u>소년법의 문제라기보다는 해당 범죄를 악용한 범죄자를 처벌</u>하는 것이 옳다.

② <u>소년법 대상의 대부분이 불우한 가정환경을 가지고 있기 때문에 소년법 폐지보다는 범죄예방이 급선무</u>이다.

＝되갚음 → 소년법은 소년의 보호를 목적으로 하므로 어색함

③ 소년법을 폐지하면 형법의 주요한 목적 중 하나인 <u>응보</u>의 의미가 퇴색된다.

④ 세간에 알려진 것과 달리 <u>강력범죄의 경우에는 미성년자라고 할지라도 실형을 선고</u>받는 사례가 더 많으므로 성급한 처사라고 볼 수 있다.

⑤ <u>한국의 소년법은 현재 UN 아동권리협약에 묶여있으므로</u> 무조건적인 폐지보다는 개선방법을 고민하는 것이 먼저다.

2. 글의 주장 및 근거의 어색한 부분을 찾아 반박 근거와 사례를 생각

형법의 주요한 목적 중 하나인 응보는 '어떤 행위에 대하여 받는 갚음'을 뜻한다. 제시문의 주장에 따르면 소년법을 악용하여 범죄 수준에 비해 처벌을 경미하게 받는 등 악용사례가 있으므로, 소년법을 폐지하면 응보의 의미가 퇴색된다는 것은 필자의 주장을 반박하는 근거로 적절하지 않다.

오답분석

① 소년법의 악용사례가 소년법 자체의 문제에 의한 것이 아니라고 주장하는 반대 의견이다.
②·⑤ 소년법 본래의 취지와 현재의 상황을 상기시키며 필자의 주장이 지나치다고 반박하고 있다.
④ 필자의 주장의 근거 중 하나인 경미한 처벌이 사실과 다르다고 반박하고 있다.

정답 ③

 이거 알면 30초 컷!

- 주장, 관점, 의도, 근거 등 문제를 풀기 위한 글의 핵심을 파악한다. 이후 글의 주장 및 근거의 어색한 부분을 찾아 반박할 주장과 근거를 생각해본다.
- 제시된 지문이 지나치게 길 경우 선택지를 먼저 파악하여 홀로 글의 주장이 어색하거나 상반된 의견을 제시하고 있는 답은 없는지 확인한다.

 온라인 풀이 Tip

비판적 독해는 결국 주제 찾기와 추론적 독해가 결합된 유형이다. 반박하는 내용으로 제시되는 선택지는 추론적 독해처럼 세세하게 지문을 파악하지 않아도 풀이가 가능하다. 때문에 너무 긴장하지 말고 문제에 접근한다.

CHAPTER

02 │ 추리 도형추리

- 3×3의 칸에 나열된 각 도형들 사이의 규칙을 찾아 ?에 들어갈 알맞은 도형을 찾는 유형이다.
- 이때 규칙은 가로 또는 세로로 적용되며, 회전, 색 반전, 대칭, 겹치는 부분 지우기/남기기/색 반전 등 다양한 규칙이 적용된다.

다음 제시된 도형의 규칙을 보고 ?에 들어가기에 적절한 것은?

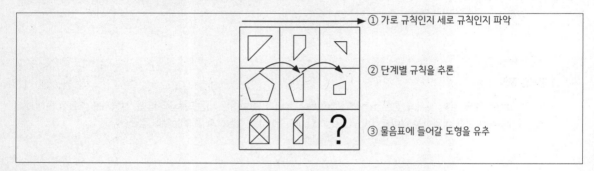

①   ②

③   ④

⑤

규칙은 가로로 적용된다. 첫 번째 도형을 수직으로 반을 잘랐을 때의 왼쪽 도형이 두 번째 도형이고, 두 번째 도형을 수평으로 반을 자른 후 아래쪽 도형을 시계 방향으로 90° 회전시킨 도형이 세 번째 도형이다.

정답 ③

🕐 이거 알면 30초 컷!

규칙이 가로로 적용되는지 세로로 적용되는지 확인하고 규칙을 찾는다.

(1) 180° 회전한 도형은 좌우와 상하가 모두 대칭이 된 모양이 된다.

예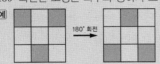

(2) 시계 방향으로 90° 회전한 도형은 시계 반대 방향으로 270° 회전한 도형과 같다.

예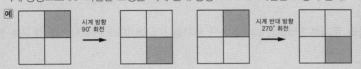

(3) 좌우 반전 → 좌우 반전, 상하 반전 → 상하 반전은 같은 도형이 된다.

예

(4) 도형을 거울에 비친 모습은 방향에 따라 좌우 또는 상하로 대칭된 모습이 나타난다.

예

유형분석

- 결과를 통해 과정을 추론할 수 있는지를 평가하는 유형이다.
- 각 규칙들이 2개 이상 한꺼번에 적용되어 제시되기 때문에 각각의 예시만 봐서는 규칙을 파악하기 어렵다. 공통되는 규칙이 있는 예시를 찾아 서로 비교하여 각 문자열의 위치가 바뀌었는지, 숫자의 변화가 있었는지 등을 확인하며 규칙을 찾아야 한다.

다음 기호들은 일정한 규칙에 따라 문자를 변화시킨다. 주어진 문자를 도식에 따라 변화시켰을 때 ?에 들어가기에 적절한 것은?

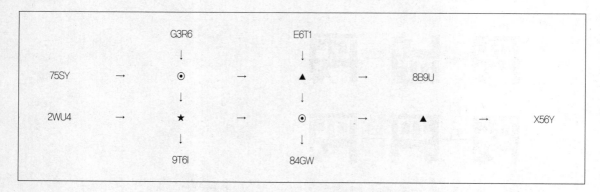

4HQ1 → ⊙ → ▲ → ?

① M54O
② K46S
③ M35P
④ K35P
⑤ M45P

① 중복되는 기호들을 묶어 하나의 기호로 취급

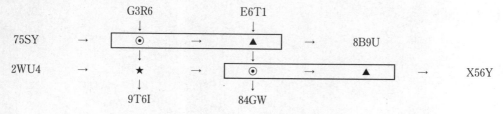

② 묶음 기호 규칙 유추

75SY → [⊙ → ▲] → 8B9U

[⊙ → ▲] 규칙 : ㉠㉡㉢㉣ - (㉡+3)(㉣+3)(㉠+2)(㉢+2)

③ 묶음 기호가 들어간 도식의 규칙 역추적

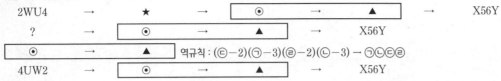

2WU4 → ★ → [⊙ → ▲] → X56Y

? → [⊙ → ▲] → X56Y

[⊙ → ▲] 역규칙 : (㉢-2)(㉠-3)(㉣-2)(㉡-3) → ㉠㉡㉢㉣

4UW2 → [⊙ → ▲] → X56Y

④ 나머지 기호 규칙 유추

2WU4 → ★ → 4UW2

★ 규칙 : ㉠㉡㉢㉣ - ㉣㉢㉡㉠

⑤ 규칙을 찾은 기호를 포함하는 도식의 규칙 역추적

G3R6
↓
⊙
↓
★
↓
9T6I

★ 역규칙 : ㉣㉢㉡㉠ - ㉠㉡㉢㉣

I6T9 → ★ → 9T6I

G3R6 → ⊙ → I6T9

∴ ⊙ 규칙 : ㉠㉡㉢㉣ - (㉠+2)(㉡+3)(㉢+2)(㉣+3)

⑥ 묶음 기호의 낱개 기호 규칙 유추

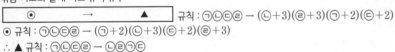

[⊙ → ▲] 규칙 : ㉠㉡㉢㉣ - (㉡+3)(㉣+3)(㉠+2)(㉢+2)

⊙ 규칙 : ㉠㉡㉢㉣ - (㉠+2)(㉡+3)(㉢+2)(㉣+3)

∴ ▲ 규칙 : ㉠㉡㉢㉣ - ㉡㉣㉠㉢

⑦ 유추한 규칙이 맞는지 유추할 때 사용하지 않은 도식을 이용하여 확인

E6T1
↓
▲
↓
⊙
↓
84GW

E6T1 → ▲ → 61ET → ⊙ → 84GW

★ : 1234 → 4321

▲ : 1234 → 2413

⊙ : 각 자릿수 +2, +3, +2, +3

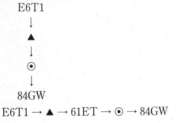

4HQ1 → 6KS4 → K46S

⊙   ▲

PART **02**

기출복원문제

| 01 | 수리논리

01 S기업에서는 사회 나눔 사업의 일환으로 마케팅부에서 5팀, 총무부에서 2팀을 구성해 어느 요양 시설에서 7팀 모두가 하루에 한 팀씩 7일 동안 봉사활동을 하려고 한다. 7팀의 봉사활동 순번을 임의로 정할 때, 첫 번째 날 또는 일곱 번째 날에 총무부 소속 팀이 봉사활동을 하게 될 확률은 $\frac{b}{a}$ 이다. $a-b$의 값은?(단, a와 b는 서로소이다)

① 4   ② 6
③ 8   ④ 10
⑤ 12

Easy

02 아마추어 야구 시합에서 A팀과 B팀이 경기하고 있다. 7회 말까지는 동점이었고 8·9회에서 A팀이 획득한 점수는 B팀이 획득한 점수의 2배이었다. 최종적으로 12 : 9로 A팀이 승리하였을 때, 8·9 회에서 B팀은 몇 점을 획득하였는가?

① 2점   ② 3점
③ 4점   ④ 5점
⑤ 6점

03 S회사에서는 업무효율을 높이기 위해 근무여건 개선방안에 대하여 논의하고자 한다. 귀하는 논의 자료를 위하여 전 직원의 야간근무 현황을 조사하였다. 다음 중 적절하지 않은 것은?

〈야간근무 현황(주 단위)〉

(단위 : 일, 시간)

구분	임원	부장	과장	대리	사원
평균 야간근무 빈도	1.2	2.2	2.4	1.8	1.4
평균 야간근무 시간	1.8	3.3	4.8	6.3	4.2

※ 60분의 3분의 2 이상을 채울 시 1시간으로 야간근무수당을 계산한다.

① 과장은 한 주에 평균적으로 2.4일 정도 야간근무를 한다.
② 전 직원의 주 평균 야간근무 빈도는 1.8일이다.
③ 사원은 한 주 동안 평균 4시간 12분 정도 야간근무를 하고 있다.
④ 1회 야간근무 시 평균적으로 가장 긴 시간 동안 일하는 직원은 대리이다.
⑤ 야간근무수당이 시간당 10,000원이라면 과장은 주 평균 50,000원을 받는다.

04 화물 출발지와 도착지 간 거리가 A기업은 100km, B기업은 200km이며, 운송량은 A기업이 5톤, B기업이 1톤이다. 국내 운송 시 수단별 요금체계가 다음과 같을 때, A기업과 B기업의 운송비용에 대한 설명으로 적절한 것은?(단, 다른 조건은 같다)

구분		화물자동차	철도	연안해송
운임	기본운임	200,000원	150,000원	100,000원
	추가운임	1,000원	900원	800원
부대비용		100원	300원	500원

※ 추가운임 및 부대비용은 거리(km)와 무게(톤)를 곱하여 산정한다.

① A, B 모두 화물자동차 운송이 저렴하다.
② A는 화물자동차가 저렴하고, B는 모든 수단이 같다.
③ A는 모든 수단이 같고, B는 연안해송이 저렴하다.
④ A, B 모두 철도운송이 저렴하다.
⑤ A는 연안해송, B는 철도운송이 저렴하다.

05 다음은 2017 ~ 2021년의 한부모 및 미혼모·부 가구 수를 조사한 자료이다. 자료에 대한 설명으로 적절하지 않은 것은?

〈2017 ~ 2021년 한부모 및 미혼모·부 가구 수〉

(단위 : 천 명)

구분		2017년	2018년	2019년	2020년	2021년
한부모 가구	모자 가구	1,600	2,000	2,500	3,600	4,500
	부자 가구	300	340	480	810	990
미혼모·부 가구	미혼모 가구	80	68	55	72	80
	미혼부 가구	28	17	22	27	30

① 한부모 가구 중 모자 가구 수는 2018 ~ 2021년까지 2020년을 제외하고 매년 1.25배씩 증가한다.
② 한부모 가구에서 부자 가구가 모자 가구 수의 20%를 초과한 연도는 2020년과 2021년이다.
③ 2020년 미혼모 가구 수는 모자 가구 수의 2%이다.
④ 2018 ~ 2021년 전년 대비 미혼모 가구와 미혼부 가구 수의 증감 추이가 바뀌는 연도는 같다.
⑤ 2018년 부자 가구 수는 미혼부 가구 수의 20배이다.

Hard

06 다음은 인천국제공항의 연도별 세관 물품 신고 수에 관한 자료이다. 〈보기〉를 바탕으로 A ~ D에 들어갈 물품으로 적절한 것은?

〈연도별 세관 물품 신고 수〉

(단위 : 만 건)

구분	2017년	2018년	2019년	2020년	2021년
A	3,547	4,225	4,388	5,026	5,109
B	2,548	3,233	3,216	3,410	3,568
C	3,753	4,036	4,037	4,522	4,875
D	1,756	2,013	2,002	2,135	2,647

보기

㉠ 가전류와 주류의 2018 ~ 2020년까지 전년 대비 세관물품 신고 수는 증가와 감소가 반복되었다.
㉡ 2021년도 담배류 세관 물품 신고 수의 전년 대비 증가량은 두 번째로 많다.
㉢ 2018 ~ 2021년 동안 매년 세관 물품 신고 수가 가장 많은 것은 잡화류이다.
㉣ 2020년도 세관물품 신고 수의 전년 대비 증가율이 세 번째로 높은 것은 주류이다.

	A	B	C	D
①	잡화류	담배류	가전류	주류
②	담배류	가전류	주류	잡화류
③	잡화류	가전류	담배류	주류
④	가전류	담배류	잡화류	주류
⑤	가전류	잡화류	담배류	주류

07 반도체 부품 회사에서 근무하는 A사원은 월별 매출 현황에 대한 보고서를 작성 중이었다. 그런데 실수로 파일이 삭제되어 기억나는 매출액만 다시 작성하였다. A사원이 기억하는 월평균 매출액은 35억 원이고, 상반기의 월평균 매출액은 26억 원이었다. 다음 중 남아 있는 매출 현황을 통해 상반기 평균 매출 대비 하반기 평균 매출의 증감액은 얼마인가?

〈월별 매출현황〉

(단위 : 억 원)

1월	2월	3월	4월	5월	6월	7월	8월	9월	10월	11월	12월	평균
–	10	18	36	–	–	–	35	20	19	–	–	35

① 12억 원 증가 ② 12억 원 감소
③ 18억 원 증가 ④ 18억 원 감소
⑤ 20억 원 증가

08 다음은 통계청에서 발표한 서울 지역 물가지수이다. 자료를 해석한 것으로 적절하지 않은 것은?

〈서울 지역 소비자물가지수 및 생활물가지수〉

(단위 : %)

구분	2018년 4/4분기	2019년 1/4분기	2019년 2/4분기	2019년 3/4분기	2019년 4/4분기	2020년 1/4분기	2020년 2/4분기	2020년 3/4분기	2020년 4/4분기	2021년 1/4분기	2021년 2/4분기	2021년 3/4분기
소비자 물가지수	95.5	96.4	97.7	97.9	99.0	99.6	100.4	100.4	101.0	102.6	103.4	104.5
전년 동기 (월)비	4.2	3.9	2.5	2.4	2.7	2.5	2.5	2.8	3.2	3.6	3.8	4.1
생활물가지수	95.2	95.9	97.1	97.6	99.1	99.7	99.7	100.4	100.9	103.1	103.5	104.5
전년 동기 (월)비	3.5	3.1	2.4	2.5	3.4	2.7	2.7	2.9	3.4	4.0	3.8	4.1

※ 물가지수는 2018년을 100으로 하여 각 연도의 비교치를 제시한 것임

① 2018년에 비해 2020년 소비자물가지수는 거의 변동이 없다.
② 2021년 4/4분기의 생활물가지수가 95.9포인트라면, 2021년 생활물가지수는 2020년에 비해 2포인트 이상 상승했다.
③ 2018년 이후 소비자물가지수와 생활물가지수는 매년 상승했다.
④ 2020년에는 소비자물가지수가 생활물가지수보다 약간 더 높다.
⑤ 전년 동기와 비교하여 상승 폭이 가장 클 때는 2018년 4/4분기 소비자물가지수이고, 가장 낮을 때는 2019년 2/4분기 생활물가지수와 2019년 3/4분기 소비자물가지수이다.

09 다음은 Z세균을 각각 다른 환경인 X와 Y조건에 놔두는 실험을 하였을 때 번식하는 수를 기록한 자료이다. 번식하는 수는 일정한 규칙으로 변화할 때 10일 차에 Z세균의 번식 수를 구하면?

〈실험 결과〉

(단위 : 만 개)

구분	1일 차	2일 차	3일 차	4일 차	5일 차	…	10일 차
X조건에서의 Z세균	10	30	50	90	150	…	(A)
Y조건에서의 Z세균	1	2	4	8	16	…	(B)

	(A)	(B)
①	1,770	512
②	1,770	256
③	1,770	128
④	1,440	512
⑤	1,440	256

10 새로운 원유의 정제비율을 조사하기 위해 상압증류탑을 축소한 Pilot Plant에 새로운 원유를 투입해 사전분석실험을 시행했다. 다음과 같은 실험 결과를 얻었다고 할 때 아스팔트는 최초 투입한 원유의 양 대비 몇 % 생산되는가?

〈사전분석실험 결과〉

생산제품	생산량
LPG	투입한 원유량의 5%
휘발유	LPG를 생산하고 남은 원유량의 20%
등유	휘발유를 생산하고 남은 원유량의 50%
경유	등유를 생산하고 남은 원유량의 10%
아스팔트	경유를 생산하고 남은 원유량의 4%

① 1.168% ② 1.368%
③ 1.568% ④ 1.768%
⑤ 1.968%

|02| 추리

※ 제시된 명제가 모두 참일 때, 빈칸에 들어갈 명제로 가장 적절한 것을 고르시오. [1~2]

01

> • 환율이 하락하면 국가 경쟁력이 떨어졌다는 것이다.
> • _____
> • 수출이 감소했다는 것은 GDP가 감소했다는 것이다.
> 따라서 수출이 감소하면 국가 경쟁력이 떨어진다.

① 국가 경쟁력이 떨어지면 수출이 감소했다는 것이다.
② GDP가 감소해도 국가 경쟁력은 떨어지지 않는다.
③ 환율이 상승하면 GDP가 증가한다.
④ 환율이 하락해도 GDP는 감소하지 않는다.
⑤ 수출이 증가했다는 것은 GDP가 증가했다는 것이다.

02

> • 아는 것이 적으면 인생에 나쁜 영향이 생긴다.
> • _____
> • 지식을 함양하지 않으면 아는 것이 적다.
> 따라서 공부를 열심히 하지 않으면 인생에 나쁜 영향이 생긴다.

① 공부를 열심히 한다고 해서 지식이 생기지는 않는다.
② 지식을 함양했다는 것은 공부를 열심히 했다는 뜻이다.
③ 아는 것이 많으면 인생에 나쁜 영향이 생긴다.
④ 아는 것이 많으면 지식이 많다는 뜻이다.
⑤ 아는 것이 적으면 지식을 함양하지 않았다는 것이다.

03 고등학생 L은 총 7과목(ㄱ ~ ㅅ)을 한 과목씩 순서대로 중간고사를 보려고 한다. L이 세 번째로 시험 보는 과목이 ㄱ일 때, 〈조건〉에 따라 네 번째로 시험 보는 과목은 무엇인가?

> **조건**
>
> • 7개의 과목 중에서 ㄷ은 시험을 보지 않는다.
> • ㅅ은 ㄴ보다 나중에 시험 본다.
> • ㄴ은 ㅂ보다 먼저 시험 본다.
> • ㄹ은 ㅁ보다 나중에 시험 본다.
> • ㄴ은 ㄱ과 ㄹ보다 나중에 시험 본다.

① ㄴ   ② ㄹ
③ ㅁ   ④ ㅂ
⑤ ㅅ

04 S사는 공개 채용을 통해 4명의 남자 사원과 2명의 여자 사원을 최종 선발하였고, 선발된 6명의 신입 사원을 기획부, 인사부, 구매부 세 부서에 배치하려고 한다. 다음 〈조건〉에 따라 신입 사원을 배치할 때, 적절하지 않은 것은?

> **조건**
>
> • 기획부, 인사부, 구매부 각 부서에 적어도 한 명의 신입 사원을 배치한다.
> • 기획부, 인사부, 구매부에 배치되는 신입 사원의 수는 서로 다르다.
> • 부서별로 배치되는 신입 사원의 수는 구매부가 가장 적고, 기획부가 가장 많다.
> • 여자 신입 사원만 배치되는 부서는 없다.

① 인사부에는 2명의 신입 사원이 배치된다.
② 구매부에는 1명의 남자 신입 사원이 배치된다.
③ 기획부에는 반드시 여자 신입 사원이 배치된다.
④ 인사부에는 반드시 여자 신입 사원이 배치된다.
⑤ 인사부에는 1명 이상의 남자 신입 사원이 배치된다.

05 함께 놀이공원에 간 A, B, C, D, E 5명 중 1명만 롤러코스터를 타지 않고 회전목마를 탔다. 이들은 집으로 돌아오는 길에 다음과 같은 대화를 나누었다. 5명 중 2명은 거짓을 말하고, 나머지 3명은 모두 진실을 말한다고 할 때, 롤러코스터를 타지 않은 사람은 누구인가?

A : 오늘 탄 롤러코스터는 정말 재밌었어. 나는 같이 탄 E와 함께 소리를 질렀어.
B : D는 회전목마를 탔다던데? E가 회전목마를 타는 D를 봤대. E의 말은 사실이야.
C : D는 회전목마를 타지 않고 롤러코스터를 탔어.
D : 나는 혼자서 회전목마를 타고 있는 B를 봤어.
E : 나는 롤러코스터를 탔어. 손뼉을 칠 만큼 너무 완벽한 놀이기구야.

① A   ② B
③ C   ④ D
⑤ E

06 A, B, C, D는 S아파트 10층에 살고 있다. 다음 〈조건〉을 고려하였을 때 다음 중 항상 거짓인 것을 고르면?

조건

• 아파트 10층의 구조는 다음과 같다.

계단	1001호	1002호	1003호	1004호	엘리베이터

• A는 엘리베이터보다 계단이 더 가까운 곳에 살고 있다.
• C와 D는 계단보다 엘리베이터에 더 가까운 곳에 살고 있다.
• D는 A 바로 옆에 살고 있다.

① A보다 계단이 가까운 곳에 살고 있는 사람은 B이다.
② D는 1003호에 살고 있다.
③ 본인이 살고 있는 곳과 가장 가까운 이동 수단을 이용한다면 C는 엘리베이터를 이용할 것이다.
④ B가 살고 있는 곳에서 엘리베이터 쪽으로는 2명이 살고 있다.
⑤ C 옆에는 D가 살고 있다.

※ 다음 제시된 낱말의 대응 관계로 볼 때, 빈칸에 들어가기에 적절한 것을 고르시오. **[7~8]**

Easy

07

간섭 : 참견 = 갈구 : ( )

① 관여
② 개입
③ 경외
④ 관조
⑤ 열망

08

호평 : 악평 = 예사 : ( )

① 비범
② 통상
③ 보통
④ 험구
⑤ 인기

09 다음 글을 읽고 〈보기〉의 내용으로 적절한 것을 모두 고르면?

> 뉴턴 역학은 갈릴레오나 뉴턴의 근대과학 이전 중세를 지배했던 아리스토텔레스의 역학관에 정면으로 반대된다. 아리스토텔레스에 의하면 물체가 똑같은 운동 상태를 유지하기 위해서는 외부에서 끝없이 힘이 제공되어야만 한다. 이렇게 물체에 힘을 제공하는 기동자가 물체에 직접적으로 접촉해야 운동이 일어난다. 기동자가 없어지거나 물체와의 접촉이 중단되면 물체는 자신의 운동 상태를 유지할 수 없다. 그러나 관성의 법칙에 의하면 외력이 없는 한 물체는 자신의 원래 운동 상태를 유지한다. 아리스토텔레스는 기본적으로 물체의 운동을 하나의 정지 상태에서 다른 정지 상태로의 변화로 이해했다. 즉, 아리스토텔레스에게는 물체의 정지 상태가 물체의 운동 상태와는 아무런 상관이 없었다. 그러나 근대 과학의 시대를 열었던 갈릴레오나 뉴턴에 의하면 물체가 정지한 상태는 운동하는 상태의 특수한 경우이다. 운동 상태가 바뀌는 것은 물체의 외부에서 힘이 가해지는 경우이다. 즉, 힘은 운동의 상태를 바꾸는 요인이다. 지금 우리는 뉴턴 역학이 옳다고 자연스럽게 생각하고 있지만 이론적인 선입견을 배제하고 일상적인 경험만 떠올리면 언뜻 아리스토텔레스의 논리가 더 그럴듯하게 보일 수도 있다.

보기

㉠ 뉴턴 역학은 적절하지 않으므로, 아리스토텔레스의 역학관을 따라야 한다.
㉡ 아리스토텔레스는 '외부에서 힘이 작용하지 않으면 운동하는 물체는 계속 그 상태로 운동하려 하고, 정지한 물체는 계속 정지해 있으려고 한다.'고 주장했다.
㉢ 뉴턴이나 갈릴레오 또한 당시에는 아리스토텔레스의 논리가 옳다고 판단하였다.
㉣ 아리스토텔레스는 정지와 운동을 별개로 보았다.

① ㉡
② ㉣
③ ㉠, ㉢
④ ㉡, ㉣
⑤ ㉠, ㉡, ㉢

10 다음 글의 주장에 대한 비판으로 가장 적절한 것은?

사회 현상을 볼 때는 돋보기로 세밀하게, 그리고 때로는 멀리 떨어져서 전체 속에 어떻게 위치하고 있는가를 동시에 봐야 한다. 숲과 나무는 서로 다르지만 따로 떼어 생각할 수 없기 때문이다. 현대 사회 현상의 최대 쟁점인 과학 기술에 대해 평가할 때도 마찬가지이다. 로봇 탄생의 숲을 보면, 그 로봇 개발에 투자한 사람과 로봇을 개발한 사람들의 의도가 드러난다. 그리고 나무인 로봇을 세밀히 보면, 그 로봇이 생산에 이용되는지 아니면 감옥의 죄수들을 감시하기 위한 것인지 그 용도를 알 수가 있다. 이 광범한 기술의 성격을 객관적이고 물질적이어서 가치관이 없다고 쉽게 생각하면 로봇에 당하기 십상이다.

자동화는 자본주의의 실업을 늘려 실업자에 대해 생계의 위협을 가하는 측면뿐 아니라, 기존 근로자에 대한 감시를 더욱 효율적으로 해내는 역할도 수행한다. 자동화를 적용하는 기업 측에서는 자동화가 인간의 삶을 증대시키는 이미지로 일반 사람들에게 인식되기를 바란다. 그래야 자동화 도입에 대한 노동자의 반발을 무마하고 기업가의 구상을 관철시킬 수 있기 때문이다. 그러나 자동화나 기계화 도입으로 인해 실업을 두려워하고, 업무 내용이 바뀌는 것을 탐탁해 하지 않았던 유럽의 노동자들은 자동화 도입에 대해 극렬히 반대했던 경험들을 갖고 있다.

지금도 자동화·기계화는 좋은 것이라는 고정관념을 가진 사람들이 많고, 현실에서 이러한 고정관념이 가져오는 파급 효과는 의외로 크다. 예를 들어 은행에 현금을 자동으로 세는 기계가 등장하면 은행원들이 현금을 세는 작업량은 줄어든다. 손님들도 기계가 현금을 재빨리 세는 것을 보고 감탄해 하면서 행원이 세는 것보다 더 많은 신뢰를 보낸다. 그러나 현금 세는 기계의 도입에는 이익 추구라는 의도가 숨어 있다. 현금 세는 기계는 행원의 수고를 덜어 준다. 그러나 현금 세는 기계를 들여옴으로써 실업자가 생기고 만다. 사람이 잘만 이용하면 잘 써먹을 수 있을 것만 같은 기계가 엄청나게 혹독한 성품을 지닌 프랑켄슈타인으로 돌변하는 것이다.

자동화와 정보화를 추진하는 핵심 조직이 기업이란 것에서도 알 수 있듯이 기업은 이윤 추구에 도움이 되지 않는 행위는 무가치하다고 판단한다. 그러므로 자동화는 그 계획 단계에서부터 기업의 의도가 스며들어가 탄생된다. 또한 그 의도대로 자동화나 정보화가 진행되면, 다른 한편으로 의도하지 않은 결과를 초래한다. 자동화와 같은 과학 기술이 풍요를 생산하는 수단이라고 생각하는 것은 하나의 고정관념에 불과하다.

채플린이 제작한 영화 「모던 타임즈」에 나타난 것처럼 초기 산업화 시대에는 기계에 종속된 인간의 모습이 가시적으로 드러날 수밖에 없었다. 그래서 이러한 종속에 저항하고자 하는 인간의 노력도 적극적인 모습을 보였다. 그러나 현대의 자동화기기는 그 첨병이 정보 통신기기로 바뀌면서 문제는 질적으로 달라진다. 무인 생산까지 진전된 자동화나 정보 통신화는 인간에게 단순 노동을 반복시키는 그런 모습을 보이지 않는다. 그래서인지는 몰라도 정보 통신은 별 무리 없이 어느 나라에서나 급격하게 개발·보급되고 보편화되어 있다. 그런데 문제는 이 자동화기기가 생산에만 이용되는 것이 아니라, 노동자를 감시하거나 관리하는 데도 이용될 수 있다는 것이다. 오히려 정보 통신의 발달로 이전보다 사람들은 더 많은 감시와 통제를 받게 되었다.

① 기업의 이윤 추구가 사회 복지 증진과 직결될 수 있음을 간과하고 있어.
② 기계화·정보화가 인간의 삶의 질 개선에 기여하고 있음을 경시하고 있어.
③ 기계화를 비판하는 주장만 되풀이할 뿐, 구체적인 근거를 제시하지 않고 있어.
④ 화제의 부분적 측면에 관계된 이론을 소개하여 편향적 시각을 갖게 하고 있어.
⑤ 현대의 기술 문명이 가져다 줄 수 있는 긍정적인 측면을 과장하여 강조하고 있어.

11 다음 제시문에 대한 반론으로 가장 적절한 것은?

> 어느 관현악단의 연주회장에서 연주가 한창 진행되는 도중에 휴대 전화의 벨 소리가 울려 음악의 잔잔한 흐름과 고요한 긴장이 깨져버렸다. 청중들은 객석 여기저기를 둘러보았다. 그런데 황급히 호주머니에서 휴대 전화를 꺼내 전원을 끄는 이는 다름 아닌 관현악단의 바이올린 주자였다. 연주는 계속되었지만 연주회의 분위기는 엉망이 되었고, 음악을 감상하던 많은 사람에게 찬물을 끼얹었다. 이와 같은 사고는 극단적인 사례이지만 공공장소의 소음이 심각한 사회 문제가 될 수 있다는 사실을 보여주고 있다.
>
> 소음 문제는 물질문명의 발달과 관련이 있다. 산업화가 진행됨에 따라 우리의 생활 속에는 '개인적 도구'가 증가하고 있다. 그러한 도구들 덕분에 우리의 생활은 점점 편리해지고 합리적이며 효율적으로 변해가고 있다. 그러나 그러한 이득은 개인과 그가 소유하고 있는 물건 사이의 관계에서 성립하는 것으로 그 관계를 넘어서면 전혀 다른 문제가 된다. 제한된 공간 속에서 개인적 도구가 넘쳐남에 따라, 개인과 개인, 도구와 도구, 그리고 자신의 도구와 타인과의 관계 등이 모순을 일으키는 것이다. 소음 문제도 마찬가지이다. 개인의 차원에서는 편리와 효율을 제공하는 도구들이, 전체의 차원에서는 불편과 비효율을 빚어내는 것이다. 그래서 많은 사회에서 개인적 도구가 타인의 권리를 침해하는 것을 방지하기 위하여 공공장소의 소음을 규제하고 있다.

① 사람들은 소음을 통해 자신의 권리를 침해받기도 한다.

② 문명이 발달함에 따라 소음 문제도 대두되고 있다.

③ 소음 문제는 보통 제한된 공간 속에서 개인적 도구가 과도함에 따라 발생한다.

④ 엿장수의 가위 소리와 같이 소리는 단순한 물리적 존재가 아닌 문화적 가치를 담은 존재가 될 수 있다.

⑤ 개인 차원에서 효율적인 도구들이 전체 차원에서는 문제가 될 수도 있다.

12 다음 글에서 추론할 수 있는 내용으로 가장 적절한 것은?

무선으로 전력을 주고받으면, 전원을 직접 연결하는 유선보다 효율은 떨어지지만 전자 제품을 자유롭게 이동하며 사용할 수 있는 장점이 있다. 이처럼 무선으로 전력을 주고받을 수 있도록 전자기를 활용하여 전기를 공급하거나 이용하는 기술이 무선 전력 전송 방식인데 대표적으로 '자기 유도 방식'과 '자기 공명 방식' 두 가지를 들 수 있다.

자기 유도 방식은 변압기의 원리와 유사하다. 변압기는 네모 모양의 철심 좌우에 코일을 감아, 1차 코일에 '+, −' 극성이 바뀌는 교류 전류를 보내면 마치 자석을 운동시켜서 자기장을 형성하는 것처럼 1차 코일에서도 자기장을 형성한다. 이 자기장에 의해 2차 코일에 전류가 만들어지는데 이 전류를 유도전류라 한다. 변압기는 자기장의 에너지를 잘 전달할 수 있는 철심이 있으나, 자기 유도 방식은 철심이 없이 무선 전력 전송을 하는 것이다.

이러한 자기 유도 방식은 전력 전송 효율이 90% 이상으로 매우 높다는 장점이 있다. 하지만 1차 코일에 해당하는 송신부와 2차 코일에 해당하는 수신부가 수 센티미터 이상 떨어지거나 송신부와 수신부의 중심이 일치하지 않게 되면 전력 전송 효율이 급격히 저하된다는 문제점이 있다. 휴대전화 같은 경우, 충전 패드에 휴대전화를 올려놓는 방식으로 거리 문제를 해결하고 충전 패드 전체에 코일을 배치하여 송수신부 간 전송 효율을 높임으로써 무선 충전이 가능하도록 하였다. 다만 휴대전화는 직류 전류를 사용하기 때문에 1차 코일로부터 2차 코일에 유도된 교류 전류를 직류 전류로 변환해 주는 정류기가 충전 단계 전에 필요하다.

두 번째 전송 방식은 자기 공명 방식이다. 다양한 소리굽쇠 중에 하나를 두드리면 동일한 고유 진동수를 가지는 소리굽쇠가 같이 진동하는 물리적 현상이 공명이다. 자기장에 공명이 일어나도록 1차 코일과 공진기를 설계하여 공진 주파수를 만든다. 이후 2차 코일과 공진기를 설계하여 공진 주파수가 전달되도록 하는 것이 자기 공명 방식의 원리이다.

이러한 특성으로 인해 자기 공명 방식은 자기 유도 방식과 달리 수 미터 가량 근거리 전력 전송이 가능하다는 장점이 있다. 이 방식이 상용화된다면, 송신부와 공명되는 여러 전자 제품을 전원을 연결하지 않아도 사용할 수 있거나 충전할 수 있다. 그러나 실험 단계의 코일 크기로는 일반 가전제품에 적용할 수 없으므로 코일을 소형화해야 할 필요가 있다. 따라서 이를 해결하기 위한 연구가 필요하다.

① 자기 유도 방식은 변압기의 핵심인 유도 전류와 철심을 이용한 방식이다.

② 자기 유도 방식을 사용하면 무선 전력 전송임에도 어떠한 환경에서든 유실되는 전력이 많이 없다는 장점이 있다.

③ 휴대전화와 자기 유도 방식의 '2차 코일'은 모두 직류 전류 방식이다.

④ 자기 공명 방식에서 2차 코일은 공진 주파수를 생성하는 역할을 한다.

⑤ 자기 공명 방식에서 해결이 시급한 것은 전력을 생산하는데 필요한 코일의 크기가 너무 크다는 것이다.

13 다음 제시문을 토대로 〈보기〉를 바르게 해석한 것을 고르면?

1930년대 대공황 상황에서 케인스는 당시 영국과 미국에 만연한 실업의 원인을 총수요의 부족이라고 보았다. 그는 총수요가 증가하면 기업의 생산과 고용이 촉진되고 가계의 소득이 늘어 경기를 부양할 수 있다고 주장했다. 따라서 정부의 재정정책을 통해 총수요를 증가시킬 필요성을 제기하였다. 케인스는 총수요를 늘리기 위해서 총수요 중 많은 부분을 차지하는 가계의 소비에 주목하였고, 소비는 소득과 밀접한 관련이 있다고 생각하였다. 케인스는 절대소득가설을 내세워, 소비를 결정하는 요인들 중에서 가장 중요한 것은 현재의 소득이라고 하였다. 그리고 소득이 없더라도 생존을 위해 꼭 필요한 소비인 기초소비가 존재하며, 소득이 증가함에 따라 일정 비율로 소비도 증가한다고 주장하였다. 이러한 절대소득가설은 1950년대까지 대표적인 소비결정이론으로 사용되었다.

그러나 쿠즈네츠는 절대소득가설로는 설명하기 어려운 소비 행위가 이루어지고 있음에 주목하였다. 쿠즈네츠는, 미국에서 장기간에 걸쳐 일어난 각 가계의 실제 소비 행위를 분석한 결과 저소득층의 소득 중 소비가 차지하는 비율이 고소득층보다 높다는 것을 발견하였다. 이러한 실증 분석 결과는 절대소득가설로는 명확히 설명하기 어려운 것이었다.

이러한 현상을 설명하기 위해 프리드만은 소비는 장기적인 기대소득으로서의 항상소득에 의존한다는 항상소득가설을 내세웠다. 프리드만은 실제로 측정되는 소득을 실제소득이라 하고, 실제소득은 항상소득과 임시소득으로 구성된다고 보았다. 항상소득이란 평생 동안 벌어들일 것으로 기대되는 소득의 매기 평균 또는 장기적 평균 소득이다. 임시소득은 장기적으로 예견되지 않은 일시적인 소득으로서 양(+)일 수도, 음(−)일 수도 있다. 프리드만은 소비가 임시소득과는 아무런 상관관계가 없고 오직 항상소득에만 의존한다고 보았으며, 임시소득의 대부분은 저축된다고 설명했다. 사람들은 월급과 같이 자신이 평균적으로 벌어들이는 돈을 고려하여 소비를 하지, 예상치 못한 복권 당첨이나 주가 하락에 의한 손실을 고려하여 소비하지는 않는다는 것이다.

항상소득가설을 바탕으로 프리드만은 쿠즈네츠가 발견한 현상을, 단기적인 소득의 증가는 임시소득이 증가한 것에 해당하므로 소비가 늘어나지 않은 것이라고 설명하였다. 항상소득가설에 따른다면 소비를 늘리기 위해서는 단기적인 재정 정책보다 장기적인 재정 정책을 펴는 것이 바람직하다. 가령 정부가 일시적으로 세금을 줄여 가계의 소득을 증가시키고 그에 따른 소비 진작을 기대한다 해도 가계는 일시적인 소득의 증가를 항상소득의 증가로 받아들이지 않아 소비를 늘리지 않기 때문이다.

보기

코로나로 인해 위축된 경제 상황을 극복하기 위해, 정부는 소득 하위 80% 국민에게 1인당 25만 원의 재난지원금을 지급하기로 하였다.

① 케인스에 따르면, 재난지원금은 일시적 소득으로 대부분 저축될 것이다.
② 케인스에 따르면, 재난지원금과 같은 단기적 재정정책보다는 장기적인 재정정책을 펴야 한다고 주장할 것이다.
③ 프리드만에 따르면, 재난지원금을 받은 국민들은 늘어난 소득만큼 소비를 늘릴 것이다.
④ 프리드만에 따르면, 재난지원금은 생존에 꼭 필요한 기초소비 비중을 늘릴 것이다.
⑤ 프리드만에 따르면, 재난지원금은 항상소득이 아니기 때문에 소비에 영향을 주지 않을 것이다.

※ 다음 제시된 도형의 규칙을 보고 ?에 들어가기에 적절한 것을 고르시오. [14~16]

Easy
14

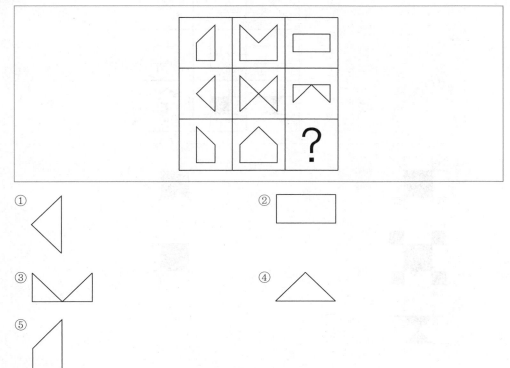

① ② ③ ④ ⑤

15

① ② ③ ④ ⑤

16

① ② ③ ④ ⑤

※ 다음 도식에서 기호들은 일정한 규칙에 따라 문자를 변화시킨다. ?에 들어갈 적절한 문자를 고르시오 (단, 규칙은 가로와 세로 중 한 방향으로만 적용된다). [17~20]

```
                H64U           Y8C5           O4F9
                 ↓              ↓              ↓
   L37G   →     ♨     →        ◀     →        ◈     →    G17J
                 ↓              ↓              ↓
                J76V           ♨              ◀
                                ↓              ↓
                               W6C5           51DN
```

17

S4X8 → ♨ → ◈ → ?

① 37YT　　　　　　　　② YT37
③ 95ZU　　　　　　　　④ 5Z9U
⑤ Y73T

18

W53M → ◀ → ◈ → ?

① L12S　　　　　　　　② M32P
③ L21S　　　　　　　　④ MP32
⑤ 3M2P

Hard
19

T83I → ♨ → ◀ → ?

① H52Q　　　　　　　　② Q52H
③ R63I　　　　　　　　④ 63SI
⑤ 6S3I

20

6SD2 → ◀ → ◈ → ♨ → ?

① 34RE　　　　　　　　② 4R3E
③ D43R　　　　　　　　④ R4D3
⑤ 3QD3

정답 및 해설 p.009

| 01 | 수리논리

01 영업부 직원 4명이 1월부터 5월 사이에 한 달에 한 명씩 출장을 가려고 한다. 네 사람이 적어도 한 번 이상씩 출장 갈 경우의 수는?

① 60가지   ② 120가지

③ 180가지   ④ 240가지

⑤ 300가지

Easy

02 작년 A부서의 신입사원 수는 55명이다. 올해 A부서의 신입사원 수는 5명이 증가했고, B부서의 신입사원 수는 4명 증가했다. 올해 B부서 신입사원 수의 1.2배가 올해 A부서 신입사원 수라면, 작년 B부서의 신입사원 수는?

① 44명   ② 46명

③ 48명   ④ 50명

⑤ 52명

03 A ~ F 6개의 직무팀을 층마다 두 개의 공간으로 분리된 3층짜리 건물에 배치하려고 한다. A팀과 B팀이 2층에 들어갈 확률은?

① $\dfrac{1}{15}$ ② $\dfrac{1}{12}$

③ $\dfrac{1}{9}$ ④ $\dfrac{1}{6}$

⑤ $\dfrac{1}{3}$

04 S사에서 판매 중인 두 제품 A와 B의 원가의 합은 50,000원이다. 각각 10%, 12% 이익을 붙여서 5개씩 팔았을 때 마진이 28,200원이라면 B의 원가는?

① 12,000원
② 17,000원
③ 22,000원
④ 27,000원
⑤ 32,000원

05 S사 인사이동에서 A부서 사원 6명이 B부서로 넘어갔다. 부서 인원이 각각 15% 감소, 12% 증가했을 때, 인사이동 전 두 부서의 인원 차이는?

① 6명
② 8명
③ 10명
④ 12명
⑤ 14명

06 S부서에는 팀원이 4명인 제조팀, 팀원이 2명인 영업팀, 팀원이 2명인 마케팅팀이 있다. 한 주에 3명씩 청소 당번을 뽑으려고 할 때, 이번 주 청소 당번이 세 팀에서 한 명씩 뽑힐 확률은?

① $\dfrac{1}{3}$
② $\dfrac{1}{4}$
③ $\dfrac{2}{5}$
④ $\dfrac{2}{7}$
⑤ $\dfrac{2}{9}$

07 다음은 휴대폰 A ~ D의 항목별 고객평가 점수를 나타낸 자료이다. 다음 〈보기〉에서 이에 대한 설명으로 적절한 것을 모두 고르면?

〈휴대폰 A ~ D의 항목별 고객평가 점수〉

구분	A	B	C	D
디자인	8	7	4	6
가격	4	6	7	8
해상도	5	6	8	4
음량	6	4	7	5
화면크기·두께	7	8	3	4
내장·외장메모리	5	6	7	8

※ 각 항목의 최고점은 10점이다.
※ 기본점수 산정방법 : 각 항목에서 제일 높은 점수 순대로 5점, 4점, 3점, 2점 배점
※ 성능점수 산정방법 : 해상도, 음량, 내장·외장메모리 항목에서 제일 높은 점수 순대로 5점, 4점, 3점, 2점 배점

보기

ㄱ. 휴대폰 A ~ D 중 기본점수가 가장 높은 휴대폰은 C이다.
ㄴ. 휴대폰 A ~ D 중 성능점수가 가장 높은 휴대폰은 D이다.
ㄷ. 각 항목의 고객평가 점수를 단순 합산한 점수가 가장 높은 휴대폰은 B이다.
ㄹ. 성능점수 항목을 제외한 고객평가 점수만을 단순 합산했을 때, 휴대폰 B의 점수는 휴대폰 C 점수의 1.5배이다.

① ㄱ, ㄷ
② ㄴ, ㄹ
③ ㄱ, ㄴ, ㄷ
④ ㄱ, ㄷ, ㄹ
⑤ ㄴ, ㄷ, ㄹ

08 다음은 S사 최종합격자 A ~ D 4명의 채용시험 점수표이다. 점수표를 기준으로 〈조건〉의 각 부서가 원하는 요구사항 대로 A ~ D를 배치한다고 할 때, 최종합격자 A ~ D와 각 부서가 바르게 연결된 것은?

〈최종합격자 A ~ D의 점수표〉

구분	서류점수	필기점수	면접점수	평균
A	㉠	85	68	㉡
B	66	71	85	74
C	65	㉢	84	㉣
D	80	88	54	74
평균	70.75	80.75	72.75	74.75

조건

〈부서별 인원배치 요구사항〉

홍보팀 : 저희는 대외활동이 많다보니 면접점수가 가장 높은 사람이 적합할 것 같아요.

총무팀 : 저희 부서는 전체적인 평균점수가 높은 사람의 배치를 원합니다.

인사팀 : 저희는 면접점수보다도, 서류점수와 필기점수의 평균이 높은 사람이 좋을 것 같습니다.

기획팀 : 저희는 어느 영역에서나 중간 정도 하는 사람이면 될 것 같아요.

※ 배치순서는 홍보팀 – 총무팀 – 인사팀 – 기획팀 순으로 결정한다.

	홍보팀	총무팀	인사팀	기획팀
①	A	B	C	D
②	B	C	A	D
③	B	C	D	A
④	C	B	D	A
⑤	C	B	A	D

09 다음은 2019년부터 2021년까지 우리나라의 국가채무 현황이다. 다음 중 자료에 대한 설명으로 적절한 것을 모두 고르면?(단, 비율은 소수점 둘째 자리에서 반올림한다)

〈우리나라 국가채무 현황〉

(단위 : 조 원)

구분	2019년	2020년	2021년
일반회계 적자보전	334.7	437.5	538.9
외환시장안정용	247.2	256.4	263.5
서민주거안정용	68.5	77.5	92.5
지방정부 순채무	24.2	27.5	27.5
공적자금 등	48.6	47.7	42.9
GDP 대비 국가채무 비율(%)	37.6	43.8	47.3

※ 국가채무＝GDP×$\left(\dfrac{\text{GDP 대비 국가채무 비율}}{100}\right)$

보기

ㄱ. 서민주거안정용 국가채무가 국가채무에서 차지하는 비중은 2021년에 전년 대비 감소하였다.
ㄴ. 2020년과 2021년의 GDP 대비 국가채무의 비율과 지방정부 순채무의 전년 대비 증감추세는 동일하다.
ㄷ. 2020년 공적자금 등으로 인한 국가채무는 지방정부 순채무보다 60% 이상 많다.
ㄹ. GDP 중 외환시장안정용 국가채무가 차지하는 비율은 2020년이 2019년보다 높다.

① ㄱ, ㄴ
② ㄱ, ㄷ
③ ㄴ, ㄷ
④ ㄴ, ㄹ
⑤ ㄷ, ㄹ

10 다음은 각기 다른 두 가지 조건에서 세균을 배양하는 실험을 한 결과이다. 다음과 같이 일정한 변화가 지속될 때, 처음으로 환경 A의 세균이 더 많아질 때는?

〈환경별 세균 수 변화〉

(단위 : 마리)

구분	1시간	2시간	3시간	4시간	5시간
환경 A	1	3	7	15	31
환경 B	10	20	40	70	110

① 8시간 후
② 9시간 후
③ 10시간 후
④ 11시간 후
⑤ 12시간 후

| 02 | 추리

※ 제시된 명제가 모두 참일 때, 빈칸에 들어갈 명제로 가장 적절한 것을 고르시오. [1~3]

01

> 전제1. 수학을 좋아하는 사람은 과학을 잘한다.
> 전제2. 호기심이 적은 사람은 과학을 잘하지 못한다.
> 결론. _____

① 수학을 좋아하면 호기심이 적다.
② 과학을 잘하지 못하면 수학을 좋아한다.
③ 호기심이 많은 사람은 수학을 좋아하지 않는다.
④ 호기심이 적은 사람은 수학을 좋아하지 않는다.
⑤ 수학을 좋아하지 않으면 호기심이 적다.

02

> 전제1. 물에 잘 번지는 펜은 수성펜이다.
> 전제2. 수성펜은 뚜껑이 있다.
> 전제3. 물에 잘 안 번지는 펜은 잉크 찌꺼기가 생긴다.
> 결론. _____

① 물에 잘 번지는 펜은 뚜껑이 없다.
② 뚜껑이 없는 펜은 잉크 찌꺼기가 생긴다.
③ 물에 잘 안 번지는 펜은 뚜껑이 없다.
④ 물에 잘 번지는 펜은 잉크 찌꺼기가 안 생긴다.
⑤ 물에 잘 안 번지는 펜은 잉크 찌꺼기가 안 생긴다.

03

> 전제1. A를 구매한 어떤 사람은 B를 구매했다.
> 전제2. _____
> 결론. 그러므로 C를 구매한 어떤 사람은 A를 구매했다.

① B를 구매하지 않는 사람은 C도 구매하지 않았다.
② B를 구매한 모든 사람은 C를 구매했다.
③ C를 구매한 사람은 모두 B를 구매했다.
④ A를 구매하지 않은 어떤 사람은 C를 구매했다.
⑤ B를 구매한 어떤 사람은 C를 구매했다.

04 신발가게에서 일정 금액 이상 구매 한 고객에게 추첨을 통해 다양한 경품을 주는 이벤트를 하고 있다. 함께 쇼핑을 한 A ~ E는 이벤트에 응모했고 이 중 1명만 신발에 당첨되었다. 다음 A ~ E의 대화에서 한 명이 거짓말을 한다고 할 때, 신발 당첨자는?

> A : C는 신발이 아닌 할인권에 당첨됐어.
> B : D가 신발에 당첨됐고, 나는 커피 교환권에 당첨됐어.
> C : A가 신발에 당첨됐어.
> D : C의 말은 거짓이야.
> E : 나는 꽝이야.

① A   ② B
③ C   ④ D
⑤ E

05 A, B, C 세 사람은 점심식사 후 아메리카노, 카페라테, 카푸치노, 에스프레소 4종류의 음료를 파는 카페에서 커피를 마신다. 주어진 〈조건〉이 항상 참일 때, 다음 중 적절한 것은?

> **조건**
> • A는 카페라테와 카푸치노를 좋아하지 않는다.
> • B는 에스프레소를 좋아한다.
> • A와 B는 좋아하는 커피가 서로 다르다.
> • C는 에스프레소를 좋아하지 않는다.

① C는 아메리카노를 좋아한다.
② A는 아메리카노를 좋아한다.
③ C와 B는 좋아하는 커피가 같다.
④ A가 좋아하는 커피는 주어진 조건만으로는 알 수 없다.
⑤ C는 카푸치노를 좋아한다.

06 A팀과 B팀은 보안등급 상에 해당하는 문서를 나누어 보관하고 있다. 이에 따라 두 팀은 보안을 위해 아래와 같은 〈조건〉에 따라 각 팀의 비밀번호를 지정하였다. 다음 중 A팀과 B팀에 들어갈 수 있는 암호배열은?

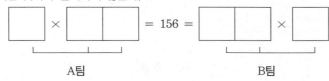

> **조건**
> • 1 ∼ 9까지의 숫자로 (한 자리 수)×(두 자리 수)=(세 자리 수)=(두 자리 수)×(한 자리 수) 형식의 비밀번호로 구성한다.
> • 가운데에 들어갈 세 자리 수의 숫자는 156이며 숫자는 중복 사용할 수 없다. 즉, 각 팀의 비밀번호에 1, 5, 6이란 숫자가 들어가지 않는다.

① 23

② 27

③ 29

④ 37

⑤ 39

07 A, B, C, D 네 명은 한 판의 가위바위보를 한 후 그 결과에 대해 각각 두 가지의 진술을 하였다. 두 가지의 진술 중 하나는 반드시 참이고, 하나는 반드시 거짓이라고 할 때, 다음 중 항상 참인 것은?

> A : C는 B를 이길 수 있는 것을 냈고, B는 가위를 냈다.
> B : A는 C와 같은 것을 냈지만, A가 편 손가락의 수는 나보다 적었다.
> C : B는 바위를 냈고, 그 누구도 같은 것을 내지 않았다.
> D : A, B, C 모두 참 또는 거짓을 말한 순서가 동일하다. 이 판은 승자가 나온 판이었다.

① B와 같은 것을 낸 사람이 있다.

② 보를 낸 사람은 1명이다.

③ D는 혼자 가위를 냈다.

④ B가 기권했다면 가위를 낸 사람이 지는 판이다.

⑤ 바위를 낸 사람은 2명이다.

08

| 근면 : 태만 = 긴장 : ( ) |

① 완화　　　　　　　　　　　② 경직
③ 수축　　　　　　　　　　　④ 압축
⑤ 팽창

09

| 고집 : 집념 = ( ) : 정점 |

① 제한　　　　　　　　　　　② 경계
③ 한도　　　　　　　　　　　④ 절경
⑤ 절정

`Easy`

10 다음 글의 내용이 참일 때 항상 거짓인 것을 고르면?

사회 구성원들이 경제적 이익을 추구하는 과정에서 불법 행위를 감행하기 쉬운 상황일수록 이를 억제하는 데에는 금전적 제재 수단이 효과적이다.

현행법상 불법 행위에 대한 금전적 제재 수단에는 민사적 수단인 손해 배상, 형사적 수단인 벌금, 행정적 수단인 과징금이 있으며, 이들은 각각 피해자의 구제, 가해자의 징벌, 법 위반 상태의 시정을 목적으로 한다. 예를 들어 기업들이 담합하여 제품 가격을 인상했다가 적발된 경우, 그 기업들은 피해자에게 손해 배상 소송을 제기당하거나 법원으로부터 벌금형을 선고받을 수 있고 행정 기관으로부터 과징금도 부과받을 수 있다. 이처럼 하나의 불법 행위에 대해 세 가지 금전적 제재가 내려질 수 있지만 제재의 목적이 서로 다르므로 중복 제재는 아니라는 것이 법원의 판단이다.

그런데 우리나라에서는 기업의 불법 행위에 대해 손해 배상 소송이 제기되거나 벌금이 부과되는 사례는 드물어서, 과징금 등 행정적 제재 수단이 억제 기능을 수행하는 경우가 많다. 이런 상황에서는 과징금 등 행정적 제재의 강도를 높임으로써 불법 행위의 억제력을 끌어올릴 수 있다. 그러나 적발 가능성이 매우 낮은 불법 행위의 경우에는 과징금을 올리는 방법만으로는 억제력을 유지하는 데 한계가 있다. 또한 피해자에게 귀속되는 손해 배상금과는 달리 벌금과 과징금은 국가에 귀속되므로 과징금을 올려도 피해자에게는 직접적인 도움이 되지 못한다.

① 금전적 제재수단은 불법 행위를 억제하기 위해서 사용된다.
② 기업의 불법 행위에 대해 벌금과 과징금 모두 부과 가능하다.
③ 과징금은 가해자를 징벌하기 위해 부과된다.
④ 우리나라에서 주로 사용하는 방법은 행정적 제재이다.
⑤ 행정적 제재는 피해자에게 직접적인 도움이 되지 못한다.

| 01 | 수리논리

01 S사 직원인 A, B, C, D가 일렬로 나열된 여덟 개의 좌석에 앉아 교육을 받으려고 한다. A가 가장 첫 번째 자리에 앉았을 때, B와 C가 붙어 앉는 경우의 수는?

① 30가지
② 60가지
③ 120가지
④ 150가지
⑤ 180가지

02 S사에서 판매하는 공기청정기는 한 대에 15만 원이고, 선풍기는 한 대에 7만 원이다. 공기청정기와 선풍기를 총 200명이 구매하였고 공기청정기와 선풍기를 모두 구매한 사람은 20명이다. 공기청정기는 120개가 판매되었고 공기청정기와 선풍기를 모두 구매한 사람에게는 2만 원을 할인해줬을 때, 총 매출액은?(단, 공기청정기와 선풍기는 인당 각 1대씩만 구매할 수 있다)

① 2,450만 원
② 2,460만 원
③ 2,470만 원
④ 2,480만 원
⑤ 2,490만 원

Easy

03 S사의 전월 인원수는 총 1,000명이었다. 이번 달에는 전월 대비 여자는 20% 증가했고, 남자는 10% 감소해서 총 인원수는 80명 증가했다. 전월 남자 인원수는?

① 300명
② 400명
③ 500명
④ 600명
⑤ 700명

04 S사는 매달 행사 참여자 중 1명을 추첨하여 경품을 준다. 한 달에 3회차씩 진행하며 당첨되어 경품을 받으면 다음 회차 추첨에는 제외된다. 이번 달에는 A를 포함하여 총 10명이 행사에 참여하였을 때 A가 이번 달에 총 2번 당첨될 확률은?

① $\frac{1}{60}$　　　　　　　　　　② $\frac{1}{70}$

③ $\frac{1}{80}$　　　　　　　　　　④ $\frac{1}{90}$

⑤ $\frac{1}{100}$

05 S팀에 20대 직원은 3명이 있고, 30대 직원도 3명이 있다. S팀의 20, 30대 직원 6명 중 2명을 뽑을 때 20대가 적어도 1명 이상 포함될 확률은?

① $\frac{1}{2}$　　　　　　　　　　② $\frac{2}{3}$

③ $\frac{3}{4}$　　　　　　　　　　④ $\frac{3}{5}$

⑤ $\frac{4}{5}$

06 A제품을 X가 15시간 동안 1개, Y는 6시간 동안 1개, Y와 Z가 함께 60시간 동안 21개를 생산한다. X, Y, Z가 함께 360시간 동안 생산한 A제품의 개수는?

① 120개　　　　　　　　　　② 130개

③ 140개　　　　　　　　　　④ 150개

⑤ 160개

07 S사의 인원수는 2018년에 300명이었다. 2019년에 전년 대비 25% 감소, 2020년에는 전년 대비 20% 증가하였을 때 2018년과 2020년의 인원수 차이는?

① 20명   ② 30명

③ 40명   ④ 50명

⑤ 60명

08 S부서에는 팀원이 6명인 제조팀과 팀원이 4명인 영업팀으로 이루어져 있다. S부서에서 3명을 뽑을 때 제조팀에서 2명, 영업팀에서 1명이 뽑힐 확률은?

① $\dfrac{1}{2}$ ② $\dfrac{1}{3}$

③ $\dfrac{2}{3}$ ④ $\dfrac{1}{4}$

⑤ $\dfrac{3}{4}$

09 다음은 국가별 4차 산업혁명 기반산업 R&D 투자 현황에 관한 자료이다. 자료를 보고 〈보기〉 중 적절하지 않은 것을 모두 고르면?

〈국가별 4차 산업혁명 기반산업 R&D 투자 현황〉

(단위 : 억 달러)

국가	서비스				제조					
	IT서비스		통신 서비스		전자		기계장비		바이오·의료	
	투자액	상대수준	투자액	상대수준	투자액	상대수준	투자액	상대수준	투자액	상대수준
한국	3.4	1.7	4.9	13.1	301.6	43.1	32.4	25.9	16.4	2.3
미국	200.5	100.0	37.6	100.0	669.8	100.0	121.3	96.6	708.4	100.0
일본	30.0	14.9	37.1	98.8	237.1	33.9	125.2	100.0	166.9	23.6
독일	36.8	18.4	5.0	13.2	82.2	11.7	73.7	58.9	70.7	10.0
프랑스	22.3	11.1	10.4	27.6	43.2	6.2	12.8	10.2	14.2	2.0

※ 투자액은 기반산업별 R&D 투자액의 합계이다.
※ 상대수준은 최대 투자국의 R&D 투자액을 100으로 두었을 때의 상대적 비율이다.

> **보기**
>
> ㄱ. 한국의 IT서비스 부문 투자액은 미국 대비 1.7%이다.
> ㄴ. 미국은 모든 산업의 상대수준이다.
> ㄷ. 한국의 전자 부문 투자액은 전자 외 부문 투자액을 모두 합한 금액의 6배 이상이다.
> ㄹ. 일본과 프랑스의 부문별 투자액 순서는 동일하지 않다.

① ㄱ, ㄴ   ② ㄴ, ㄷ
③ ㄱ, ㄷ   ④ ㄴ, ㄹ
⑤ ㄷ, ㄹ

10 S사의 부서별 전년 대비 순이익의 증감률 그래프로 적절하지 않은 것은?

⟨S사 순이익⟩

(단위 : 천만 원)

구분	리조트	보험	물류	패션	건설
2016년	100	160	400	40	50
2017년	160	160	500	60	60
2018년	400	200	800	60	90
2019년	500	300	1,000	300	180
2020년	600	420	1,200	90	90
2021년	690	420	1,500	270	180

① (단위 : %)

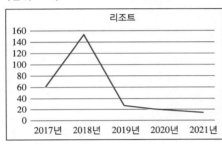

② (단위 : %)

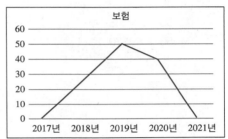

③ (단위 : %)

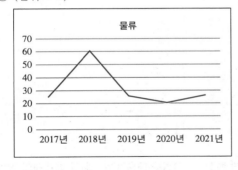

④ (단위 : %)

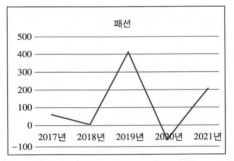

⑤ (단위 : %)

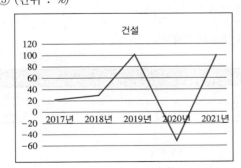

11 S사에서 생산하는 X, Y상품의 연도별 생산지수는 다음과 같은 관계가 성립할 때 ㉠, ㉡의 값으로 적절한 것은?(단, X, Y상품의 생산지수는 양수이다)

〈S사 X, Y상품 생산지수〉

구분	2018년	2019년	2020년	2021년
X상품 생산지수	10	20	30	㉠
Y상품 생산지수	52	108	㉡	300

(Y상품 생산지수)$= a \times [$(X상품 생산지수)$\div 10]^2 + b \times$(X상품 생산지수)

	㉠	㉡
①	40	166
②	40	168
③	40	170
④	50	168
⑤	50	170

12 다음과 같이 A, B회사의 매출액이 일정하게 변할 때, B회사 매출액이 A회사 매출액의 절반을 뛰어넘는 연도는?

〈A, B회사 매출액〉

(단위 : 백만 원)

구분	2017년	2018년	2019년	2020년
A회사	3,500	5,000	6,400	7,700
B회사	1,500	2,100	2,700	3,300

① 2023년   ② 2024년

③ 2025년   ④ 2026년

⑤ 2027년

13 S사는 직원에게 성과금으로 T상품에 직접 가입시킨 고객 한 명당 2만 원씩을 매달 지급한다. A사원과 B사원이 T상품에 가입시킨 고객 수가 일정한 규칙으로 증가할 때 A사원과 B사원의 12월 성과금은?

〈T상품에 가입시킨 고객 수〉

(단위 : 명)

구분	1월	2월	3월	4월	5월	6월
A사원	2	7	12	17	22	27
B사원	1	3	7	13	21	31

	A사원	B사원
①	114	264
②	114	266
③	114	268
④	116	264
⑤	116	266

Hard

14 S사 상품의 수익이 다음과 같이 일정한 규칙으로 증가하고 있다. 2021년 5월 이후에 Y상품 수익이 X상품 수익의 3배가 되는 달은?

〈2021년 X, Y상품의 수익〉

(단위 : 천만 원)

구분	1월	2월	3월	4월	5월
X상품	25,000	26,000	27,000	28,000	29,000
Y상품	5,000	6,000	9,000	14,000	21,000

① 2021년 10월　　　　　② 2021년 11월

③ 2021년 12월　　　　　④ 2022년 01월

⑤ 2022년 02월

| 02 | 추리

※ 제시된 명제가 모두 참일 때, 빈칸에 들어갈 명제로 가장 적절한 것을 고르시오. [1~5]

01

> 전제1. 연극을 좋아하면 발레를 좋아한다.
> 전제2. 영화를 좋아하지 않으면 발레를 좋아하지 않는다.
> 결론. _____

① 연극을 좋아하면 영화를 좋아하지 않는다.
② 발레를 좋아하면 영화를 좋아하지 않는다.
③ 발레를 좋아하지 않으면 영화를 좋아한다.
④ 연극을 좋아하면 영화를 좋아한다.
⑤ 연극을 좋아하지 않는 사람은 발레를 좋아하지 않는다.

02

> 전제1. 부품을 만드는 회사는 공장이 있다.
> 전제2. _____
> 결론. 부품을 만드는 회사는 제조를 한다.

① 제조를 하지 않는 회사는 공장이 있다.
② 부품을 만들지 않는 회사는 공장이 있다.
③ 공장이 없는 회사는 제조를 한다.
④ 제조를 하는 회사는 부품을 만든다.
⑤ 공장이 있는 회사는 제조를 한다.

03

전제1. 와인을 좋아하는 모든 회사원은 치즈를 좋아한다.
전제2. _____
결론. 포도를 좋아하는 어떤 회사원은 치즈를 좋아한다.

① 포도를 좋아하는 어떤 회사원은 와인을 좋아하지 않는다.
② 와인을 좋아하는 어떤 회사원은 포도를 좋아한다.
③ 와인을 좋아하지 않는 모든 회사원은 포도를 좋아한다.
④ 치즈를 좋아하는 모든 회사원은 와인을 좋아하지 않는다.
⑤ 포도를 좋아하지 않는 어떤 회사원은 와인을 좋아한다.

Easy

04

전제1. 연극을 좋아하는 모든 아이는 드라마를 본다.
전제2. 연극을 좋아하는 모든 아이는 영화를 본다.
결론. _____

① 드라마를 보는 모든 아이는 영화를 본다.
② 영화를 보는 어떤 아이는 드라마를 본다.
③ 드라마를 보는 모든 아이는 연극을 좋아한다.
④ 영화를 보지 않는 모든 아이는 연극을 좋아한다.
⑤ 드라마를 보지 않는 어떤 아이는 영화를 본다.

05

전제1. C언어를 하는 사원은 파이썬을 한다.
전제2. Java를 하는 사원은 C언어를 한다.
결론. _____

① 파이썬을 하는 사원은 C언어를 한다.
② C언어를 하지 않는 사원은 Java를 한다.
③ Java를 하지 않는 사원은 파이썬을 하지 않는다.
④ C언어를 하는 사원은 Java를 한다.
⑤ 파이썬을 하지 않는 사원은 Java를 하지 않는다.

06 S사원은 상품 A, B, C, D, E를 포장하여 다음과 같은 보관함에 넣었다. 다음 〈조건〉을 만족할 때 항상 거짓인 것은?

〈보관함〉

	1열	2열	3열
1행	1	2	3
2행	4	5	6
3행	7	8	9

조건

- 포장되는 순서대로 상품을 보관함에 넣을 수 있다.
- 보관함에 먼저 넣은 상품보다 나중에 넣은 상품을 뒤의 번호에 넣어야 한다.
- C는 두 번째로 포장을 완료했다.
- B는 보관함 2열에 넣었다.
- E는 B보다 먼저 포장을 완료했다.
- E는 보관함 3행에 넣었다.
- D는 A가 넣어진 행보다 한 행 아래에 넣어졌다.
- C는 D가 넣어진 열보다 한 열 오른쪽에 넣어졌다.
- 짝수 번의 보관함에는 한 개의 상품만 넣어졌다.

① A는 1번 보관함에 넣어졌다.
② B는 8번 보관함에 넣어졌다.
③ C는 2번 보관함에 넣어졌다.
④ D는 5번 보관함에 넣어졌다.
⑤ E는 7번 보관함에 넣어졌다.

07 K부서의 사원 A, B, C, D, E, F는 출근하는 순서대로 먼저 출근한 3명은 에티오피아 커피, 나중에 출근한 3명은 케냐 커피를 마셨다. 다음 〈조건〉을 만족할 때 항상 거짓인 것은?

조건
- C는 가장 마지막에 출근했다.
- F는 바로 앞에 출근한 사원이 마신 커피와 다른 종류의 커피를 마셨다.
- A와 B는 연이어 출근했다.
- B는 E보다 나중에 출근했다.

① E는 첫 번째로 출근했고, 에티오피아 커피를 마셨다.
② D는 다섯 번째로 출근했고, 케냐 커피를 마셨다.
③ F는 네 번째로 출근했고, 케냐 커피를 마셨다.
④ E와 D는 서로 다른 종류의 커피를 마셨다.
⑤ B가 A보다 먼저 출근했다면 A는 두 번째로 출근했다.

Easy

08 S사 직원 A, B, C, D, E, F가 커피머신 앞에 한 줄로 서 있다. 다음 〈조건〉을 만족할 때 항상 참인 것은?

조건
- A, B가 E보다 앞에 서 있다.
- C와 D 사이에 두 명이 있다.
- F가 맨 앞에 서 있다.
- A가 D보다 앞에 서 있다.

① D는 항상 E의 바로 앞이나 바로 뒤에 서 있다.
② E가 맨 끝에 서 있으면 C는 F 바로 뒤에 서 있다.
③ A는 C보다 뒤에 서 있다.
④ E가 여섯 번째로 서 있다면 A는 B보다 앞에 서 있다.
⑤ A가 F 바로 뒤에 서 있다면 B는 여섯 번째에 서 있다.

09 A, B, C, D, E, F, G 일곱 명이 토너먼트 경기를 하였다. 다음과 같은 〈조건〉을 만족할 때 항상 거짓인 것은?

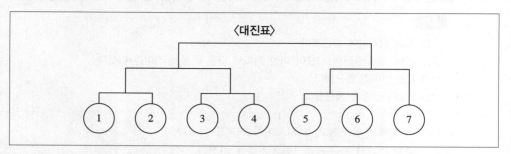

〈대진표〉

① ② ③ ④ ⑤ ⑥ ⑦

조건

• 대진표에서 왼쪽부터 순서대로 경기를 진행하며, 한 라운드가 완전히 끝나야 다음 라운드가 진행된다.
• G와 E는 준결승전에서 만났다.
• D는 결승전에 진출했고, B는 준결승전에서 패배했다.
• D는 첫 번째 경기에 출전했고, F는 두 번째 경기에 출전했다.

① D와 G는 결승전에서 만날 수도 있다.
② C는 1라운드에서 승리했다.
③ A는 부전승으로 준결승전에 출전할 수 없다.
④ B와 F는 1라운드에서 만났다.
⑤ A와 C는 경기를 3번 했다.

10 S부서의 사원 A, B, C, D는 공정설계, 설비기술, 회로설계, 품질보증 4개의 직무 중 2개씩을 담당하고 있고, 각 직무의 담당자는 2명이다. 다음과 같은 〈조건〉을 만족할 때 항상 참인 것은?

> **조건**
> • C와 D가 담당하는 직무는 서로 다르다.
> • B는 공정설계 직무를 담당한다.
> • D는 설비기술을 담당한다.
> • A와 C는 1개의 직무를 함께 담당한다.

① B가 회로설계 직무를 담당하면 D는 품질보증 직무를 담당한다.
② A가 설비기술 직무를 담당하지 않으면 C는 회로설계 직무를 담당한다.
③ D가 회로설계 직무를 담당하면 A는 C와 품질보증 직무를 담당한다.
④ C가 품질보증 직무를 담당하지 않으면 B는 회로설계 직무를 담당한다.
⑤ B가 설비기술 직무를 담당하지 않으면 A는 회로설계 직무를 담당하지 않는다.

11 A, B, C, D, E는 서로 다른 숫자가 적힌 카드를 한 장씩 가지고 있다. 카드에는 1부터 5까지의 자연수가 하나씩 적혀 있고, 본인이 가지고 있는 카드에 대해 다음과 같이 진술하였다. 한 명이 거짓을 말하고 있을 때 가장 큰 숫자가 적힌 카드를 가지고 있는 사람은?

> A : 나는 제일 작은 숫자가 적힌 카드를 가지고 있어.
> B : 나는 C보다는 큰 수가, 5보다는 작은 수가 적힌 카드를 가지고 있어.
> C : 나는 A가 가지고 있는 카드에 적힌 숫자에 2를 곱한 수가 적힌 카드를 가지고 있어.
> D : 나는 E가 가지고 있는 카드에 적힌 숫자에서 1을 뺀 수가 적힌 카드를 가지고 있어.
> E : A가 가지고 있는 카드의 숫자보다 작은 수가 적힌 카드를 가지고 있어.

① A
② B
③ C
④ D
⑤ E

12 S부서의 사원 A, B, C, D, E는 가, 나, 다팀에 속해있으며, 한 팀은 2명 이하로 구성되어 있다. 사원이 다음과 같이 진술하였고, 나팀에 속해있는 사원만이 거짓말을 할 때 각 팀의 팀원이 적절하게 연결된 것은?

> A : 나는 C와 같은 팀이야.
> B : 나는 다팀이야.
> C : E는 나팀이야.
> D : 나는 혼자 다팀이야.
> E : B는 나팀이 아니야.

가팀	나팀	다팀
① A, B	C, D	E
② A, C	B, E	D
③ A, D	B, C	E
④ A, B	C, E	D
⑤ A, E	C, D	B

※ 다음 제시된 도형의 규칙을 보고 ?에 들어가기에 적절한 것을 고르시오. [13~15]

13

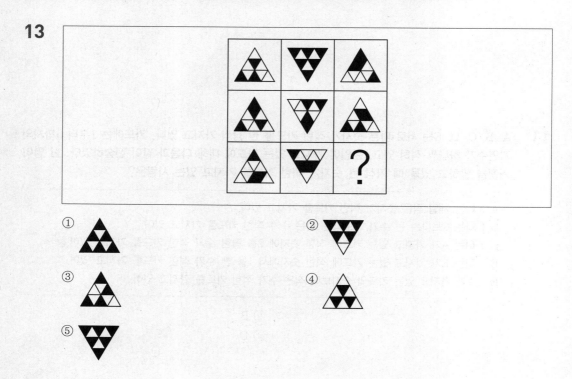

14

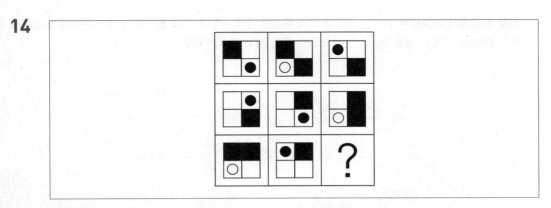

①   ②

③   ④

⑤

15

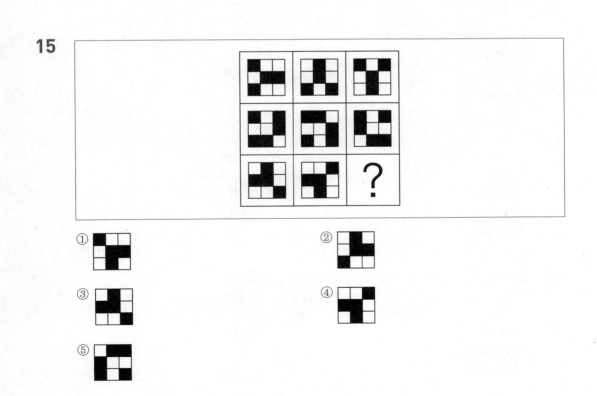

※ 다음 도식에서 기호들은 일정한 규칙에 따라 문자를 변화시킨다. ?에 들어갈 적절한 문자를 고르시오
(단, 규칙은 가로와 세로 중 한 방향으로만 적용된다). [16~19]

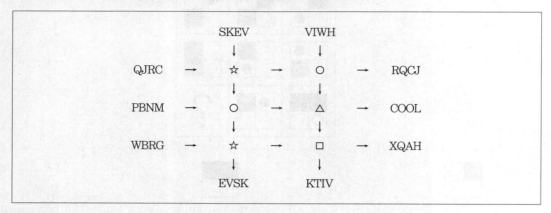

Hard

16

BROW → △ → ○ → ?

① QQCU　　　　　　　　　② CUQQ
③ QCUQ　　　　　　　　　④ CQQU
⑤ UQCQ

17

QWXE → □ → ☆ → ?

① FVWR　　　　　　　　　② RVWF
③ EXWQ　　　　　　　　　④ QRVF
⑤ RWVF

18

? → ☆ → ○ → HGEK

① GKHE　　　　　　　　　② EKGH
③ GHKE　　　　　　　　　④ GKEH
⑤ KGHE

19

? → △ → □ → ZMTS

① TSOX　　　　　　　　　② XOST
③ SOXT　　　　　　　　　④ YNUR
⑤ OSXT

※ 다음 도식에서 기호들은 일정한 규칙에 따라 문자를 변화시킨다. ?에 들어갈 적절한 문자를 고르시오 (단, 규칙은 가로와 세로 중 한 방향으로만 적용된다). [20~23]

```
              SLDH        EIVO        XEMC
               ↓           ↓           ↓
QNXB   →       □    →      ☆    →      △    →   RZPC
               ↓           ↓           ↓
               △           □           ○
               ↓           ↓           ↓
              TOEI        EWIN        ENGY
```

20

$$HLJW → □ → ☆ → ?$$

① VMJH　　　　　　　　② VJMV
③ JHMV　　　　　　　　④ HJMV
⑤ HMJV

21

$$SEMV → △ → ☆ → ?$$

① XNGT　　　　　　　　② TGNX
③ TNGX　　　　　　　　④ NGTX
⑤ GTXN

22

$$? → ○ → △ → QHIG$$

① HEFP　　　　　　　　② HFPE
③ PFHE　　　　　　　　④ EHPF
⑤ EHFP

23

$$? → □ → ○ → JVMA$$

① AMVJ　　　　　　　　② ALVK
③ JVMA　　　　　　　　④ JMAV
⑤ VAMJ

24 다음 제시된 낱말의 대응 관계로 볼 때, 빈칸에 들어가기에 가장 적절한 것을 고르면?

> 조잡하다 : 치밀하다 = 진출하다 : (   )

① 철수하다   ② 자립하다
③ 인식하다   ④ 막론하다
⑤ 분별하다

25 다음 글의 내용이 참일 때 항상 거짓인 것은?

> 요즘 마트에서 쉽게 찾아볼 수 있는 아보카도는 열대 기후에서 재배되는 과일이다. 아보카도의 모양
> 은 망고와 비슷하지만 잘라보았을 때 망고는 노란빛을 띠는 반면, 아보카도는 초록빛을 띠는 것이
> 특징이다.
> 예전에 아보카도는 고지방 식품으로 분류되어 다이어트를 할 때 피해야 할 과일로 여겨졌지만, 아보
> 카도가 다이어트에 효과적이라는 연구결과가 알려지면서 요즘에는 다이어트를 하는 사람에게 인기
> 가 많다. 또한 아보카도에는 비타민 C와 A, 필수지방산 등 영양 성분도 많이 함유되어 있어 여러
> 질병과 질환을 예방하는 데 도움이 된다.
> 이러한 효과와 효능을 보려면 잘 익은 아보카도를 골라 올바르게 섭취하는 것이 중요하다. 잘 익은
> 아보카도는 손으로 만져봤을 때 탄력이 있고, 껍질의 색이 녹색에서 약간 검게 변해 있다. 아보카도
> 는 실내 온도에 3일 정도밖에 보관되지 않으므로 구매 후 바로 섭취하는 것이 좋다. 아보카도는 생
> 으로 먹었을 때 효능을 극대화할 수 있으므로 다양한 채소와 견과류를 곁들인 샐러드로 먹는 것이
> 좋다.

① 아보카도의 모양은 망고와 비슷하다.
② 잘 익은 아보카도는 만졌을 때 탄력이 있다.
③ 아보카도는 일주일 이상 실온에서 숙성하여 섭취하는 것이 좋다.
④ 아보카도는 다이어트와 여러 질병, 질환을 예방하는 데 도움이 된다.
⑤ 아보카도의 효능을 극대화하려면 생으로 먹어야 한다.

26 다음 지문을 토대로 〈보기〉에 대한 해석으로 적절하지 않은 것은?

해시 함수(Hash Function)란 임의의 길이의 데이터를 고정된 길이의 데이터로 대응시키는 함수이다. 해시 함수는 키를 값에 연결시키는 자료구조인 해시 테이블에 사용된다. 여기서 키는 입력 값이며, 해시 함수에 의해 얻어지는 값은 해시 값이라고 한다.

해시 함수는 큰 파일에서 중복되는 값을 찾을 수 있기 때문에 데이터 검색이 매우 빠르다는 장점이 있다. 또한 해시 값이 다르면 그 해시 값에 대한 원래 입력 값도 달라야 하는 점을 이용하여 암호로도 사용될 수 있다. 그런데 해시 함수가 서로 다른 두 개의 입력 값에 대해 동일한 해시 값을 나타내는 상황이 발생하는데 이를 해시 충돌이라고 한다. 해시 충돌이 자주 일어나는 해시 함수는 서로 다른 데이터를 구별하기 어려워지고 검색하는 비용이 증가한다.

보기

입력 값	해시 함수 1	해시 값
A	→	01
B	→	02
C	→	03

입력 값	해시 함수 2	해시 값
A	→	01
B	→	02
C	→	02

입력 값	해시 함수 3	해시 값
A	→	01
B	→	02
B	→	03

① 해시 함수 1로 얻어지는 해시 값은 해시 충돌이 발생하지 않았다.
② 해시 함수 1과 다르게 해시 함수 2로 얻어지는 해시 값은 해시 충돌이 발생했다.
③ 해시 함수 3는 암호로 사용될 수 없다.
④ 주어진 자료만으로 판단했을 때 해시 함수 2보다는 해시 함수 1이 검색 비용이 적게 들 것이다.
⑤ 해시 함수 3은 해시 함수 2와 마찬가지로 해시 충돌이 발생했다.

27 다음 글의 내용이 참일 때 항상 거짓인 것은?

> 카메라의 성능이 점점 향상되어 손떨림까지 보정해주는 기술이 적용되기 시작했다. 손떨림 보정 기술에는 크게 광학식 보정(OIS; Optical Image Stabilization)과 전자식 보정(EIS; Electrical Image Stabilization)이 있다.
> 광학식 보정은 손이 떨리는 방향과 반대 방향으로 렌즈를 이동시켜 흔들림을 상쇄하는 기술이다. 최근에는 수직, 수평의 직선 운동에 대해서도 보정이 가능한 4축 기술까지 발전하였다.
> 전자식 보정은 사진을 찍은 후 떨림을 보정하는 기술이다. 손떨림이 크지 않을 때에는 유용하지만 사진의 해상도가 낮아질 수 있으므로 주의해야 한다.
> 전자식 보정은 광학식 보정보다 가격이 저렴하며, 광학식 보정은 전자식 보정보다 성능이 우수하다. 이처럼 두 기술에 장단점이 있어 어떤 기술을 사용하는 것이 옳다고 할 수 없다. 손떨림 보정 기술의 원리와 장단점을 분석하여 상황에 따라 적절하게 선택하는 것이 현명하다.

① 광학식 보정은 전자식 보정보다는 가격이 높지만, 성능이 우수하다.
② 전자식 보정은 사진 찍기 전에는 보정되는 정도를 확인할 수 없다.
③ 사진을 찍을 때 주로 거치대를 이용하는 A씨는 광학식 보정보다는 전자식 보정을 선택하는 것이 가격 면에서 이득이다.
④ 전자식 보정은 광학식 보정보다 나은 점이 없으므로 광학식 보정 기술이 적용된 카메라를 구입하는 것이 좋다.
⑤ 광학식 보정은 손이 왼쪽으로 떨리면 렌즈를 오른쪽으로 이동시켜 흔들림을 상쇄하는 기술이다.

정답 및 해설 p.029

| 01 | 수리논리

01 S사에서는 스마트패드와 스마트폰을 제조하여 각각 80만 원, 17만 원에 판매하고 있고, 두 개를 모두 구매하는 고객에게는 91만 원으로 할인하여 판매하고 있다. 한 달 동안 S사에서 스마트패드와 스마트폰을 구매한 고객은 총 69명이고, 한 달 동안 S사의 매출액은 4,554만 원이다. 스마트폰만 구입한 고객은 19명일 때, 한 달 동안 스마트패드와 스마트폰을 모두 구입한 고객의 수는?

① 20명   ② 21명

③ 22명   ④ 23명

⑤ 24명

02 S사 M부서의 직원은 100명이며 40대, 30대, 20대로 구성되어 있다. 20대가 30대의 50%이고, 40대가 30대보다 15명이 많을 때, 30대 직원 수는?

① 33명   ② 34명

③ 35명   ④ 36명

⑤ 37명

03 K씨는 100억 원을 주식 A와 B에 분산투자하려고 한다. A의 수익률은 10%, B의 수익률은 6%일 때 7억 원의 수익을 내기 위해서 A에 투자할 금액은?

① 23억 원   ② 24억 원

③ 25억 원   ④ 26억 원

⑤ 27억 원

04 S학원에 초급반 A, B, C, 고급반 가, 나, 다 수업이 있다. 6개 수업을 순차적으로 개설하려고 할 때, 고급반 수업은 이어서 개설되고, 초급반 수업은 이어서 개설되지 않는 경우의 수는?

① 12가지   ② 24가지

③ 36가지   ④ 72가지

⑤ 144가지

05 A가 속한 동아리에는 총 6명이 활동 중이며, 올해부터 조장을 뽑기로 하였다. 조장은 매년 1명이며, 1년마다 새로 뽑는다. 연임은 불가능할 때 올해부터 3년 동안 A가 조장을 2번 할 확률은?(단, 3년 동안 해당 동아리에서 인원 변동은 없다)

① $\frac{1}{3}$ ② $\frac{1}{10}$

③ $\frac{1}{15}$ ④ $\frac{1}{30}$

⑤ $\frac{1}{40}$

06 다음은 지역별 7급 공무원 현황을 나타낸 자료이다. 자료에 대한 설명으로 적절한 것은?

〈지역별 7급 공무원 현황〉

(단위 : 명)

구분	남성	여성	합계
서울	14,000	11,000	25,000
경기	9,000	6,000	15,000
인천	9,500	10,500	20,000
부산	7,500	5,000	12,500
대구	6,400	9,600	16,000
광주	4,500	3,000	7,500
대전	3,000	1,800	4,800
울산	2,100	1,900	4,000
세종	1,800	2,200	4,000
강원	2,200	1,800	4,000
충청	8,000	12,000	20,000
전라	9,000	11,000	20,000
경상	5,500	4,500	10,000
제주	2,800	2,200	5,000
합계	85,300	82,500	167,800

※ 수도권 : 서울, 인천, 경기

① 남성 공무원 수가 여성 공무원 수보다 많은 지역은 5곳이다.
② 광역시 중 남성 공무원 수와 여성 공무원 수 차이가 가장 큰 지역은 울산이다.
③ 인천 여성 공무원 비율과 세종 여성 공무원 비율의 차이는 2.5%p이다.
④ 수도권 전체 공무원 수와 광역시 전체 공무원 수의 차이는 5,000명 이상이다.
⑤ 제주 전체 공무원 중 남성 공무원의 비율은 55%이다.

07 다음은 주요업종별 영업이익을 비교한 자료이다. 자료에 대한 설명으로 적절하지 않은 것은?

〈주요업종별 영업이익 비교〉

(단위 : 억 원)

구분	2019년 1분기 영업이익	2019년 4분기 영업이익	2020년 1분기 영업이익
반도체	40,020	40,540	60,420
통신	5,880	6,080	8,880
해운	1,340	1,450	1,660
석유화학	9,800	9,880	10,560
건설	18,220	19,450	16,410
자동차	15,550	16,200	5,240
철강	10,740	10,460	820
디스플레이	4,200	4,620	−1,890
자동차부품	3,350	3,550	−2,110
조선	1,880	2,110	−5,520
호텔	980	1,020	−3,240
항공	−2,880	−2,520	120

① 2019년 4분기의 영업이익은 2019년 1분기 영업이익보다 모든 업종에서 높다.

② 2020년 1분기 영업이익이 전년 동기 대비 영업이익보다 높은 업종은 5개이다.

③ 2020년 1분기 영업이익이 적자가 아닌 업종 중 영업이익이 직전 분기 대비 감소한 업종은 3개이다.

④ 2019년 1, 4분기에 흑자였다가 2020년 1분기에 적자로 전환된 업종은 4개이다.

⑤ 항공업은 2019년 1, 4분기에 적자였다가 2020년 1분기에 흑자로 전환되었다.

Hard

08 다음은 2016년부터 2020년까지 시행된 국가고시 현황에 관한 표이다. 자료를 참고하여 그래프로 나타낸 것으로 적절하지 않은 것은?(단, 응시자와 합격자 수는 일의 자리에서 반올림한다)

〈국가고시 현황〉

(단위 : 명)

구분	2016년	2017년	2018년	2019년	2020년
접수자	3,540	3,380	3,120	2,810	2,990
응시율	79.40%	78.70%	82.70%	75.10%	74.20%
합격률	46.60%	44.70%	46.90%	47.90%	53.20%

※ 응시율(%) = $\frac{응시자\ 수}{접수자\ 수} \times 100$

※ 합격률(%) = $\frac{합격자\ 수}{응시자\ 수} \times 100$

① 연도별 미응시자 수 추이

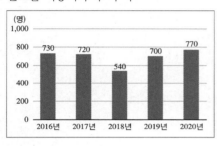

② 연도별 응시자 중 불합격자 수 추이

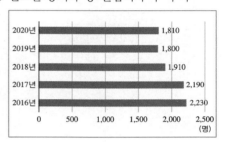

③ 2017 ~ 2020년 전년 대비 접수자 수 변화량

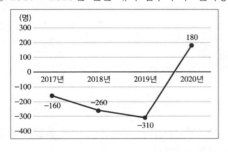

④ 2017 ~ 2020년 전년 대비 합격자 수 변화량

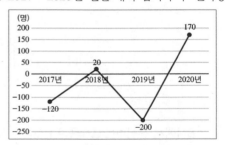

⑤ 2017 ~ 2020년 전년 대비 합격률 증감량

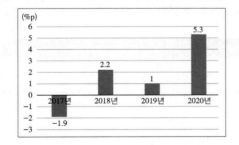

다음은 운동시간에 따른 운동효과를 나타낸 자료이다. 운동효과와 운동시간의 관계가 주어진 자료와 식과 같을 때 ㉠과 ㉡에 들어갈 숫자로 적절한 것은?

〈운동시간에 따른 운동효과〉

운동시간(시간)	1	2	3	4
운동효과	4	62	㉠	㉡

※ (운동효과)$=a\times$(운동시간)$-\dfrac{b^2}{(운동시간)}$

	㉠	㉡			㉠	㉡
①	90	150		②	100	151
③	100	152		④	108	151
⑤	108	152				

10 S사에서 생산하는 A제품과 B제품의 매출액은 다음과 같다. 매출액 추이가 동일하게 유지될 때, 두 제품의 매출액을 합쳐서 300억 원을 초과하는 연도는?

〈A, B제품 매출액〉

(단위 : 억 원)

구분	2016년	2017년	2018년	2019년	2020년
A제품	100	101	103	107	115
B제품	80	78	76	74	72

① 2021년
② 2022년
③ 2023년
④ 2024년
⑤ 2025년

| 02 | 추리

※ 제시된 명제가 모두 참일 때, 빈칸에 들어갈 명제로 가장 적절한 것을 고르시오. [1~5]

01

> 전제1. 대한민국에 사는 사람은 국내 여행을 간다.
> 전제2. 김치찌개를 먹지 않는 사람은 국내 여행을 가지 않는다.
> 결론. _____

① 국내 여행을 가는 사람은 김치찌개를 먹지 않는다.
② 김치찌개를 먹는 사람은 대한민국에 사는 사람이다.
③ 대한민국에 사는 사람은 김치찌개를 먹는다.
④ 김치찌개를 먹지 않는 사람은 국내 여행을 간다.
⑤ 대한민국에 살지 않는 사람은 김치찌개를 먹는다.

02

> 전제1. TV 시청을 하는 사람은 작곡가를 꿈꾼다.
> 전제2. _____
> 결론. 안경을 쓰지 않은 사람은 작곡가를 꿈꾸지 않는다.

① 작곡가를 꿈꾸는 사람은 안경을 쓰지 않았다.
② TV 시청을 하는 사람은 안경을 쓰지 않았다.
③ 작곡가를 꿈꾸지 않은 사람은 안경을 쓰지 않았다.
④ 안경을 쓰지 않은 사람은 TV 시청을 하지 않는다.
⑤ 안경을 쓴 사람은 TV 시청을 한다.

Easy

03

> 전제1. _____
> 전제2. 바이올린을 배우는 사람은 필라테스를 배운다.
> 결론. 피아노를 배우는 사람은 필라테스를 배운다.

① 피아노를 배우는 사람은 바이올린을 배운다.
② 피아노를 배우지 않는 사람은 바이올린을 배운다.
③ 바이올린을 배우는 사람은 피아노를 배운다.
④ 필라테스를 배우는 사람은 피아노를 배운다.
⑤ 필라테스를 배우지 않는 사람은 바이올린을 배운다.

04

전제1. 커피를 좋아하지 않는 모든 사람은 와인을 좋아하지 않는다.
전제2. _____
결론. 커피를 좋아하지 않는 모든 사람은 생강차를 좋아한다.

① 커피를 좋아하면 생강차를 좋아한다.
② 커피를 좋아하면 와인을 좋아한다.
③ 와인을 좋아하면 생강차를 좋아하지 않는다.
④ 와인을 좋아하지 않으면, 생강차를 좋아한다.
⑤ 생강차를 좋아하면 와인을 좋아한다.

05

전제1. 유행에 민감한 모든 사람은 고양이를 좋아한다.
전제2. _____
결론. 고양이를 좋아하는 어떤 사람은 쇼핑을 좋아한다.

① 고양이를 좋아하는 모든 사람은 유행에 민감하다.
② 유행에 민감한 어떤 사람은 쇼핑을 좋아한다.
③ 쇼핑을 좋아하는 모든 사람은 고양이를 좋아하지 않는다.
④ 유행에 민감하지 않은 어떤 사람은 쇼핑을 좋아한다.
⑤ 고양이를 좋아하지 않는 모든 사람은 쇼핑을 좋아한다.

06 A~E 5명은 아이스크림 가게에서 바닐라, 딸기, 초코맛 중에 한 개씩 주문하였다. 〈조건〉과 같을 때 다음 중 적절하지 않은 것은?

> 조건
> • C 혼자 딸기맛을 선택했다.
> • A와 D는 서로 같은 맛을 선택했다.
> • B와 E는 다른 맛을 선택했다.
> • 바닐라, 딸기, 초코맛 아이스크림은 각각 2개씩 있다.
> • 마지막에 주문한 E는 인원 초과로 선택한 아이스크림을 먹지 못했다.

① A가 바닐라맛을 선택했다면, E는 바닐라맛을 선택했다.
② C가 딸기맛이 아닌 초코맛을 선택하고 딸기맛은 아무도 선택하지 않았다면 B는 아이스크림을 먹지 못했을 것이다.
③ D보다 E가 먼저 주문했다면, E는 아이스크림을 먹었을 것이다.
④ A와 E가 같은 맛을 주문했다면, B와 D는 서로 다른 맛을 주문했다.
⑤ E가 딸기맛을 주문했다면, 모두 각자 선택한 맛의 아이스크림을 먹을 수 있었다.

07 A, B, C, D 네 명은 S옷가게에서 각자 마음에 드는 옷을 입어보았다. 〈조건〉과 같을 때, 다음 중 항상 적절한 것은?

> 조건
> • S옷가게에서 판매하는 옷의 종류는 티셔츠, 바지, 코트, 셔츠이다.
> • 종류별로 각각 검은색, 흰색 색상이 있으며, 재고는 1장씩밖에 남지 않았다.
> • 각자 옷의 종류가 겹치지 않도록 2장씩 입었다.
> • 같은 색상으로 입어본 사람은 2명이다.
> • 코트를 입어본 사람은 셔츠를 입어보지 않았다.
> • 티셔츠를 입어본 사람은 바지를 입어보지 않았다.
> • B는 검은색 바지를, C는 흰색 셔츠를 입어보았다.
> • 코트는 A, B가, 티셔츠는 A, C가 입어보았다.
> • 검은색 코트와 셔츠는 A와 D가 입어보았다.

① A는 검은색 티셔츠와 흰색 바지를 입었다.
② A는 검은색 티셔츠와 흰색 코트를 입었다.
③ B는 흰색 바지와 흰색 코트를 입었다.
④ C는 흰색 티셔츠와 검은색 셔츠를 입었다.
⑤ D는 흰색 바지와 검은색 셔츠를 입었다.

08 1에서 5까지의 자연수가 적혀있는 카드가 A, B가 앉아있는 두 책상 위에 동일하게 놓여있다. A, B 두 사람은 각자의 책상 위에 숫자가 안보이게 놓여있는 카드를 세 장씩 뽑았다. A, B가 뽑은 카드가 〈조건〉과 같을 때 카드 숫자 합이 가장 큰 조합은?(단, 한 번 뽑은 카드는 다시 뽑지 않는다)

조건
- A와 B는 같은 숫자가 적힌 카드를 한 장 뽑았고, 그 숫자는 2이다.
- B가 세 번째에 뽑은 카드에 적힌 숫자는 A가 세 번째에 뽑은 카드에 적힌 숫자보다 1만큼 작고, B가 첫 번째에 뽑은 카드에 적힌 숫자보다 1만큼 크다.
- 첫 번째, 두 번째, 세 번째에 A가 뽑은 카드에 적힌 숫자는 B가 뽑은 카드에 적힌 숫자보다 1만큼 크다.
---

① A-첫 번째, B-세 번째
② A-두 번째, B-첫 번째
③ A-두 번째, B-두 번째
④ A-세 번째, B-두 번째
⑤ A-세 번째, B-세 번째

09 A, B, C, D, E가 순서대로 놓인 1, 2, 3, 4, 5번 콘센트를 1개씩 이용하여 배터리가 방전된 휴대폰을 충전하려고 한다. 〈조건〉을 만족할 때 다음 중 항상 적절한 것은?(단, 작동하는 콘센트를 이용하는 사람의 휴대폰은 전원이 켜지고, 작동하지 않는 콘센트를 이용하는 사람의 휴대폰은 전원이 켜지지 않는다)

조건
- 5번 콘센트는 작동되지 않고, 나머지 콘센트는 작동한다.
- B는 3번 콘센트를 사용한다.
- D는 5번 콘센트를 이용하지 않는다.
- A는 1번이나 5번 콘센트를 이용한다.
- A와 E, C와 D는 바로 옆 콘센트를 이용한다.
---

① C의 휴대폰에 전원이 켜지지 않는다면, E는 1번 콘센트를 이용한다.
② C가 B의 바로 옆 콘센트를 이용하면, A의 휴대폰에 전원이 켜지지 않는다.
③ E가 4번 콘센트를 이용하면, C는 B의 바로 옆 콘센트를 이용한다.
④ A의 휴대폰에 전원이 켜지지 않는다면, D는 1번 콘센트를 이용한다.
⑤ D가 2번 콘센트를 이용하면, E의 휴대폰에 전원이 켜지지 않는다.

10 가와 나 마을에 A ~ F가 살고 있다. 가와 나 마을에는 3명씩 살고 있으며, 가 마을 사람들은 항상 진실만 말하고 나 마을 사람들은 항상 거짓만 말한다. F가 가 마을에 살고 있고, 다음 〈조건〉을 고려했을 때 나 마을 사람으로 적절한 것은?

> **조건**
> • A : B, D 중 한 명은 가 마을이야.
> • C : A, E 중 한 명은 나 마을이야.

① A, B, C   ② A, B, D
③ B, C, D   ④ B, C, E
⑤ C, D, E

※ 다음 제시된 단어의 대응 관계가 동일하도록 빈칸에 들어갈 가장 적절한 단어를 고르시오. [11~12]

11

영겁 : 순간 = ( ) : 고귀

① 숭고   ② 비속
③ 고상   ④ 존귀
⑤ 신성

12

팽대 : 퇴세 = 쇄신 : ( )

① 진보   ② 은폐
③ 세파   ④ 답습
⑤ 개혁

13   ① 참조 – 참고　　　　　　　② 숙독 – 탐독
　　　　③ 임대 – 차용　　　　　　　④ 정세 – 상황
　　　　⑤ 분별 – 인식

14   ① 옹호하다 : 편들다　　　　　② 상정하다 : 가정하다
　　　　③ 혁파하다 : 폐지하다　　　　④ 원용하다 : 인용하다
　　　　⑤ 겸양하다 : 거만하다

Hard

15

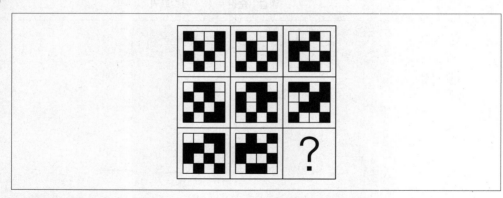

① 　　　　　　　　　　②

③ 　　　　　　　　　　④

⑤

16

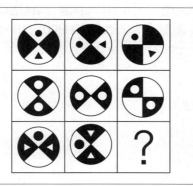

①   ②

③   ④

⑤

17

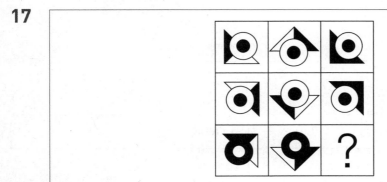

①   ②

③   ④

⑤

※ 다음 도식에서 기호들은 일정한 규칙에 따라 문자를 변화시킨다. ?에 들어갈 적절한 문자를 고르시오
(단, 규칙은 가로와 세로 중 한 방향으로만 적용된다). **[18~21]**

```
                    ㅌ2ㄱ6              ㅈ3ㄹ2
                      ↓                  ↓
      7ㅍㄷ3   →       ☆      →       □      →    ㅍㄷ64
                      ↓                  ↓
      8ㅇ3ㅅ   →       ○      →       △      →    ㅅ9ㅅ4
                      ↓                  ↓
      72ㅅㅌ   →       △      →       ○      →    ㅍ73ㅂ
                      ↓                  ↓
                    7ㅌ1ㄴ              33ㅁㅇ
```

18

QE1O → □ → ☆ → ?

① 1QPD ② EQP1
③ E1QO ④ E1QP
⑤ D1QP

19

JW37 → △ → ○ → ?

① 82JX ② 82XJ
③ 8JX2 ④ 37JW
⑤ JX28

20

? → △ → □ → OVUE

① UNWD ② UNVC
③ UOVE ④ UVEO
⑤ TNWD

21

? → ☆ → △ → 5845

① 3675 ② 4557
③ 9465 ④ 6753
⑤ 2167

22

별도로 제작된 디자인 설계 도면을 바탕으로 소재를 얇게 적층하여 3차원의 입체 형상을 만들어내는 3D프린터는 오바마 대통령의 국정 연설에서도 언급되며 화제를 일으키기도 했다. 단순한 형태의 부품부터 가구, 치아, 심지어 크기만 맞으면 자동차까지 인쇄할 수 있는 3D프린터는 의학 분야에서도 역시 활용되고 있다.

인간의 신체 일부를 찍어낼 수 있는 의료용 3D바이오프린팅 시장은 이미 어느 정도 주류로 자리 잡고 있다. 뼈나 장기가 소실된 환자에게 유기물로 3D프린팅 된 신체를 대체시키는 기술은 연구개발과 동시에 상용화에도 박차를 가하고 있는 상황이다. 그리고 이러한 의료용 3D프린팅 기술 중에는 사람의 피부를 3D프린터로 인쇄하는 것도 있다. 화상이나 찰과상, 자상 등에 의해 피부 세포가 죽거나 소실되었을 때 인공 피부를 직접 사람에게 인쇄하는 방식이다.

이 인공 피부를 직접 사람에게 인쇄하기 위해서는 마찬가지로 살아 있는 잉크, 즉 '바이오 잉크'가 필요한데, 피부 세포와 콜라겐, 섬유소 등으로 구성된 바이오 잉크는 거부 반응으로 인한 괴사 등의 위험을 해결하기 위해 자기유래세포를 사용한다. 이처럼 환자의 피부 조직을 배양해 만든 배양 피부를 바이오 잉크로 쓰면 본인의 세포에서 유래된 만큼 거부 반응을 최소화할 수 있다는 장점이 있다. 물론 의료용 3D프린팅 기술에도 해결해야 할 문제는 존재한다. 3D프린팅 기술을 통한 피부이식에 대한 안전성 검증에는 많은 비용과 시간, 인내가 필요함에 따라 결과 도출에 오랜 시간이 걸릴 것으로 예상되며, 이 과정에서 장기 이식 및 전체적 동식물 유전자 조작에 대한 부정적 견해를 유발할 수 있을 것으로 우려되기 때문이다.

① 3D프린터는 재료와 그 크기에 따라 다양한 사물을 인쇄할 수 있다.
② 3D프린터 기술이 발전한다면 장기기증자를 기다리지 않아도 될 것이다.
③ 피부를 직접 환자에게 인쇄하기 위해서는 별도의 잉크가 필요하다.
④ 같은 바이오 잉크라 해도 환자에 따라 거부 반응이 발생할 여지가 있다.
⑤ 자칫 장기 이식 및 선택적 동식물 유전자 조작에 대한 부정적 견해를 유발할 수 있다.

생태학에서 생물량, 또는 생체량으로 번역되어 오던 단어인 바이오매스(Biomass)는, 태양 에너지를 받은 식물과 미생물의 광합성에 의해 생성되는 식물체, 균체, 그리고 이를 자원으로 삼는 동물체 등을 모두 포함한 생물 유기체를 일컫는다. 그리고 이러한 바이오매스를 생화학적, 또는 물리적 변환과정을 통해 액체, 가스, 고체연료, 또는 전기나 열에너지 형태로 이용하는 기술을 화이트 바이오테크놀로지(White Biotechnology), 줄여서 '화이트 바이오'라고 부른다.

옥수수나 콩, 사탕수수와 같은 식물자원을 이용해 화학제품이나 연료를 생산하는 기술인 화이트 바이오는 재생이 가능한 데다 기존 화석원료를 통한 제조방식에서 벗어나 이산화탄소 배출을 줄일 수 있는 탄소중립적인 기술로 주목받고 있다. 한편 산업계에서는 미생물을 활용한 화이트 바이오를 통해 산업용 폐자재나 가축의 분뇨, 생활폐기물과 같이 죽은 유기물이라 할 수 있는 유기성 폐자원을 바이오매스 자원으로 활용하여 에너지를 생산하고자 연구하고 있어, 온실가스 배출, 악취 발생, 수질오염 등 환경적 문제는 물론 그 처리비용 문제도 해결할 수 있을 것으로 기대를 모으고 있다. 비록 보건 및 의료 분야의 바이오산업인 레드 바이오나, 농업 및 식량 분야의 그린 바이오보다 늦게 발전을 시작했지만, 한국과학기술기획평가원이 발간한 보고서에 따르면 화이트 바이오 관련 산업은 연평균 18%의 빠른 속도로 성장하며 기존의 화학 산업을 대체할 것으로 전망하고 있다.

① 생태학에서 정의하는 바이오매스와 산업계에서 정의하는 바이오매스는 다르다.
② 산업계는 화이트 바이오를 통해 환경오염 문제를 해결할 수 있을 것으로 기대를 모으고 있다.
③ 가정에서 나온 폐기물은 바이오매스 자원으로 고려되지 않는다.
④ 화이트 바이오 산업은 아직 다른 두 바이오산업에 비해 규모가 작을 것이다.
⑤ 기존 화학 산업의 경우 탄소배출이 문제가 되고 있었다.

24 다음 글에 대한 반론으로 가장 적절한 것은?

> 경제 문제는 대개 해결이 가능하다. 대부분의 경제 문제에는 몇 개의 해결책이 있다. 그러나 모든 해결책은 누군가가 상당한 손실을 반드시 감수해야 한다는 특징을 갖고 있다. 하지만 누구도 이 손실을 자발적으로 감수하고자 하지 않으며, 우리의 정치제도는 누구에게도 이 짐을 짊어지라고 강요할 수 없다. 우리의 정치적, 경제적 구조로는 실질적으로 제로섬(Zero-sum)적인 요소를 지니는 경제 문제에 전혀 대처할 수 없다.
>
> 대개의 경제적 해결책은 대규모의 제로섬적인 요소를 갖기 때문에 큰 손실을 수반한다. 모든 제로섬 게임에는 승자가 있다면 반드시 패자가 있으며, 패자가 존재해야만 승자가 존재할 수 있다. 경제적 이득이 경제적 손실을 초과할 수도 있지만, 손실의 주체에게 손실의 의미란 상당한 크기의 경제적 이득을 부정할 수 있을 만큼 매우 중요하다. 어떤 해결책으로 인해 평균적으로 사회는 더 잘살게 될 수도 있지만, 이 평균이 훨씬 더 잘살게 된 수많은 사람들과 훨씬 더 못살게 된 수많은 사람들을 감춘다. 만약 당신이 더 못살게 된 사람 중 하나라면 내 수입이 줄어든 것보다 다른 누군가의 수입이 더 많이 늘었다고 해서 위안을 얻지는 않을 것이다. 결국 우리는 우리 자신의 수입을 보호하기 위해 경제적 변화가 일어나는 것을 막거나 혹은 사회가 우리에게 손해를 입히는 공공정책이 강제로 시행되는 것을 막기 위해 싸울 것이다.

① 빈부격차를 해소하는 것만큼 중요한 정책은 없다.
② 사회의 총생산량이 많아지게 하는 정책이 좋은 정책이다.
③ 경제문제에서 모두가 만족하는 해결책은 존재하지 않는다.
④ 경제적 변화에 대응하는 정치제도의 기능에는 한계가 존재한다.
⑤ 경제정책의 효율성을 높이는 방법은 일관성을 유지하는 것이다.

25 다음 제시문을 토대로 〈보기〉에 대한 해석으로 적절하지 않은 것을 고르면?

최근 환경 문제가 심각해져, 필환경* 시대가 되었고, 이 시대에 맞춰 그린 컨슈머(Green Consumer)가 늘어나고 있다. 이들은 환경 또는 건강을 가장 중요한 판단 기준으로 하는 소비자로 편의성과 쾌적함 등이 아닌 건강과 환경을 기준으로 제품을 선택하기 때문에 기존의 제품 생산 체계를 유지해 오던 기업들에게 적지 않은 영향을 미치고 있다. 이들은 지구를 살리는 습관이라고 하는 4가지 소비 방식인 Refuse, Reduce, Reuse, Recycle을 지키려고 하고 있는데, 이처럼 환경을 의식하는 소비자 운동을 그린 컨슈머 운동이라고도 하고, 그린 컨슈머리즘(Green Consumerism)이라고 부르기도 한다. 필환경 시대에는 컨셔스 패션(Conscious Fashion), 제로 웨이스트(Zero Waste), 프리사이클링(Precycling) 등의 친환경적 성격의 활동이 떠오르고 있다.
우리나라의 1인당 연간 플라스틱 소비량은 98.2kg으로 미국(97.7kg), 프랑스(73kg), 일본(66.9kg) 등의 국가보다 자원 소비가 많다. 쓰레기 문제는 이미 심각하며, 쓰레기 저감은 선택이 아닌 생존의 문제기 때문에 많은 사람이 그린 컨슈머에 합류해서 환경보전활동에 참여해야 한다.
* 필환경 : 인류의 생존을 위해 반드시 지켜야 할 소비 트렌드

> **보기**
>
> 뉴스를 보던 A씨는 지금이 필환경 시대인가를 고민하다가, 집에 쌓여있는 많은 잡동사니를 보고 자신도 그린 컨슈머에 동참해야겠다고 생각하였다. 개인적으로 할 수 있는 것을 해보자는 생각으로 그린 컨슈머의 4가지 소비방식부터 시작하였다. 그런데 활동을 시작하자 생각했던 것보다 훨씬 어려운 점이 많다는 것을 알게 되었다.

① A씨는 커피숍에 갈 때 텀블러를 들고 가고, 물품을 살 때 필요한 것인지 한 번 더 생각하게 될 것이다.
② A씨는 과대 포장은 불필요하기 때문에 공정과정에서 필수 포장만 하도록 조정할 것이다.
③ 패션 업계가 A씨처럼 필환경 시대에 동참하려 한다면, 옷의 생산부터 제작, 폐기까지 친환경적인 요소를 적용하고, 이를 소비자에게 공개할 것이다.
④ A씨가 지금 필환경 시대가 아니라고 판단한다면, 지금과 큰 차이 없는 생활을 할 것이다.
⑤ A씨가 그린 컨슈머가 된 이유는 자신도 우리나라 연간 쓰레기 생산에 관여하고 있는 것을 느꼈기 때문이다.

정답 및 해설 p.040

| 01 | 수리논리

01 농도가 25%인 소금물 200g에 농도가 10%인 소금물을 섞었더니 소금의 양이 55g이었다. 섞은 후의 소금물의 농도는?

① 20%
② 21%
③ 22%
④ 23%
⑤ 24%

Hard

02 S사에서는 A상품을 생산하는 데 모두 10억 원의 생산비용이 발생하며, A상품의 개당 원가는 200원, 정가는 300원이다. 생산한 A상품을 정가에서 25% 할인하여 판매했을 때 손해를 보지 않으려면 생산해야 하는 A상품의 최소 개수는?(단, 이외의 비용은 생각하지 않고 생산한 A상품은 모두 판매된다. 또한 원가에는 생산비용이 포함되어 있지 않다)

① 3천만 개
② 4천만 개
③ 5천만 개
④ 6천만 개
⑤ 7천만 개

03 20억 원을 투자하여 10% 수익이 날 확률은 50%이고, 원가 그대로일 확률은 30%, 10% 손해를 볼 확률은 20%일 때 기대수익은?

① 4,500만 원
② 5,000만 원
③ 5,500만 원
④ 6,000만 원
⑤ 6,500만 원

04 A, B, C가 함께 작업하였을 때에는 6일이 걸리는 일이 있다. 이 일을 A와 B가 같이 작업하였을 때에는 12일이 걸리고, B와 C가 같이 작업하였을 때에는 10일이 걸린다. B가 혼자 일을 다 했을 때 걸린 기간은?(단, A, B, C 모두 혼자 일했을 때의 능률과 함께 일했을 때의 능률은 같다)

① 56일   ② 58일

③ 60일   ④ 62일

⑤ 64일

05 은경이는 태국 여행에서 A, B, C, D 네 종류의 손수건을 총 9장 구매했으며, 그 중 B손수건은 3장, 나머지는 각각 같은 개수를 구매했다. 기념품으로 친구 3명에게 종류가 다른 손수건 3장씩 나눠줬을 때, 가능한 경우의 수는?

① 5가지   ② 6가지

③ 7가지   ④ 8가지

⑤ 9가지

Hard

06 S사는 A, B사로부터 동일한 양의 부품을 공급받는다. A사가 공급하는 부품의 0.1%는 하자가 있는 제품이고, B사가 공급하는 부품은 0.2%가 하자가 있는 제품이다. S사는 공급받은 부품 중 A사로부터 공급받은 부품 50%와 B사로부터 공급받은 부품 80%를 선별하였다. 이 중 한 부품을 검수하였는데 하자가 있는 제품일 때, 그 제품이 B사 부품일 확률은?(단, 선별 후에도 제품의 불량률은 변하지 않는다)

① $\dfrac{15}{21}$ ② $\dfrac{16}{21}$

③ $\dfrac{17}{21}$ ④ $\dfrac{18}{21}$

⑤ $\dfrac{19}{21}$

07 다음은 2018년도 주택보급률에 대한 표이다. 표에 대한 해석으로 적절한 것은?

〈2018년 주택보급률 현황〉

구분	2018년		
	가구 수(만 가구)	주택 수(만 호)	주택보급률(약 %)
전국	1,989	2,072	104
수도권	967	957	99
지방	1,022	1,115	109
서울	383	368	96
부산	136	141	103
대구	95	99	104
인천	109	110	101
광주	57	61	107
대전	60	61	102
울산	43	47	110
세종	11	12	109
경기	475	479	100
강원	62	68	110
충북	64	72	113
충남	85	95	112
전북	73	80	110
전남	73	82	112
경북	109	127	116
경남	130	143	110
제주	24	26	108

※ (주택보급률)$=\dfrac{(주택\ 수)}{(가구\ 수)}\times100$

※ 수도권은 서울, 인천, 경기 지역이며, 지방은 수도권 외에 모든 지역이다.

① 전국 주택보급률보다 낮은 지역은 모두 수도권 지역이다.
② 수도권 외 지역 중 주택 수가 가장 적은 지역의 주택보급률보다 높은 지역은 다섯 곳이다.
③ 가구 수가 주택 수보다 많은 지역은 전국에서 가구 수가 세 번째로 많다.
④ 지방 전체 주택 수의 10% 이상을 차지하는 수도권 외 지역 중 지방 주택보급률보다 낮은 지역의 주택보급률과 전국 주택보급률의 차이는 약 1%p이다.
⑤ 주택 수가 가구 수의 1.1배 이상인 지역에서 가구 수가 세 번째로 적은 지역의 주택보급률은 지방 주택보급률보다 약 2%p 높다.

※ 다음은 A국가의 인구동향에 관한 자료이다. 이어지는 질문에 답하시오. **[8~9]**

〈인구동향〉

(단위 : 만 명, %)

구분	2014년	2015년	2016년	2017년	2018년
전체 인구수	12,381	12,388	12,477	12,633	12,808
남녀성비	101.4	101.8	102.4	101.9	101.7
가임기 여성비율	58.2	57.4	57.2	58.1	59.4
출산율	26.5	28.2	29.7	31.2	29.2
남성 사망률	8.3	7.4	7.2	7.5	7.7
여성 사망률	6.9	7.2	7.1	7.8	7.3

※ 남녀성비 : 여자 100명 당 남자 수

08 다음 〈보기〉에서 제시된 자료에 대한 설명으로 적절한 것을 모두 고르면?(단, 인구수는 버림하여 만 명까지만 나타낸다)

보기

ㄱ. 전체 인구수는 2014년 대비 2018년에 5% 이상이 증가하였다.
ㄴ. 제시된 기간 동안 가임기 여성의 비율과 출산율의 증감 추이는 동일하다.
ㄷ. 출산율은 2015년부터 2017년까지 전년 대비 계속 증가하였다.
ㄹ. 출산율과 남성 사망률의 차이는 2017년에 가장 크다.

① ㄱ, ㄴ
② ㄱ, ㄷ
③ ㄴ, ㄷ
④ ㄴ, ㄹ
⑤ ㄷ, ㄹ

Easy
09 다음 보고서에 밑줄 친 내용 중 적절하지 않은 것은 모두 몇 개인가?

〈보고서〉

자료에 의하면 ㉠ 남녀성비는 2016년까지 증가하는 추이를 보이다가 2017년부터 감소했고, ㉡ 전체 인구수는 계속하여 감소하였다. ㉢ 2014년에는 남성 사망률이 최고치를 기록했다.
그 밖에도 ㉣ 2014년부터 2018년 중 여성 사망률은 2018년이 가장 높았으며, 이와 반대로 ㉤ 2018년은 출산율이 계속 감소하다가 증가한 해이다.

① 1개
② 2개
③ 3개
④ 4개
⑤ 5개

10 S사 실험실에서 A세포를 배양하는 실험을 하고 있다. 다음과 같이 일정한 규칙으로 배양에 성공한 다면 9시간 경과했을 때 세포 수는?

〈시간대별 세포 수〉

(단위 : 개)

구분	0시간 경과	1시간 경과	2시간 경과	3시간 경과	4시간 경과
세포 수	220	221	223	227	235

① 727개 ② 728개
③ 729개 ④ 730개
⑤ 731개

| 02 | 추리

01 제시된 명제가 모두 참일 때, 빈칸에 들어갈 명제로 가장 적절한 것은?

> 전제1. 야근을 하는 모든 사람은 X분야의 업무를 한다.
> 전제2. 야근을 하는 모든 사람은 Y분야의 업무를 한다.
> 결론. _____

① X분야의 업무를 하는 모든 사람은 야근을 한다.
② Y분야의 업무를 하는 어떤 사람은 X분야의 업무를 한다.
③ Y분야의 업무를 하는 모든 사람은 야근을 한다.
④ X분야의 업무를 하는 모든 사람은 Y분야의 업무를 한다.
⑤ 야근을 하는 어떤 사람은 X분야의 업무를 하지 않는다.

Easy

02 다음 〈조건〉을 통해 추론할 때, 다음 중 항상 참인 것은?

> **조건**
> • 사원번호는 0부터 9까지 정수로 이루어졌다.
> • S사에 입사한 사원에게 부여되는 사원번호는 여섯 자리이다.
> • 2020년 상반기에 입사한 S사 신입사원의 사원번호 앞의 두 자리는 20이다.
> • 사원번호 앞의 두 자리를 제외한 나머지 자리에는 0이 올 수 없다.
> • 2020년 상반기 S사에 입사한 K씨의 사원번호는 앞의 두 자리를 제외하면 세 번째, 여섯 번째 자리의 수만 같다.
> • 사원번호 여섯 자리의 합은 9이다.

① K씨 사원번호의 세 번째 자리 수는 '1'이다.
② K씨의 사원번호는 '201321'이다.
③ K씨의 사원번호는 '201231'이 될 수 없다.
④ K씨의 사원번호 앞의 두 자리가 '20'이 아닌 '21'이 부여된다면 K씨의 사원번호는 '211231'이다.
⑤ K씨의 사원번호 네 번째 자리의 수가 다섯 번째 자리의 수보다 작다면 K씨의 사원번호는 '202032'이다.

※ 다음 〈조건〉을 통해 추론할 때, 다음 중 항상 거짓이 되는 것을 고르시오. [3~4]

03

- 6대를 주차할 수 있는 2행 3열로 구성된 G주차장이 있다.
- G주차장에는 자동차 a, b, c, d가 주차되어 있다.
- 1행과 2행에 빈자리가 한 곳씩 있다.
- a자동차는 대각선을 제외하고 주변에 주차된 차가 없다.
- b자동차와 c자동차는 같은 행 바로 옆에 주차되어 있다.
- d자동차는 1행에 주차되어 있다.

① b자동차의 앞 주차공간은 비어있다.
② c자동차의 옆 주차공간은 빈자리가 없다.
③ a자동차는 2열에 주차되어 있다.
④ a자동차와 d자동차는 같은 행에 주차되어 있다.
⑤ d자동차와 c자동차는 같은 열에 주차되어 있다.

04

- A, B, C, D, E 다섯 명의 이름을 입사한 지 오래된 순서로 이름을 적었다.
- A와 B의 이름은 바로 연달아서 적혔다.
- C와 D의 이름은 연달아서 적히지 않았다.
- E는 C보다 먼저 입사하였다.
- 가장 최근에 입사한 사람은 입사한 지 2년 된 D이다.

① C의 이름은 A의 이름보다 먼저 적혔다.
② B는 E보다 먼저 입사하였다.
③ E의 이름 바로 다음에 C의 이름이 적혔다.
④ A의 이름은 B의 이름보다 나중에 적혔다.
⑤ B는 C보다 나중에 입사하였다.

※ 다음 제시된 단어의 대응 관계가 동일하도록 빈칸에 들어갈 가장 적절한 단어를 고르시오. [5~8]

05

변변하다 : 넉넉하다 = 소요하다 : ( )

① 치유하다   ② 한적하다
③ 공겸하다   ④ 소유하다
⑤ 소란하다

06

공시하다 : 반포하다 = 각축하다 : ( )

① 공들이다   ② 통고하다
③ 독점하다   ④ 상면하다
⑤ 경쟁하다

07

침착하다 : 경솔하다 = 섬세하다 : ( )

① 찬찬하다   ② 조악하다
③ 감분하다   ④ 치밀하다
⑤ 신중하다

Hard

08

겨냥하다 : 가늠하다 = 다지다 : ( )

① 진거하다   ② 겉잡다
③ 요량하다   ④ 약화하다
⑤ 강화하다

09 다음 단어의 대응 관계가 나머지와 다른 하나는?

① 황혼 : 여명 　　　　　　② 유별 : 보통
③ 낭설 : 진실 　　　　　　④ 유지 : 부지
⑤ 서막 : 결말

10 다음 제시된 도형의 규칙을 보고 ?에 들어가기에 적절한 것은?

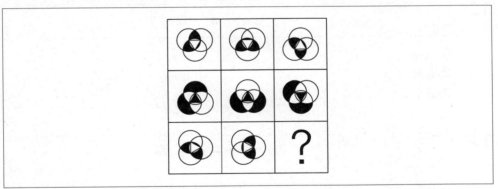

① 　　　　　　②

③ 　　　　　　④

⑤

※ 다음 도식에서 기호들은 일정한 규칙에 따라 문자를 변화시킨다. ?에 들어갈 적절한 문자를 고르시오
(단, 규칙은 가로와 세로 중 한 방향으로만 적용된다). [11~14]

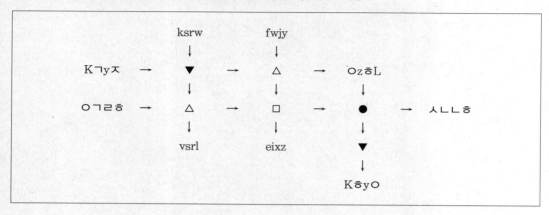

11

ㅅㄴㄹㅁ → ▼ → □ → ?

① ㅁㄴㄹㅅ
② ㅁㄹㄴㅅ
③ ㅁㅅㄴㄹ
④ ㅇㄱㄷㅂ
⑤ ㅅㄱㄹㄹ

12

isog → ● → △ → ?

① hsog
② iosg
③ gosi
④ hsng
⑤ irof

13

? → ▼ → ● → yenv

① neyv
② vney
③ yfnw
④ wyfn
⑤ wnfy

Hard
14

? → □ → △ → ㅇㅌㄷㄹ

① ㅈㄹㅋㄷ
② ㅊㄹㄷㅈ
③ ㅈㅊㄹㄷ
④ ㅅㅌㄴㄹ
⑤ ㅅㅌㄹㄴ

15 다음 글의 내용이 참일 때 항상 거짓인 것을 고르면?

> 일반적으로 최초의 망원경은 네덜란드의 안경 제작자인 한스 리퍼쉬(Hans Lippershey)에 의해 만들어졌다고 알려져 있다. 이 최초의 망원경 발명에는 출처가 분명하지는 않지만 재미있는 일화가 전해진다.
>
> 1608년 리퍼쉬의 아들이 리퍼쉬의 작업실에서 렌즈를 가지고 놀다가 두 개의 렌즈를 어떻게 조합을 하였더니 멀리 있는 교회의 뾰족한 첨탑이 매우 가깝게 보였다. 리퍼쉬의 아들은 이러한 사실을 아버지에게 알렸고 이것을 본 리퍼쉬가 망원경을 발명하였다. 리퍼쉬가 만들었던 망원경은 당시 그 지역을 다스리던 영주에게 상납되었다. 유감스럽게도 리퍼쉬가 망원경 제작에 사용한 렌즈의 조합은 현재 정확하게 알려져 있지는 않지만, 아마도 두 개의 볼록렌즈를 사용했을 것으로 추측된다. 이렇게 망원경이 발명되었다는 소식은 유럽 전역으로 빠르게 전파되어, 약 1년 후에는 이탈리아의 갈릴레오에게까지 전해졌다.
>
> 1610년, 갈릴레오는 초점거리가 긴 볼록렌즈를 망원경의 대물렌즈로 사용하고 초점 거리가 짧은 오목렌즈를 초점면 앞에 놓아 접안렌즈로 사용하였다. 이 같은 설계는 물체와 상의 상하좌우가 같은 정립상을 제공하므로 지상 관측에 적당하다. 이러한 광학적 설계 방식을 갈릴레이식 굴절 망원경이라고 한다.
>
> 갈릴레오가 자신이 만든 망원경으로 천체를 관측하여 발견한 천문학적 사실 중 가장 중요한 것은 바로 금성의 상변화이다. 금성의 각크기가 변한다는 것을 관측함으로써 금성이 지구를 중심으로 공전하는 것이 아니라 태양을 중심으로 공전하고 있다는 것을 증명하였으며, 따라서 코페르니쿠스의 지동설을 지지하는 강력한 증거를 제공하였다. 그러나 갈릴레이식 굴절 망원경은 초점 거리가 짧은 오목렌즈 제작의 어려움으로 배율에 한계가 있었으며, 시야도 좁고 색수차가 심하여 17세기 초반까지만 사용되었다. 오늘날에는 갈릴레이식 굴절 망원경은 오페라 글라스와 같은 작은 쌍안경에나 쓰일 뿐 거의 사용되지 않고 있다.
>
> 이후 케플러가 설계했다는 천체 관측용 망원경이 만들어졌는데, 이 망원경은 갈릴레이식보다 진일보한 형태로 오늘날 천체 관측용 굴절 망원경의 원형이 되고 있다. 케플러식 굴절 망원경은 장초점의 볼록렌즈를 대물렌즈로 하고 단초점의 볼록렌즈를 초점면 뒤에 놓아 접안렌즈로 사용한 구조이다. 이러한 설계 방식은 상의 상하좌우가 뒤집힌 도립상을 보여주기 때문에 지상용으로는 부적절하지만 천체를 관측할 때는 별다른 문제가 없다.

① 네덜란드의 안경 제작자인 한스 리퍼쉬는 아들의 렌즈 조합 발견을 계기로 망원경을 제작할 수 있었다.

② 갈릴레오의 망원경은 볼록렌즈를 대물렌즈로, 오목렌즈를 접안렌즈로 사용하였다.

③ 갈릴레오는 자신이 발명한 망원경으로 금성의 상변화를 관측하여 금성이 태양을 중심으로 공전한다는 것을 증명하였다.

④ 케플러식 망원경은 볼록렌즈만 사용하여 만들어졌다.

⑤ 케플러식 망원경은 갈릴레오식 망원경과 다르게 상의 상하좌우가 같은 정립상을 보여준다.

16 다음 주장에 대한 반박으로 가장 적절한 것은?

> 비타민D 결핍은 우리 몸에 심각한 건강 문제를 일으킬 수 있다. 비타민D는 칼슘이 체내에 흡수되어 뼈와 치아에 축적되는 것을 돕고 가슴뼈 뒤쪽에 위치한 흉선에서 면역세포를 생산하는 작용에 관여하는데, 비타민D가 부족할 경우 칼슘과 인의 흡수량이 줄어들고 면역력이 약해져 뼈가 약해지거나 신체 불균형이 일어날 수 있다.
>
> 비타민D는 주로 피부가 중파장 자외선에 노출될 때 형성된다. 중파장 자외선은 피부와 혈류에 포함된 7-디하이드로콜레스테롤을 비타민D로 전환시키는데, 이렇게 전환된 비타민D는 간과 신장을 통해 칼시트리롤(Calcitriol)이라는 호르몬으로 활성화된다. 바로 이 칼시트리롤을 통해 우리는 혈액과 뼈에 흡수될 칼슘과 인의 흡수를 조절하는 것이다.
>
> 이러한 기능을 담당하는 비타민D를 함유하고 있는 식품은 자연에서 매우 적기 때문에, 우리의 몸은 충분한 비타민D를 생성하기 위해 주기적으로 태양빛에 노출될 필요가 있다.

① 태양빛에 노출될 경우 피부암 등의 질환이 발생하여 도리어 건강이 더 악화될 수 있다.

② 비타민D 결핍으로 인해 생기는 부작용은 주기적인 칼슘과 인의 섭취를 통해 해결할 수 있다.

③ 비타민D 보충제만으로는 체내에 필요한 비타민D를 얻을 수 없다.

④ 태양빛에 직접 노출되지 않거나 자외선 차단제를 사용했음에도 체내 비타민D 수치가 정상을 유지한다는 연구결과가 있다.

⑤ 선크림 등 자외선 차단제를 사용하더라도 비타민D 생성에 충분한 중파장 자외선에 노출될 수 있다.

17 다음 제시문을 토대로 〈보기〉를 적절하게 해석한 것은?

> 요즘 대세로 불리는 폴더블 스마트폰이나 커브드 모니터를 직접 보거나 사용해 본 적이 있는가? 혁신적인 디자인과 더불어 사용자에게 뛰어난 몰입감을 제공하며 시장에서 큰 인기를 끌고 있는 이 제품들의 사양을 자세히 보면 'R'에 대한 값이 표시되어 있음을 알 수 있다. 이 R은 반지름(Radius)을 뜻하며 제품의 굽혀진 곡률을 나타내는데, 이 R의 값이 작을수록 접히는 부분의 비는 공간이 없어 완벽하게 접힌다.
> 일반적으로 여러 층의 레이어로 구성된 패널은 접었을 때 앞면에는 줄어드는 힘인 압축응력이, 뒷면에는 늘어나는 힘인 인장응력이 동시에 발생한다. 이처럼 서로 반대되는 힘인 압축응력과 인장응력이 충돌하면서 패널의 구조에 영향을 주는 것을 '폴딩 스트레스'라고 하는데, 곡률이 작을수록 즉, 더 접힐수록 패널이 받는 폴딩 스트레스가 높아진다. 따라서 곡률이 상대적으로 작은 인폴딩 패널이 곡률이 큰 아웃폴딩 패널보다 개발 난이도가 높은 셈이다.

> **보기**
>
> S전자는 이번 행사에서 1.4R의 인폴딩 패널을 사용한 폴더블 스마트폰을 개발하는 데 성공했다고 발표했다. 이는 아웃폴딩 패널을 사용한 H기업이나 동일한 인폴딩 패널을 사용한 A기업의 폴더블 스마트폰보다 현저히 낮은 곡률이다.

① 이번에 H기업에서 새로 개발한 1.6R의 작은 곡률이 적용된 패널을 사용한 폴더블 스마트폰은 S전자에서 개발한 폴더블 스마트폰과 동일한 방식의 패널을 사용했을 것이다.

② 아웃폴딩 패널을 사용한 H기업의 폴더블 스마트폰은 이번에 S전자에서 개발한 폴더블 스마트폰보다 폴딩 스트레스가 낮을 것이다.

③ 인폴딩 패널을 사용한 A기업의 폴더블 스마트폰은 S전자에서 개발한 폴더블 스마트폰과 개발난이도가 비슷했을 것이다.

④ 아웃폴딩 패널을 사용한 H기업의 폴더블 스마트폰의 R값이 인폴딩 패널을 사용한 A기업의 폴더블 스마트폰의 R값보다 작을 것이다.

⑤ S전자의 폴더블 스마트폰의 R값이 경쟁 기업보다 작은 것은 여러 층으로 구성된 패널의 층수를 타 기업의 패널보다 줄여 압축응력과 인장응력으로 인한 스트레스를 줄였기 때문일 것이다.

| 01 | 수리논리

Easy

01 5% 소금물에 소금 40g을 넣었더니 25%의 소금물이 됐다. 이때 처음 5% 소금물의 양은?

① 130g ② 140g

③ 150g ④ 160g

⑤ 170g

02 욕조에 A탱크로 물을 채웠을 때 18분에 75%를 채울 수 있다. 욕조의 물을 전부 뺀 후, 15분간 A탱크로 물을 채우다 B탱크로 채울 때 B탱크로만 물을 채우는 데 걸리는 시간은?(단, B탱크는 A보다 1.5배 빠르게 채운다)

① 2분 ② 3분

③ 4분 ④ 5분

⑤ 6분

03 S사 직원은 각자 하나의 프로젝트를 선택하여 진행해야 하며 X, Y, Z프로젝트 중 선택되지 않은 프로젝트는 진행하지 않아도 상관없다. X, Y, Z프로젝트 중 X프로젝트는 대리만, Y프로젝트는 사원만, Z프로젝트는 누구나 진행할 수 있다. 대리 2명, 사원 3명이 프로젝트를 선택하여 진행하는 경우의 수는?

① 16가지 ② 32가지

③ 36가지 ④ 48가지

⑤ 72가지

04 A는 0.8km의 거리를 12분 만에 걸어간 후 36km/h의 속력의 버스에 탑승해 8분 동안 이동하여 목적지에 도착했다. 다음날 A가 자전거를 이용해 같은 시간동안 같은 경로로 이동할 때 평균 속력은?

① 1.80km/분 ② 1.00km/분

③ 0.50km/분 ④ 0.28km/분

⑤ 0.15km/분

05 서울 지사에 근무하는 A와 B는 X와 Y경로를 이용하여 부산 지사로 외근을 갈 예정이다. X경로를 이용하여 이동을 하면 A가 B보다 1시간 늦게 도착한다. A는 X경로로 이동하고 B는 X경로보다 160km 긴 Y경로로 이동하면 A가 B보다 1시간 빨리 도착한다. 이때 B의 속력은?

① 40km/h
② 50km/h
③ 60km/h
④ 70km/h
⑤ 80km/h

06 1 ~ 9까지의 수가 적힌 카드를 철수와 영희가 한 장씩 뽑았을 때 영희가 철수보다 큰 수가 적힌 카드를 뽑는 경우의 수는?

① 16가지
② 32가지
③ 36가지
④ 38가지
⑤ 64가지

07 S사는 주사위를 굴려 1이 나오면 당첨, 2, 3, 4가 나오면 꽝이고, 5 이상인 경우는 가위바위보를 통해 이겼을 때 당첨이 되는 이벤트를 하였다. 가위바위보에 비겼을 때에는 가위바위보를 한 번 더 할 수 있는 재도전의 기회를 얻으며 재도전은 한 번만 할 수 있다. 이때 당첨될 확률은?

① $\dfrac{1}{54}$
② $\dfrac{3}{54}$
③ $\dfrac{17}{54}$
④ $\dfrac{7}{14}$
⑤ $\dfrac{9}{14}$

Easy

08 S사는 작년에 직원이 총 45명이었다. 올해는 작년보다 안경을 쓴 사람은 20%, 안경을 쓰지 않은 사람은 40% 증가하여 총 58명이 되었다. 퇴사한 직원은 없다고 할 때 올해 입사한 사람 중 안경을 쓴 사람의 수는?

① 5명
② 10명
③ 15명
④ 20명
⑤ 25명

| 02 | 추리

※ 다음 짝지어진 단어 사이의 관계가 나머지와 다른 하나를 고르시오. [1~2]

01
① 노리다 – 겨냥하다
② 엄정 – 해이
③ 성기다 – 뜨다
④ 자아내다 – 끄집어내다
⑤ 보편 – 일반

02
① 득의 – 실의
② 엎어지다 – 자빠지다
③ 화해 – 결렬
④ 판이하다 – 다르다
⑤ 고상 – 저열

※ 제시된 단어와 동일한 관계가 되도록 빈칸에 들어갈 가장 적절한 단어를 고르시오. [3~4]

Hard

03

| 뇌까리다 : 지껄이다 = ( ) : 상서롭다 |

① 망하다
② 성하다
③ 길하다
④ 실하다
⑤ 달하다

04

| 초췌하다 : 수척하다 = 함양 : ( ) |

① 집합
② 활용
③ 결실
④ 도출
⑤ 육성

※ 주어진 명제가 참일 때, 다음 빈칸에 들어갈 명제로 가장 적절한 것을 고르시오. [5~6]

05

> • 피자를 좋아하는 사람은 치킨을 좋아한다.
> • 치킨을 좋아하는 사람은 감자튀김을 좋아한다.
> • 나는 피자를 좋아한다.
> 따라서 _____

① 나는 피자를 좋아하지만 감자튀김은 좋아하지 않는다.
② 치킨을 좋아하는 사람은 피자를 좋아한다.
③ 감자튀김을 좋아하는 사람은 치킨을 좋아한다.
④ 나는 감자튀김을 좋아한다.
⑤ 감자튀김을 좋아하는 사람은 피자를 좋아한다.

06

> • 갈매기는 육식을 하는 새이다.
> • _____
> • 바닷가에 사는 새는 갈매기이다.
> 따라서 헤엄을 치는 새는 육식을 한다.

① 바닷가에 살지 않는 새는 헤엄을 치지 않는다.
② 갈매기는 헤엄을 친다.
③ 육식을 하는 새는 바닷가에 살지 않는다.
④ 헤엄을 치는 새는 육식을 하지 않는다.
⑤ 갈매기가 아니어도 육식을 하는 새는 있다.

07 고등학교 동창인 A, B, C, D, E, F는 중국음식점에서 식사를 하기 위해 원형 테이블에 앉았다. 〈조건〉이 다음과 같을 때, 항상 적절한 것은?

> **조건**
> • E와 F는 서로 마주보고 앉아 있다.
> • C와 B는 붙어있다.
> • A는 F와 한 칸 떨어져 앉아 있다.
> • D는 F의 바로 오른쪽에 앉아 있다.

① A와 B는 마주보고 있다.　　　② A와 D는 붙어있다.
③ B는 F와 붙어있다.　　　　　　④ C는 F와 붙어있다.
⑤ D는 C와 마주보고 있다.

08 A, B, C, D, E 다섯 사람은 마스크를 사기 위해 차례대로 줄을 서고 있다. 네 사람이 진실을 말한다고 할 때, 다음 중 거짓말을 하는 사람은?

> A : B 다음에 E가 바로 도착해서 줄을 섰어.
> B : D는 내 바로 뒤에 줄을 섰지만 마지막은 아니었어.
> C : 내 앞에 줄을 선 사람은 한 명뿐이야.
> D : 내 뒤에는 두 명이 줄을 서고 있어.
> E : A는 가장 먼저 마스크를 구입할 거야.

① A   ② B
③ C   ④ D
⑤ E

Hard

09 갑, 을, 병, 정은 휴일을 맞아 백화점에서 옷을 고르기로 했다. 〈조건〉이 다음과 같을 때 갑, 을, 병, 정이 고른 옷으로 적절한 것은?

> **조건**
> • 네 사람은 각각 셔츠, 바지, 원피스, 치마를 구입했다.
> • 병은 원피스와 치마 중 하나를 구입했다.
> • 갑은 셔츠와 치마를 입지 않는다.
> • 정은 셔츠를 구입하기로 했다.
> • 을은 치마와 원피스를 입지 않는다.

	갑	을	병	정
①	치마	바지	원피스	셔츠
②	바지	치마	원피스	셔츠
③	치마	셔츠	원피스	바지
④	원피스	바지	치마	셔츠
⑤	바지	원피스	치마	셔츠

※ 다음 제시된 도형의 규칙을 보고 ?에 들어가기에 적절한 것을 고르시오. [10~11]

10

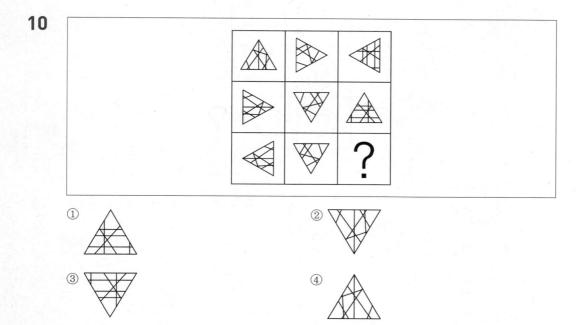

① ② ③ ④

⑤

11

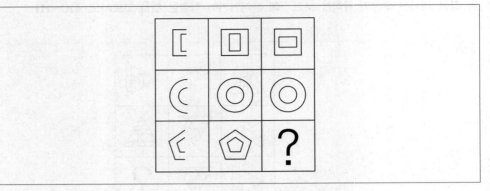

①

②

③

④

⑤

12 다음 글을 통해 추론할 수 있는 내용으로 적절하지 않은 것은?

> 오골계(烏骨鷄)라는 단어를 들었을 때 머릿속에 떠오르는 이미지는 어떤가? 아마 대부분의 사람들은 볏부터 발끝까지 새까만 닭의 모습을 떠올릴지도 모르겠다. 하지만 사실 이것은 토착종인 오계로, 오골계와는 엄밀히 구분되는 종이다. 그렇다면 오골계와 오계는 정확히 어떠한 차이가 있을까? 흔히 시장에 유통되고 있는 오골계는 정확히는 일제강점기에 유입된 '실키'라는 품종에서 비롯된 혼합종이라고 할 수 있다. 살과 가죽, 뼈 등이 검정에 가까운 자색을 띠지만 흰색이나 붉은 갈색의 털을 지니기도 한다. 병아리 또한 흰 솜털로 덮여 있으며 발가락 수가 5개인 것이 특징이다.
>
> 연산오계라고도 불리는 오계는 대한민국 천연기념물 제265호로 지정되어 충남 논산시에 위치한 국내 유일의 오계 사육 농장에서만 사육되고 있다. 살과 가죽, 뼈는 물론 털까지 검으며 야생성이 강하고 사육기간이 길어 기르는 것이 쉽지 않은 것으로 알려져 있다. 병아리 또한 검은색을 띠고 발가락 수가 일반 닭과 같은 4개이기에 구분이 어렵지는 않다.
>
> 오계라는 명칭은 동의보감에서 그 이름과 함께 약효와 쓰임새가 기록되어 있는 것을 토대로 최소 선조 이전부터 사육되었던 것으로 추정하고 있다. 하지만 현재는 그 수가 적어 천연기념물로 보호하기 위한 종계 개체 수 1,000마리를 유지하고 있으며, 그 외의 종계로써의 가치가 끝난 퇴역종계와 비 선발 종계후보들만이 식용으로 쓰이고 있다.

① 털의 색을 통해 오골계와 오계를 구분할 수 있을 것이다.
② 손질된 오골계와 오계 고기를 구분하기는 어려울 것이다.
③ 살이 검은 것을 제외하면 오골계와 일반 닭은 큰 차이가 없다고 볼 수 있다.
④ 오계는 병아리 때부터 다른 닭과 구분하기 쉽다고 할 수 있다.
⑤ 오계는 식재보다는 약용으로 더 많이 쓰였을 것으로 짐작할 수 있다.

CHAPTER

07 | 2019년 하반기 기출복원문제

정답 및 해설 p.054

| 01 | 수리논리

01 S사 서비스센터의 직원들은 의류 건조기의 모터를 교체하는 업무를 진행하고 있다. 1대의 모터를 교체하는 데 A직원이 혼자 업무를 진행하면 2시간이 걸리고, A와 B직원이 함께 업무를 진행하면 80분이 걸리며, B와 C직원이 함께 진행하면 1시간이 걸린다. A, B, C직원이 모두 함께 건조기 1대의 모터를 교체하는 데 걸리는 시간은?

① 40분   ② 1시간
③ 1시간 12분   ④ 1시간 20분
⑤ 1시간 35분

02 S미술관의 올해 신입사원 수는 작년에 비해 남자는 50% 증가하고, 여자는 40% 감소하여 60명이다. 작년의 전체 신입사원 수가 55명이었을 때, 올해 입사한 여자 신입사원 수는?

① 11명   ② 12명
③ 13명   ④ 14명
⑤ 15명

03 A와 B는 제품을 포장하는 아르바이트를 하고 있다. A는 8일마다 남은 물품의 $\frac{1}{2}$씩 포장하고, B는 2일마다 남은 물품의 $\frac{1}{2}$씩 포장한다. A가 처음 512개의 물품을 받아 포장을 시작했는데 24일 후의 A와 B의 남은 물품의 수가 같았다. B가 처음에 받은 물품의 수는?

① 2^{16}개   ② 2^{17}개
③ 2^{18}개   ④ 2^{19}개
⑤ 2^{20}개

04 동전을 던져 앞면이 나오면 +2만큼 이동하고, 뒷면이 나오면 −1만큼 이동하는 게임을 하려고 한다. 동전을 5번 던져서 다음 수직선 위의 A가 4지점으로 이동할 확률은?

① $\dfrac{3}{32}$

② $\dfrac{5}{32}$

③ $\dfrac{1}{4}$

④ $\dfrac{5}{16}$

⑤ $\dfrac{7}{16}$

05 A물고기는 한 달 만에 성체가 되어 번식을 한다. 다음과 같이 번식을 하고 있다면 12월의 물고기 수는?

(단위 : 마리)

구분	1월	2월	3월	4월	5월
개체 수	1	1	2	3	5

① 72마리

② 86마리

③ 100마리

④ 124마리

⑤ 144마리

06 다음은 중국의 의료 빅데이터 예상 시장 규모에 관한 자료이다. 이의 전년 대비 성장률을 구했을 때 그래프로 적절하게 변환한 것은?

⟨2015 ~ 2024년 중국 의료 빅데이터 예상 시장 규모⟩

(단위 : 억 위안)

구분	2015년	2016년	2017년	2018년	2019년	2020년	2021년	2022년	2023년	2024년
규모	9.6	15.0	28.5	45.8	88.5	145.9	211.6	285.6	371.4	482.8

① (%)

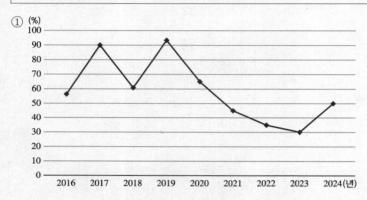

② (%)

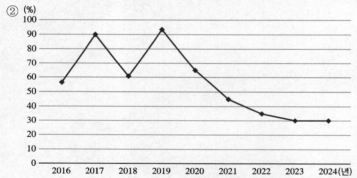

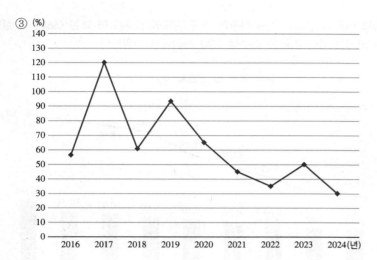

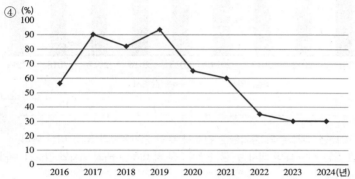

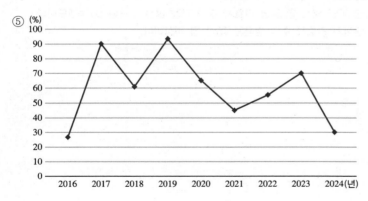

07 다음은 10년간 국내 의사와 간호사 인원 현황에 대한 자료이다. 자료에 대한 〈보기〉의 설명 중 적절한 것을 모두 고르면?(단, 비율은 소수점 셋째 자리에서 버림한다)

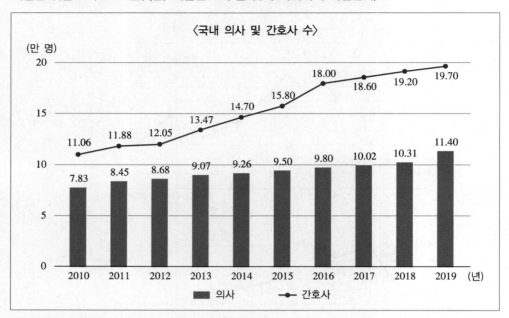

〈국내 의사 및 간호사 수〉

보기

ㄱ. 2017년 대비 2019년 의사 수의 증가율은 간호사 수의 증가율보다 5%p 이상 높다.
ㄴ. 2011 ~ 2019년 동안 전년 대비 의사 수 증가량이 2천 명 이하인 해의 의사와 간호사 수의 차이는 5만 명 미만이다.
ㄷ. 2010 ~ 2014년 동안 의사 한 명당 간호사 수가 가장 많은 연도는 2014년도이다.
ㄹ. 2013 ~ 2016년까지 간호사 수의 평균은 15만 명 이상이다.

① ㄱ
② ㄱ, ㄴ
③ ㄷ, ㄹ
④ ㄴ, ㄹ
⑤ ㄱ, ㄷ, ㄹ

| 02 | 추리

※ 제시된 단어의 대응 관계로 볼 때 빈칸에 들어갈 말로 적절한 것을 고르시오. [1~2]

01

제한하다 : 통제하다 = 만족하다 : (   )

① 번잡하다　　　　　　　　　② 부족하다
③ 탐탁하다　　　　　　　　　④ 모자라다
⑤ 듬직하다

02

돛단배 : 바람 = 전등 : (   )

① 어둠　　　　　　　　　② 전기
③ 태양　　　　　　　　　④ 에어컨
⑤ 빛

※ 다음 짝지어진 단어 사이의 관계가 나머지와 다른 하나를 고르시오. [3~4]

Easy

03　① 견사 – 비단　　　　　　② 오디 – 뽕잎
　　　③ 콩 – 두부　　　　　　　④ 포도 – 와인
　　　⑤ 우유 – 치즈

04　① 괄시 – 후대　　　　　　② 비호 – 보호
　　　③ 숙려 – 숙고　　　　　　④ 속박 – 농반
　　　⑤ 채근 – 독촉

05 경제학과, 물리학과, 통계학과, 지리학과 학생인 A ~ D는 검은색, 빨간색, 흰색의 세 가지 색 중 최소 1가지 이상의 색을 좋아한다. 다음 〈조건〉에 따라 항상 참이 되는 것은?

> **조건**
> • 경제학과 학생은 검은색과 빨간색만 좋아한다.
> • 경제학과 학생과 물리학과 학생은 좋아하는 색이 서로 다르다.
> • 통계학과 학생은 빨간색만 좋아한다.
> • 지리학과 학생은 물리학과 학생과 통계학과 학생이 좋아하는 색만 좋아한다.
> • C는 검은색을 좋아하고, B는 빨간색을 좋아하지 않는다.

① A는 통계학과이다.
② B는 물리학과이다.
③ C는 지리학과이다.
④ D는 경제학과이다.
⑤ B와 C는 빨간색을 좋아한다.

06 다음 제시된 도형의 규칙을 보고 ?에 들어가기에 적절한 것은?

①

②

③

④

⑤

정답 및 해설 p.057

| 01 | 수리논리

Hard

01 테니스 경기를 진행하는데 1팀은 6명, 2팀은 7명으로 구성되었고, 팀별 예선을 진행한다. 예선전은 팀에 속한 선수들이 빠지지 않고 모두 한 번씩 경기를 진행한 후 각 팀의 1, 2등이 준결승전에 진출하는 방식이다. 그리고 본선에 진출한 선수 4명을 임의로 2명씩 나눠 준결승전을 진행한 후 이긴 두 선수는 결승전, 진 두 선수는 3·4위전을 진행한다. 예선 경기의 입장권 가격이 20,000원이고, 본선 경기의 입장권 가격이 30,000원이라면 전체경기를 관람하는 데 필요한 금액은?

① 84만 원
② 85만 원
③ 86만 원
④ 87만 원
⑤ 88만 원

02 0, 1, 2, 3, 4가 적힌 5장의 카드가 있다. A와 B는 이 중 3장의 카드를 뽑아 큰 숫자부터 나열하여 가장 큰 세 자리 숫자를 만든 사람이 이기는 게임을 하기로 했다. A가 0, 2, 3을 뽑았을 때, B가 이길 확률은?

① 60%
② 65%
③ 70%
④ 75%
⑤ 80%

03 집에서 회사까지의 거리는 1.8km이다. O사원은 운동을 위해 회사까지 걷거나 자전거를 타고 출근하기로 했다. 전체 거리의 25%는 3km/h의 속력으로 걷고, 나머지 거리는 30km/h의 속력으로 자전거를 이용해서 회사에 도착했다. 출근하는 데 걸린 시간은?

① 10분 46초
② 10분 52초
③ 11분 20초
④ 11분 42초
⑤ 12분 10초

04 농도가 15%인 소금물을 5% 증발시킨 후 농도가 30%인 소금물 200g을 섞어서 농도가 20%인 소금물을 만들었다. 증발 전 농도가 15%인 소금물의 양은?

① 350g ② 400g
③ 450g ④ 500g
⑤ 550g

05 어항 안에 A금붕어와 B금붕어가 각각 1,675마리, 1,000마리가 있다. 다음과 같이 금붕어가 팔리고 있다면, 10일 차에 남아있는 금붕어의 수는?

(단위 : 마리)

구분	1일 차	2일 차	3일 차	4일 차	5일 차
A금붕어	1,675	1,554	1,433	1,312	1,191
B금붕어	1,000	997	992	983	968

    A금붕어   B금붕어
① 560마리   733마리
② 586마리   733마리
③ 621마리   758마리
④ 700마리   758마리
⑤ 782마리   783마리

06 다음은 우리나라 강수량에 관한 자료이다. 이를 그래프로 적절하게 변환한 것은?

〈2017년 우리나라 강수량〉

(단위 : mm, 위)

구분	1월	2월	3월	4월	5월	6월	7월	8월	9월	10월	11월	12월
강수량	15.3	29.8	24.1	65.0	29.5	60.7	308.0	241.0	92.1	67.6	12.7	21.9
역대순위	32	23	39	30	44	43	14	24	26	13	44	27

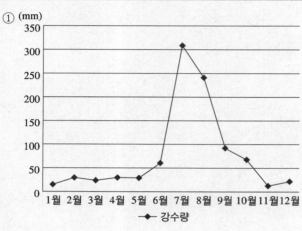

① (mm)

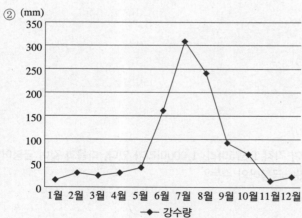

② (mm)

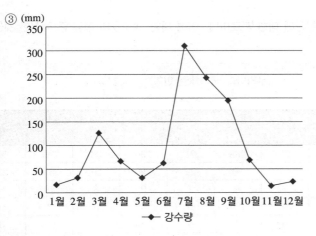

③ (mm)

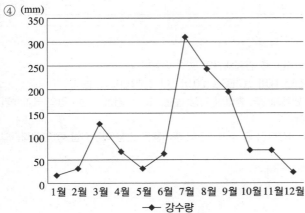

④ (mm)

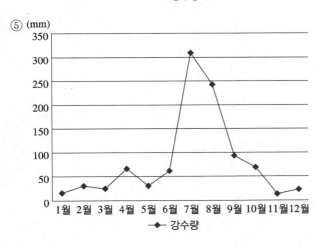

⑤ (mm)

07 다음은 우리나라 국가채권 현황에 대한 자료이다. 이에 대한 〈보기〉의 설명 중 적절한 것을 모두 고르면?

〈우리나라 국가채권 현황〉

(단위 : 조 원)

구분	2014년		2015년		2016년		2017년	
	국가채권	연체채권	국가채권	연체채권	국가채권	연체채권	국가채권	연체채권
합계	238	27	268	31	298	36	317	39
조세채권	26	18	30	22	34	25	38	29
경상 이전수입	8	7	8	7	9	8	10	8
융자회수금	126	0	129	0	132	0	142	0
예금 및 예탁금	73	0	97	0	118	0	123	0
기타	5	2	4	2	5	3	4	2

보기

㉠ 2014년 총 연체채권은 2016년 총 연체채권의 80% 이상이다.
㉡ 국가채권 중 조세채권의 전년 대비 증가율은 2015년이 2017년보다 높다.
㉢ 융자회수금의 국가채권과 연체채권의 총합이 가장 높은 해에는 경상 이전수입의 국가채권과 연체채권의 총합도 가장 높다.
㉣ 2014년 대비 2017년 경상 이전수입 중 국가채권의 증가율은 경상 이전수입 중 연체채권의 증가율보다 낮다.

① ㉠, ㉡
② ㉠, ㉢
③ ㉡, ㉢
④ ㉡, ㉣
⑤ ㉢, ㉣

| 02 | 추리

※ 다음 제시된 낱말의 대응 관계로 볼 때 빈칸에 들어가기에 적절한 것을 고르시오. [1~2]

Hard

01

> 응분 : 과분 = 겸양하다 : (   )

① 강직하다
② 너그럽다
③ 쩨쩨하다
④ 겸손하다
⑤ 젠체하다

02

> 칠칠하다 : 야무지다 = (   ) : (   )

① 순간, 영원
② 낙찰, 유찰
③ 널널하다, 너르다
④ 가축, 야수
⑤ 천진, 사악

03 어젯밤 회사에 남아있던 A ~ E 5명 중에서 창문을 깬 범인을 찾고 있다. 범인은 2명이고, 범인은 거짓을 말하며, 범인이 아닌 사람은 진실을 말한다고 한다. 5명의 진술이 다음과 같을 때, 다음 중 동시에 범인이 될 수 있는 사람끼리 짝지어진 것은?

> A : B와 C가 함께 창문을 깼어요.
> B : A가 창문을 깨는 것을 봤어요.
> C : 저랑 E는 확실히 범인이 아니에요.
> D : C가 범인이 확실해요.
> E : 제가 아는데, B는 확실히 범인이 아닙니다.

① A, B
② A, C
③ B, C
④ C, D
⑤ D, E

04 S전자 마케팅부 직원 A ～ J 10명이 점심식사를 하러 가서, 다음 〈조건〉에 따라 6인용 원형테이블 2개에 각각 4명, 6명씩 나눠 앉았다. 다음 중 항상 거짓인 것을 고르면?

> **조건**
> • A와 I는 빈자리 하나만 사이에 두고 앉아 있다.
> • C와 D는 1명을 사이에 두고 앉아 있다.
> • F의 양 옆 중 오른쪽 자리만 비어 있다.
> • E는 C나 D의 옆자리가 아니다.
> • H의 바로 옆에 G가 앉아 있다.
> • H는 J와 마주보고 앉아 있다.

① A와 B는 같은 테이블이다.
② H와 I는 다른 테이블이다.
③ C와 G는 마주보고 앉아 있다.
④ A의 양 옆은 모두 빈자리이다.
⑤ D의 옆에 J가 앉아 있다.

05 다음 제시된 도형의 규칙을 보고 ?에 들어가기에 적절한 것을 고르면?

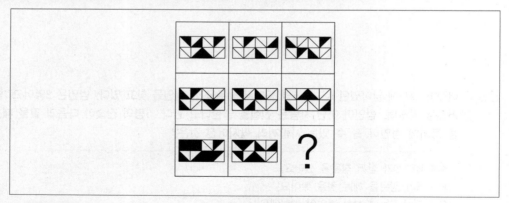

① ②

③ ④

⑤

정답 및 해설 p.061

| 01 | 수리논리

01 어떤 테니스 대회는 총 8개의 팀이 상대 팀과 각각 한 번씩 경기하는 리그 형식으로 예선을 치른 후, 상위 4개 팀이 토너먼트 형식으로 본선을 치른다. 예선 티켓 값이 1만 원, 본선 티켓 값이 2만 원이라고 할 때, 모든 경기를 한 번씩 보려면 티켓을 사는 데 드는 비용은?

① 30만 원   ② 32만 원

③ 34만 원   ④ 36만 원

⑤ 38만 원

02 어떤 프로젝트를 A사원이 혼자서 진행하면 시작부터 끝내기까지 총 4시간이 걸린다고 한다. A사원과 B사원이 함께 프로젝트 업무를 2시간 동안 진행하다가, B사원이 급한 업무가 생겨 퇴근한 후 A사원 혼자 40분을 더 일하여 마무리 지었다. B사원이 혼자 프로젝트를 진행했을 때 걸리는 시간은?

① 4시간   ② 5시간

③ 6시간   ④ 7시간

⑤ 8시간

Hard

03 S연구소에서 식물 배양세포의 증식이 얼마나 빠른지 알아보기 위해 두 가지 세포의 증식 속도를 측정해 보았다. A세포는 한 개당 하루에 4개로 분열되며, B세포는 한 개당 하루에 3개로 분열된다. A세포 한 개와 B세포 두 개가 있을 때, 두 세포의 개수가 각각 250개 이상이 되는 데 걸리는 기간은?(단, $\log 2 = 0.30$, $\log 3 = 0.48$, $\log 10 = 1$로 계산한다)

	A세포	B세포
①	5일	4일
②	5일	5일
③	4일	4일
④	4일	5일
⑤	4일	6일

04 S전자에서는 컴퓨터 모니터를 생산한다. 지난달에 생산한 모니터의 불량률은 10%였고, 모니터 한 대당 17만 원에 판매하였다. 이번 달도 지난달과 동일한 양을 생산했는데, 불량률은 15%로 올랐다고 한다. 지난달보다 매출액이 떨어지지 않으려면 모니터의 한 대당 최소 금액은?(단, 불량품은 매출액에서 제외한다)

① 18만 원   ② 19만 원

③ 20만 원   ④ 21만 원

⑤ 22만 원

05 다음은 2018년 달러와 엔화의 환율 변동에 대한 자료이다. 다음 자료를 참고할 때, 적절한 것은? (단, 소수점 둘째 자리에서 반올림한다)

〈2018년 달러 및 엔화 환율 변동 현황〉

구분	1월	2월	3월	4월	5월	6월	7월	8월	9월	10월
달러 환율 (원/달러)	1,065	1,090	1,082	1,070	1,072	1,071	1,119	1,117	1,119	1,133
엔화 환율 (원/100엔)	946	990	1,020	992	984	980	1,011	1,003	1,004	1,003

① 2월에 일본 여행을 갔다면, 2월보다 1월에 미리 환전해야 5% 이상 이득이었다.

② 5월부터 10월까지 달러 환율은 계속 증가하고 있다.

③ 달러 환율과 엔화 환율의 차가 가장 큰 것은 1월이다.

④ 전월 대비 달러 환율 증가율은 7월의 증가율이 10월의 증가율보다 4배 이상 높다.

⑤ 달러 환율이 가장 낮을 때의 엔화 환율은 달러 환율이 가장 높을 때의 엔화 환율에 비해 5% 이상 낮다.

06 다음은 2014 ~ 2018년 A국의 네 종류의 스포츠 경기 수를 나타낸 자료이다. 다음 자료를 참고할 때 적절하지 않은 것은?

<국내 연도별 스포츠 경기 수>

(단위 : 회)

구분	2014년	2015년	2016년	2017년	2018년
농구	413	403	403	403	410
야구	432	442	425	433	432
배구	226	226	227	230	230
축구	228	230	231	233	233

① 농구의 경기 수는 2015년의 전년 대비 감소율이 2018년의 전년 대비 증가율보다 크다.
② 제시된 네 가지 스포츠의 경기 수 총합이 가장 많았던 연도는 2018년이다.
③ 2014년부터 2018년까지 야구의 평균 경기 수는 축구의 평균 경기 수의 2배 이하이다.
④ 2015년부터 2017년까지 경기 수가 증가하는 종목은 1종류이다.
⑤ 2018년도 경기 수가 5년 동안의 평균 경기 수보다 적은 스포츠는 1종류이다.

| 02 | 추리

※ 제시된 낱말과 동일한 관계가 되도록 빈칸에 들어갈 가장 적절한 단어를 고르시오. [1~2]

01

용호상박 : 용, 호랑이 = 토사구팽 : (   )

① 뱀, 토끼   ② 개, 토끼

③ 뱀, 개   ④ 토끼, 호랑이

⑤ 개, 호랑이

Easy

02

동가홍상 : 붉은색 = 청렴결백 : (   )

① 흰색   ② 푸른색

③ 검은색   ④ 노란색

⑤ 회색

03 다음 짝지어진 단어 사이의 관계가 나머지와 다른 하나를 고르면?

① 원자 – 분자   ② 우유 – 치즈

③ 단어 – 문장   ④ 고무 – 바퀴

⑤ 돈 – 지갑

04 A, B, C, D, E는 함께 카페에 가서 다음과 같이 음료를 주문하였다. 〈조건〉이 다음과 같을 때, 녹차를 주문한 사람은?(단, 한 사람당 하나의 음료만 주문하였다)

> **조건**
> • 홍차를 주문한 사람은 2명이며, B는 커피를 주문하였다.
> • A는 홍차를 주문하였다.
> • C는 홍차 또는 녹차를 주문하였다.
> • D는 커피 또는 녹차를 주문하였다.
> • E는 딸기주스 또는 홍차를 주문하였다.
> • 직원의 실수로 E만 잘못된 음료를 받았다.
> • 주문 결과 홍차 1잔과 커피 2잔, 딸기주스 1잔, 녹차 1잔이 나왔다.

① A   ② B
③ C   ④ D
⑤ E

Hard

05 S기업의 영업1팀은 강팀장, 김대리, 이대리, 박사원, 유사원으로 이루어져 있었으나 최근 인사이동으로 인해 팀원의 변화가 일어났고, 이로 인해 자리를 새롭게 배치하려고 한다. 주어진 〈조건〉이 다음과 같을 때, 다음 중 항상 적절한 것은?

> **조건**
> • 영업1팀의 김대리는 영업2팀의 팀장으로 승진하였다.
> • 이번 달 영업1팀에 김사원과 이사원이 새로 입사하였다.
> • 각 팀마다 자리는 일렬로 위치해 있으며, 영업1팀은 영업2팀과 마주하고 있다.
> • 자리의 가장 안쪽 옆은 벽이며, 반대편 끝자리의 옆은 복도이다.
> • 각 팀의 팀장은 가장 안쪽인 왼쪽 끝에 앉는다.
> • 이대리는 영업2팀 팀장의 대각선에 앉는다.
> • 박사원의 양 옆은 신입사원이 앉는다.
> • 김사원의 자리는 이사원의 자리보다 왼쪽에 있다.

① 유사원과 이대리의 자리는 서로 인접한다.
② 박사원의 자리는 유사원의 자리보다 왼쪽에 있다.
③ 이사원의 양 옆 중 한쪽은 복도이다.
④ 김사원의 자리는 유사원의 자리와 인접하지 않는다.
⑤ 이대리의 자리는 강팀장의 자리와 서로 인접한다.

06 다음 글에 대한 논리적인 반박으로 가장 적절한 것은?

> 아마란스는 남아메리카 지방에서 예로부터 잉카인들이 즐겨 먹어 오던, 5천 년의 재배 역사를 지닌 곡물이다. 척박한 안데스 고산지대에서 자라날 수 있는 강한 생명력을 가지고 있으며, 각종 풍부한 영양소로 인해 '신이 내린 곡물'이라는 별명을 얻기도 했다.
>
> 아마란스는 곡물로서는 흔치 않은 고단백 식품이라는 점도 주목할 만하다. 성분 전체 중 15 ~ 17%에 달할 정도로 식물성 단백질 성분이 풍부하며, 식이섬유 성분이 다량 함유되어 있다. 반면 쌀, 보리, 밀 등 다른 곡류에 비해 탄수화물이나 나트륨 함량이 낮은 편이며, 체중에 위협이 되는 글루텐 성분 또한 없다. 또한 칼슘·칼륨·인·철분 등의 무기질을 비롯해 다양한 영양성분이 풍부하여 다른 곡물에 부족한 영양소를 보충할 수 있다. 아마란스가 최근 비만 환자들에게 의사들이 적극 추천하는 식품이 된 이유가 여기에 있다.
>
> 때문에 아마란스는 향후 우리나라 사람들의 주식인 백미를 대체할 수 있는 식품이 될 수 있다. 백미의 경우 구성성분이 대부분 탄수화물로 이루어져 있는 반면, 유효한 영양소는 적기 때문에 비만의 주범이 되고 있다. 바꾸어 말해, 주식으로 백미 대신 동일한 양의 아마란스를 섭취하는 것은 탄수화물 섭취를 크게 줄일 수 있고, 체중 조절에 훨씬 유리하다. 따라서 국내 비만율을 낮추기 위해 국가 차원에서 정책적으로 뒷받침하여 쌀 대신 아마란스를 대량 재배해야 한다.

① 아마란스도 과량으로 섭취하면 체중이 증가한다.

② 아마란스는 우리나라 기후와 맞지 않아 국내 재배가 어렵다.

③ 국내에는 아마란스를 이용한 요리가 거의 알려지지 않았다.

④ 섭취하는 식품뿐만 아니라 운동 부족도 비만에 지대한 영향을 끼친다.

⑤ 백미를 일일권장량 이상 섭취해도 정상체중이거나 저체중인 사람들이 많다.

10 | 2018년 상반기 기출복원문제

정답 및 해설 p.065

| 01 | 수리논리

01 A충전기로 스마트폰을 충전할 때 사용하지 않으면서 충전만 할 경우 분당 2%p씩 충전이 되고, 충전기에 연결한 상태로 스마트폰을 사용하면 분당 1%p씩 충전이 된다. 배터리가 20% 남아있는 상태에서 스마트폰을 충전하기 시작하였더니 48분 후에 충전이 완료되었다면 충전 중 스마트폰을 사용한 시간은?

① 13분   ② 14분
③ 15분   ④ 16분
⑤ 17분

02 농도 10% 소금물과 농도 8% 소금물을 섞어서 농도 9.2%의 소금물을 만들었다. 농도 8% 소금물이 40g이라면 농도 10% 소금물의 양은?

① 50g   ② 54g
③ 60g   ④ 64g
⑤ 70g

03 둘레가 20km인 운동장의 반은 시속 20km로 달리고, 나머지 반은 시속 $x$km로 달렸더니 운동장 전체를 완주하기까지 평균 24km/h의 속력으로 달린 셈이 되었다. x의 값은?

① 24   ② 26
③ 28   ④ 30
⑤ 32

| 02 | 추리

※ 제시된 낱말과 동일한 관계가 되도록 빈칸에 들어갈 가장 적절한 단어를 고르시오. **[1~2]**

01

> 마이동풍 : 말 = 당구풍월 : (   )

① 당나귀　　　　　　　　　　② 여우
③ 개　　　　　　　　　　　　④ 새
⑤ 원숭이

`Easy`

02

> 문학 : 수필 = 포유류 : (   )

① 박쥐　　　　　　　　　　　② 펭귄
③ 도마뱀　　　　　　　　　　④ 상어
⑤ 개구리

03 다음 짝지어진 단어 사이의 관계가 나머지와 다른 하나를 고르면?

① 이따금 – 간혹　　　　　　　② 다독 – 정독
③ 값 – 액수　　　　　　　　　④ 파견 – 파송
⑤ 우수리 – 잔돈

04 A, B, C 세 사람이 각각 빨간색, 파란색, 노란색 모자를 쓰고 일렬로 서 있다. 세 사람 모두 누가 어떤 모자를 쓰고 몇 번째 줄에 서 있는지 모른다고 대답할 때 주어진 〈조건〉을 보고 반드시 거짓인 것은?

> `조건`
> • B는 파란색 모자를 쓰지 않았다.
> • C는 바로 앞에 있는 파란색 모자를 보고 있다.

① C는 빨간색 모자를 쓰고 맨 뒤에 서 있다.
② B는 빨간색 모자를 쓰고 세 번째에 서 있다.
③ B는 노란색 모자를 쓰고 두 번째에 서 있다.
④ A는 B와 C 사이에 서 있다.
⑤ A는 무조건 파란색 모자밖에 쓸 수 없다.

사람들이 즐겨 마시는 맥주에는 사실 알고 보면 뛰어난 효능이 많이 잠재되어 있다. 전문가들은 맥주에는 특정 질병과 싸우는 효능이 있으므로 적당히 섭취하면 건강에 좋다고 말한다.

맥주가 건강에 미치는 긍정적 영향에는 크게 세 가지가 있는데, 그 첫 번째는 바로 '암 예방'이다. 맥주의 '잔토휴몰' 성분에는 항산화 기능이 있어 인간의 몸에 암을 일으키는 요소를 몸 밖으로 배출하는 데 큰 도움이 된다. 남성의 경우 전립선암을, 여성의 경우 유방암을 예방하는 데 효과적이다. 특히 맥주의 대표적인 미네랄인 '셀레늄'은 비타민 E의 1,970배에 달하는 강력한 항산화 작용을 함으로써 활성산소를 제거하는 효과가 있으며, 수용성 섬유질은 콜레스테롤 수치를 낮추고 고혈압과 동맥경화 등의 성인병을 예방하는 데에도 도움이 된다.

맥주의 두 번째 효능은 '심장 질환 예방'이다. 맥주는 보리로 만들어지기 때문에 수용성 섬유질이 많이 들어있다. 섬유질은 나쁜 콜레스테롤로 불리는 혈중 LDL의 수치를 낮추는 데 도움을 준다. 또한, 맥주의 원료인 홉과 맥아에는 심장 건강에 좋은 항산화제가 풍부하게 함유되어 있으며, 특히 흑맥주에 그 함유량이 많은 것으로 알려져 있다. 이탈리아의 한 연구에 따르면 매일 맥주 한 잔을 마시면 심장 질환을 앓을 확률이 31%로 감소한다고 한다. 맥주 효모에 풍부하게 함유되어 있는 핵산은 면역 세포의 생성을 도와 면역을 증진하고, 피부나 모발의 생성을 도와 노화 방지에도 탁월하다.

마지막으로 런던 케임브리지 대학에서 실시한 연구 결과에 따르면 적당량의 맥주 섭취가 알츠하이머병 예방에도 도움이 된다고 한다. 연구팀에 의하면 적당량의 맥주를 주기적으로 섭취한 사람들에게서 알츠하이머 발병률이 23%나 감소했다고 한다.

맥주에는 맥아, 효모, 규소, 효소 등의 성분이 함유되어 있다. 맥주의 맥아에는 각종 비타민이 풍부하게 함유되어 있으며, 이중 비타민 B는 신진대사를 원활히 하는 데 도움을 주므로 피로 회복에 효과적이다. 또한, 노폐물과 독소 배출에도 좋은 것으로 널리 알려져 있다. 그밖에 '루풀린'과 '후물론'이라는 성분이 중추신경에 영향을 미쳐 신경을 안정시키고 숙면을 취할 수 있게 해준다.

탈모 개선에 도움이 되는 것으로 알려진 맥주 효모는 단백질이 풍부하며, 특히 비타민 B_2인 리보플라빈은 지방과 단백질 대사를 도와 두피 건강에 좋다.

콜라겐을 묶어 결합조직을 튼튼하게 하는 화학물질인 규소는 뼈를 튼튼하게 하는 데 도움이 된다. 피부, 혈관, 뼈, 치아, 근육 등 모든 결합조직의 주된 단백질인 콜라겐은 뼈의 밀도를 강화하고, 관절을 유연하게 유지하는 역할을 한다. 따라서 홉과 맥아로 만든 맥주는 뼈 건강에 아주 좋으며 골다공증을 예방하는 데 큰 도움이 된다.

효소는 맥주의 맥아에 들어있으며, 향균력이 뛰어나 여드름, 두드러기 등의 피부 트러블을 예방한다. 또한, 여성호르몬과 유사한 '호프케톤' 성분은 유방암을 예방하는 데 도움을 준다.

이와 같이 적당량의 맥주 섭취는 건강에 도움이 된다. 하지만 과용은 금물이다. 뉴저지와 매사추세츠의 알코올 상담교사 폴라 벨라 주니어는 "세계에서 가장 건강한 사람들에게 술은 항상 식사자리에 있다."라고 말하며, 이와 더불어 과음의 위험성을 지적하는 것 또한 잊지 않았다.

① 적당한 음주는 건강에 긍정적인 영향을 미친다.
② 맥주의 효모는 심장 건강에 좋은 황산화제를 다량 함유하고 있어 심장 질환 예방에 도움이 된다.
③ 맥주를 적당량 섭취하는 것은 탈모 환자들에게도 도움이 된다.
④ 맥주에는 강력한 항산화 효과가 있으며, 특히 흑맥주에 항산화제가 풍부히 함유되어 있다.
⑤ 여드름 때문에 고민하는 사람들에게 적당량의 맥주 섭취를 권장해 볼 수 있다.

| 01 | 수리논리

01 400명의 사람들을 대상으로 A, B, C물건에 대한 선호도를 조사하다. 그랬더니 A를 좋아하는 사람은 280명, B를 좋아하는 사람은 160명, C를 좋아하는 사람은 200명이었고, 아무것도 좋아하지 않는 사람은 30명이었다. 세 가지 물건 중 두 가지만 좋다고 답한 사람의 수는 110명이라고 할 때, 세 물건을 모두 좋아하는 사람의 수는?(단, 투표는 중복투표이다)

① 40명   ② 50명
③ 60명   ④ 70명
⑤ 80명

02 A지점에서 B지점으로 가는 길이 다음과 같을 때 P지점을 거쳐서 갈 수 있는 경우의 수는?(단, 이미 지나간 길은 되돌아갈 수 없다)

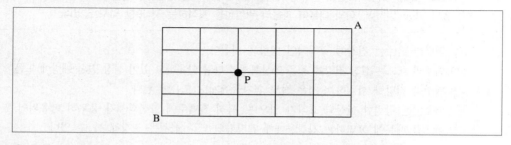

① 60가지   ② 70가지
③ 80가지   ④ 90가지
⑤ 100가지

03 다음은 임차인 A ~ E의 전·월세 전환 현황에 대한 자료이다. 이에 대한 〈보기〉의 설명 중 적절한 것을 모두 고르면?

〈임차인 A ~ E의 전·월세 전환 현황〉

(단위 : 만 원)

임차인	전세금	월세보증금	월세
A	( )	25,000	50
B	42,000	30,000	60
C	60,000	( )	70
D	38,000	30,000	80
E	58,000	53,000	( )

※ [전·월세 전환율(%)] = $\dfrac{(월세) \times 12}{(전세금) - (월세보증금)} \times 100$

보기

ㄱ. A의 전·월세 전환율이 6%라면, 전세금은 3억 5천만 원이다.
ㄴ. B의 전·월세 전환율은 10%이다.
ㄷ. C의 전·월세 전환율이 3%라면, 월세보증금은 3억 6천만 원이다.
ㄹ. E의 전·월세 전환율이 12%라면, 월세는 50만 원이다.

① ㄱ, ㄴ   ② ㄱ, ㄷ
③ ㄱ, ㄹ   ④ ㄴ, ㄹ
⑤ ㄷ, ㄹ

04 다음 자료는 8개 기관의 장애인 고용 현황이다. 자료와 〈조건〉에 근거하여 A ~ D에 해당하는 기관을 적절하게 나열한 것은?

〈기관별 장애인 고용 현황〉

(단위 : 명, %)

기관	전체 고용인원	장애인 고용의무인원	장애인 고용인원	장애인 고용률
남동청	4,013	121	58	1.45
A	2,818	85	30	1.06
B	22,323	670	301	1.35
북동청	92,385	2,772	1,422	1.54
C	22,509	676	361	1.60
D	19,927	598	332	1.67
남서청	53,401	1,603	947	1.77
북서청	19,989	600	357	1.79

※ [장애인 고용률(%)] = $\dfrac{\text{(장애인 고용인원)}}{\text{(전체 고용인원)}} \times 100$

조건

ㄱ. 동부청의 장애인 고용의무인원은 서부청보다 많고, 남부청보다 적다.
ㄴ. 장애인 고용률은 서부청이 가장 낮다.
ㄷ. 장애인 고용의무인원은 북부청이 남부청보다 적다.
ㄹ. 동부청은 남동청보다 장애인 고용인원은 많으나, 장애인 고용률은 낮다.

	A	B	C	D
①	동부청	서부청	남부청	북부청
②	동부청	서부청	북부청	남부청
③	서부청	동부청	남부청	북부청
④	서부청	동부청	북부청	남부청
⑤	서부청	남부청	동부청	북부청

|02| 추리

01 주어진 전제를 통해 다음과 같은 결론이 나왔을 때, 빈칸에 들어갈 명제는?

〈전제〉
· 공부를 잘하는 사람은 모두 꼼꼼하다.
· _____

〈결론〉
꼼꼼한 사람 중 일부는 시간 관리를 잘한다.

① 공부를 잘하는 사람 중 일부는 꼼꼼하지 않다.
② 시간 관리를 잘하지 못하는 사람은 꼼꼼하다.
③ 꼼꼼한 사람은 시간 관리를 잘하지 못한다.
④ 공부를 잘하는 어떤 사람은 시간 관리를 잘한다.
⑤ 시간 관리를 잘하는 사람 중 일부는 꼼꼼하지 않다.

Hard

02 제시된 낱말과 동일한 관계가 되도록 빈칸에 들어갈 가장 적절한 단어를 고르면?

고매하다 : 고결하다 = 곱다 : (   )

① 추하다
② 밉다
③ 거칠다
④ 치밀하다
⑤ 조악하다

03 테니스공, 축구공, 농구공, 배구공, 야구공, 럭비공을 각각 A, B, C상자에 넣으려고 한다. 한 상자에 공을 두 개까지 넣을 수 있고, 〈조건〉이 아래와 같다고 할 때 무조건 거짓인 것은?

> **조건**
> • 테니스공과 축구공은 같은 상자에 넣는다.
> • 럭비공은 B상자에 넣는다.
> • 야구공은 C상자에 넣는다.

① 농구공을 C상자에 넣으면 배구공은 B상자에 들어가게 된다.
② 테니스공과 축구공은 반드시 A상자에 들어간다.
③ 배구공과 농구공은 같은 상자에 들어갈 수 없다.
④ B상자에 배구공을 넣으면 농구공은 야구공과 같은 상자에 들어가게 된다.
⑤ 럭비공은 반드시 배구공과 같은 상자에 들어간다.

04 S학교에는 A, B, C, D, E 다섯 명의 교사가 있다. 이들이 각각 1반부터 5반까지 한 반씩 담임을 맡는다고 할 때, 주어진 〈조건〉이 다음과 같다면 적절하지 않은 것은?(단, 1반부터 5반까지 각 반은 왼쪽에서 오른쪽 방향으로 순서대로 위치한다)

> **조건**
> • A는 3반의 담임을 맡는다.
> • E는 A의 옆 반 담임을 맡는다.
> • B는 양 끝에 위치한 반 중 하나의 담임을 맡는다.

① C가 2반을 맡으면 D는 1반 또는 5반을 맡게 된다.
② B가 5반을 맡으면 C는 반드시 1반을 맡게 된다.
③ E는 절대 1반을 맡을 수 없다.
④ B는 절대 2반을 맡을 수 없다.
⑤ 1반을 B가, 2반을 E가 맡는다면 C는 D의 옆 반이다.

※ 다음 도식에서 기호들은 일정한 규칙에 따라 문자를 변화시킨다. ?에 들어갈 적절한 문자를 고르시오.
[5~7]

$$ㄷ73F \qquad HㅋJ5$$
$$\downarrow \qquad \downarrow$$
$$AㄷBㅎ \rightarrow \blacksquare \rightarrow \bullet \rightarrow ㅊㄱEB$$
$$\downarrow \qquad \downarrow$$
$$4ㅍHI \rightarrow \blacktriangle \rightarrow 5ㅋJH$$
$$\downarrow$$
$$ㅁ38A$$

05

$$GHKT \rightarrow \blacksquare \rightarrow \bullet \rightarrow ?$$

① PFNH
② PFMH
③ SFNH
④ PFMI
⑤ PFNR

06

$$5454 \rightarrow \blacktriangle \rightarrow \bullet \rightarrow ?$$

① 3275
② 3266
③ 3376
④ 3276
⑤ 2276

07

$$76ㄱI \rightarrow \blacktriangle \rightarrow \blacksquare \rightarrow ?$$

① 91ㅂD
② 92ㅅD
③ 92ㅂT
④ 84ㄹF
⑤ 92ㅂD

12 2017년 상반기 기출복원문제

정답 및 해설 p.070

| 01 | 수리논리

01 10원짜리 3개, 50원짜리 1개, 100원짜리 2개, 500원짜리 1개로 지불할 수 있는 금액은 총 몇 가지인가?(단, 0원은 지불한 것으로 보지 않는다)

① 44가지   ② 45가지
③ 46가지   ④ 47가지
⑤ 48가지

Easy

02 총 500m 거리의 산책로에 50m 간격으로 가로등을 설치하고, 100m 간격으로는 벤치를 설치할 때, 가로등과 벤치 개수의 합은 얼마인가?(단, 시작과 끝 지점에는 모두 설치한다)

① 15개   ② 16개
③ 17개   ④ 18개
⑤ 19개

03 길이가 800m인 다리에 기차가 진입하는 순간부터 다리를 완전히 벗어날 때까지 걸린 시간은 36초였다. 기차의 속력은 몇 km/h인가?(단, 기차의 길이는 100m이다)

① 70km/h   ② 75km/h
③ 80km/h   ④ 85km/h
⑤ 90km/h

04 다음은 우리나라의 시·도별 사교육비 및 참여율에 대한 자료이다. 자료를 해석한 것으로 적절하지 않은 것은?

〈시·도별 학생 1인당 월평균 사교육비 및 참여율〉

(단위 : 만 원, %, %p)

구분	사교육비				참여율			
	2014년	전년 대비	2015년	전년 대비	2014년	전년 대비	2015년	전년 대비
전체	24.2	1.1	24.4	1.0	68.6	−0.2	68.8	0.2
서울	33.5	2.1	33.8	0.9	74.4	−0.6	74.3	−0.2
부산	22.7	−0.8	23.4	2.9	65.8	−1.5	67.8	2.0
대구	24.2	0.1	24.4	0.6	70.3	−1.6	71.3	1.0
인천	21.1	1.7	21.3	0.9	65.9	0.6	65.9	−
광주	23.1	−3.3	22.8	−1.4	68.7	−1.1	68.8	0.1
대전	25.7	−0.9	25.4	−1.0	70.5	−2.2	70.2	−0.3
울산	22.2	−1.1	21.9	−1.2	67.6	0.3	69.6	2.0
세종	18.6	−	19.6	5.6	66.3	−	67.7	1.4
경기	26.0	2.6	26.5	2.0	72.8	0.8	72.3	−0.5
강원	16.7	−3.0	17.1	2.5	60.9	−1.0	62.2	1.3
충북	18.8	−	19.0	1.0	60.7	−1.8	61.6	0.9
충남	18.1	3.9	18.0	−0.5	61.1	0.4	61.2	−
전북	18.3	4.3	18.6	1.8	59.4	−0.5	60.6	1.1
전남	16.4	−2.3	16.5	0.3	58.5	−0.5	59.6	1.1
경북	19.1	1.9	19.0	−0.2	64.5	0.2	64.5	−0.1
경남	20.3	−2.6	20.4	0.7	67.1	−0.2	66.9	−0.1
제주	19.9	1.4	20.1	1.0	63.3	−1.1	64.2	0.9

※ 사교육비는 전년 대비 증감률을 구한 값이고, 참여율은 전년 대비 증감량을 구한 값이다.
※ 사교육비는 백 원에서 반올림하고, 참여율과 증감률, 증감량은 소수 둘째 자리에서 반올림했다.

① 2014년 대비 2015년 사교육비가 감소한 지역의 수와 참여율이 감소한 지역의 수는 같다.
② 2015년 시·도를 통틀어 사교육 참여율이 가장 높은 지역과 낮은 지역의 차는 14.7%p이다.
③ 제시된 기간 동안 전년 대비 사교육비와 참여율의 증감 추세가 동일한 지역은 5곳이다.
④ 2014년 도 지역 중 학생 1인당 월평균 사교육비가 가장 높은 지역과 낮은 지역의 차는 9.6만 원이다.
⑤ 서울·경기 지역은 2014 ~ 2015년 모두 평균 이상의 수치를 보여주고 있다.

05 다음은 1970 ~ 2015년 성·연령별 기대여명 추이에 대한 자료이다. 자료를 해석한 것으로 적절하지 않은 것은?

〈1970 ~ 2015년 성·연령별 기대여명 추이〉

(단위 : 세)

연령	남자					여자				
	1970년	1995년	2005년	2014년	2015년	1970년	1995년	2005년	2014년	2015년
0	58.7	69.7	74.9	78.6	79.0	65.8	77.9	81.6	85.0	85.2
1	60.3	69.3	74.2	77.8	78.2	67.6	77.6	80.9	84.3	84.4
10	52.8	60.7	65.4	68.9	69.3	60.2	68.9	72.1	75.3	75.5
20	43.9	51.1	55.5	59.0	59.4	51.3	59.1	62.2	65.4	65.5
30	35.4	41.7	45.9	49.3	49.7	43.0	49.4	52.4	55.6	55.7
40	26.7	32.6	36.4	39.7	40.1	34.3	39.8	42.7	45.9	46.0
50	19.0	24.2	27.5	30.5	30.8	26.0	30.5	33.2	36.3	36.4
60	12.7	16.7	19.3	22.0	22.2	18.4	21.7	24.0	26.9	27.0
70	8.2	10.5	12.2	14.1	14.3	11.7	13.7	15.4	17.9	17.9
80	4.7	6.1	6.9	7.8	8.0	6.4	7.8	8.5	10.1	10.1
90	2.8	3.3	3.6	4.0	4.1	3.4	4.2	4.2	4.9	4.8
100세 이상	1.7	1.8	1.9	2.1	2.1	1.9	2.2	2.2	2.4	2.3

① 2015년에 1970년 대비 변동폭이 가장 작은 연령대는 100세 이상이다.
② 2015년에 1970년 대비 기대여명이 가장 많이 늘어난 것은 0세 남자이다.
③ 남녀 모든 연령에서 기대여명은 2015년까지 지속해서 증가했다.
④ 기대여명은 동일 연령에서 여자가 항상 높았다.
⑤ 2014년 대비 2015년의 기대여명의 증감 수치는 모든 연령대에서 남자가 여자보다 크다.

| 02 | 추리

Easy

01 제시된 낱말과 동일한 관계가 되도록 빈칸에 들어갈 가장 적절한 단어를 고르면?

> 만족 : 흡족 = 부족 : ( )

① 미미
② 곤궁
③ 궁핍
④ 결핍
⑤ 가난

02 다음 중 단어 간의 관계가 다른 것은?

① 연주자 – 악기 – 음악
② 대장장이 – 망치 – 광물
③ 요리사 – 프라이팬 – 음식
④ 화가 – 붓 – 그림
⑤ 목수 – 톱 – 식탁

03 신입사원인 윤지, 순영, 재철, 영민이는 영국, 프랑스, 미국, 일본으로 출장을 간다. 출장은 나라별로 한 명씩 가야 하며, 출장 기간은 서로 중복되지 않아야 한다. 다음의 〈조건〉에 따를 때, 항상 참인 것은?

> **조건**
> • 윤지는 가장 먼저 출장을 가지 않는다.
> • 재철은 영국 또는 프랑스로 출장을 가야 한다.
> • 영민은 순영보다는 먼저 출장을 가야 하고, 윤지보다는 늦게 가야 한다.
> • 가장 마지막 출장지는 미국이다.
> • 영국 출장과 프랑스 출장은 일정이 연달아 잡히지 않는다.

① 윤지는 프랑스로 출장을 간다.
② 재철은 영국으로 출장을 간다.
③ 영민은 세 번째로 출장을 간다.
④ 순영은 두 번째로 출장을 간다.
⑤ 윤지와 순영은 연이어 출장을 간다.

04 동성, 현규, 영희, 영수, 미영은 A의 이사를 도와주면서 A가 사용하지 않는 물건들을 각각 하나씩 받으려고 한다. 다음과 같은 〈조건〉을 만족시킬 때, 옳지 않은 것은?

> **조건**
> - A가 사용하지 않는 물건은 세탁기, 컴퓨터, 드라이기, 로션, 핸드크림이고, 동성, 현규, 영희, 영수, 미영 순서로 물건을 고를 수 있다.
> - 동성이는 세탁기 또는 컴퓨터를 받길 원한다.
> - 현규는 세탁기 또는 드라이기를 받길 원한다.
> - 영희는 로션 또는 핸드크림을 받길 원한다.
> - 영수는 전자기기 이외의 것을 받길 원한다.
> - 미영은 아무것이나 받아도 상관없다.

① 동성이는 자신이 원하는 물건을 받을 수 있다.
② 영희는 영수와 원하는 물건이 동일하다.
③ 미영이는 드라이기를 받을 수 없다.
④ 영수는 원하는 물건을 고를 수 있는 선택권이 없다.
⑤ 현규는 드라이기를 받을 확률이 더 높다.

05 다음 제시된 도형의 규칙을 파악하여 ?에 들어갈 도형을 고르면?

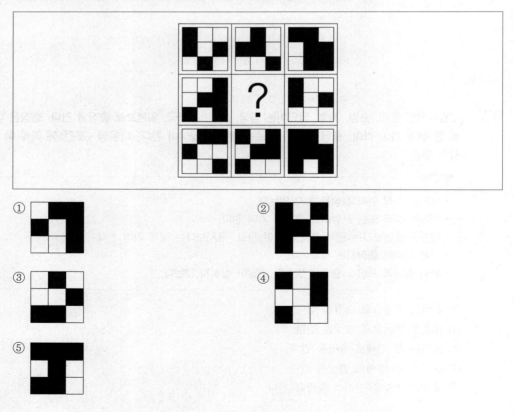

※ 다음 도식에서 기호들은 일정한 규칙에 따라 문자를 변화시킨다. ?에 들어갈 적절한 문자를 고르시오.
[6~8]

ㅈM3V
↓
3ㅛㅁJ   ◎
↓   ↓
5ㄷㅅ1 → ◎ → ▲ → ■ → ㅈ35ㄷ
↓   ↓
43DH → ■ → ◇ → 34HD
↓   ↓
ㅇN4ㅠ   X5Mㅈ

06

2Uㅓㅋ → ◇ → ▲ → ?

① T1ㅈㅑ
② ㅈ3Rㅠ
③ 4ㅍㅗS
④ ㅊㅏT0
⑤ ㅋ5Oㅑ

07

ㅂ5ㄴ6 → ■ → ◎ → ?

① ㄷ8ㅈ9
② ㅊ8ㄹ7
③ 67ㅅㄱ
④ 68ㄱㄷ
⑤ 79ㄹㅅ

08

4ㅜDH → ▲ → ◇ → ◎ → ?

① DㅛC5
② GEㅠ7
③ 6ㅜID
④ 6FㅗC
⑤ ㅗ2BG

| 01 | 수리논리

01 J기획에서는 사업 확장에 따라 30명의 신입사원을 배치하려고 한다. 급여를 일당으로 환산했을 때 영업직은 10만 원을 받고, 일반사무직은 영업직의 80%만큼 받고, 마케팅직은 영업직보다 20% 더 받게 된다. 일반사무직이 영업직보다 10명 더 많고 마케팅직의 2배라고 할 때, 추가 편성해야 할 총 일일 인건비는?

① 272만 원 ② 276만 원
③ 280만 원 ④ 284만 원
⑤ 288만 원

02 다음의 표는 2015년 방송 산업 매출실적 도표의 일부이다. 빈칸에 들어갈 적절한 수치를 (A), (B), (C) 순서로 짝지은 것은?

(단위 : 개, 명, 백만 원)

구분	사업체 수	종사자 수	매출액	업체당 평균매출액	1인당 평균매출액
지상파방송 사업자	53	13,691	3,914,473	73,858	286
종합유선방송 사업자	94	4,846	2,116,851	22,520	427
일반위성방송 사업자	1	295	373,853	(B)	(C)
홈쇼핑PP	6	3,950	2,574,848	429,141	652
IPTV	3	520	616,196	205,399	1,185
전체	(A)	23,302	9,596,221	61,122	412

① 147, 373,853, 1,257 ② 147, 383,853, 1,257
③ 157, 373,853, 1,267 ④ 157, 373,863, 1,267
⑤ 167, 373,853, 1,287

03 K사원은 모든 직원이 9시부터 18시까지 근무하는 기관에서 전산 자료 백업을 진행하려고 한다. 자동화 시스템을 사용하며, 백업할 자료의 용량은 총 50TB이다. K사원은 오후 3시부터 전산 자료 백업을 시작했다. 자동화 시스템은 근무시간 기준으로 시간당 2,000GB의 자료를 백업하며 동작 후 첫 1시간은 초기화 작업으로 인해 백업이 이루어지지 않는다. 모든 직원이 퇴근한 이후에는 백업 속도가 50% 향상되고, 자정부터 새벽 3시 사이에는 시스템 점검으로 작업이 일시정지 된다. 시간에 따른 전산 자료 백업의 누적 처리량을 나타낸 그래프로 적절한 것은?(단, 1TB＝1,000GB)

① 누적 처리량
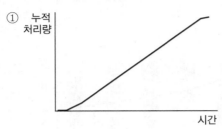

② 누적 처리량
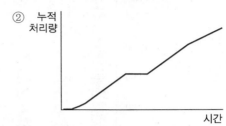

③ 누적 처리량
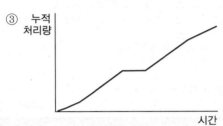

④ 누적 처리량
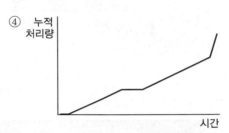

⑤ 누적 처리량
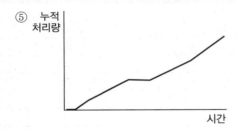

04 다음은 통계청에서 조사한 전국의 농가수 및 총 가구 중 농가 비중에 대한 자료이다. 자료에 대한 설명으로 적절하지 않은 것은?

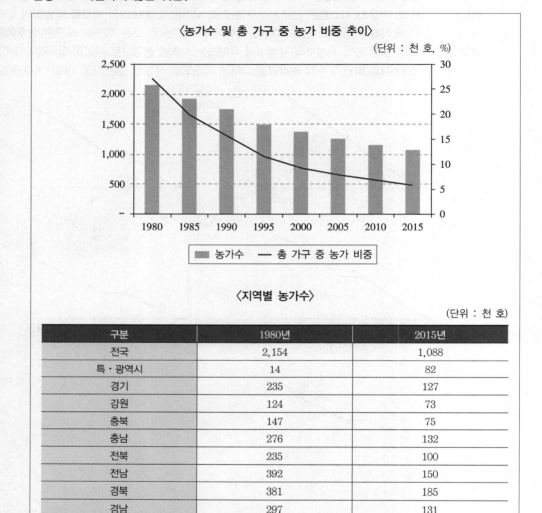

〈농가수 및 총 가구 중 농가 비중 추이〉

(단위 : 천 호, %)

〈지역별 농가수〉

(단위 : 천 호)

구분	1980년	2015년
전국	2,154	1,088
특·광역시	14	82
경기	235	127
강원	124	73
충북	147	75
충남	276	132
전북	235	100
전남	392	150
경북	381	185
경남	297	131
제주	53	33

① 총 가구 중 농업에 종사하는 가구의 비중은 매년 감소하는 추세이다.
② 2015년 충남지역의 농가의 구성비는 전체의 15% 미만이다.
③ 조사 기간 동안 농가수는 특·광역시를 제외한 전국 모든 지역에서 감소한 것으로 나타난다.
④ 1980년 대비 2015년의 지역별 농가수의 감소율은 전북지역보다 경남지역이 더 크다.
⑤ 2015년 제주지역의 농가수는 1980년에 비해 30% 이상 감소했다.

| 02 | 추리

01 제시된 낱말과 동일한 관계가 되도록 빈칸에 들어갈 가장 적절한 단어는?

가로등 : 전기 = (　　) : 수증기

① 구름   ② 액체
③ 신호등   ④ 증기기관
⑤ 주전자

02 다음 〈조건〉을 바탕으로 추론할 수 있는 것은?

조건
- 빵을 좋아하는 사람은 우유를 좋아한다.
- 주스를 좋아하는 사람은 우유를 좋아하지 않는다.
- 주스를 좋아하지 않는 사람은 치즈를 좋아한다.

① 주스를 좋아하지 않는 사람은 우유를 좋아한다.
② 주스를 좋아하는 사람은 치즈를 좋아한다.
③ 치즈를 좋아하는 사람은 빵을 좋아하지 않는다.
④ 빵을 좋아하는 사람은 치즈를 좋아하지 않는다.
⑤ 빵을 좋아하는 사람은 치즈를 좋아한다.

03 매주 금요일은 마케팅팀 동아리가 있는 날이다. 동아리 회비를 담당하고 있는 F팀장은 점심시간 후, 회비가 감쪽같이 사라진 것을 발견했다. 점심시간 동안 사무실에 있었던 사람은 A, B, C, D, E 5명이고, 이들 중 2명은 범인이고, 3명은 범인이 아니다. 범인은 거짓말을 하고, 범인이 아닌 사람은 진실을 말한다고 할 때, 〈조건〉을 보고 다음 중 적절한 것을 고르면?

조건

• A는 B, D 중 한 명이 범인이라고 주장한다.
• B는 C가 범인이라고 주장한다.
• C는 B가 범인이라고 주장한다.
• D는 A가 범인이라고 주장한다.
• E는 A와 B가 범인이 아니라고 주장한다.

---

① A와 D 중 범인이 있다.
② B가 범인이다.
③ C와 E가 범인이다.
④ A는 범인이다.
⑤ 범인이 누구인지 주어진 조건만으로는 알 수 없다.

04 다음 글을 바탕으로 한 추론으로 적절한 것을 고르면?

조선시대에 들어 유교적 혈통률의 영향을 받아 삶의 모습은 처거제 – 부계제로 변화하였다. 이러한 체제는 조선 전기까지 대부분 유지되었다. 친척관계 자료를 수집하기 위해 마을을 방문하던 중, '처가로 장가를 든 선조가 이 마을의 입향조가 되었다.'는 얘기를 듣곤 하는데, 이것이 바로 처거제 – 부계제의 원리가 작동한 결과라고 말할 수 있다. 거주율과 혈통률을 결합할 경우, 혼인에서는 남자의 뿌리를 뽑아서 여자의 거주지로 이전하고, 집안 계승의 측면에서는 남자 쪽을 선택하도록 한 것이다. 이를 통해 거주율에서는 여자의 입장을 유리하게 하고, 혈통률에서는 남자의 입장이 유리하도록 하는 균형적인 모습을 띠고 있음을 알 수 있다.

---

① 처거제는 '시집가다'와 일맥상통한다.
② 처거제 – 부계제는 조선 후기까지 대부분 유지되었다.
③ 조선 전기에 이르러 가족관계에서 남녀 간 힘의 균형이 무너졌다.
④ 조선시대 이전부터 처거제 – 부계제가 존재하였다.
⑤ 고려시대에는 조선시대에 비해 유교적 혈통률의 영향을 덜 받았다.

```
                    K73F
                     ↓
          △                ㄹ3T4
          ↓                  ↓
          ♡                  ☆
          ↓                  ↓
ㄴGMㅎ  →   ◎   →    □   →   △   →   ㅅJQㅌ
          ↓                  ↓
         6P2A               67Wㅅ
```

05

ㄷM4G → ♡ → △ → ?

① Q7ㄱF
② 7ㄴRF
③ 7ㄱQF
④ 1ㄱQF
⑤ Q7ㄱF

06

4Gㅕ5 → ◎ → □ → ?

① 64Lㅕ
② 4ㅕ5G
③ 5Lㅕ4
④ 5Kㅕ3
⑤ 6Lㅕ4

07

ㅍㅎㅁA → ☆ → ◎ → ?

① CㅑㄴB
② ㅍCㄴㅑ
③ ㅕAㅍㅂ
④ ㅌCㄴㅑ
⑤ ㅎㅗAㅁ

정답 및 해설 p.076

| 01 | 수리논리

01 영희는 3시에 학교 수업이 끝난 후 할머니를 모시고 병원에 간다. 학교에서 집으로 갈 때는 4km/h의 속력으로 이동하고 집에서 10분 동안 할머니를 기다린 후, 할머니와 병원까지 3km/h의 속력으로 이동한다고 한다. 학교와 집, 집과 병원 사이의 거리 비가 2 : 1이고 병원에 도착한 시각이 4시 50분일 때, 병원에서 집까지의 거리는?

① 1km
② 2km
③ 3km
④ 4km
⑤ 5km

02 작년 A고등학교의 전교생 수는 1,200명이고, 2학년 학생 수는 1학년과 3학년 학생 수의 평균이다. 올해 2학년 학생 수는 작년보다 5% 증가하였고, 3학년 학생 수는 2학년보다 12명이 더 적다고 한다. A고등학교가 올해도 작년과 같은 수준의 학생 수를 유지하기 위해서 필요한 신입생의 수는?

① 372명
② 373명
③ 374명
④ 375명
⑤ 376명

03 영진이는 다가오는 여름을 위해 다이어트를 결심했다. 영진이는 평소 아침, 점심, 저녁을 모두 먹으며 한 끼를 먹을 때마다 0.3kg씩 살이 찌고, 헬스장에서 한 시간 동안 운동을 하면 몸무게가 0.5kg 줄어든다고 한다. 영진이는 월요일부터 운동을 시작하고 10일 동안 지금의 몸무게보다 10kg을 감량하는 것이 목표이다. 일요일에는 헬스장에 가지 않는다고 할 때, 목표 체중이 되기 위해서 하루에 해야 하는 최소 운동 시간은?(단, 소수점 둘째 자리에서 반올림한다)

① 4.1시간   ② 4.2시간

③ 4.3시간   ④ 4.4시간

⑤ 4.5시간

04 수현이와 해영이는 새로 산 무전기의 성능을 시험하려고 한다. 두 사람은 같은 곳에서부터 출발하여 수현이는 북쪽으로 10m/s, 해영이는 동쪽으로 25m/s의 일정한 속력으로 이동한다. 해영이가 수현이보다 20초 늦게 출발한다고 했을 때, 해영이가 이동한지 1분이 되자 더는 통신이 불가능했다고 한다. 무전 통신이 끊겼을 때, 수현이와 해영이 사이의 직선 거리는?

① 1.5km   ② 1.6km

③ 1.7km   ④ 1.8km

⑤ 1.9km

Hard

05 S부서에는 부장 1명, 과장 1명, 대리 2명, 사원 2명 총 6명이 근무하고 있다. 새로운 프로젝트를 진행하기 위해 S부서를 2개의 팀으로 나누려고 한다. 팀을 나눈 후의 인원수는 서로 같으며, 부장과 과장이 같은 팀이 될 확률은 30%라고 한다. 대리 2명의 성별이 서로 다를 때, 부장과 남자 대리가 같은 팀이 될 확률은?

① 41%   ② 41.5%

③ 42%   ④ 42.5%

⑤ 43%

|02| 추리

01 다음 명제를 통해 얻을 수 있는 결론은?

> • 원숭이는 기린보다 키가 크다.
> • 기린은 하마보다 몸무게가 더 나간다.
> • 원숭이는 기린보다 몸무게가 더 나간다.

① 원숭이는 하마보다 키가 크다.
② 원숭이는 하마보다 몸무게가 더 나간다.
③ 기린은 하마보다 키가 크다.
④ 하마는 기린보다 몸무게가 더 나간다.
⑤ 기린의 키는 원숭이와 하마 중간이다.

Hard

02 제시된 낱말과 동일한 관계가 되도록 빈칸에 들어갈 가장 적절한 단어를 고르면?

> 높새 : 하늬 = (   ) : 여우

① 곰   ② 이슬
③ 사슴   ④ 비
⑤ 은하수

※ 다음 짝지어진 단어 사이의 관계가 나머지와 다른 하나를 고르시오. [3~5]

03
① 철근 – 콘크리트
② 냄비 – 주전자
③ 마우스 – 키보드
④ 욕조 – 변기
⑤ 도장 – 인주

04
① 성공 – 노력
② 타인 – 생각
③ 인재 – 육성
④ 소설 – 집필
⑤ 목적 – 달성

Easy
05
① 대장장이 – 망치 – 목수
② 작곡자 – 악보 – 연주자
③ 레스토랑 – 음식 – 식객
④ 기술자 – 트랙터 – 농부
⑤ 디자이너 – 의상 – 모델

※ 다음 도식에서 기호들은 일정한 규칙에 따라 문자를 변화시킨다. ?에 들어갈 적절한 문자를 고르시오.
[6~8]

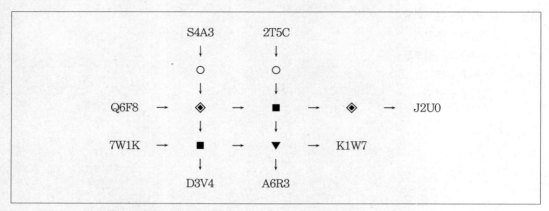

06

$$5ㅂ2ㅌ → ▼ → ○ → ?$$

① ㅍ0ㅅ3   ② 0ㅂ3ㅋ
③ ㅅ3ㅍ0   ④ ㅂ3ㅋ0
⑤ 3ㅅ0ㅋ

07

$$LㅅEㅈ → ◈ → ■ → ?$$

① FㅇMㅍ   ② ㅋGㅈN
③ MㅇFㅍ   ④ GㅋNㅈ
⑤ NㅈGㅋ

08

$$ㄱBㄷV → ■ → ○ → ?$$

① ㄹZㄴT   ② TㄴZㄹ
③ WㄱCㅍ   ④ CㅍWㄱ
⑤ ㄹTㄴZ

정답 및 해설 p.079

| 01 | 수리논리

01 어느 공장에서 A제품을 생산하여 팔면 600원의 이익이 남고, 불량품이 발생할 경우 2,400원의 손해를 본다. 손해를 보지 않고 A제품을 생산하여 팔 때, 이 제품의 최대 불량률은?

① 10%
② 15%
③ 20%
④ 25%
⑤ 30%

`Hard`

02 각각의 무게가 1kg, 2kg, 3kg인 추가 총 30개 있다. 다음의 〈조건〉을 모두 만족할 때, 무게가 2kg인 추의 개수는?

조건

• 추의 무게의 총합은 50kg이다.
• 추의 개수는 모두 짝수이다.
• 2kg 추의 개수는 3kg 추의 개수보다 2배 이상 많다.
• 추의 개수는 무게가 적은 순으로 많다.

---

① 8개
② 10개
③ 12개
④ 14개
⑤ 16개

03 A씨는 12층까지 올라가는 데 평상시에 엘리베이터를 이용하면 1분 15초, 비상계단을 이용하면 6분 50초가 걸리고, 저녁 8시부터 8시 30분까지는 사람들이 몰려서 엘리베이터 이용 시간이 2분마다 35초씩 늘어난다. A씨가 12층까지 계단을 이용해 엘리베이터보다 빨리 도착했을 때, 가장 빠른 출발 시각은?

① 8시 12분
② 8시 14분
③ 8시 16분
④ 8시 18분
⑤ 8시 20분

| 02 | 추리

※ 제시된 낱말과 동일한 관계가 되도록 빈칸에 들어갈 가장 적절한 단어를 고르시오. [1~2]

01

> 요긴 : 중요 = 특성 : (   )

① 성질

② 특별

③ 특이

④ 특질

⑤ 특수

02

> 세입 : 세출 = 할인 : (   )

① 상승

② 인상

③ 할증

④ 감소

⑤ 인하

※ 다음 짝지어진 단어 사이의 관계가 나머지와 다른 하나를 고르시오. [3~4]

03   ① 선장 – 조타수

② 변호사 – 피의자

③ 배우 – 관객

④ 의사 – 환자

⑤ 선생 – 학생

04   ① 비 – 내리다

② 눈 – 감다

③ 머리 – 자라다

④ 천둥 – 치다

⑤ 성적 – 떨어지다

※ 다음 도식에서 기호들은 일정한 규칙에 따라 문자를 변화시킨다. ?에 들어갈 적절한 문자를 고르시오.
[5~7]

```
                    9ㄹ4ㅅ            XㅋFㅂ
                      ↓                ↓
     M5L8  →    ☆    →    □    →    43IL
                      ↓                ↓
     ㅈAㄴP →    △    →    ○    →    ㅋZㄷP
                      ↓                ↓
                      □              ㅅㅋFY
                      ↓
                    ㄴㄱ29
```

05

$$LIKE → ○ → □ → ?$$

① MHLD ② MIKF
③ NHLE ④ FIKM
⑤ DHLM

06

$$7288 → □ → ☆ → ?$$

① 7053 ② 9288
③ 8287 ④ 7278
⑤ 7055

07

$$MJㅊㅍ → ☆ → ○ → ?$$

① ㅎJㅊN ② MGㅋㅇ
③ MHㅅㅊ ④ OIㅋㅎ
⑤ NJㅊㅎ

정답 및 해설 p.082

| 01 | 수리논리

01 총무부에서는 물품구매예산으로 월 30만 원을 받는다. 이번 달 예산 중 80%는 사무용품 구매에 사용하고, 남은 예산 중 40%는 서랍장 구매에 사용했다. 남은 예산으로 정가가 500원인 볼펜을 사려고 한다. 인터넷을 이용하면 정가에서 20% 할인된 가격으로 살 수 있다고 할 때, 남은 예산으로 살 수 있는 볼펜의 개수는?

① 40개   ② 50개
③ 70개   ④ 80개
⑤ 90개

Hard

02 K사원은 평상시에 지하철을 이용하여 출퇴근하고, 프로젝트를 맡게 되면 출퇴근 시간이 일정치 않아 자동차를 이용한다. 이번 달에는 프로젝트 없이 업무가 진행됐지만, 다음 달에는 5일간 프로젝트 업무를 진행할 예정이다. 지하철을 이용하여 출퇴근하면 3,000원이 들고 자동차를 이용할 경우 기름값이 1일 5,000원, 톨게이트 이용료가 1회 2,000원이 들 때, K사원이 이번 달에 사용한 교통비와 다음 달에 사용할 교통비의 차액은?(단, 한 달에 20일을 출근하며, 톨게이트는 출퇴근 시 각각 1번씩 지난다)

① 2만 원   ② 3만 원
③ 5만 원   ④ 6만 원
⑤ 9만 원

03 S대리는 주말이면 등산을 즐긴다. 이번 주말에 오른 산은 올라갈 때 이용하는 길보다 내려갈 때 이용하는 길이 3km 더 길었다. S대리가 산을 올라갈 때는 시속 4km의 속력으로 걸었고, 내려갈 때는 시속 5km의 속력으로 걸었다. 등산을 끝마치는 데 5시간이 걸렸다면, S대리가 걸은 거리는? (단, 소수점 둘째 자리에서 반올림한다)

① 12.8km ② 19.5km
③ 19.6km ④ 22.5km
⑤ 22.6km

04 S기업에서는 사무실에서 쓸 가습기 50대를 구매하기 위해, 동일 모델을 기준으로 업체 간 판매조건을 비교 중이다. A업체는 가습기 10대 구매 시 1대를 무료로 제공하고, 추가로 100만 원당 5만 원을 할인해주며, B업체는 가습기 9대 구매 시 1대를 무료로 제공하고, 추가로 가격 할인은 제공하지 않는다. 더 저렴하게 구매할 수 있는 업체와 두 업체 금액 차이를 바르게 짝지은 것은?(단, 가습기 1대당 가격은 10만 원이다)

① A업체, 10만 원 ② A업체, 20만 원
③ B업체, 10만 원 ④ B업체, 20만 원
⑤ B업체, 30만 원

05 S기업은 창립기념일을 맞이하여 10km 사내 마라톤 대회를 열었다. 전 직원이 참여한 마라톤 대회 결과는 아래 표와 같다. 이 중 무작위로 남자 사원 한 명을 뽑았을 때, 완주했을 확률은?(단, 소수점 첫째 자리에서 반올림한다)

구분	남자	여자
완주	122명	71명
미완주	58명	49명

① 41% ② 48%
③ 51% ④ 61%
⑤ 68%

|02| 추리

※ 제시된 낱말과 동일한 관계가 되도록 빈칸에 들어갈 가장 적절한 단어를 고르시오. [1~3]

01

데스크탑 : 노트북 = ( ) : 캠핑카

① 여행　　　　　　　　　　② 자동차
③ 주차장　　　　　　　　　④ 집
⑤ 사무실

Easy

02

말 : 마차 = 소 : ( )

① 가마　　　　　　　　　　② 경운기
③ 쟁기　　　　　　　　　　④ 지게
⑤ 가래

03

우표 : 우체국 = 곡식 : ( )

① 쌀　　　　　　　　　　　② 논
③ 보리　　　　　　　　　　④ 떡집
⑤ 방앗간

※ 다음 짝지어진 단어 사이의 관계가 나머지와 다른 하나를 고르시오. **[4~6]**

04 ① 선구자 – 예언자
② 풋내기 – 초보자
③ 거론 – 언급
④ 혼란 – 혼잡
⑤ 보조개 – 볼우물

05 ① 나무 – 숯 – 재
② 수성 – 금성 – 지구
③ 씨앗 – 나무 – 열매
④ 아침 – 점심 – 저녁
⑤ 대서 – 입추 – 한로

06 ① 철새 – 두루미
② 한식 – 불고기
③ 동물 – 사람
④ 가전 – 전류
⑤ 아시아 – 카자흐스탄

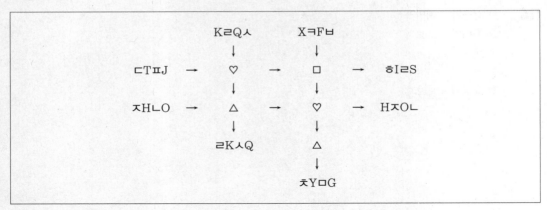

07

ㄱㅌWN → □ → ♡ → ?

① VMㅎㅋ   ② ㅎㅋVM
③ XMㄴㅋ   ④ ㄴㅋXM
⑤ XOㅎㅍ

08

IUㄹㅅ → △ → ♡ → ?

① UㅅIㄹ   ② IUㄹㅅ
③ ㄹㅅIU   ④ UIㅅㄹ
⑤ ㅅㄹUI

09

ㅎBㄱG → □ → △ → ?

① FAㄱㄴ   ② CHㅍㅎ
③ FㄴAㄱ   ④ CㅎHㅍ
⑤ AㄱㄴF

PART **03**

3개년 주요기업
기출복원문제

정답 및 해설 p.086

| 언어 |

| 2022년 하반기 SK그룹

01 다음 글을 근거로 판단할 때 적절한 것은?

> 아파트를 분양받을 경우 전용면적, 공용면적, 공급면적, 계약면적, 서비스면적이라는 용어를 자주 접하게 된다.
>
> 전용면적은 아파트의 방이나 거실, 주방, 화장실 등을 모두 포함한 면적으로, 개별 세대 현관문 안쪽의 전용 생활공간을 말한다. 다만 발코니 면적은 전용면적에서 제외된다.
>
> 공용면적은 주거공용면적과 기타공용면적으로 나뉜다. 주거공용면적은 세대가 거주를 위하여 공유하는 면적으로 세대가 속한 건물의 공용계단, 공용복도 등의 면적을 더한 것을 말한다. 기타공용면적은 주거공용면적을 제외한 지하층, 관리사무소, 노인정 등의 면적을 더한 것이다.
>
> 공급면적은 통상적으로 분양에 사용되는 용어로 전용면적과 주거공용면적을 더한 것이다. 계약면적은 공급면적과 기타공용면적을 더한 것이다. 서비스면적은 발코니 같은 공간의 면적으로 전용면적과 공용면적에서 제외된다.

① 발코니 면적은 계약면적에 포함된다.
② 관리사무소 면적은 공급면적에 포함된다.
③ 계약면적은 전용면적, 주거공용면적, 기타공용면적을 더한 것이다.
④ 공용계단과 공용복도의 면적은 공급면적에 포함되지 않는다.
⑤ 개별 세대 내 거실과 주방의 면적은 주거공용면적에 포함된다.

Hard

02 다음 글의 내용으로 적절한 것은?

보름달 중에 가장 크게 보이는 보름달을 슈퍼문이라고 한다. 이때 보름달이 크게 보이는 이유는 달이 평소보다 지구에 가까이 있기 때문이다. 슈퍼문이 되려면 보름달이 되는 시점과 달이 지구에 가장 가까워지는 시점이 일치하여야 한다. 달의 공전 궤도가 완벽한 원이라면 지구에서 달까지의 거리가 항상 똑같을 것이다. 하지만 실제로는 타원 궤도여서 달이 지구에 가까워지거나 멀어지는 현상이 생긴다. 유독 달만 그런 것은 아니고 태양계의 모든 행성이 태양을 중심으로 타원 궤도로 돈다. 이것이 바로 그 유명한 케플러의 행성운동 제1법칙이다.

지구와 달의 평균 거리는 약 38만km인 반면 슈퍼문일 때는 그 거리가 35만 7,000km 정도로 가까워진다. 달의 반지름은 약 1,737km이므로, 지구와 달의 거리가 평균 정도일 때 지구에서 보름달을 바라보는 시각도*는 0.52도 정도인 반면, 슈퍼문일 때는 시각도가 0.56도로 커진다. 반대로 보름달이 가장 작게 보일 때, 다시 말해 보름달이 지구에서 제일 멀 때는 그 거리가 약 40만km여서 보름달을 보는 시각도가 0.49도로 작아진다.

밀물과 썰물이 생기는 원인은 지구에 작용하는 달과 태양의 중력 때문인데, 달이 태양보다는 지구에 훨씬 더 가깝기 때문에 더 큰 영향을 미친다. 달이 지구에 가까워지면 평소 달이 지구를 당기는 힘보다 더 강하게 지구를 당긴다. 그리고 달의 중력이 더 강하게 작용하면, 달을 향한 쪽의 해수면은 평상시보다 더 높아진다. 실제 우리나라에서도 슈퍼문일 때 제주도 등 해안가에 바닷물이 평소보다 더 높게 밀려 들어와서 일부 지역이 침수 피해를 겪기도 했다.

한편 달의 중력 때문에 높아진 해수면이 지구와 함께 자전을 하다보면 지구의 자전을 방해하게 된다. 일종의 브레이크가 걸리는 셈이다. 이 때문에 지구의 자전 속도가 느려지게 되고 그 결과 하루의 길이에 미세하게 차이가 생긴다. 실제 연구 결과에 따르면 100만 년에 17초 정도씩 길어지는 효과가 생긴다고 한다.

*시각도 : 물체의 양끝에서 눈의 결합점을 향하여 그은 두 선이 이루는 각을 의미한다.

① 지구에서 태양까지의 거리는 1년 동안 항상 일정하다.
② 해수면의 높이는 지구와 달의 거리와 관계가 없다.
③ 달이 지구에서 멀어지면 궤도에서 벗어나지 않기 위해 평소보다 더 강하게 지구를 잡아당긴다.
④ 지구와 달의 거리가 36만km 정도인 경우, 지구에서 보름달을 바라보는 시각도는 0.49도보다 크다.
⑤ 달의 중력 때문에 지구가 자전하는 속도는 점점 빨라지고 있다.

03 다음 중 A의 주장에 대해 반박할 수 있는 내용으로 적절한 것은?

> - A : 우리나라의 장기 기증률은 선진국에 비해 너무 낮아. 이게 다 부모로부터 받은 신체를 함부로 훼손해서는 안 된다는 전통적 유교 사상 때문이야.
> - B : 맞아. 그런데 장기기증 희망자로 등록이 돼 있어도 유족들이 장기 기증을 반대하여 기증이 이뤄지지 않는 경우도 많아.
> - A : 유족들도 결국 유교 사상으로 인해 신체 일부를 다른 사람에게 준다는 방식을 잘 이해하지 못하는 거야.
> - B : 글쎄. 유족들이 동의해서 기증이 이뤄지더라도 보상금을 받고 '장기를 팔았다.'는 죄책감을 느끼는 유족들도 있다고 들었어. 또 아직은 장기 기증에 대한 생소함 때문일 수도 있어.

① 캠페인을 통해 장기 기증에 대한 사람들의 인식을 변화시켜야 한다.
② 유족에게 지급하는 보상금 액수가 증가하면 장기 기증률도 높아질 것이다.
③ 장기기증 희망자는 반드시 가족들의 동의를 미리 받아야 한다.
④ 장기 기증률이 낮은 이유에는 유교 사상 외에도 여러 가지 원인이 있을 수 있다.
⑤ 제도 변화만으로는 장기 기증률을 높이기 어렵다.

※ 다음 문단을 논리적 순서대로 적절하게 나열한 것을 고르시오. [4~6]

04

> (가) 하지만 막상 앱을 개발하려 할 때 부딪히는 여러 난관이 있다. 여행지나 주차장에 한 정보를 모으는 것도 문제이고, 정보를 지속적으로 갱신하는 것도 문제이다. 이런 문제 때문에 결국 아이디어를 포기하는 경우가 많다.
> (나) 그러나 이제는 아이디어를 포기하지 않아도 된다. 바로 공공 데이터가 있기 때문이다. 공공 데이터는 공공 기관에서 생성, 취득하여 관리하고 있는 정보 중 전자적 방식으로 처리되어 누구나 이용할 수 있도록 국민들에게 제공된 것을 말한다.
> (다) 현재 정부에서는 공공 데이터 포털 사이트를 개설하여 국민들이 쉽게 이용할 수 있도록 하고 있다. 공공 데이터 포털 사이트에서는 800여 개 공공 기관에서 생성한 15,000여 건의 공공 데이터를 제공하고 있으며, 제공하는 공공 데이터의 양을 꾸준히 늘리고 있다.
> (라) 앱을 개발하려는 사람들은 아이디어가 넘친다. 사람들이 여행 준비를 위해 많은 시간을 허비하는 것을 보면 한 번에 여행 코스를 짜 주는 앱을 만들어 보고 싶어 하고, 도심에 주차장을 못 찾아 헤매는 사람들을 보면 주차장을 쉽게 찾아 주는 앱을 만들어 보고 싶어 한다.

① (가) - (라) - (나) - (다)　　② (가) - (나) - (다) - (라)
③ (가) - (다) - (나) - (라)　　④ (라) - (가) - (나) - (다)
⑤ (나) - (라) - (다) - (가)

Easy
05

(가) 그런데 자연의 일양성은 선험적으로 알 수 있는 것이 아니라 경험에 기대어야 알 수 있는 것이다. 즉, '귀납이 정당한 추론이다.'라는 주장은 '자연은 일양적이다.'라는 다른 지식을 전제로 하는데, 그 지식은 다시 귀납에 의해 정당화되어야 하는 경험 지식이므로 귀납의 정당화는 순환 논리에 빠져 버린다는 것이다. 이것이 귀납의 정당화 문제이다.

(나) 귀납은 논리학에서 연역이 아닌 모든 추론, 즉 전제가 결론을 개연적으로 뒷받침하는 모든 추론을 가리킨다. 귀납은 기존의 정보나 관찰 증거 등을 근거로 새로운 사실을 추가하는 지식 확장적 특성을 지닌다.

(다) 이와 관련하여 흄은 과거의 경험을 근거로 미래를 예측하는 귀납이 정당한 추론이 되려면 미래의 세계가 과거에 우리가 경험해 온 세계와 동일하다는 자연의 일양성, 곧 한결같음이 가정되어야 한다고 보았다.

(라) 이 특성으로 인해 귀납은 근대 과학 발전의 방법적 토대가 되었지만, 한편으로 귀납 자체의 논리 한계를 지적하는 문제들에 부딪히기도 한다.

① (가) – (라) – (나) – (다)　　　　　② (가) – (나) – (다) – (라)
③ (가) – (다) – (나) – (라)　　　　　④ (나) – (다) – (라) – (가)
⑤ (나) – (라) – (다) – (가)

06

(가) 문화재(문화유산)는 옛사람들이 남긴 삶의 흔적이다. 그 흔적에는 유형의 것과 무형의 것이 모두 포함된다. 문화재 가운데 가장 가치 있는 것으로 평가받는 것은 다름 아닌 국보이며, 현행 문재재보호법 체계상 국보에 무형문화재는 포함되지 않는다. 즉 국보는 유형문화재만을 대상으로 한다.

(나) 국보 선정 기준에 따라 우리의 전통 문화재 가운데 최고의 명품으로 꼽힌 문화재로는 국보 1호 숭례문이 있다. 숭례문은 현존 도성 건축물 중 가장 오래된 건물이다. 다음으로 온화하고 해맑은 백제의 미소로 유명한 충남 서산 마애여래삼존상은 국보 84호이다. 또한 긴 여운의 신비하고 그윽한 종소리로 유명한 선덕대왕신종은 국보 29호, 유네스코 세계유산으로도 지정된 석굴암은 국보 24호이다. 이렇듯 우리나라 전통문화의 상징인 국보는 다양한 국보 선정의 기준으로 선발된 것이다.

(다) 문화재보호법에 따르면 국보는 특히 "역사적·학술적·예술적 가치가 큰 것, 제작 연대가 오래되고 그 시대를 대표하는 것, 제작 의장이나 제작 기법이 우수해 그 유례가 적은 것, 형태 품질 용도가 현저히 특이한 것, 저명한 인물과 관련이 깊거나 그가 제작한 것" 등을 대상으로 한다. 이것이 국보 선정의 기준인 셈이다.

(라) 이처럼 국보 선정의 기준으로 선발된 문화재는 지금 우리 주변에서 여전히 숨쉬고 있다. 우리와 늘 만나고 우리와 늘 교류한다. 우리에게 감동과 정보를 주기도 하고, 때로는 이 시대의 사람들과 갈등을 겪기도 한다. 그렇기에 국보를 둘러싼 현장은 늘 역동적이다. 살아있는 역사라 할 수 있다. 문화재는 그 스스로 숨쉬면서 이 시대와 교류하기에, 우리는 그에 어울리는 시선으로 국보를 바라볼 필요가 있다.

① (가) – (나) – (라) – (다)   ② (가) – (다) – (나) – (라)

③ (다) – (가) – (나) – (라)   ④ (다) – (나) – (가) – (라)

⑤ (나) – (다) – (라) – (가)

07 다음 글에 대한 설명으로 적절하지 않은 것은?

운전자 10명 중 3명은 내년 4월부터 전면 시행되는 '안전속도 5030' 정책을 모르는 것으로 나타났다. 한국교통안전공단은 지난 7월 전국 운전자 3,922명을 대상으로 '안전속도 5030 정책 인지도'를 조사한 결과 이를 인지하고 있는 운전자는 68.1%에 그쳤다고 밝혔다. 안전속도 5030 정책은 전국 도시 지역 일반도로의 제한속도를 시속 50km로, 주택가 등 이면도로는 시속 30km 이하로 하향 조정하는 정책이다. 지난해 4월 도로교통법 시행규칙 개정에 따라 내년 4월 17일부터 본격적으로 시행된다. 교통안전공단에 따르면 예기치 못한 사고가 발생하더라도 차량의 속도를 30km로 낮추면 중상 가능성은 15.4%로 크게 낮아진다. 이번 조사에서 특히 20대 이하 운전자의 정책 인지도는 59.7%, 30대 운전자는 66.6%로 전체 평균보다 낮은 것으로 나타났다. 반면 40대(70.2%), 50대 (72.1%), 60대 이상(77.3%) 등 연령대가 높아질수록 안전속도 도입을 알고 있다고 응답한 비율이 높았다.

한국교통안전공단은 내년 4월부터 전면 시행되는 안전속도 5030의 성공적 정착을 위해 정책 인지도가 가장 낮은 2030 운전자를 대상으로 온라인 중심의 언택트(Untact) 홍보를 시행할 예정이다. 2030세대가 운전 시 주로 이용하는 모바일 내비게이션사와 협업하여 5030 속도 관리구역 음성안내 및 이미지 표출 등을 통해 제한속도 인식률 향상 및 속도 준수를 유도하고, 유튜브와 SNS 등을 활용한 대국민 참여 이벤트와 공모전 등을 통해 제한속도 하향에 대한 공감대 확산 및 자발적인 속도 하향을 유도할 예정이다.

① 운전자 10명 중 6명 이상은 안전속도 5030 정책을 알고 있다.
② 안전속도 5030 정책에 대한 인지도가 가장 낮은 연령대는 20대 이하이다.
③ 연령대가 높을수록 안전속도 5030 정책에 대한 인지도가 높다.
④ 안전속도 5030 정책에 대한 연령대별 인식률의 평균은 68.1%이다.
⑤ 안전속도 5030 정책이 시행되면 주택가에서의 주행속도는 시속 30km 이하로 제한된다.

08 G씨는 성장기인 아들의 수면 습관을 바로 잡기 위해 수면 습관에 관련된 글을 찾아보았다. 다음 중 G씨가 이해한 것으로 적절하지 않은 것은?

> 수면은 비렘(non-Rem)수면과 렘수면으로 이뤄진 사이클이 반복되면서 이뤄지는 복잡한 신경계의 상호작용이며 좋은 수면이란 이 사이클이 끊어지지 않고 충분한 시간 동안 유지되도록 하는 것이다. 수면 패턴은 일정한 것이 좋으며 깨는 시간을 지키는 것이 중요하다. 그리고 수면 패턴은 휴일과 평일 모두 일정하게 지키는 것이 성장하는 아이들의 수면 리듬을 유지하는 데 좋다. 수면 상태에서 깨어날 때 영향을 주는 자극들은 '빛, 식사 시간, 운동, 사회 활동' 등이 있으며 이 중 가장 강한 자극은 '빛'이다. 침실을 밝게 하는 것은 적절한 수면 자극을 방해하는 것이다. 반대로 깨어날 때는 강한 빛 자극을 주면 빠르게 수면 상태에서 벗어날 수 있다. 이는 뇌의 신경 전달 물질인 멜라토닌의 농도와 연관되어 나타나는 현상으로, 수면 중 최대치로 올라간 멜라토닌은 시신경이 강한 빛에 노출되면 빠르게 줄어들게 되는데 이때 수면 상태에서 벗어나게 된다. 아침 일찍 일어나 커튼을 젖히고 밝은 빛이 침실 안으로 들어오게 하는 것은 매우 효과적인 각성 방법인 것이다.

① 잠에서 깨는 데 가장 강력한 자극을 주는 것은 빛이었구나.
② 멜라토닌의 농도에 따라 수면과 각성이 영향을 받는군.
③ 평일에 잠이 모자란 우리 아들은 잠을 보충해줘야 하니까 휴일에 늦게까지 자도록 둬야겠다.
④ 좋은 수면은 비렘수면과 렘수면의 사이클이 충분한 시간동안 유지되도록 하는 것이구나.
⑤ 우리 아들 침실이 좀 밝은 편이니 충분한 수면을 위해 암막커튼을 달아줘야겠어.

09 다음 글의 논지를 이끌 수 있는 첫 문장으로 가장 적절한 것은?

> 사람과 사람이 직접 얼굴을 맞대고 하는 접촉이 라디오나 텔레비전 등의 매체를 통한 접촉보다 결정적인 영향력을 미친다는 것이 일반적인 견해로 알려져 있다. 매체는 어떤 마음의 자세를 준비하게 하는 구실을 하여 나중에 직접 어떤 사람에게서 새 어형을 접했을 때 그것이 텔레비전에서 자주 듣던 것이면 더 쉽게 그쪽으로 마음의 문을 열게 하는 면에서 영향력을 행사하기는 하지만, 새 어형이 전파되는 것은 매체를 통해서보다 상면하는 사람과의 직접적인 접촉에 의해서라는 것이 더 일반화된 견해이다. 사람들은 한두 사람의 말만 듣고 언어 변화에 가담하지는 않고, 주위의 여러 사람들이 다 같은 새 어형을 쓸 때 비로소 그것을 받아들이게 된다고 한다. 매체를 통해서보다 자주 접촉하는 사람들을 통해 언어 변화가 진전된다는 사실은 언어 변화의 여러 면을 바로 이해하는 하나의 핵심적인 내용이라 해도 좋을 것이다.

① 일반적으로 젊은 층이 언어 변화를 주도한다.
② 언어 변화는 결국 접촉에 의해 진행되는 현상이다.
③ 접촉의 형식도 언어 변화에 영향을 미치는 요소로 지적되고 있다.
④ 매체의 발달이 언어 변화에 중요한 영향을 미치는 것으로 알려져 있다.
⑤ 언어 변화는 외부와의 접촉이 극히 제한되어 있는 곳일수록 속도가 느리다.

10 다음 글을 통해 적절하게 추론한 것은?

> 사람들은 단순히 공복을 채우기 위해서가 아니라 다른 많은 이유로 '먹는다.'는 행위를 행한다. 먹는다는 것에 대한 비 생리학적인 동기에 관해서 연구하고 있는 과학자들에 따르면 비만인 사람들과 표준체중인 사람들은 식사 패턴에서 꽤나 차이를 보이는 것을 알 수 있다고 한다. 한 연구에서는 비만인 사람들에 대해 식사 전에 그 식사에 대한 상세한 설명을 하면 설명을 하지 않은 경우에 비해서 식사량이 늘었지만, 표준체중인 사람들에게서는 그런 현상이 보이지 않았다. 또한 표준체중인 사람들은 밝은 색 접시에 담긴 견과류와 어두운 색 접시에 담긴 견과류를 먹은 개수의 차가 거의 없는 것에 비해, 비만인 사람들은 밝은 색 접시에 담긴 견과류를 어두운 색 접시에 담긴 견과류보다 2배 더 많이 먹었다는 연구도 있다.

① 비만인 사람들은 표준체중인 사람들에 비해 외부 자극에 의해 식습관에 영향을 받기 쉽다.
② 표준체중인 사람들은 비만체중인 사람들에 비해 식사량이 적다.
③ 비만인 사람들은 생리학적인 필요성이라기보다 감정적 또는 심리적인 필요성에 쫓겨서 식사를 하고 있다.
④ 비만인 사람들은 표준체중인 사람들보다 감각이 예민하다.
⑤ 표준체중인 사람들은 음식에 대한 욕구를 절제할 수 있다.

11 다음 중 제시문의 중심내용으로 가장 적절한 것은?

> 그리스 철학의 집대성자라고도 불리는 철학자 아리스토텔레스는 자연의 모든 물체는 '자연의 사다리'에 의해 계급화 되어 있다고 생각했다. 자연의 사다리는 아래서부터 무생물, 식물, 동물, 인간, 그리고 신으로 구성되어 있는데, 이러한 계급에 맞춰 각각에 일정한 기준을 부여했다. 18세기 유럽 철학계와 과학계에서는 이러한 자연의 사다리 사상이 크게 유행을 했으며 사다리의 상층인 신과 인간에게는 높은 이성과 가치가 있고, 그 아래인 동물과 식물에게는 인간보다 낮은 가치가 있다고 보기 시작했다.
>
> 이처럼 서양의 자연관은 인간과 자연을 동일시하던 고대에서 벗어나 인간만이 영혼이 있으며, 이에 따라 인간만이 자연을 지배할 수 있다고 믿는 기독교 중심의 중세시대를 지나, 여러 철학자들을 거쳐 점차 인간이 자연보다 우월한 자연지배관으로 모습이 바뀌기 시작했다. 이러한 자연관을 토대로 서양에서는 자연스럽게 산업혁명 등을 통한 대량소비와 대량생산의 경제성장구조와 가치체계가 발전되어 왔다.
>
> 동양의 자연관 역시 동양철학과 불교 등의 이념과 함께 고대에서 중세세대를 지나게 되었다. 하지만 서양의 인간중심 철학과 달리 동양철학과 불교에서는 자연과 인간을 동일선상에 놓거나 둘의 조화를 중요시 하여 합일론을 주장했다. 이들의 사상은 노자와 장자의 무위자연의 도, 불교의 윤회사상 등에서 살펴볼 수 있다. 대량소비와 대량생산으로 대표되는 자본주의의 한계와 함께 지구온난화, 자원고갈, 생태계 파괴가 대두되는 요즘, 동양의 자연관이 주목받고 있다.

① 서양철학에서 나타나는 부작용
② 자연의 사다리와 산업혁명
③ 철학과 지구온난화의 상관관계
④ 서양의 자연관과 동양의 자연관의 차이
⑤ 서양철학의 문제점과 동양철학을 통한 해결법

12 다음 글의 제목으로 가장 적절한 것은?

물은 너무 넘쳐도 문제고, 부족해도 문제다. 무엇보다 충분한 양을 안전하게 저장하면서 효율적으로 관리하는 것이 중요하다. 하지만 예기치 못한 자연재해가 불러오는 또 다른 물의 재해도 우리를 위협한다. 지진의 여파로 쓰나미(지진해일)가 몰려오고 댐이 붕괴되면서 상상도 못 한 피해를 불러올 수 있다. 이는 역사 속에서 실제로 반복되어 온 일이다.

1755년 11월 1일 아침, 15·16세기 대항해 시대를 거치며 해양 강국으로 자리매김한 포르투갈의 수도 리스본에 대지진이 발생했다. 도시 건물 중 85%가 파괴될 정도로 강력한 지진이었다. 하지만 지진은 재해의 전주곡에 불과했다.

지진이 덮치고 약 40분 후 쓰나미(지진해일)가 항구와 도심지로 쇄도했다. 해일은 리스본뿐 아니라 인근 알가르브 지역의 해안 요새 중 일부를 박살냈고, 숱한 가옥을 무너뜨렸다. 6만 ~ 9만 명이 귀한 목숨을 잃었다. 이 대지진과 이후의 쓰나미는 포르투갈 문명의 역사를 바꿔버렸다. 포르투갈은 이후 강대국 대열에서 밀려나 옛 영화를 찾지 못한 채 지금에 이르고 있다.

또한, 1985년 7월 19일 지진에 의해 이탈리아의 스타바댐이 붕괴하면서 그 여파로 발생한 약 20만 톤의 진흙과 모래, 물이 테세로 마을을 덮쳐 268명이 사망하고 63개의 건물과 8개의 다리가 파괴되는 사고가 일어났다.

① 우리나라는 '물 스트레스 국가'
② 도를 지나치는 '물 부족'
③ 강력한 물의 재해 '지진'
④ 누구도 피해갈 수 없는 '자연 재해'
⑤ 자연의 경고 '댐 붕괴'

13 다음 글을 읽고 추론한 내용으로 가장 적절한 것은?

> '쓰는 문화'가 책의 문화에서 가장 우선이다. 쓰는 이가 없이는 책이 나올 수가 없기 때문이다. 그러나 지혜를 많이 갖고 있다는 것과 그것을 글로 옮길 줄 아는 것은 별개의 문제이다. 엄격하게 이야기해서 지혜는 어떤 한 가지 일에 지속적으로 매달린 사람이면 누구나 머릿속에 쌓아두고 있는 것이다. 하지만 그것을 글로 옮기기 위해서는 특별하고도 고통스러운 훈련이 필요하다. 생각을 명료하게 정리하는 것과 글 맥을 이어갈 줄 알아야 하며, 그리고 줄기찬 노력을 바칠 준비가 되어 있어야 한다. 모든 국민이 책 한 권을 남길 수 있을 만큼 쓰는 문화가 발달한 사회가 도래하면, 그때에는 지혜의 르네상스가 가능할 것이다.
>
> '읽는 문화'의 실종, 그것이 바로 현대의 특징이다. 신문의 판매 부수가 날로 떨어져 가는 반면에 텔레비전의 시청률은 날로 증가하고 있다. 깨알 같은 글로 구성된 200쪽 이상의 책보다 그림과 여백이 압도적으로 많이 들어간 만화책 같은 것이 늘어나고 있다. '보는 문화'가 읽는 문화를 대체해 가고 있다. 읽는 일에는 피로가 동반되지만 보는 놀이에는 휴식이 따라온다. 일을 저버리고 놀이만 좇는 문화가 범람하고 있지 않는가. 보는 놀이가 머리를 비게 하는 것은 너무나 당연하다. 읽는 일이 장려되지 않는 한 생각 없는 사회로 치달을 수밖에 없다. 책의 문화는 바로 읽는 일과 직결되며, 생각하는 사회를 만드는 지름길이다.

① 지혜로운 사람이 그렇지 않은 사람보다 더 논리적으로 글을 쓸 수 있다.
② 고통스러운 훈련을 견뎌야 지혜로운 사람이 될 수 있다.
③ 텔레비전을 많이 보는 사람은 그렇지 않은 사람보다 신문을 적게 읽는다.
④ 만화책은 내용과 관계없이 그림의 수준이 높을수록 더 많이 판매된다.
⑤ 사람들이 텔레비전을 많이 볼수록 생각하는 시간이 적어진다.

14 다음 글을 통해 추론할 수 있는 내용으로 적절하지 않은 것은?

국어학자로서 주시경은 근대 국어학의 기틀을 세운 선구적인 인물이었다. 과학적 연구 방법이 전무하다시피 했던 국어학 연구에서, 그는 단어의 원형을 밝혀 적는 형태주의적 입장을 가지고 독자적으로 문법 현상을 분석하고 이론으로 체계화하는 데 힘을 쏟았다. 특히 '늣씨'와 '속뜻'의 개념을 도입한 것은 주목할 만하다. 그는 단어를 뜻하는 '씨'를 좀 더 작은 단위로 분석하면서 여기에 '늣씨'라는 이름을 붙였다. 예컨대 '해바라기'를 '해⌒바라⌒기', '이더라'를 '이⌒더라'처럼 늣씨 단위로 분석했다. 이는 그가 오늘날 '형태소'라 부르는 것과 유사한 개념을 인식하고 있었음을 보여 준다. 이것은 1930년대에 언어학자 블룸필드가 이 개념을 처음 사용하기 훨씬 이전이었다. 또한 그는 숨어 있는 구조인 '속뜻'을 통해 겉으로는 구조를 파악하기 어려운 문장을 분석했고, 말로 설명하기 어려운 문장의 계층적 구조는 그림을 그려 풀이하는 방식으로 분석했다. 이러한 방법은 현대 언어학의 분석적인 연구 방법과 유사하다는 점에서 연구사적 의의가 크다.

주시경은 국어학사에서 길이 기억될 연구 업적을 남겼을 뿐 아니라, 국어 교육자로서도 큰 공헌을 하였다. 그는 언어를 민족의 정체성을 나타내는 징표로 보았으며, 국가와 민족의 발전이 말과 글에 달려 있다고 생각하여 국어 교육에 온 힘을 다하였다. 여러 학교에서 우리말을 가르쳤을 뿐만 아니라, 국어 강습소를 만들어 장차 교사가 될 사람들에게 국어문법을 체계적으로 교육하였다.

그는 맞춤법을 확립하는 정책에도 자신의 학문적 성과를 반영하고자 했다. 이를 위해 연구 모임을 만들어 맞춤법의 이론적 근거를 확보하기 위한 논의를 지속해 나갔다. 그리고 1907년에 설치된 '국문 연구소'의 위원으로 국어 정책을 수립하는 일에도 적극 참여하였다. 그의 이러한 노력은 오늘날 우리에게 지대한 영향을 미치고 있다.

① 주시경이 '늣씨'의 개념을 도입한 것은 언어학자 블룸필드의 개념을 연구한 데서 도움을 받았을 것이다.
② 주시경은 국어학 연구에서 독자적인 과학적 방법으로 국어학을 연구하려 노력했을 것이다.
③ 주시경은 맞춤법을 확립하는 정책에도 관심이 많았을 것이다.
④ 주시경이 국어 교육에 온 힘을 다한 이유는 언어를 민족의 정체성을 나타내는 징표로 보았기 때문이다.
⑤ 주시경이 1907년에 설치한 '국문 연구소'는 국어 정책을 수립하는 일을 하였을 것이다.

15 다음 글을 근거로 판단할 때 적절한 것은?

한복(韓服)은 한민족 고유의 옷이다. 삼국시대의 사람들은 저고리, 바지, 치마, 두루마기를 기본적으로 입었다. 저고리와 바지는 남녀 공용이었으며, 상하 귀천에 관계없이 모두 저고리 위에 두루마기를 덧입었다. 삼국시대 이후인 남북국시대에는 서민과 귀족이 모두 우리 고유의 두루마기인 직령포(直領袍)를 입었다. 그런데 귀족은 직령포를 평상복으로만 입었고, 서민과 달리 의례와 같은 공식적인 행사에는 입지 않았다. 고려시대에는 복식 구조가 크게 변했다. 특히 귀족층은 중국옷을 그대로 받아들여 입었지만, 서민층은 우리 고유의 복식을 유지하여, 복식의 이중 구조가 나타났다. 조선시대에도 한복의 기본 구성은 지속되었다. 중기나 후기에 들어서면서 한복 디자인은 한층 단순해졌고, 띠 대신 고름을 매기 시작했다. 조선 후기에는 마고자와 조끼를 입기 시작했는데, 조끼는 서양 문물의 영향을 받은 것이었다.

한편 조선시대 관복에는 여러 종류가 있었다. 곤룡포(袞龍袍)는 임금이 일반 집무를 볼 때 입었던 집무복[상복 : 常服]으로, 그 흉배(胸背)에는 금색 실로 용을 수놓았다. 문무백관의 상복도 곤룡포와 모양은 비슷했다. 그러나 무관 상복의 흉배에는 호랑이를, 문관 상복의 흉배에는 학을 수놓았다. 무관들이 주로 대례복으로 입었던 구군복(具軍服)은 무관 최고의 복식이었다. 임금도 전쟁 시에는 구군복을 입었는데, 임금이 입었던 구군복에만 흉배를 붙였다.

※ 흉배 : 왕을 비롯한 문무백관이 입던 관복의 가슴과 등에 덧붙였던 사각형의 장식품

① 남북국시대의 서민들은 직령포를 공식적인 행사에도 입었다.
② 고려시대에는 복식 구조가 크게 변하여 모든 계층에서 중국옷을 그대로 받아들여 입는 현상이 나타났다.
③ 조선시대 중기에 들어서면서 고름을 매기 시작했고, 후기에는 서양 문물의 영향으로 인해 마고자를 입기 시작했다.
④ 조선시대 무관이 입던 구군복의 흉배에는 호랑이가 수놓아져 있었다.
⑤ 조선시대 문관의 경우 곤룡포와 비슷한 모양의 상복에 호랑이가 수놓아진 흉배를 붙였다.

16 다음 글에서 추론할 수 있는 것을 〈보기〉에서 모두 고르면?

> 대선후보 경선 여론조사에서 후보에 대한 지지 정도에 따라 피조사자들은 세 종류로 분류된다. 특정 후보를 적극적으로 지지하는 사람들과 소극적으로 지지하는 사람들, 그리고 기타에 해당하는 사람들이다.
>
> 후보가 두 명인 경우로 한정해서 생각해 보자. 여론조사 방식은 설문 문항에 따라 두 가지로 분류된다. 하나는 선호도 방식으로 "차기 대통령 후보로 누구를 더 선호하느냐?"라고 묻는다. 선호도 방식은 적극적으로 지지하는 사람들과 소극적으로 지지하는 사람들을 모두 지지자로 계산하는 방식이다. 이 여론조사 방식에서 적극적 지지자들과 소극적 지지자들은 모두 지지 의사를 답한다.
>
> 다른 한 방식은 지지도 방식으로 "내일(혹은 오늘) 투표를 한다면 누구를 지지하겠느냐?"라고 묻는다. 특정 후보를 적극적으로 지지하는 지지자들은 두 경쟁 후보를 놓고 두 물음에서 동일한 반응을 보일 것이다. 문제는 어느 한 후보를 적극적으로 지지하지 않는 소극적 지지자들이다. 이들은 특정 후보가 더 낫다고 생각하기 때문에 선호도를 질문할 경우에는 특정 후보를 선호한다고 대답하지만, 지지 여부를 질문할 경우에는 지지하는 후보가 없다는 '무응답'을 선택한다. 따라서 지지도 방식은 적극적 지지자만 지지자로 분류하고 나머지는 기타로 분류하는 방식에 해당한다.

보기

> ㄱ. A후보가 B후보보다 적극적 지지자의 수가 많고 소극적 지지자의 수는 적을 경우, 지지도 방식을 사용할 때 A후보가 B후보보다 더 많은 지지를 받을 것이다.
> ㄴ. A후보가 B후보보다 적극적 지지자의 수는 적고 소극적 지지자의 수가 많을 경우, 선호도 방식을 사용할 때 A후보가 B후보보다 더 많은 지지를 받을 것이다.
> ㄷ. A후보가 B후보보다 적극적 지지자와 소극적 지지자의 수가 각각 더 많다면, 선호도 방식에 비해 지지도 방식에서 A후보와 B후보 사이의 지지자 수의 격차가 더 클 것이다.

① ㄱ
② ㄷ
③ ㄱ, ㄴ
④ ㄴ, ㄷ
⑤ ㄱ, ㄷ

17 다음 글에서 추론할 수 없는 것은?

> '장가간다'와 '시집간다' 두 용어를 시간 순서대로 살펴보면, 후자가 나중에 생겼다. 이것은 문화 변동의 문제로 볼 수 있다. 두 용어 다 '결혼한다'의 의미이다. 전자는 남자가 여자의 집으로, 후자는 여자가 남자의 집으로 가는 것을 말한다.
>
> 우리나라는 역사적으로 거주율(居住律)에 있어서 처거제를 오랫동안 유지하였다. 즉 신혼부부가 부인의 본가에 거주지를 정하고 살림을 하면서 자녀를 키웠다. 이와 같은 거주율의 영향을 받아 고려시대까지 혈통률(血統律)에 있어서 모계제를 유지하는 삶의 방식을 취하였다.
>
> 조선시대 들어 유교적 혈통률의 영향을 받아 삶의 모습은 처거제 – 부계제로 변화하였다. 이러한 체제는 조선 전기까지 대부분 유지되었다. 친척관계 자료들을 수집하기 위해 마을을 방문할 경우, '처가로 장가를 든 선조가 이 마을의 입향조가 되었다.'는 얘기를 듣곤 하는데, 이것이 바로 처거제 – 부계제의 원리가 작동한 결과라고 말할 수 있다. 거주율과 혈통률을 결합할 경우, 혼인에 있어서는 남자의 뿌리를 뽑아서 여자의 거주지로 이전하고, 집안 계승의 측면에서는 남자 쪽을 선택하도록 한 것이다. 거주율에서는 여자의 입장을 유리하게 하고, 혈통률에서는 남자의 입장이 유리하도록 하는 균형적인 모습을 보여주고 있다.
>
> 삶의 진화선상에서 생각한다면, 어떤 시점에 처거제 – 모계제를 유지하는 가족제에서 '남자의 반란'이 있었다는 가설을 제기할 수 있다. 처거제에서 부계제로 전환된 시점을 정확하게 지목하기는 힘들지만, 조선 후기에 부거제가 시행된 점에 대해서는 이론의 여지가 없다. 거주율이 바뀌었다는 것은 대단한 사회변동이다. 혁명 이상의 것이라고도 할 수 있다.

① 조선 전기와 후기 사이에 커다란 사회변동이 있었다.
② 우리나라에서 부계제가 부거제보다 먼저 등장하였다.
③ 고려시대의 남성은 외가에서 어린 시절을 보냈을 것이다.
④ 조선 전기에 이르러 가족관계에서 남녀 간 힘의 균형이 무너졌다.
⑤ 우리나라의 거주율과 혈통률은 모두 여자 위주에서 남자 위주로 변화하였다.

18 다음 글에서 알 수 있는 것은?

어떤 사람이 러시아 여행을 가려고 하는데 러시아어를 전혀 모른다. 그래서 그는 러시아 여행 시 의사소통을 하기 위해 특별한 그림책을 이용할 계획을 세웠다. 그 책에는 어떠한 언어적 표현도 없고 오직 그림만 들어 있다. 그는 그 책에 있는 사물의 그림을 보여줌으로써 의사소통을 하려고 한다. 예를 들어 빵이 필요하면 상점에 가서 빵 그림을 보여주는 것이다. 그 책에는 다양한 종류의 빵 그림뿐 아니라 여행할 때 필요한 것들의 그림이 빠짐없이 담겨 있다. 과연 이 여행자는 러시아 여행을 하면서 의사소통을 성공적으로 할 수 있을까? 유감스럽게도 그럴 수 없을 것이다. 예를 들어 그가 자전거 상점에 가서 자전거 그림을 보여준다고 해보자. 자전거 그림을 보여주는 게 자전거를 사겠다는 의미로 받아들여질 것인가, 아니면 자전거를 팔겠다는 의미로 받아들여질 것인가? 결국 그는 자신이 뭘 원하는지 분명하게 전달할 수 없는 곤란한 상황에 처하게 될 것이다.

구매자를 위한 그림과 판매자를 위한 그림을 간단한 기호로 구별하여 이런 곤란을 극복하려고 해볼 수도 있다. 예컨대 자전거 그림 옆에 화살표 기호를 추가로 그려서, 오른쪽을 향한 화살표는 구매자를 위한 그림을, 왼쪽을 향한 화살표는 판매자를 위한 그림임을 나타내는 것이다. 하지만 이런 방법은 의사소통에 여전히 도움이 되지 않는다. 왜냐하면 기호가 무엇을 의미하는지는 약속에 의해 결정되기 때문이다. 상대방은 어떤 것이 판매를 의미하는 화살표이고, 어떤 것이 구매를 의미하는 화살표인지 전혀 알 수 없을 것이다. 설령 상대방에게 화살표가 의미하는 것을 전달했다 하더라도, 자전거를 사려는 사람이 책을 들고 있는 여행자의 바로 옆에 있는 사람이 아니라 바로 여행자 자신이라는 것은 또 무엇을 통해 전달할 수 있을까? 여행자가 사고 싶어 하는 물건이 자전거를 그린 그림이 아니라 진짜 자전거라는 것은 또 어떻게 전달할 수 있을까?

① 언어적 표현의 의미는 확정될 수 없다.
② 약속에 의해서도 기호의 의미는 결정될 수 없다.
③ 한 사물에 대한 그림은 여러 의미로 이해될 수 있다.
④ 의미가 확정된 표현이 없어도 성공적인 의사소통은 가능하다.
⑤ 상이한 사물에 대한 그림들은 동일한 의미로 이해될 수 없다.

19 다음 글의 ⊙의 사례로 보기 어려운 것은?

> 디지털 이미지는 사용자가 가장 손쉽게 정보를 전달할 수 있는 멀티미디어 객체이다. 일반적으로 디지털 이미지는 화소에 의해 정보가 표현되는데, M×N개의 화소로 이루어져 있다. 여기서 M과 N은 가로와 세로의 화소 수를 의미하며, M 곱하기 N을 한 값을 해상도라 한다.
>
> 무선 네트워크와 모바일 기기의 사용이 보편화되면서 다양한 스마트 기기의 보급이 진행되고 있다. 스마트 기기는 그 사용 목적이나 제조 방식, 가격 등의 요인에 의해 각각의 화면 표시 장치들이 서로 다른 해상도와 화면 비율을 가진다. 이에 대응하여 동일한 이미지를 다양한 화면 표시 장치 환경에 맞출 필요성이 발생했다. 하나의 멀티미디어의 객체를 텔레비전용, 영화용, 모바일 기기용 등 표준적인 화면 표시 장치에 맞추어 각기 독립적인 이미지 소스로 따로 제공하는 것이 아니라, 하나의 이미지 소스를 다양한 화면 표시 장치에 맞도록 적절히 변환하는 기술을 요구하고 있다.
>
> 이러한 변환 기술을 '이미지 리타겟팅'이라고 한다. 이는 A×B의 이미지를 C×D 화면에 맞추기 위해 해상도와 화면 비율을 조절하거나 이미지의 일부를 잘라 내는 방법 등으로 이미지를 수정하는 것이다. 이러한 수정에서 입력 이미지에 있는 콘텐츠 중 주요 콘텐츠는 그대로 유지되어야 한다. 즉, 리타겟팅 처리 후에도 원래 이미지의 중요한 부분을 그대로 유지하면서 동시에 왜곡을 최소화하는 형태로 주어진 화면에 맞게 이미지를 변형하여야 한다. 이러한 조건을 만족하기 위해 ⊙ 다양한 접근이 일어나고 있는데, 이미지의 주요한 콘텐츠 및 구조를 분석하는 방법과 분석된 주요 사항을 바탕으로 어떤 식으로 이미지 해상도를 조절하느냐가 주요 연구 방향이다.

① 광고 사진에서 화면 전반에 걸쳐 흩어져 있는 콘텐츠를 무작위로 추출하여 화면을 재구성하는 방법

② 풍경 사진에서 전체 풍경에 대한 구도를 추출하고 구도가 그대로 유지될 수 있도록 해상도를 조절하는 방법

③ 인물 사진에서 얼굴 추출 기법을 사용하여 인물의 주요 부분을 왜곡하지 않고 필요 없는 부분을 잘라 내는 방법

④ 정물 사진에서 대상물의 영역은 그대로 두고 배경 영역에 대해서는 왜곡을 최소로 하며 이미지를 축소하는 방법

⑤ 상품 사진에서 상품을 충분히 인지할 수 있을 정도의 범위 내에서 가로와 세로의 비율을 화면에 맞게 조절하는 방법

20 다음 글을 읽고 적절하게 이해하지 못한 것은?

우리는 어떻게 장소에 익숙해지는 것일까? 뇌과학운영단 세바스천 로열 박사팀은 뇌의 해마 속 과립세포(Granule Cell)가 이끼세포(Mossy Cell) 등 다양한 신경 네트워크를 통해 장소를 학습하며 장소세포(Space Cell)로 변하는 과정을 규명했다.

과거 오키프 박사와 모세르 부부는 뇌에서 위치와 방향, 장소와 공간 등을 파악할 수 있게 해주는 장소세포와 뇌 해마 옆 내후각피질에서 위치정보처리시스템을 구성하는 격자세포(Grid Cell)을 발견했다. 하지만 그들은 장소세포가 어떻게 생성되고 변화하는지는 밝혀내지 못했는데, 세바스천 로열 박사팀은 공간훈련 장치인 트레드밀에서 실험용 생쥐를 훈련시키면서 뇌 해마에서 장소 정보 입력이 시작되는 부위로 알려진 치아이랑(Dentate Gyrus)의 뇌세포를 관찰해 새 환경을 학습할 때 뇌에 장소세포가 생성되는 과정을 규명했다.

생쥐는 새로운 장소에 놓였을 때 격자세포가 활성화되었고, 과립세포에서는 사물의 위치 정보나 거리 정보를 나타내는 세포가 작동했다. 하지만 공간에 익숙해져 학습이 된 이후에는 위치와 거리 정보를 나타내는 세포들이 소멸하고 특정 장소를 나타내는 장소세포가 점차 늘어났다.

① 해마 속 과립세포는 신경 네트워크를 통한 학습을 거쳐 장소세포로 변화한다.
② 오키프 박사와 모세르 부부는 뇌의 해마 속 과립세포와 이끼세포가 장소를 학습하며 장소세포로 변하는 과정을 규명했다.
③ 세바스천 로열 박사팀은 실험용 생쥐의 치아이랑 뇌세포 변화를 관찰하여 장소세포가 생성되는 과정을 규명했다.
④ 생쥐가 새로운 공간에 익숙해진다면 격자세포와 과립세포는 소멸할 것이다.

21 밑줄 친 부분에서 말하고자 하는 바로 가장 적절한 것은?

아무리 남을 도와주려는 의도를 갖고 한 일일지라도 결과적으로는 남에게 도움이 되기는커녕 오히려 큰 고통이나 해를 더 가져오는 경우가 얼마든지 있다. 거꾸로 남을 해롭게 하려는 의도로 한 일이 오히려 남에게 도움이 되는 결과를 낳을 수도 있다. 태도로서의 '선'은 행동이나 결정의 결과를 고려하지 않고 그 행동의 의도, 즉 동기에서만 본 '선'을 의미한다. 내 행동의 결과가 예상 밖으로 남에게 고통을 가져오는 한이 있었다 해도, 내 행동의 동기가 남의 고통을 덜어주고, 남을 도와주는 데 있었다면 나를 선한 사람으로 볼 수 있지 않느냐는 말이다.

① 일과 그 의도는 무관하다.
② 의도와 결과는 동일하지 않다.
③ 의도만 놓고 결과를 판단할 수 있다.
④ 우리가 의도한 대로 일이 이루어지는 경우가 있다.
⑤ 세상에는 의도와 일치하는 일이 빈번하게 일어난다.

▌2022년 상반기 SK그룹

22

1979년 경찰관 출신이자 샌프란시스코 시의원이었던 화이트 씨는 시장과 시의원을 살해했다는 이유로 1급 살인죄로 기소되었다. 화이트의 변호인은 피고인이 스낵을 비롯해 컵케이크, 캔디 등을 과다 섭취해서 당분 과다로 뇌의 화학적 균형이 무너져 정신에 장애가 왔다고 주장하면서 책임 경감을 요구하였다. 재판부는 변호인의 주장을 인정하여 계획 살인죄보다 약한 일반 살인죄를 적용하여 7년 8개월의 금고형을 선고했다. 이 항변은 당시 미국에서 인기 있던 스낵의 이름을 따 '트윙키 항변'이라 불렸고 사건의 사회성이나 의외의 소송 전개 때문에 큰 화제가 되었다.

이를 계기로 1982년 슈엔달러는 교정시설에 수용된 소년범 276명을 대상으로 섭식과 반사회 행동의 상관관계에 대해 실험을 하였다. 기존의 식단에서 각설탕을 꿀로 바꾸어 보고, 설탕이 들어간 음료수에서 천연 과일 주스를 주는 등으로 변화를 주었다. 이처럼 정제한 당의 섭취를 원천적으로 차단한 결과 시설 내 폭행, 절도, 규율 위반, 패싸움 등이 실험 전에 비해 무려 45%나 감소했다는 것을 알게 되었다. 따라서 이 실험을 통해 _____

① 과다한 영양 섭취가 범죄 발생에 영향을 미친다는 것을 알 수 있다.
② 과다한 정제당 섭취는 반사회적 행동을 유발할 수 있다는 것을 알 수 있다.
③ 가공 식품의 섭취가 일반적으로 폭력 행위를 증가시킨다는 것을 알 수 있다.
④ 정제당 첨가물로 인한 범죄 행위는 그 책임이 경감되어야 한다는 것을 알 수 있다.
⑤ 범죄 예방을 위해 교정시설 내에 정제당을 제공하지 말아야 한다는 것을 알 수 있다.

Easy

▌2021년 하반기 CJ그룹

23

자연계는 무기적인 환경과 생물적인 환경이 상호 연관되어 있으며, 그것은 생태계로 불리는 한 시스템을 이루고 있음이 밝혀진 이래, 이 이론은 자연을 이해하기 위한 가장 기본이 되는 것으로 받아들여지고 있다. 그동안 인류는 보다 윤택한 삶을 누리기 위하여 산업을 일으키고 도시를 건설하며 문명을 이룩해 왔다. 이로써 우리의 삶은 매우 윤택해졌으나 우리의 생활환경은 오히려 훼손되고 있으며, 환경오염으로 인한 공해가 누적되고 있고, 우리 생활에서 없어서는 안 될 각종 자원도 바닥이 날 위기에 놓이게 되었다. _____ 따라서 우리는 낭비되는 자원, 그리고 날로 황폐해져가는 자연에 대하여 우리가 해야 할 시급한 임무가 무엇인지를 깨닫고, 이를 실천하기 위해 우리 모두의 지혜와 노력을 모아야만 한다.

① 만약 우리가 이 위기를 슬기롭게 극복해내지 못한다면 인류는 머지않아 파멸에 이르게 될 것이다.
② 이러한 위기를 초래하게 된 인류의 무분별한 자연 이용과 자연 정복의 태도는 크게 비판받아 마땅하다.
③ 그리고 과학 기술을 제 아무리 고도로 발전시킨다 해도 이러한 위기가 근본적으로 해소되기를 기대할 수는 없는 노릇이다.
④ 이처럼 인류가 환경 및 자원의 위기에 놓이게 된 것은 각국이 자국의 이익만을 앞세워 발전을 꾀했기 때문이다.
⑤ 때문에 과학기술을 이용하여 환경오염 방지 시스템을 신속히 개발해 더 이상의 자연훼손이 일어나지 않도록 막아야 한다.

24 다음 글을 읽고 알 수 있는 사실이 아닌 것은?

> 인류의 역사를 석기시대, 청동기시대 그리고 철기시대로 구분한다면 현대는 '플라스틱시대'라고 할 수 있을 만큼 플라스틱은 현대사회에서 가장 혁명적인 물질 중 하나이다. "플라스틱은 현대 생활의 뼈, 조직, 피부가 되었다."는 미국의 과학 저널리스트 수전 프라인켈(Susan Freinkel)의 말처럼 플라스틱은 인간 생활에 많은 부분을 차지하고 있다. 저렴한 가격과 필요에 따라 내구성, 강도, 유연성 등을 조절할 수 있는 장점 덕분에 일회용 컵부터 옷, 신발, 가구 등 플라스틱이 아닌 것이 거의 없을 정도이다. 그러나 플라스틱에는 치명적인 단점이 있다. 플라스틱이 지닌 특성 중 하나인 영속성(永續性)이다. 즉, 인간이 그동안 생산한 플라스틱은 바로 분해되지 않고 어딘가에 계속 존재하고 있어 플라스틱은 환경오염의 원인이 된 지 오래이다.
>
> 치약, 화장품, 피부 각질제거제 등 생활용품, 화장품에 들어 있는 작은 알갱이의 성분은 '마이크로비드(Microbead)'라는 플라스틱이다. 크기가 1mm보다 작은 플라스틱을 '마이크로비드'라고 하는데 이 알갱이는 정수처리과정에서 걸러지지 않고 생활 하수구에서 강으로, 바다로 흘러간다. 이 조그만 알갱이들은 바다를 떠돌면서 생태계의 먹이사슬을 통해 동식물 체내에 축적되어 면역체계 교란, 중추신경 손상 등의 원인이 되는 잔류성유기오염물질(Persistent Organic Pollutants)을 흡착한다. 그리고 물고기, 새 등 여러 생물은 마이크로비드를 먹이로 착각해 섭취한다. 마이크로비드를 섭취한 해양생물은 다시 인간의 식탁에 올라온다. 즉, 우리가 버린 플라스틱을 우리가 다시 먹게 되는 셈이다.
>
> 플라스틱 포크로 음식을 먹고, 플라스틱 컵으로 물을 마시는 등 플라스틱을 음식을 먹기 위한 수단으로만 생각했지 직접 먹게 되리라고는 상상도 못 했을 것이다. 우리가 먹은 플라스틱이 우리 몸에 남아 분해되지 않고 큰 질병을 키우게 될 것을 말이다.

① 플라스틱은 필요에 따라 유연성, 강도 등을 조절할 수 있고, 값이 싼 장점이 있다.
② 플라스틱은 바로 분해되지 않고 어딘가에 존재한다.
③ 마이크로비드는 크기가 작기 때문에 정수처리과정에서 걸러지지 않고 바다로 유입된다.
④ 마이크로비드는 잔류성유기오염물질을 분해하는 역할을 한다.

25 다음 글을 근거로 판단할 때 적절하지 않은 것은?

개발도상국으로 흘러드는 외국자본은 크게 원조, 부채, 투자가 있다. 원조는 다른 나라로부터 지원받는 돈으로, 흔히 해외 원조 혹은 공적개발원조라고 한다. 부채는 은행 융자와 정부 혹은 기업이 발행한 채권으로, 투자는 포트폴리오 투자와 외국인 직접투자로 이루어진다. 포트폴리오 투자는 경영에 대한 영향력보다는 경제적 수익을 추구하기 위한 투자이고, 외국인 직접투자는 회사 경영에 일상적으로 영향력을 행사하기 위한 투자이다.

개발도상국에 유입되는 이러한 외국자본은 여러 가지 문제점을 보이고 있다. 해외 원조는 개발도상국에 대한 경제적 효과가 있다고 여겨져 왔으나 최근 경제학자들 사이에서는 그러한 경제적 효과가 없다는 주장이 점차 힘을 얻고 있다.

부채는 변동성이 크다는 단점이 지적되고 있다. 특히 은행 융자는 변동성이 큰 것으로 유명하다. 예컨대 1998년 개발도상국에 대하여 이루어진 은행 융자 총액은 500억 달러였다. 하지만 1998년 러시아와 브라질, 2002년 아르헨티나에서 일어난 일련의 금융 위기가 개발도상국을 강타하여 1999 ~ 2002의 4개년 동안에는 은행 융자 총액이 연평균 −65억 달러가 되었다가, 2005년에는 670억 달러가 되었다. 은행 융자만큼 변동성이 큰 것은 아니지만, 채권을 통한 자본 유입 역시 변동성이 크다. 외국인은 1997년에 380억 달러의 개발도상국 채권을 매수했다. 그러나 1998 ~ 2002년에는 연평균 230억 달러로 떨어졌고, 2003 ~ 2005년에는 연평균 440억 달러로 증가했다.

한편 포트폴리오 투자는 은행 융자만큼 변동성이 크지는 않지만 채권에 비하면 변동성이 크다. 개발도상국에 대한 포트폴리오 투자는 1997년의 310억 달러에서 1998 ~ 2002년에는 연평균 90억 달러로 떨어졌고, 2003 ~ 2005년에는 연평균 410억 달러에 달했다.

① 개발도상국에 대한 투자는 경제적 수익뿐만 아니라 회사 경영에 영향력을 행사하기 위해서도 이루어질 수 있다.

② 해외 원조는 개발도상국에 대한 경제적 효과가 없다고 주장하는 경제학자들이 있다.

③ 개발도상국에 유입되는 외국자본에는 해외 원조, 은행 융자, 채권, 포트폴리오 투자, 외국인 직접투자가 있다.

④ 개발도상국에 대한 2005년의 은행 융자 총액은 1998년의 수준을 회복하지 못하였다.

⑤ 1998 ~ 2002년과 2003 ~ 2005년의 연평균 금액을 비교할 때, 개발도상국에 대한 포트폴리오 투자가 채권보다 증감액이 크다.

Hard

26 다음 글에서 추론할 수 있는 것은?

> 두뇌 연구는 지금까지 뉴런을 중심으로 진행되어 왔다. 뉴런 연구로 노벨상을 받은 카알은 뉴런이 '생각의 전화선'이라는 이론을 확립하여 사고와 기억 등 두뇌에서 일어나는 모든 현상을 뉴런의 연결망과 뉴런 간의 전기 신호로 설명했다. 그러나 두뇌에는 뉴런 외에도 신경교 세포가 존재한다. 신경교 세포는 뉴런처럼 그 수가 많지만 전기 신호를 전달하지 못한다. 이 때문에 과학자들은 신경교 세포가 단지 두뇌 유지에 필요한 영양 공급과 두뇌 보호를 위한 전기 절연의 역할만을 가진다고 여겼다.
>
> 최근 과학자들은 신경교 세포에서 그 이상의 기능을 발견했다. 신경교 세포 중에도 '성상세포'라 불리는 별 모양의 세포는 자신만의 화학적 신호를 가진다는 것이 밝혀졌다. 성상세포는 뉴런처럼 전기를 이용하지는 않지만, '뉴런송신기'라고 불리는 화학물질을 방출하고 감지한다. 과학자들은 이러한 화학적 신호의 연쇄반응을 통해 신경교 세포가 전체 뉴런을 조정한다고 추론했다.
>
> A연구팀은 신경교 세포가 전체 뉴런을 조정하면서 기억력과 사고력을 향상시킨다고 예상하고서, 이를 확인하기 위해 인간의 신경교 세포를 갓 태어난 생쥐의 두뇌에 주입했다. 쥐가 자라면서 주입된 인간의 신경교 세포도 성장했다. 이 세포들은 쥐의 뉴런들과 완벽하게 결합되어 쥐의 두뇌 전체에 걸쳐 퍼지게 되었다. 심지어 어느 두뇌 영역에서는 쥐의 뉴런의 숫자를 능가하기도 했다. 뉴런과 달리 쥐와 인간의 신경교 세포는 비교적 쉽게 구별된다. 인간의 신경교 세포는 매우 길고 무성한 섬유질을 가지기 때문이다. 쥐에 주입된 인간의 신경교 세포는 그 기능을 그대로 간직한다. 그렇게 성장한 쥐들은 다른 쥐들과 잘 어울렸고, 다른 쥐들의 관심을 끄는 것에 흥미를 보였다. 이 쥐들은 미로를 통과해 치즈를 찾는 테스트에서 더 뛰어났다. 보통의 쥐들은 네다섯 번의 시도 끝에 올바른 길을 배웠지만, 인간의 신경교 세포를 주입받은 쥐들은 두 번 만에 학습했다.

① 인간의 신경교 세포를 쥐에게 주입하면, 쥐의 뉴런은 전기 신호를 전달하지 못할 것이다.

② 인간의 뉴런 세포를 쥐에게 주입하면, 쥐의 두뇌에는 화학적 신호의 연쇄 반응이 더 활발해질 것이다.

③ 인간의 뉴런 세포를 쥐에게 주입하면, 그 뉴런 세포는 쥐의 두뇌 유지에 필요한 영양을 공급할 것이다.

④ 인간의 신경교 세포를 쥐에게 주입하면, 그 신경교 세포는 쥐의 뉴런을 보다 효과적으로 조정할 것이다.

⑤ 인간의 신경교 세포를 쥐에게 주입하면, 그 신경교 세포는 쥐의 신경교 세포의 기능을 갖도록 변화할 것이다.

27 다음 글에 대한 반론으로 가장 적절한 것은?

어떤 경제 주체의 행위가 자신과 거래하지 않는 제3자에게 의도하지 않게 이익이나 손해를 주는 것을 '외부성'이라 한다. 과수원의 과일 생산이 인접한 양봉업자에게 벌꿀 생산과 관련한 이익을 준다든지, 공장의 제품 생산이 강물을 오염시켜 주민들에게 피해를 주는 것 등이 대표적인 사례이다. 외부성은 사회 전체로 보면 이익이 극대화되지 않는 비효율성을 초래할 수 있다. 개별 경제 주체가 제3자의 이익이나 손해까지 고려하여 행동하지는 않을 것이기 때문이다. 예를 들어, 과수원의 이윤을 극대화하는 생산량이 Qa라고 할 때, 생산량을 Qa보다 늘리면 과수원의 이윤은 줄어든다. 하지만 이로 인한 과수원의 이윤 감소보다 양봉업자의 이윤 증가가 더 크다면, 생산량을 Qa보다 늘리는 것이 사회적으로 바람직하다. 하지만 과수원이 자발적으로 양봉업자의 이익까지 고려하여 생산량을 Qa보다 늘릴 이유는 없다.

전통적인 경제학은 이러한 비효율성의 해결책이 보조금이나 벌금과 같은 정부의 개입이라고 생각한다. 보조금을 받거나 벌금을 내게 되면 제3자에게 주는 이익이나 손해가 더 이상 자신의 이익과 무관하지 않게 되므로, 자신의 이익에 충실한 선택이 사회적으로 바람직한 결과로 이어진다는 것이다.

① 일반적으로 과수원은 양봉업자의 입장을 고려하지 않는다.
② 과수원 생산자는 자신의 의도와 달리 다른 사람들에게 손해를 끼칠 수 있다.
③ 과수원자에게 보조금을 지급한다면 생산량을 Qa보다 늘리려 할 것이다.
④ 정부의 개입을 통해 외부성으로 인한 비효율성을 줄일 수 있다.
⑤ 정부의 개입 과정에서 시간과 노력이 많이 들게 되면 비효율성이 늘어날 수 있다.

28 다음 기사의 (가) ~ (마) 문단의 소제목으로 적절하지 않은 것은?

> (가) 우리 경제는 1997년을 기준으로 지난 30년간 압축성장을 이룩하는 과정에서 많은 문제점을 안게 되었다. 개발을 위한 물자 동원을 극대화하는 과정에서 가명·무기명 금융거래 등 잘못된 금융 관행이 묵인되어 음성·불로 소득이 널리 퍼진 소위 지하경제가 번창한 것이다.
>
> (나) 이에 따라 계층 간 소득과 조세 부담의 불균형이 심화되었으며, 재산의 형성 및 축적에 대한 불신이 팽배해져 우리 사회의 화합과 지속적인 경제성장의 장애 요인이 되고 있었다. 또한 비실명거래를 통해 부정한 자금이 불법 정치자금·뇌물·부동산투기 등에 쓰이면서 각종 비리와 부정부패의 온상이 되기도 하였다. 이로 인하여 일반 국민들 사이에 위화감이 조성되었으며, 대다수 국민들의 근로의욕을 약화시키는 요인이 되었다.
>
> (다) 이와 같이 비실명 금융거래의 오랜 관행에서 발생되는 폐해가 널리 번짐에 따라 우리 경제가 더 나은 경제로 진입하기 위해서는 금융실명제를 도입하여 금융거래를 정상화할 필요가 절실했으며, 그러한 요구가 사회단체를 중심으로 격렬하게 제기되었다.
>
> (라) 이에 문민정부는 과거 정권에서 부작용을 우려하여 실시를 유보하였던 금융실명제를 과감하게 도입했다. 금융실명제는 모든 금융거래를 실제의 명의(實名)로 하도록 함으로써 금융거래와 부정부패·부조리를 연결하는 고리를 차단하여 깨끗하고 정의로운 사회를 구현하고자 하는 데 의미가 있었다.
>
> (마) 이러한 금융실명제가 도입되면서 금융 거래의 투명성은 진전되었으나 여전히 차명 거래와 같은 문제점은 존재했다. 이전까지는 탈세 목적을 가진 차명 거래가 적발되어도 법률로 계좌를 빌려준 사람과 실소유주를 처벌할 수 없었던 것이다.

① (가) : 잘못된 금융 관행으로 나타난 지하경제
② (나) : 비실명 금융거래의 폐해
③ (다) : 금융실명제의 경제적 효과
④ (라) : 금융실명제의 도입과 의미
⑤ (마) : 금융실명제 도입에서 나타난 허점

29 다음 글의 내용으로 적절하지 않은 것은?

모든 동물들은 생리적 장치들이 제대로 작동하기 위해서 체액의 농도를 어느 정도 일정하게 유지해야 한다. 이를 위해 수분의 획득과 손실의 균형을 조절하는 작용을 삼투 조절이라 한다. 동물은 서식지와 체액의 농도, 특히 염도 차이가 있을 경우, 삼투 현상에 따라 체내 수분의 획득과 손실이 발생하기 때문에, 이러한 상황에서 체액의 농도를 일정하게 유지하는 것이 중요한 생존 과제이다.

삼투 현상이란 반(半)투과성 막을 사이에 두고 농도가 다른 양쪽의 용액 중, 농도가 낮은 쪽의 용매가 농도가 높은 쪽으로 옮겨 가는 현상이다. 소금물에서는 물에 녹아 있는 소금을 용질, 그 물을 용매라고 할 수 있는데, 반투과성 막의 양쪽에 농도가 다른 소금물이 있다면, 농도가 낮은 쪽의 물이 높은 쪽으로 이동하게 된다. 이때 양쪽의 농도가 같다면, 용매의 순이동은 없다고 한다.

동물들은 이러한 삼투 현상에 대응하여 수분 균형을 어떻게 유지하느냐에 따라 삼투 순응형과 삼투 조절형으로 분류된다. 먼저 삼투 순응형 동물은 모두 해수(海水) 동물로 체액과 해수의 염분 농도, 즉 염도가 같기 때문에 수분의 순이동은 없다. 게나 홍합, 갯지네 등이 여기에 해당한다. 이와 달리 삼투 조절형 동물은 체액의 염도와 서식지의 염도가 달라, 체액의 염도가 변하지 않도록 삼투 조절을 하며 살아간다.

삼투 조절형 동물 중 해수에 사는 대다수 어류의 체액은 해수에 비해 염도가 낮기 때문에 체액의 수분이 빠져나갈 수 있다. 그래서 표피는 비투과성이지만, 아가미의 상피세포를 통해 물을 쉽게 빼앗긴다. 이렇게 삼투 현상에 의해 빼앗긴 수분을 보충하기 위하여 이들은 계속 바닷물을 마시게 된다. 이로 인해 이들의 창자에서 바닷물의 70~80%가 혈관 속으로 흡수되는데, 이때 염분도 혈관 속으로 들어간다. 그러면 아가미의 상피 세포에 있는 염분 분비 세포를 작동시켜 과도해진 염분을 밖으로 내보낸다.

담수에 사는 동물들이 직면한 삼투 조절의 문제는 해수 동물과 정반대이다. 담수 동물의 체액은 담수에 비해 염도가 높기 때문에 아가미를 통해 수분이 계속 유입될 수 있다. 그래서 담수 동물들은 물을 거의 마시지 않고 많은 양의 오줌을 배출하여 문제를 해결하고 있다. 이들의 비투과성 표피는 수분의 유입을 막기 위한 것이다.

한편 육상에 사는 동물들 또한 다양한 경로를 통해 수분이 밖으로 빠져나간다. 오줌, 대변, 피부, 가스교환 기관의 습한 표면 등을 통해 수분을 잃기 때문이다. 그래서 육상 동물들은 물을 마시거나 음식을 통해, 그리고 세포호흡으로 물을 생성하여 부족한 수분을 보충한다.

① 동물들은 체액의 농도가 크게 달라지면 생존하기 어렵다.
② 동물들이 삼투 현상에 대응하는 방법은 서로 다를 수 있다.
③ 동물의 체액과 서식지 물의 농도가 같으면 삼투 현상에 의한 수분의 순이동은 없다.
④ 담수 동물은 육상 동물과 마찬가지로 많은 양의 오줌을 배출하여 체내 수분을 일정하게 유지한다.
⑤ 육상 동물들은 세포호흡을 통해서도 수분을 보충할 수 있다.

30 다음 글의 내용을 가장 잘 설명하는 사자성어는?

> 금융그룹이 발표한 자료에 따르면 최근 수년간 자영업 창업은 감소 추세에 있고, 폐업은 증가 추세에 있다. 즉, 창업보다 폐업이 많아지고 있는데 가장 큰 이유는 영업비용이 지속적으로 느는 데 비해 영업이익은 감소하고 있기 때문이다. 특히 코로나19 상황에서 더욱 어려워지고 있다. 우리나라 자영업자 중 70%가 저부가가치 사업에 몰려 있어 산업 구조 자체를 바꾸지 않으면 이런 현상은 점점 커질 것이다. 하지만 정부는 종합 대책이라고 하면서 대출, 카드 수수료 인하, 전용 상품권 발행 등의 대책만 마련하였다. 이것은 일시적인 효과일 뿐 지나친 경쟁으로 인한 경쟁력 하락이라는 근본적 문제를 해결하지 못한다. 오히려 대출 등의 정책은 개인의 빚만 늘린 채 폐업을 하게 되는 상황을 초래할 수 있다. 저출산 고령화가 가속되고 있는 현재 근본적인 대책이 필요하다.

① 유비무환
② 근주자적
③ 동족방뇨
④ 세불십년

※ 다음 글을 읽고 이어지는 질문에 답하시오. [31~32]

우리의 눈을 카메라에 비유했을 때 렌즈에 해당하는 부분을 수정체라고 한다. 수정체는 먼 거리를 볼 때 두께가 얇아지고 가까운 거리를 볼 때 두께가 두꺼워지는데, 이러한 과정을 조절이라고 한다. 노화가 시작되어 수정체의 탄력이 떨어지면 조절 능력이 저하되고 이로 인해 가까운 거리의 글씨가 잘 안 보이는 노안이 발생한다.

노안은 주로 40대 중반부터 시작되는데 나이가 들수록 조절력은 감소하게 된다. 최근에는 30·40대가 노안 환자의 절반가량을 차지하고 있으며, 빠르면 20대부터 노안이 발생하기도 한다.

노안이 발생하면 가까운 거리의 시야가 흐리게 보이는 증세가 나타나며, 책을 읽거나 컴퓨터 작업을 할 때 눈이 쉽게 피로하고 두통이 있을 수 있다. 젊은 연령대에서는 이러한 증상을 시력 저하로 생각하고 병원을 찾았다가 노안으로 진단받아 당황하는 경우가 종종 있다.

가장 활발하게 사회생활을 하는 젊은 직장인들의 경우 스마트폰과 PC를 이용한 근거리 작업이 수정체의 조절 능력을 떨어뜨리면서 눈의 노화를 발생시킨다. 또한 전자 기기에서 나오는 블루라이트(모니터, 스마트폰, TV 등에서 나오는 380 ~ 500 나노미터 사이의 파란색 계열의 광원) 불빛이 눈을 쉽게 피로하게 만들어 노안 발생 연령을 앞당기기도 한다.

최근에는 주위에서 디지털 노안을 방지하기 위한 블루라이트 차단 안경이나 필름 등을 어렵지 않게 찾아볼 수 있다. 기업에서도 블루라이트를 최소화한 전자 기기를 출시하는 등 젊은이들에게도 노안은 더 이상 먼 이야기가 아니다. '몸이 천 냥이면 눈이 구백 냥'이라는 말이 있듯이 삶의 질을 유지하는 데 있어 눈은 매우 중요한 기관이다. 몸이 피로하고 지칠 때 편안하게 쉬듯이 눈에도 충분한 휴식을 주어 눈에 부담을 덜어주는 것이 필요하다.

Easy

❙ 2022년 상반기 포스코그룹

31 다음 중 노안 예방 방법으로 적절하지 않은 것은?

① 눈에 충분한 휴식을 준다.
② 전자 기기 사용을 줄인다.
③ 눈 운동을 한다.
④ 블루라이트 차단 제품을 사용한다.

❙ 2022년 상반기 포스코그룹

32 다음 중 노안 테스트 질문으로 적절한 것을 모두 고르면?

ㄱ. 항상 안경을 착용한다.
ㄴ. 하루에 세 시간 이상 스마트폰을 사용한다.
ㄷ. 갑작스럽게 두통이나 어지럼증을 느낀다.
ㄹ. 최신 스마트폰을 사용한다.
ㅁ. 먼 곳을 보다가 가까운 곳을 보면 눈이 침침하다.
ㅂ. 조금만 책을 읽어도 눈이 쉽게 피로해진다.

① ㄱ, ㄴ, ㄹ
② ㄱ, ㄷ, ㅂ
③ ㄴ, ㄷ, ㅁ
④ ㄴ, ㅁ, ㅂ

※ 다음 글을 읽고, 이어지는 질문에 답하시오. [33~34]

4차 산업혁명은 인공지능(AI) 등의 정보통신기술(ICT)이 기존의 산업에 융합되어 일어나는 혁신을 가리킨다. 따라서 산업의 기술적 변화를 가리키는 '4차 산업혁명'은 산업 분류에서의 '4차 산업'과 다른 개념을 의미한다.

4차 산업혁명은 생산능력과 효율성에 큰 향상을 불러올 것으로 예상된다. 4차 산업혁명의 키워드라 불리는 인공지능, 빅데이터, 3D프린팅, 드론, VR, 사물인터넷 등 기술의 융·복합은 단순한 노동구조의 변화를 넘어 기획과 창조의 영역까지 인간을 대체할 것으로 보이며, 생산이라는 패러다임의 변화를 가져올 것으로 예상된다.

특히 제조업에서는 '아이디어를 구체화하는 인공지능 시스템', '즉각적인 고객 맞춤형 생산', '자원효율성과 제품 수명주기를 ㉠ 관장하는 가상생산 시스템' 등이 현실화될 것으로 보인다. 이를 제조업의 디지털화·서비스화·스마트화라 한다.

이러한 4차 산업혁명의 변화는 우리의 삶을 더욱 풍족하게 하겠지만, 한편으로는 사람들의 일자리가 줄어 대량실업 사태가 발생할 수 있다는 우려도 꾸준히 제기된다.

| 2021년 하반기 포스코그룹

33 윗글 다음에 이어질 내용으로 가장 적절한 것은?

① 4차 산업혁명의 긍정적 영향
② 4차 산업혁명의 부정적 영향
③ 4차 산업혁명의 정의 및 유형
④ 4차 산업혁명과 4차 산업의 차이점

| 2021년 하반기 포스코그룹

34 다음 중 밑줄 친 ㉠과 의미가 유사한 것은?

① 처리하다   ② 방관하다
③ 장관하다   ④ 권장하다

※ 다음은 매슬로우의 인간 욕구 5단계 이론을 설명한 자료이다. 다음 자료를 읽고 이어지는 질문에 답하시오. [35~37]

(가) 이러한 인간 욕구 5단계는 경영학에서 두 가지 의미로 널리 사용된다. 하나는 인사 분야에서 인간의 심리를 다루는 의미로 쓰인다. 그 예로는 승진이나 보너스, 주택 전세금 대출 등 사원들에게 동기부여를 위한 다양한 보상의 방법을 만드는 데 사용한다. 사원들이 회사 생활을 좀 더 잘할 수 있도록 동기를 부여할 때 주로 사용한다 하여 '매슬로우의 동기부여론'이라고도 부른다.

(나) 인간의 욕구는 치열한 경쟁 속에서 살아남으려는 생존 욕구부터 시작해 자아실현 욕구에 이르기까지 끝이 없다. 그런데 이런 인간의 욕구는 얼마나 다양하고 또 욕구 간에는 어떤 순차적인 단계가 있는 걸까? 이런 본질적인 질문에 대해 에이브러햄 매슬로우(Abraham Maslow)는 1943년 인간 욕구에 관한 학설을 제안했다. 이른바 '매슬로우의 인간 욕구 5단계 이론(Maslow's Hierarchy of Needs)'이다. 이 이론에 의하면 사람은 누구나 다섯 가지 욕구를 가지고 태어나며, 이들 다섯 가지 욕구에는 우선순위가 있어서 단계가 구분된다.

(다) 좀 더 자세히 보자. 첫 번째 단계는 생리적 욕구이다. 숨 쉬고, 먹고, 자고, 입는 등 우리 생활에 있어서 가장 기본적인 요소들이 포함된 단계이다. 사람이 하루 세끼 밥을 먹는 것, 때마다 화장실에 가는 것, 그리고 종족 번식 본능 등이 이 단계에 해당한다. 두 번째 단계는 (A) 안전 욕구이다. 우리는 흔히 놀이동산에서 롤러코스터를 탈 때 '혹시 이 기구가 고장이 나서 내가 다치지는 않을까?' 하는 염려를 한다. 이처럼 안전 욕구는 신체적, 감정적, 경제적 위험으로부터 보호받고 싶은 욕구이다. 세 번째 단계는 소속과 애정의 욕구이다. 누군가를 사랑하고 싶은 욕구, 어느 한 곳에 소속되고 싶은 욕구, 친구들과 교제하고 싶은 욕구, 가족을 이루고 싶은 욕구 등이 여기에 해당한다. 네 번째 단계는 존경 욕구이다. 우리가 흔히들 말하는 명예욕, 권력욕 등이 이 단계에 해당한다. 즉, 누군가로부터 높임을 받고 싶고, 주목과 인정을 받으려 하는 욕구이다. 마지막으로 다섯 번째 단계는 자아실현 욕구이다. 존경 욕구보다 더 높은 욕구로 역량, 통달, 자신감, 독립심, 자유 등이 있다. 매슬로우는 최고 수준의 욕구로 이 자아실현 욕구를 강조했다. 모든 단계가 기본적으로 충족돼야만 이뤄질 수 있는 마지막 단계로 자기 발전을 이루고 자신의 잠재력을 끌어내어 극대화할 수 있는 단계라 주장한 것이다.

(라) 사람은 가장 기초적인 욕구인 생리적 욕구(Physiological Needs)를 맨 먼저 채우려 하며, 이 욕구가 어느 정도 채워지면 안전해지려는 욕구(Safety Needs)를, 안전 욕구가 어느 정도 채워지면 사랑과 소속 욕구(Love & Belonging)를, 그리고 더 나아가 존경 욕구(Esteem)와 마지막 욕구인 자아실현 욕구(Self-Actualization)를 차례대로 채우려 한다. 즉, 사람은 5가지 욕구를 채우려 하되 우선순위에 있어서 가장 기초적인 욕구부터 차례로 채우려 한다는 것이다.

(마) 다른 하나는 마케팅 분야에서 소비자의 욕구를 채우기 위해 단계별로 다른 마케팅 전략을 적용하는 데 사용한다. 예를 들면, 채소를 구매하려는 소비자가 안전의 욕구를 갖고 있다고 가정하자. 마케팅 전략을 짜는 사람이라면 '건강'에 기초한 마케팅 전략을 구상해야 할 것이다. 마케팅 담당자가 고객의 욕구보다 더 높은 수준의 가치를 제공한다면, 고객 만족을 실현할 수 있는 지름길이자 기회인 것이다.

35 다음 (가) ~ (마) 문단을 순서대로 나열한 것은?

① (나) – (라) – (다) – (가) – (마)
② (라) – (다) – (가) – (마) – (나)
③ (나) – (다) – (가) – (마) – (라)
④ (라) – (다) – (나) – (마) – (가)

36 제시문을 읽고 이해한 내용으로 적절하지 않은 것은?

① 배고플 때 맛있는 음식이 생각나는 것은 인간 욕구 5단계 중 첫 번째 단계에 해당한다.
② 사람은 가장 기초적인 욕구부터 차례로 채우려 한다.
③ 우수한 사원을 위한 성과급은 매슬로우의 동기부여론 사례로 볼 수 있다.
④ 행복한 가정을 이루고 싶어 하는 것은 존경 욕구에 해당한다.

37 제시문의 밑줄 친 (A)에 대한 사례로 적절한 것은?

① 돈을 벌어 부모에게서 독립하고 싶은 A씨
② 야근에 지쳐 하루 푹 쉬고 싶어 하는 B씨
③ 노후 대비를 위해 연금보험에 가입한 C씨
④ 동호회 활동을 통해 다양한 사람들을 만나고 싶은 D씨

| 수리 |

01 농도가 14%로 오염된 물 50g이 있다. 깨끗한 물을 채워서 오염농도를 4%p 줄이려고 한다면 깨끗한 물을 얼마나 넣어야 하는가?

① 5g   ② 10g

③ 15g   ④ 20g

⑤ 25g

Easy

02 어떤 자연수로 245를 나누면 5가 남고, 100을 나누면 4가 남는다고 한다. 이러한 어떤 자연수 중 가장 큰 수는 무엇인가?

① 12   ② 24

③ 36   ④ 48

⑤ 60

03 다음 시계는 일정한 규칙을 갖는다. $2B - \dfrac{A}{20}$ 의 값은?(단, 분침은 시간이 아닌 숫자를 가리킨다)

① 25   ② 20

③ 15   ④ 10

⑤ 5

04 한국, 미국, 중국, 러시아에서 각각 두 명의 테니스 선수들이 8강전에 진출하였다. 각 국가의 선수들이 결승전에서만 붙는 경우의 수는?

① 56가지   ② 58가지

③ 52가지   ④ 64가지

⑤ 72가지

05 어느 모임의 여자 회원의 수는 남자 회원 수의 80%이다. 남자 회원 5명이 모임을 탈퇴하고 여자 회원 1명이 새로 가입한다면 남자 회원과 여자 회원의 수가 같아진다. 이 모임의 회원 수는?

① 26명   ② 30명

③ 50명   ④ 54명

⑤ 62명

Easy

06 1km 떨어진 지점을 왕복하는 데 20분 동안 30m/min의 속력으로 갔다. 총 1시간 안에 왕복할 때, 이후 속력은?

① 25m/min   ② 30m/min

③ 35m/min   ④ 40m/min

⑤ 45m/min

07 A와 B는 C사 필기시험에 응시했다. A가 합격할 확률은 40%이고, A와 B 모두 합격할 확률은 30%일 때, 두 사람 모두 불합격할 확률은?

① 0.1   ② 0.15

③ 0.2   ④ 0.25

⑤ 0.3

08 K회사의 구내식당에서는 파란색과 초록색의 두 가지 색깔의 식권을 판매한다. 파란색 식권은 1장에 1명이 식사가 가능하고 초록색 식권은 1장에 2명까지 식사가 가능할 때, 파란색 식권 3장과 초록색 식권 2장으로 식사 가능한 최대 인원은?

① 5명   ② 6명
③ 7명   ④ 8명
⑤ 9명

09 같은 헤어숍에 다니고 있는 A양과 B군은 일요일에 헤어숍에서 마주쳤다. 서로 마주친 이후 A양은 10일 간격으로 헤어숍에 방문했고, B군은 16일마다 헤어숍에 방문했다. 두 사람이 다시 헤어숍에서 만났을 때의 요일은?

① 월요일   ② 화요일
③ 수요일   ④ 목요일
⑤ 금요일

10 가로의 길이가 5m, 세로의 길이가 12m인 직사각형 모양의 농구코트가 있다. 철수는 농구코트의 모서리에서 서 있으며, 농구공은 농구코트 안에서 철수로부터 가장 멀리 떨어진 곳에 존재하고 있다. 최단거리로 농구공을 가지러 간다면 철수의 이동거리는?

① 5m   ② 6m
③ 12m   ④ 13m
⑤ 15m

11 농도가 서로 다른 소금물 A, B가 있다. 소금물 A를 200g, 소금물 B를 300g 섞으면 농도가 9%인 소금물이 되고, 소금물 A를 300g, 소금물 B를 200g 섞으면 농도 10%인 소금물이 될 때, 소금물 B의 농도는?

① 7%   ② 10%
③ 13%   ④ 20%
⑤ 25%

12 어떤 콘텐츠에 대한 네티즌 평가를 하였다. 1,000명이 참여한 A사이트에서는 평균 평점이 5.0이었으며, 500명이 참여한 B사이트에서는 평균 평점이 8.0이었다. 이 콘텐츠에 대한 두 사이트 전체 참여자의 평균 평점은?

① 4.0점　　　　　　　　　　　② 5.5점
③ 6.0점　　　　　　　　　　　④ 7.5점
⑤ 8.0점

Easy

13 5명으로 이루어진 남성 신인 아이돌 그룹의 나이의 합은 105살이다. 5명 중 3명이 5명의 평균 나이와 같고, 가장 큰 형의 나이는 24살이다. 막내의 나이는?

① 18살　　　　　　　　　　　② 19살
③ 20살　　　　　　　　　　　④ 21살
⑤ 22살

14 B대리는 집에서 거리가 14km 떨어진 회사에 출근할 때 자전거를 이용해 1시간 30분 동안 이동하고, 퇴근할 때는 회사에서 6.8km 떨어진 가죽공방을 들렀다가 취미활동 후 10km 거리를 이동하여 집에 도착한다. 퇴근할 때 회사에서 가죽공방까지 18분, 가죽공방에서 집까지 1시간이 걸린다면 B대리가 출퇴근할 때 평균속력은?

① 10km/h　　　　　　　　　　② 11km/h
③ 12km/h　　　　　　　　　　④ 13km/h
⑤ 14km/h

15 초콜릿을 3명이 나눠 먹었을 때 2개가 남고, 4명이 나눠 먹었을 때도 2개가 남는다. 초콜릿은 25개 이하일 때 이 초콜릿을 7명이 나눠 먹을 경우 남는 초콜릿 개수는?

① 0개　　　　　　　　　　　　② 1개
③ 2개　　　　　　　　　　　　④ 3개
⑤ 4개

16 10명의 사원에게 휴가를 나눠주려 한다. 휴가는 25, 26, 27, 28일이다. 하루에 최대 4명에게 휴가를 줄 수 있을 때 가능한 경우의 수는?(단, 경우의 수는 하루에 휴가를 주는 사원수만 고려한다)

① 22가지
② 32가지
③ 38가지
④ 44가지
⑤ 88가지

17 S를 포함한 6명이 한국사 자격증 시험을 보았다. 시험 점수가 70점 이상인 2명이 고급 자격증을 획득하였고, 1명이 60점 미만인 54점으로 과락을 하였다. 그리고 나머지는 중급을 획득하였는데, 평균이 62점이었다. 6명의 평균이 65점일 때, S가 얻을 수 있는 시험 점수의 최댓값은?

① 70점
② 75점
③ 80점
④ 85점
⑤ 90점

18 A씨는 산딸기의 무게를 재기 위해 대저울을 꺼내고, 추를 찾아보니 2kg, 3kg, 7kg이 한 개씩 있었다. 이때, A씨가 추를 사용하여 잴 수 있는 무게의 경우의 수는?

① 11가지
② 10가지
③ 9가지
④ 8가지
⑤ 7가지

19 A, B, C 세 사람이 가위바위보를 한 번 할 때, A만 이길 확률은?

① $\frac{1}{5}$
② $\frac{1}{6}$
③ $\frac{1}{7}$
④ $\frac{1}{8}$
⑤ $\frac{1}{9}$

20 학교에서 도서관까지 시속 40km로 갈 때와 시속 45km로 갈 때 걸리는 시간이 10분 차이가 난다면 학교에서 도서관까지의 거리는?

① 50km

② 60km

③ 70km

④ 80km

⑤ 90km

21 며칠 전 Q씨는 온라인 쇼핑몰 S마켓에서 한 개당 7,500원인 A상품을 6개, 한 개당 8,000원인 B상품을 5개를 구매하였고 배송비는 무료였다. 오늘 두 물건을 받아본 Q씨는 마음에 들지 않아 두 물건을 모두 반품하고 회수되는 금액으로 한 개당 5,500원인 C상품을 사려고 한다. A상품과 B상품을 반품할 때 반품 배송비는 총 5,000원이며, C상품을 구매할 때에는 3,000원의 배송비가 발생할 때, 구매할 수 있는 C상품의 최대 개수는?

① 14개

② 15개

③ 16개

④ 17개

⑤ 18개

22 S사의 회의실 기존 비밀번호는 862#이다. T부장은 기존 비밀번호에서 첫 번째에서 세 번째 자리까지는 0~9의 숫자를 사용하고, 마지막 네 번째 자리는 특수기호 #, *을 사용하여 비밀번호를 변경하였다. 이때 S사 회의실의 변경된 비밀번호가 기존 비밀번호 네 자리 중 한 자리와 그 문자가 같을 확률은?(단, 0~9의 숫자는 중복하여 사용할 수 있다)

① $\dfrac{972}{1,000}$

② $\dfrac{486}{1,000}$

③ $\dfrac{376}{1,000}$

④ $\dfrac{243}{1,000}$

⑤ $\dfrac{154}{1,000}$

23 다음은 A씨가 1월부터 4월까지 지출한 외식비이다. 1월부터 5월까지의 평균 외식비가 120,000원 이상 130,000원 이하가 되게 하려고 할 때, A씨가 5월에 최대로 사용할 수 있는 외식비는?

〈월별 외식비〉

(단위 : 원)

1월	2월	3월	4월	5월
110,000	180,000	50,000	120,000	?

① 14만 원   ② 15만 원

③ 18만 원   ④ 19만 원

24 S사는 프린터를 새로 구입하거나 대여하려 한다. 프린터를 구입하는 경우에는 프린터 가격 200,000원과 매달 15,000원의 유지비를 내고, 대여하는 경우에는 매달 22,000원의 대여료만 낸다. 프린트를 구입하는 것이 더 유리할 때, 최소 사용기간은?

① 29개월   ② 27개월

③ 25개월   ④ 23개월

Hard

25 철도 길이가 720m인 터널이 있다. A기차는 터널을 완전히 빠져나갈 때까지 56초가 걸리고, 기차 길이가 차보다 40m 짧은 B기차는 160초가 걸렸다. 두 기차가 터널 양 끝에서 동시에 출발하면 $\frac{1}{4}$ 지점에서 만난다고 할 때, B기차의 길이는?(단, 기차 속력은 일정하다)

① 50m   ② 60m

③ 70m   ④ 80m

26 한 도로에 신호등이 연속으로 2개가 있다. 첫 번째 신호등은 6초 동안 불이 켜져 있다가 10초 동안 꺼진다. 두 번째 신호등은 8초 동안 불이 켜져 있다가 4초 동안 꺼져 있다. 두 신호등이 동시에 불이 들어온 후, 다시 동시에 불이 켜지는 데 걸리는 최소 시간은?

① 50초   ② 48초

③ 46초   ④ 44초

27 고객 만족도 센터에서 고객이 만족하면 +3, 불만족하면 −4점이 적용된다. 100명의 고객에게 만족도를 조사했을 때, 고객관리 점수를 80점 이상 받으려면 불만족한 고객의 최대 인원은?

① 17명   ② 31명

③ 32명   ④ 52명

28 A기차와 B기차가 36m/s의 일정한 속력으로 달리고 있다. 600m 길이의 터널을 완전히 지나는 데 A기차가 25초, B기차가 20초 걸렸다면 각 기차의 길이로 적절하게 짝지어진 것은?

	A기차	B기차
①	200m	150m
②	300m	100m
③	150m	120m
④	200m	130m
⑤	300m	120m

29 반지름이 5cm, 높이가 10cm인 원기둥의 부피는?

① $685cm^3$ ② $785cm^3$

③ $885cm^3$ ④ $985cm^3$

⑤ $1,085cm^3$

30 S사는 매년 A기계와 B기계를 생산한다. 다음과 같은 규칙으로 생산할 때, 2025년에 두 기계의 총 생산량은?

〈A, B기계 생산대수〉

(단위 : 대)

구분	2015년	2016년	2017년	2018년	2019년	2020년
A기계	20	23	26	29	32	35
B기계	10	11	14	19	26	35

① 130대   ② 140대
③ 150대   ④ 160대
⑤ 170대

※ 일정한 규칙으로 수를 나열할 때 빈칸에 들어갈 적절한 숫자를 고르시오. [31~38]

31

| 1   −1   2   −6   24   −120   (   )   −5,040 |

① 700   ② 720
③ 740   ④ 760
⑤ 780

32

| 92   103   107   115   (   )   127 |

① 110   ② 112
③ 118   ④ 121
⑤ 122

33

| 68   71   (   )   70   73   68   82   65 |

① 6   ② 7
③ 69   ④ 34
⑤ 75

34

3	( )	1	2	−1	0

① 2　　　　　　　　　　　　　② 3

③ 4　　　　　　　　　　　　　④ 5

⑤ 6

35

$$4 \quad \frac{1}{2} \quad \frac{1}{2} \quad \frac{8}{6} \quad \frac{3}{8} \quad 2 \quad \frac{7}{9} \quad 3 \quad (\ )$$

① $\dfrac{3}{7}$　　　　　　　　　　② $\dfrac{4}{7}$

③ $\dfrac{5}{7}$　　　　　　　　　　④ $\dfrac{3}{9}$

⑤ $\dfrac{5}{9}$

36

84	80	42	20	21	( )	10.5	1.25

① 7　　　　　　　　　　　　　② 6

③ 5　　　　　　　　　　　　　④ 4

⑤ 3

37

$$\frac{1}{2} \quad 2 \quad \frac{3}{2} \quad 2 \quad | \quad 4 \quad 5 \quad \frac{7}{2} \quad (\ ) \quad | \quad 6 \quad 7 \quad 2 \quad 9 \quad | \quad 4 \quad \frac{1}{2} \quad \frac{1}{4} \quad 8$$

① 10　　　　　　　　　　　② $\dfrac{11}{2}$

③ 12　　　　　　　　　　　④ $\dfrac{13}{2}$

⑤ 13

38

$\frac{3}{2}$	$\frac{5}{6}$	$\frac{7}{12}$	$\frac{9}{20}$	$\frac{11}{30}$	( )	

① $\frac{12}{42}$

② $\frac{13}{36}$

③ $\frac{12}{36}$

④ $\frac{13}{42}$

⑤ $\frac{14}{35}$

39 다음은 주요 온실가스의 연평균 농도 변화 추이를 나타낸 표이다. 이에 대한 설명으로 적절하지 않은 것은?

〈주요 온실가스의 연평균 농도 변화 추이〉							
구분	2015년	2016년	2017년	2018년	2019년	2020년	2021년
이산화탄소(CO_2, ppm)	387.2	388.7	389.9	391.4	392.5	394.5	395.7
오존전량(O_3, DU)	331	330	328	325	329	343	335

① 이산화탄소의 농도는 계속해서 증가하고 있다.

② 오존전량은 계속해서 증가하고 있다.

③ 2021년 오존전량은 2015년의 오존전량보다 4DU 증가했다.

④ 2021년 이산화탄소의 농도는 2016년보다 7ppm 증가했다.

⑤ 오존전량이 가장 크게 감소한 해는 2021년이다.

40 다음은 2017년부터 2021년까지 생활 폐기물 처리 현황에 대한 자료이다. 이에 대한 설명으로 적절하지 않은 것은?(단, 비율은 소수점 둘째 자리에서 반올림한다)

〈생활 폐기물 처리 현황〉

(단위 : 톤)

처리방법	2017년	2018년	2019년	2020년	2021년
매립	9,471	8,797	8,391	7,613	7,813
소각	10,309	10,609	11,604	12,331	12,648
재활용	31,126	29,753	28,939	29,784	30,454
합계	50,906	49,159	48,934	49,728	50,915

① 전년 대비 소각 증가율은 2019년이 2020년의 2배 이상이다.
② 매년 생활 폐기물 처리량 중 재활용 비율이 가장 높다.
③ 2017 ~ 2021 소각량 대비 매립량은 60% 이상이다.
④ 생활 폐기물 처리방법 중 매립은 2017년부터 2020년까지 계속 감소하고 있다.
⑤ 생활 폐기물 처리 현황에서 2021년 재활용 비율은 2017년 소각량 비율의 3배보다 작다.

Hard

41 다음은 한국과 미국의 소방직 및 경찰직 공무원의 현황을 나타낸 자료이다. 이에 대한 설명으로 적절하지 않은 것은?(단, 소수점 둘째 자리에서 반올림한다)

〈한국과 미국의 소방직 · 경찰직 공무원 현황〉

(단위 : 명)

국가	구분	2019년	2020년	2021년
한국	전체 공무원	875,559	920,291	955,293
	소방직 공무원	39,582	42,229	45,520
	경찰직 공무원	66,523	72,392	79,882
미국	전체 공무원	1,882,428	2,200,123	2,586,550
	소방직 공무원	220,392	282,329	340,594
	경찰직 공무원	452,482	490,220	531,322

① 한국에서 전년 대비 전체 공무원의 증가 인원수는 2020년이 2021년도보다 많다.
② 한국의 소방직 공무원과 경찰직 공무원의 인원 수 차이는 매년 감소하고 있다.
③ 2019년 대비 2021년 증가 인원수는 한국은 소방직 공무원이 경찰직보다 적지만, 미국은 그 반대이다.
④ 미국의 소방직 공무원의 전년 대비 증가율은 2020년이 2021년보다 7.0% 이상 더 높다.
⑤ 미국의 경찰직 공무원이 미국 전체 공무원 중 차지하는 비율은 매년 감소하고 있다.

42 다음은 1,000명을 대상으로 주요 젖병회사 브랜드인 D사, G사, U사의 연도별 판매율을 조사한 자료이다. 자료에 대한 설명으로 적절하지 않은 것은?

⟨2017 ~ 2021년 젖병회사별 판매율⟩

(단위 : %)

구분	2017년	2018년	2019년	2020년	2021년
D사	52	55	61	58	69
G사	14	19	21	18	20
U사	34	26	18	24	11

① D사와 G사의 판매율 증감은 동일하다.
② D사와 G사의 판매율이 가장 높은 연도는 동일하다.
③ D사의 판매율이 가장 높은 연도는 U사의 판매율이 가장 낮았다.
④ G사의 판매율이 가장 낮은 연도는 U사의 판매율이 가장 높았다.
⑤ U사의 판매율의 가장 높은 연도와 가장 낮은 연도의 차이는 20%p 이상이다.

43 다음은 2021년 1월 기준 코로나19 확진자 발생 현황에 대한 자료이다. 다음 ⟨보기⟩에서 이 자료에 대한 설명으로 적절하지 않은 것을 모두 고르면?

⟨코로나19 확진자 발생 현황⟩

(단위 : 명)

구분	확진자	치료중	퇴원	소속기관별 확진자							
				유	초	중	고	특수	각종	학평	행정기관
학생	1,203	114	1,089	56	489	271	351	14	12	10	–
교직원	233	7	226	16	73	68	58	9	3	–	6

> **보기**
>
> ㄱ. 확진자 중 퇴원수의 비율은 교직원이 학생보다 6% 이상 높다.
> ㄴ. 학생 확진자 중 초등학생 비율은 전체 확진자 중 초등 소속(학생+교직원) 비율보다 낮다.
> ㄷ. 전체 확진자 중 고등학생의 비율은 전체 학생 수 중 유치원생의 비율의 8배 이상이다.
> ㄹ. 고등학교와 중학교 소속 확진자는 전체 확진자의 과반수 이상이다.

① ㄱ, ㄴ   ② ㄷ, ㄹ
③ ㄴ, ㄷ   ④ ㄴ, ㄹ
⑤ ㄱ, ㄴ, ㄷ

44 다음은 공공도서관 현황에 대한 표이다. 이에 대한 설명으로 적절하지 않은 것은?

〈공공도서관의 수〉

구분	2018년	2019년	2020년	2021년
공공도서관 수(단위 : 개관)	644	703	759	786
1관당 인구 수(단위 : 명)	76,926	70,801	66,556	64,547
1인당 장서(인쇄, 비도서) 수(단위 : 권)	1.16	1.31	1.10	1.49
장서(인쇄, 비도서) 수(단위 : 천 권)	58,365	65,366	70,539	75,575
방문자 수(단위 : 천 명)	204,919	235,140	258,315	270,480

① 공공도서관 수는 점점 증가하고 있는 추세이다.

② 2021년 1인당 장서 수는 1.49권이다.

③ 2021년 1관당 인구 수는 2018년 1관당 인구 수에 비해 12,379명 증가했다.

④ 2020년의 공공도서관에는 258,315,000명이 방문했다.

45 다음은 연도별 자원봉사 참여현황을 나타낸 자료이다. 자료에 대한 설명으로 〈보기〉 중 적절한 것을 모두 고르면?

〈연도별 자원봉사 참여현황〉

(단위 : 명)

구분	2017년	2018년	2019년	2020년	2021년
총 성인 인구수	41,649,010	42,038,921	43,011,143	43,362,250	43,624,033
자원봉사 참여 성인 인구수	2,667,575	2,874,958	2,252,287	2,124,110	1,383,916

보기

ㄱ. 자원봉사에 참여하는 성인 참여율은 2018년도가 가장 높다.

ㄴ. 2019년도의 자원봉사 참여율은 2020년보다 높다.

ㄷ. 자원봉사 참여 증가율이 가장 높은 해는 2018년도이고 가장 낮은 해는 2020년이다.

ㄹ. 2017년부터 2020년까지의 총 자원봉사 참여한 성인 인구수는 천만 명 이상이다.

① ㄱ, ㄴ   ② ㄱ, ㄷ

③ ㄴ, ㄹ   ④ ㄷ, ㄹ

46 다음은 흡연율에 관한 자료이다. 이에 대한 설명으로 적절하지 않은 것은?

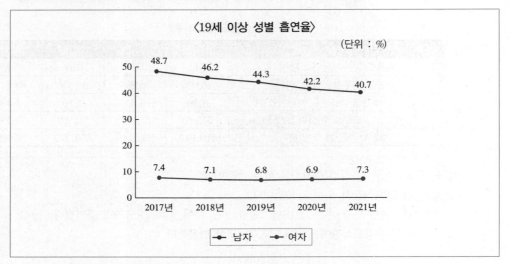

① 남자의 흡연율은 감소하고 있다.
② 여자의 흡연율은 감소에서 증가로 바뀌었다.
③ 남자와 여자의 흡연율 차이는 감소하고 있다.
④ 남자의 흡연율이 전년도와 가장 많은 차이를 보이는 해는 2018년이다.
⑤ 여자의 흡연율이 전년도와 가장 많은 차이를 보이는 해는 2019년이다.

Easy

47 다음은 최근 5년 동안 아동의 비만율을 나타낸 자료이다. 이에 대한 설명으로 적절한 것을 〈보기〉 에서 모두 고르면?

〈연도별 아동 비만율〉

(단위 : %)

구분	2017년	2018년	2019년	2020년	2021년
유아(만 6세 미만)	11	10.80	10.20	7.40	5.80
어린이(만 6세 이상 만 13세 미만)	9.80	11.90	14.50	18.20	19.70
청소년(만 13세 이상 만 19세 미만)	18	19.20	21.50	24.70	26.10

보기
ㄱ. 모든 아동의 비만율은 전년 대비 증가하고 있다.
ㄴ. 어린이 비만율은 유아 비만율보다 크고, 청소년 비만율보다 작다.
ㄷ. 2017년 대비 2021년 청소년 비만율의 증가율은 45%이다.
ㄹ. 2021년과 2019년의 비만율 차이가 가장 큰 아동은 어린이이다.

① ㄱ, ㄷ
② ㄱ, ㄹ
③ ㄴ, ㄷ
④ ㄴ, ㄹ
⑤ ㄷ, ㄹ

48 다음은 마트 유형별 비닐봉투·종량제봉투·종이봉투·에코백·개인장바구니 사용률을 조사한 자료이다. 이에 대한 설명으로 〈보기〉에서 적절한 것을 모두 고르면?

〈마트 유형별 비닐봉투·종량제봉투·종이봉투·에코백·개인장바구니 사용률〉

구분	대형마트 (2,000명 대상)	중형마트 (800명 대상)	개인마트 (300명 대상)	편의점 (200명 대상)
비닐봉투	7%	18%	21%	78%
종량제봉투	28%	37%	43%	13%
종이봉투	5%	2%	1%	0%
에코백	16%	7%	6%	0%
개인장바구니	44%	36%	29%	9%

※ 마트 유형별 전체 조사자 수는 상이하다.

보기
ㄱ. 대형마트의 종이봉투 사용자 수는 중형마트의 6배 이상이다.
ㄴ. 대형마트의 종량제봉투 사용자 수는 전체 종량제봉투 사용자 수의 절반 이하이다.
ㄷ. 비닐봉투 사용률이 가장 높은 곳과 비닐봉투 사용자 수가 가장 많은 곳은 동일하다.
ㄹ. 편의점을 제외한 마트의 규모가 커질수록 개인장바구니의 사용률은 증가한다.

① ㄱ, ㄹ
② ㄱ, ㄴ, ㄷ
③ ㄱ, ㄷ, ㄹ
④ ㄴ, ㄷ, ㄹ

49 C공장에서 습도를 일정하게 유지하기 위해 공장 안에서의 포화 수증기량을 기준으로 상대습도를 알아보고자 한다. 공장은 기온을 23℃로 유지하고, 공기 1kg에 수증기 12g이 포함되어 있다고 할 때, 공장 안에서의 상대습도는?(단, 상대습도는 소수점 둘째 자리에서 반올림한다)

〈공장 내부 기온에 따른 포화수증기량〉			
기온(℃)	포화수증기량(g/kg)	기온(℃)	포화수증기량(g/kg)
0	4.0	16	12.8
1	4.5	17	14.0
2	4.9	18	15.2
3	5.4	19	15.9
4	5.9	20	16.7
5	6.3	21	17.5
6	6.7	22	18.6
7	7.1	23	20.8
8	7.6	24	22.4
9	8.1	25	23.9
10	8.5	26	25.1
11	8.9	27	26.7
12	9.6	28	28.4
13	10.0	29	30.2
14	11.2	30	31.6
15	12.1	31	32.9

$$※ \ 상대습도(\%) = \frac{(현재 \ 공기 \ 중 \ 수증기량)}{(현재 \ 온도 \ 포화수증기량)} \times 100$$

① 57.7% ② 56.4%

③ 55.1% ④ 54.8%

⑤ 53.5%

50 다음은 최근 5개년 동안의 연령대별 평균 데이트폭력 경험횟수를 나타낸 자료이다. 이에 대한 설명으로 적절하지 않은 것은?

<연도별 각 연령대의 평균 데이트폭력 경험횟수>

(단위 : 회)

구분	2016년	2017년	2018년	2019년	2020년
10대	3.2	3.9	5.7	7.9	10.4
20대	9.1	13.3	15.1	19.2	21.2
30대	8.8	11.88	14.2	17.75	18.4
40대	2.5	5.8	9.2	12.8	18
50대	4.1	3.8	3.5	3.3	2.9

① 2018년 이후 20대와 30대의 평균 데이트폭력 경험횟수의 합은 전 연령대 평균 데이트폭력 경험횟수의 절반이상이다.
② 10대의 평균 데이트폭력 경험횟수는 매년 증가하고 있지만, 50대는 매년 감소하고 있다.
③ 2020년 40대의 평균 데이트폭력 경험횟수는 2016년의 7.2배에 해당한다.
④ 30대의 2019년 전년 대비 데이트폭력 경험횟수 증가율은 2017년보다 크다.

51 다음은 종이책 및 전자책 성인 독서율에 대한 자료이다. (가)에 들어갈 수치로 적절한 것은?(단, 각 항목의 2020년 수치는 2018년 수치 대비 일정한 규칙으로 변화한다)

<종이책 및 전자책 성인 독서율>

(단위 : %)

항목	연도	2018년			2020년		
		사례 수 (건)	1권 이상 읽음	읽지 않음	사례 수 (건)	1권 이상 읽음	읽지 않음
전체	소계	5,000	60	40	6,000	72	28
성별	남자	2,000	60	40	3,000	90	10
	여자	3,000	65	35	3,000	65	35
연령별	20대	1,000	87	13	1,000	87	13
	30대	1,000	80.5	19.5	1,100	88.6	11.4
	40대	1,000	75	25	1,200	90	10
	50대	1,000	60	40	1,200	(가)	
	60대 이상	1,000	37	63	1,400	51.8	48.2
학력별	중졸 이하	900	30	70	1,000	33.3	66.7
	고졸	1,900	63	37	2,100	69.6	30.4
	대졸 이상	2,200	70	30	2,800	89.1	10.9

① 44   ② 52
③ 72   ④ 77
⑤ 82

Easy

52 다음은 연령대별 삶의 만족도에 대해 조사한 자료이다. 자료에 대한 〈보기〉의 설명 중 적절한 것을 모두 고르면?

〈연령대별 삶의 만족도〉

(단위 : %)

구분	매우 만족	만족	보통	불만족	매우 불만족
10대	8	11	34	28	19
20대	3	13	39	28	17
30대	5	10	36	39	10
40대	11	17	48	16	8
50대	14	18	42	23	3

※ 긍정적인 답변 : 매우 만족, 만족, 보통
※ 부정적인 답변 : 불만족, 매우 불만족

보기

㉠ 연령대가 높아질수록 '매우 불만족'이라고 응답한 비율은 낮아진다.
㉡ 모든 연령대에서 '매우 만족'과 '만족'이라고 응답한 비율이 가장 낮은 연령대는 20대이다.
㉢ 모든 연령대에서 긍정적인 답변을 한 비율은 50% 이상이다.
㉣ 50대에서 '불만족' 또는 '매우 불만족'이라고 응답한 비율은 '만족' 또는 '매우 만족'이라고 응답한 비율의 80% 이하이다.

① ㉠, ㉢
② ㉠, ㉣
③ ㉡, ㉢
④ ㉡, ㉣

53 다음은 연령별 3월 및 4월 코로나 신규 확진자 수 현황을 지역별로 조사한 자료이다. 자료에 대한 설명으로 적절한 것은?(단, 비율은 소수점 둘째 자리에서 반올림한다)

〈연령별 코로나 신규 확진자 수 현황〉

(단위 : 명)

지역	기간	10대 미만	10대	20대	30대	40대	50대	60대	70대 이상	전체
A	3월	7	29	34	41	33	19	28	35	226
A	4월	5	18	16	23	21	2	22	14	121
B	3월	6	20	22	33	22	35	12	27	177
B	4월	1	5	10	12	18	14	5	13	78
C	3월	2	26	28	25	17	55	46	29	228
C	4월	2	14	22	19	2	15	26	22	122
D	3월	3	11	22	20	9	21	54	19	159
D	4월	1	2	21	11	5	2	41	12	95
E	3월	4	58	30	37	27	41	22	57	276
E	4월	2	14	15	21	13	22	11	44	142
F	3월	9	39	38	59	44	45	54	32	320
F	4월	2	29	33	31	22	31	36	12	196
G	3월	0	8	10	29	48	22	29	39	185
G	4월	0	3	2	22	11	8	2	13	61
H	3월	4	15	11	52	21	31	34	48	216
H	4월	3	9	4	14	9	20	12	22	93
I	3월	2	11	18	35	4	33	21	19	143
I	4월	0	4	4	12	4	21	7	2	54

① 각 지역의 10대 미만 4월 신규 확진자 수는 전월 대비 감소하였다.
② 20대 신규 확진자 수가 10대 신규 확진자 수보다 적은 지역 수는 3월과 4월이 동일하다.
③ 3월 신규 확진자 수가 세 번째로 많은 지역의 4월 신규 확진자 수가 가장 많은 연령대는 20대이다.
④ H지역의 4월 신규 확진자 수가 4월 전체 지역의 신규 확진자 수에서 차지하는 비율은 10% 이상이다.
⑤ 3월 대비 4월 신규 확진자 수의 비율은 F지역이 G지역의 2배 이상이다.

54 다음은 보건복지부에서 발표한 연도별 의료기기 생산실적 통계자료이다. 이 자료를 보고 판단한 것 중 적절하지 않은 것은?

〈연도별 의료기기 생산실적 총괄 현황〉

(단위 : 개, %, 명, 백만 원)

구분	업체 수	증감률	품목 수	증감률	운영인원	증감률	생산금액	증감률
2013년	1,500	–	5,862	–	25,287	–	1,478,165	–
2014년	1,596	6.4	6,392	9.04	25,610	1.28	1,704,161	15.29
2015년	1,624	1.75	6,639	3.86	26,399	3.08	1,949,159	14.38
2016년	1,662	2.34	6,899	3.92	26,936	2.03	2,216,965	13.74
2017년	1,726	3.85	7,367	6.78	27,527	2.19	2,525,203	13.9
2018년	1,754	1.62	8,003	8.63	28,167	2.32	2,764,261	9.47
2019년	1,857	5.87	8,704	8.76	30,190	7.18	2,964,445	7.24
2020년	1,958	5.44	9,086	4.39	32,255	6.84	3,366,462	13.56

① 2014 ~ 2020년까지 의료기기 생산업체 수는 꾸준히 증가하고 있으며, 품목 또한 해마다 다양해 지고 있다.

② 업체 수의 2014 ~ 2020년까지의 평균 증감률은 5% 이하이다.

③ 전년 대비 업체 수가 가장 많이 늘어난 해는 2014년이며, 전년 대비 생산금액이 가장 많이 늘어난 해는 2017년이다.

④ 2017 ~ 2020년 사이 운영인원의 증감률 추이와 품목 수의 증감률 추이는 같다.

⑤ 품목 수의 평균 증감률은 업체 수의 평균 증감률을 넘어선다.

55 다음은 산업통상자원부의 최근 3년간 기업규모별 지원액을 나타낸 자료이다. 이에 대한 설명으로 적절하지 않은 것은?

〈연간 기업규모별 산업통상자원부 지원액〉

(단위 : 개)

구분	지원액	5억 미만	5억 이상 10억 미만	10억 이상 20억 미만	20억 이상 50억 미만	50억 이상 100억 미만
2019년	대기업	4	11	58	38	22
	중견기업	11	88	124	32	2
	중소기업	244	1,138	787	252	4
2018년	대기업	8	12	62	42	25
	중견기업	22	99	184	28	1
	중소기업	223	982	669	227	3
2017년	대기업	9	25	66	54	28
	중견기업	18	111	155	29	2
	중소기업	188	774	552	201	1

① 매년 산업통상자원부 지원금을 지급받는 대기업 수는 감소하는 반면, 중소기업의 수는 증가하고 있다.
② 2019년 중소기업 총지원액은 대기업 총지원액보다 많다.
③ 대기업과 중견기업은 지원액 규모가 10억 이상 20억 미만에서, 중소기업은 5억 이상 10억 미만에서 가장 많은 기업이 산업통상자원부 지원금을 지급받는다.
④ 2019년 산업통상자원부 지원금을 지급받는 총 기업 수가 2,815개라면 그 중 중소기업이 차지하는 비율은 85% 미만이다.

56 다음은 최근 3년간 한국 출발 항공노선의 이용객 수를 나타낸 자료이다. 이에 대해 〈보기〉에서 적절한 것을 모두 고르면?(단, 소수점 둘째 자리에서 반올림한다)

〈연간 한국 출발 항공노선의 이용객 수〉

(단위 : 천 명)

구분	2017년	2018년	2019년	전체
한국 → 제주	128	134	154	416
한국 → 중국	252	235	256	743
한국 → 일본	118	122	102	342
한국 → 싱가폴	88	102	133	323
한국 → 독일	75	81	88	244
한국 → 영국	123	111	108	342
한국 → 스페인	288	270	302	860
한국 → 미국	102	145	153	400
한국 → 캐나다	210	198	222	630
한국 → 브라질	23	21	17	61
전체	1,407	1,419	1,535	4,361

보기

㉠ 2017년 대비 2018년 이용객 수가 증가한 항공노선 개수와 감소한 항공노선 개수는 동일하다.
㉡ 2017년부터 2019년까지의 총 이용객 수는 아시아행 – 유럽행 – 아메리카행 순으로 많다.
㉢ 전체 이용객 중 제주행노선 이용객 비율의 전년 대비 차이는 2018년이 2019년보다 높다.
㉣ 2017년부터 2019년 동안 이용객 수가 적은 하위 2개의 항공노선은 동일하다.

① ㉠, ㉡
② ㉡, ㉣
③ ㉠, ㉡, ㉢
④ ㉠, ㉡, ㉣

57 다음은 엔화 대비 원화 환율과 달러화 대비 환율 추이 자료이다. 〈보기〉 중 다음 자료에 대한 설명으로 적절한 것을 모두 고르면?

〈원/엔 환율 추이〉

〈원/달러 환율 추이〉

> **보기**
>
> ㄱ. 원/엔 환율은 3월 한 달 동안 1,200원을 상회하는 수준에서 등락을 반복했다.
> ㄴ. 2월 21일의 원/달러 환율은 지난주보다 상승하였다.
> ㄷ. 3월 12일부터 3월 19일까지 달러화의 강세가 심화되는 추세를 보였다.
> ㄹ. 3월 27일의 달러/엔 환율은 3월 12일보다 상승하였다.

① ㄱ, ㄴ   ② ㄱ, ㄷ

③ ㄴ, ㄷ   ④ ㄴ, ㄹ

※ 다음은 국유재산종류별 규모현황이다. 자료를 읽고 이어지는 질문에 답하시오. [58~59]

〈국유재산종류별 규모현황〉

(단위 : 억 원)

국유재산종류	2017년	2018년	2019년	2020년	2021년
총계	9,384,902	9,901,975	10,444,088	10,757,551	10,817,553
토지	4,374,692	4,485,830	4,670,080	4,630,098	4,677,016
건물	580,211	616,824	652,422	677,188	699,211
공작물	2,615,588	2,664,379	2,756,345	2,821,660	2,887,831
입목죽	108,049	110,789	80,750	128,387	88,025
선박·항공기	21,775	20,882	23,355	23,178	25,524
기계·기구	4,124	4,096	6,342	9,252	10,524
무체재산	10,432	10,825	11,334	11,232	11,034
유가증권	1,670,031	1,988,350	2,243,460	2,456,556	2,418,389

| 2022년 상반기 포스코그룹

58 다음 중 2019년에 국유재산의 규모가 10조를 넘는 국유재산의 종류의 개수는?

① 2개　　　　　　　　　　　② 3개
③ 4개　　　　　　　　　　　④ 5개

| 2022년 상반기 포스코그룹

59 다음 〈보기〉의 설명 중 자료에 대한 설명으로 적절한 것을 모두 고르면?

보기

ㄱ. 2019년과 2021년에 국유재산 종류별로 규모가 큰 순서는 동일하다.
ㄴ. 2017년과 2018년에 규모가 가장 작은 국유재산은 동일하다.
ㄷ. 2018년 국유재산 중 건물과 무체재산, 유가증권 규모의 합계는 260조 원보다 크다.
ㄹ. 2017년부터 2020년까지 국유재산 중 선박·항공기와 기계·기구의 전년 대비 증감추이는 동일하다.

① ㄴ, ㄷ　　　　　　　　　　② ㄷ, ㄹ
③ ㄱ, ㄴ, ㄷ　　　　　　　　④ ㄴ, ㄷ, ㄹ

※ 다음은 2021년 지역별 상수도 민원건수에 대한 자료이다. 이를 보고 이어지는 물음에 답하시오.
[60~61]

〈지역별 상수도 민원건수〉

(단위 : 건)

구분	민원내용				
	낮은 수압	녹물	누수	냄새	유충
서울	554	682	102	244	118
경기	120	203	84	152	21
대구	228	327	87	414	64
인천	243	469	183	382	72
부산	248	345	125	274	68
강원	65	81	28	36	7
대전	133	108	56	88	18
광주	107	122	87	98	11
울산	128	204	88	107	16
제주	12	76	21	23	3
세종	47	62	41	31	9

| 2021년 하반기 포스코그룹

60 다음 〈보기〉 중 자료에 대한 설명으로 적절한 것을 모두 고르면?

> **보기**
> ㄱ. 경기 지역의 민원 중 40%는 녹물에 대한 것이다.
> ㄴ. 대구의 냄새에 대한 민원건수는 강원의 11.5배이고, 제주의 18배이다.
> ㄷ. 세종과 대전의 각 민원내용별 민원건수의 합계는 부산보다 작다.
> ㄹ. 수도권에서 가장 많은 민원은 녹물에 대한 것이고, 가장 낮은 민원은 유충에 대한 것이다.

① ㄱ, ㄴ   ② ㄱ, ㄷ
③ ㄱ, ㄹ   ④ ㄴ, ㄷ

| 2021년 하반기 포스코그룹

61 다음 중 자료를 보고 나타낼 수 없는 그래프는 무엇인가?

① 수도권과 수도권 외 지역 상수도 민원건수 발생 현황
② 광역시의 녹물 민원건수 발생 현황
③ 수도권 전체 민원건수 중 녹물에 대한 민원 비율
④ 지역별 유충발생건수 현황

※ 다음은 20,000명을 대상으로 연도별 운전면허 보유현황을 나타낸 자료이다. 이어지는 질문에 답하시오. [62~63]

<연령대별 운전면허 소지현황>

구분		20대	30대	40대	50대	60대	70대
남성	소지비율	38%	55%	75%	68%	42%	25%
	조사인원	1,800명	2,500명	2,000명	1,500명	1,500명	1,200명
여성	소지비율	22%	35%	54%	42%	24%	12%
	조사인원	2,000명	1,400명	1,600명	1,500명	2,000명	1,000명

┃ 2021년 상반기 포스코그룹

62 다음 중 자료에 대한 설명으로 적절하지 않은 것은?

① 운전면허 소지현황 비율이 가장 높은 연령대는 남성과 여성이 동일하다.

② 70대 여성의 운전면허 소지비율은 남성의 절반 이하이다.

③ 전체 조사자 중 20·30대가 차지하는 비율은 40% 이상이다.

④ 50대 운전면허 소지자는 1,500명 이상이다.

Easy

┃ 2021년 상반기 포스코그룹

63 다음 중 자료에 대한 설명으로 적절한 것은?

① 조사에 참여한 60·70대는 남성이 여성보다 많다.

② 40대 여성의 운전면허소지자는 40대 남성의 운전면허소지자의 55% 이하이다.

③ 20대 남성의 운전면허소지자는 70대 남성의 2.5배 이상이다.

④ 20·30대 여성의 운전면허소지자는 전체 조사자의 5% 미만이다.

64 다음은 2017 ~ 2021년 K사의 경제 분야 투자에 관한 자료이다. 이에 대한 설명으로 적절하지 않은 것은?

<K사의 경제 분야 투자규모>

(단위 : 억 원, %)

연도 구분	2017년	2018년	2019년	2020년	2021년
경제 분야 투자규모	20	24	23	22	21
총지출 대비 경제 분야 투자규모 비중	6.5	7.5	8	7	6

① 2021년 총지출은 320억 원 이상이다.

② 2018년 경제 분야 투자규모의 전년 대비 증가율은 25% 이하이다.

③ 2019년이 2020년보다 경제 분야 투자규모가 전년에 비해 큰 비율로 감소하였다.

④ 2017 ~ 2021년 동안 경제 분야에 투자한 금액은 110억 원이다.

⑤ 2018 ~ 2021년 동안 경제 분야 투자규모와 총지출 대비 경제 분야 투자규모 비중의 전년 대비 증감추이는 동일하지 않다.

65 다음은 우리나라의 보건 수준을 가늠하게 하는 신생아 사망률에 관한 자료이다. 이에 대한 설명으로 적절한 것은?

〈생후 1주일 이내 성별·생존기간별 신생아 사망률〉

(단위 : 명, %)

생존 기간	남		여	
1시간 이내	31	2.7	35	3.8
1 ~ 12시간	308	26.5	249	27.4
13 ~ 24시간	97	8.3	78	8.6
25 ~ 48시간	135	11.6	102	11.2
49 ~ 72시간	166	14.3	114	12.5
73 ~ 168시간	272	23.4	219	24.1
미상	153	13.2	113	12.4
전체	1,162	100.0	910	100.0

〈생후 1주일 이내 산모 연령별 신생아 사망률〉

(단위 : 명, %)

산모 연령	출생아 수	신생아 사망률
19세 미만	6,356	8.8
20 ~ 24세	124,956	6.3
25 ~ 29세	379,209	6.8
30 ~ 34세	149,760	9.4
35 ~ 39세	32,560	13.5
40세 이상	3,977	21.9
전체	696,818	7.7

① 생후 첫날 여자 신생아 사망률은 남자 신생아 사망률보다 낮다.
② 생후 1주일 내 신생아 사망자 수가 가장 많은 산모 연령대는 40세 이상이다.
③ 생후 1주일 내에서 첫날의 신생아 사망률은 약 50%이다.
④ 생후 1주일 내 신생아 사망률 중 셋째 날 신생아 사망률은 약 13.5%이다.
⑤ 산모 연령 25 ~ 29세가 출생아 수가 가장 많고 신생아 사망률이 가장 낮다.

※ 다음은 2019년 발화요인에 따른 월별 화재발생현황이다. 자료를 읽고 이어지는 질문에 답하시오.
[66~67]

〈2019년 발화요인에 따른 월별 화재발생현황〉

(단위 : 건)

항목	합계	전기적 요인	기계적 요인	화학적 요인	가스누출	교통사고	부주의	기타
합계	42,338	10,471	4,619	604	211	505	20,352	5,576
1월	4,083	1,065	504	36	32	53	1,838	555
2월	4,632	896	392	30	15	42	2,707	550
3월	3,875	892	406	53	11	37	2,033	443
4월	3,714	783	346	44	19	37	2,012	473
5월	3,038	819	340	32	22	46	1,374	405
6월	3,441	721	310	53	8	38	1,865	446
7월	3,409	1,104	424	84	10	41	1,292	454
8월	3,690	1,160	373	95	12	32	1,513	505
9월	2,517	677	265	52	12	44	1,088	379
10월	3,048	759	405	45	18	41	1,386	394
11월	2,954	688	377	33	25	45	1,366	420
12월	3,937	907	477	47	27	49	1,878	552

❚ 2020년 하반기 포스코그룹

66 2019년 5월 화재발생 건수가 많은 순서로 발화요인을 나열한 것은?

① 기타 – 부주의 – 기계적 요인 – 전기적 요인 – 화학적 요인 – 가스누출 – 교통사고
② 부주의 – 전기적 요인 – 기타 – 기계적 요인 – 화학적 요인 – 교통사고 – 가스누출
③ 부주의 – 전기적 요인 – 기타 – 기계적 요인 – 교통사고 – 가스누출 – 화학적 요인
④ 부주의 – 전기적 요인 – 기타 – 기계적 요인 – 교통사고 – 화학적 요인 – 가스누출

❚ 2020년 하반기 포스코그룹

67 다음 〈보기〉의 설명 중 자료에 대한 설명으로 적절하지 않은 것을 모두 고르면?

> **보기**
>
> ㄱ. 가스누출로 인한 화재발생 건수는 10월 대비 11월에 증가하였다.
> ㄴ. 2월에 부주의로 인한 화재발생 건수는 기타 요인으로 인한 화재발생 건수의 3배 이상이다.
> ㄷ. 매월 기계적 요인으로 인한 화재발생 건수는 기타 요인으로 인한 화재발생 건수보다 적다.
> ㄹ. 2019년에 두 번째로 많은 화재발생 건수를 차지하는 발화요인은 기계적 요인이다.

① ㄱ, ㄴ   ② ㄱ, ㄷ
③ ㄴ, ㄷ   ④ ㄷ, ㄹ

| 추리 |

※ 제시된 명제가 모두 참일 때, 빈칸에 들어갈 명제로 가장 적절한 것을 고르시오. [1~5]

| 2022년 상반기 CJ그룹

01

- 한 씨는 부동산을 구두로 양도했다.
- _____
- 한 씨의 부동산 양도는 무효다.

① 무효가 아니면 부동산을 구두로 양도했다.
② 부동산을 구두로 양도하지 않으면 무효다.
③ 부동산을 구두로 양도하면 무효다.
④ 부동산을 구두로 양도하면 무효가 아니다.
⑤ 구두로 양보하지 않으면 무효가 아니다.

| 2022년 상반기 KT그룹

Easy

02

- A고등학교 학생은 봉사활동을 해야 졸업한다.
- 이번 학기에 봉사활동을 하지 않은 A고등학교 학생이 있다.
- _____

① A고등학교 졸업생은 봉사활동을 했다.
② 봉사활동을 안 한 A고등학교 졸업생이 있다.
③ 다음 학기에 봉사활동을 해야 하는 A고등학교 학생이 있다.
④ 이번 학기에 봉사활동을 하지 않은 A고등학교 학생은 이미 봉사활동을 했다.
⑤ 다음 학기에 봉사활동을 하지 않는 학생은 졸업을 할 수 없다.

03

- _____
- 선영이는 경식이보다 나이가 많다.
- 그러므로 재경이가 나이가 가장 많다.

① 재경이는 선영이보다 나이가 많다.
② 재경이는 경식이보다 나이가 많다.
③ 경식이는 재경이보다 나이가 많다.
④ 재경이는 선영이와 나이가 같다.
⑤ 선영이는 나이가 제일 적다.

04

- 인생은 예술보다 짧다.
- 하루살이는 인생보다 짧다.
- 그러므로 _____

① 예술은 인생보다 길지 않다. ② 하루살이는 예술보다 짧다.
③ 어떤 예술은 인생보다 짧다. ④ 인생이 가장 짧다.
⑤ 하루살이가 가장 길다.

05

- 모든 미술가는 피카소를 좋아한다.
- 나는 미술가가 아니다.
- 그러므로 _____

① 나는 피카소를 좋아한다.
② 나는 피카소를 좋아하지 않는다.
③ 어떤 미술가는 미켈란젤로를 좋아한다.
④ 미술가인 아버지는 피카소를 좋아하지 않는다.
⑤ 내가 피카소를 좋아하는지 좋아하지 않는지 알 수 없다.

06 다음 제시된 명제가 모두 참일 때 추론할 수 있는 것은?

> • 바나나의 열량은 방울토마토의 열량보다 높다.
> • 딸기의 열량은 사과의 열량보다 낮다.
> • 사과의 열량은 바나나의 열량보다 낮다.

① 딸기의 열량이 가장 낮다.
② 방울토마토의 열량이 가장 낮다.
③ 사과의 열량이 가장 높다.
④ 바나나의 열량이 가장 높다.
⑤ 방울토마토는 딸기보다 열량이 높다.

07 다음 명제가 항상 참이라고 할 때, 반드시 참이라고 할 수 없는 것은?

> • 모든 사람은 자신에 대해서 호의적인 사람에게 호의적이다.
> • 어느 누구도 자신을 비방한 사람에게 호의적이지 않다.
> • 모든 사람 중에는 다른 사람을 절대 비방하지 않는 사람이 있다.
> • 어느 누구도 자기 자신에 대해서 호의적이지도 않고 자기 자신을 비방하지도 않는다.

① 두 사람이 서로 호의적이라면, 그 두 사람은 서로 비방한 적이 없다.
② 두 사람이 서로 비방한 적이 없다면, 그 두 사람은 서로 호의적이다.
③ 어떤 사람이 다른 모든 사람을 비방한다면, 그 사람에 대해 호의적인 사람은 없다.
④ A가 다른 모든 사람을 비방한다면, A에게 호의적이지 않지만 A를 비방하지 않는 사람이 있다.
⑤ 모든 사람이 자신을 비방하지 않는 사람에게 호의적이라면, 모든 사람에게는 각자가 호의적으로 대하는 사람이 적어도 하나는 있다.

08 제시문 A를 읽고, 제시문 B를 판단한 것으로 가장 적절한 것은?

[제시문 A]
- 오이보다 토마토가 더 비싸다.
- 토마토보다 참외가 더 비싸다.
- 파프리카가 가장 비싸다.

[제시문 B]
- 참외가 두 번째로 비싸다.

① 항상 참이다.　　　② 항상 거짓이다.　　　③ 알 수 없다.

Hard

09 운송관리팀 T주임은 다음 보에 따라 운송해야 한다. 다음 중 통행료가 가장 적게 소요되는 경로는?

- T주임은 새로 출시된 제품들을 A창고에서 S창고로 운송하는 경로를 계획 중이다.
- A창고에서 S창고로 이동 가능한 경로는 다음과 같다.

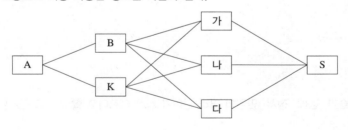

- 각 게이트에서 지불하는 통행료는 다음과 같다.

게이트	통행료	비고
B	46,100	-
K	37,900	-
가	38,400	-
나	51,500	B게이트를 거쳐 온 경우 10% 할인
다	40,500	K게이트를 거쳐 온 경우 5% 할인

① A－B－가－S　　　　② A－B－나－S
③ A－K－가－S　　　　④ A－K－나－S
⑤ A－K－다－S

※ 다음 제시문을 읽고 각 문장이 항상 참이면 ①, 거짓이면 ②, 알 수 없으면 ③을 고르시오. **[10~11]**

- 6명의 친구가 달리기를 했다.
- A는 3등으로 들어왔다.
- B는 꼴찌로 들어왔다.
- C는 E 바로 앞에 들어왔다.
- D는 F 바로 앞에 들어왔다.

10 D가 4등이라면 E는 2등일 것이다.

① 참   ② 거짓   ③ 알 수 없음

11 C는 1등으로 들어왔다.

① 참   ② 거짓   ③ 알 수 없음

12 수영, 슬기, 경애, 정서, 민경의 머리 길이가 서로 다르다고 할 때, 〈조건〉을 보고 적절하게 추론한 것은?

> **조건**
>
> - 수영이는 단발머리로 슬기와 경애의 머리보다 짧다.
> - 정서의 머리는 수영보다 길지만, 슬기보다는 짧다.
> - 경애의 머리는 정서보다 길지만, 슬기보다는 짧다.
> - 민경의 머리는 경애보다 길지만, 다섯 명 중에 가장 길지는 않다.

① 경애는 단발머리이다.
② 슬기의 머리가 가장 길다.
③ 민경의 머리는 슬기보다 길다.
④ 수영의 머리가 다섯 명 중 가장 짧지는 않다.
⑤ 머리가 긴 순서대로 나열하면 '슬기 – 정서 – 민경 – 경애 – 수영'이다.

264 · GSAT 온라인 삼성직무적성검사

13 한 마트에서는 4층짜리 매대에 과일들을 진열해 놓았다. 매대의 각 층에는 서로 다른 과일이 한 종류씩 진열되어 있을 때, 〈조건〉을 보고 적절하게 추론한 것은?

> **조건**
> - 정리된 과일은 사과, 귤, 감, 배의 네 종류이다.
> - 사과 위에는 아무 과일도 존재하지 않는다.
> - 배는 감보다 아래쪽에 올 수 없다.
> - 귤은 감보다는 높이 위치해 있지만, 배보다 높이 있는 것은 아니다.

① 사과는 3층 매대에 있을 것이다.
② 귤이 사과 바로 아래층에 있을 것이다.
③ 배는 감 바로 위층에 있을 것이다.
④ 귤은 감과 배 사이에 있다.
⑤ 귤은 가장 아래층에 있을 것이다.

14 다음 다섯 사람 중 오직 한 사람만이 거짓말을 하고 있다. 거짓말을 하고 있는 사람은?

> - A : C는 거짓말을 하고 있다.
> - B : C의 말이 참이면 E의 말도 참이다.
> - C : B는 거짓말을 하고 있지 않다.
> - D : A의 말이 참이면 내 말은 거짓이다.
> - E : C의 말은 참이다.

① A   ② B
③ C   ④ D
⑤ E

15 N백화점 명품관에서 도난 사건이 발생했다. CCTV 확인을 통해 그 시각 백화점 명품관에 있던 A, B, C, D, E, F용의자가 검거됐다. 이들 중 범인인 두 사람이 거짓말을 하고 있다면, 거짓말을 한 사람은?

> A : F가 성급한 모습으로 나가는 것을 봤어요.
> B : C가 가방 속에 무언가 넣는 모습을 봤어요.
> C : 나는 범인이 아닙니다.
> D : B 혹은 A가 훔치는 것을 봤어요.
> E : F가 범인인 게 확실해요. CCTV를 자꾸 신경 쓰고 있었거든요.
> F : 얼핏 봤는데, 제가 본 도둑은 C 아니면 E예요.

① A, C
② B, C
③ B, F
④ D, E
⑤ F, C

16 김대리, 박과장, 최부장 중 한 명은 점심으로 짬뽕을 먹었다. 다음 여러 개의 진술 중 두 개의 진술만 참이고 나머지는 모두 거짓일 때, 짬뽕을 먹은 사람과 참인 진술을 적절하게 연결한 것은? (단, 중국집에서만 짬뽕을 먹을 수 있고, 중국 음식은 짬뽕뿐이다)

> 김대리 : 박과장이 짬뽕을 먹었다. … ㉠
>   나는 최부장과 중국집에 갔다. … ㉡
>   나는 중국 음식을 먹지 않았다. … ㉢
> 박과장 : 김대리와 최부장은 중국집에 가지 않았다. … ㉣
>   나는 점심으로 짬뽕을 먹었다. … ㉤
>   김대리가 중국 음식을 먹지 않았다는 것은 거짓말이다. … ㉥
> 최부장 : 나와 김대리는 중국집에 가지 않았다. … ㉦
>   김대리가 점심으로 짬뽕을 먹었다. … ㉧
>   박과장의 마지막 말은 사실이다. … ㉨

① 김대리, ㉡·㉥
② 박과장, ㉠·㉤
③ 박과장, ㉤·㉨
④ 최부장, ㉡·㉦
⑤ 최부장, ㉡·㉢

17 은호네 가족(아빠, 엄마, 은호, 은수)은 각각 서로 다른 사이즈의 신발을 신는다. 〈조건〉을 보고 다음 중 항상 참인 것을 고르면?(단, 신발은 5mm 단위로 판매된다)

> **조건**
> • 은호의 아빠는 은호네 가족 중 가장 큰 사이즈인 270mm의 신발을 신는다.
> • 은호의 엄마는 은호의 신발보다 5mm 더 큰 사이즈의 신발을 신는다.
> • 은호에게 230mm의 신발은 조금 작고, 240mm의 신발은 조금 크다.
> • 은수의 신발 사이즈는 230mm 이하로 가족 중 가장 작은 사이즈의 신발을 신는다.

① 은호 아빠와 엄마의 신발 사이즈 차이는 20mm이다.
② 은호 엄마와 은수의 신발 사이즈는 10mm 이하로 차이가 난다.
③ 은호 아빠와 은호의 신발 사이즈 차이는 35mm이다.
④ 은호와 은수의 신발 사이즈 차이는 5mm 이하이다.
⑤ 은수의 신발 사이즈는 225mm이다.

18 K씨는 진찰을 받기 위해 병원에 갔다. 진찰 대기자는 K씨를 포함하여 총 5명이 있다. 진찰 순서가 다음 〈조건〉과 같을 때, K씨는 순서는?

> **조건**
> • A는 B의 바로 앞에 이웃하여 있다.
> • A는 C보다 뒤에 있다.
> • K는 A보다 앞에 있다.
> • K와 D 사이에는 2명이 있다.

① 첫 번째   ② 두 번째
③ 세 번째   ④ 네 번째
⑤ 다섯 번째

19 다음 A ~ E 다섯 사람 중 두 사람만 진실을 말하고 있다. 다음 중 진실을 말하는 두 사람은?

> A : B는 거짓말을 하지 않아.
> B : C의 말은 거짓이야.
> C : D의 말은 진실이야.
> D : C는 진실을 말하고 있어.
> E : D는 거짓말을 하지 않아.

① A, B   ② A, C

③ B, D   ④ C, E

⑤ D, E

20 L사의 영업팀 팀장은 팀원들의 근태를 평가하기 위하여 영업팀 직원 A ~ F의 출근 시각을 확인하였다. 〈조건〉을 보고 다음 중 항상 적절한 것을 고르면?(단, A ~ F의 출근 시각은 모두 다르며, 먼저 출근한 사람만 늦게 출근한 사람의 시간을 알 수 있다)

> 조건
> • C는 E보다 먼저 출근하였다.
> • D는 A와 B보다 먼저 출근하였다.
> • E는 A가 도착하기 직전 또는 직후에 출근하였다.
> • E는 F보다 늦게 출근하였지만, 꼴찌는 아니다.
> • F는 B가 도착하기 바로 직전에 출근하였다.

① A는 B의 출근 시각을 알 수 있다.

② B는 C의 출근 시각을 알 수 있다.

③ C는 A ~ F의 출근 순서를 알 수 있다.

④ D가 C보다 먼저 출근했다면, A ~ F의 출근 순서를 알 수 있다.

21 L사에서 근무하고 있는 직원 갑, 을, 병, 정은 서로의 세미나 참석 여부에 관하여 다음과 같이 진술하였고, 이들 중 단 1명만이 진실을 말하였다. 이들 가운데 반드시 세미나에 참석하는 사람은 누구인가?(단, 진술한 사람은 거짓만 말하거나 진실만 말한다)

> 갑 : 나는 세미나에 참석하고, 을은 세미나에 참석하지 않는다.
> 을 : 갑과 병 중 적어도 한 명은 세미나에 참석한다.
> 병 : 나와 을 중 적어도 한 명은 세미나에 참석하지 않는다.
> 정 : 을과 병 중 한 명이라도 세미나에 참석한다면, 나도 세미나에 참석한다.

① 갑   ② 을
③ 병   ④ 정

`Easy`

22 다음은 숨은 그림 찾기의 결과이다. 많이 찾은 순서대로 적절하게 나열한 것은?

> • 숨은 그림 찾기에서 민수가 철수보다 더 많이 찾았다.
> • 숨은 그림 찾기에서 철수가 영희보다 더 적게 찾았다.
> • 숨은 그림 찾기에서 민수가 영희보다 더 적게 찾았다.

① 영희 – 철수 – 민수   ② 철수 – 영희 – 민수
③ 영희 – 민수 – 철수   ④ 민수 – 철수 – 영희
⑤ 민수 – 영희 – 철수

23 사과 12개를 A, B, C, D, E 5명의 사람들이 나누어 먹고 다음과 같은 대화를 나눴다. 이 중에서 단 1명만이 진실을 말하고 있다고 할 때, 다음 중 사과를 가장 많이 먹은 사람과 적게 먹은 사람을 순서대로 짝지은 것은?(단, 모든 사람은 적어도 1개 이상의 사과를 먹었다)

> A : 나보다 사과를 적게 먹은 사람은 없어.
> B : 나는 사과를 2개 이하로 먹었어.
> C : D는 나보다 사과를 많이 먹었고, 나는 B보다 사과를 많이 먹었어.
> D : 우리 중에서 사과를 가장 많이 먹은 사람은 A야.
> E : 나는 사과를 4개 먹었고, 우리 중에 먹은 사과의 개수가 같은 사람이 있어.

① B, D
② B, A
③ E, A
④ E, D
⑤ E, C

Hard

24 하경이는 A, B, C 3종류의 과자를 총 15개 구매하였다. 3종류의 과자를 다음 주어진 〈조건〉에 맞게 구입했을 때, 〈보기〉에서 항상 적절한 것을 모두 고르면?

> **조건**
> • A, B, C과자는 각각 2개 이상 구매하였다.
> • B과자는 A과자 개수의 2배 이상 구입하였다.
> • C과자는 B과자 개수보다 같거나 많았다.
> • A과자와 B과자 개수 합은 6개를 넘었다.

> **보기**
> ㄱ. 하경이가 B과자를 7개 이상 사지 않았다.
> ㄴ. C과자는 7개 이상 구입하였다.
> ㄷ. 하경이는 A과자를 2개 샀다.

① ㄱ
② ㄴ
③ ㄱ, ㄴ
④ ㄷ
⑤ ㄴ, ㄷ

※ 다음 도식에서 기호들은 일정한 규칙에 따라 문자를 변화시킨다. ?에 들어갈 적절한 문자를 고르시오
　(단, 규칙은 가로와 세로 중 한 방향으로만 적용된다). [25~26]

```
                    KㄹQ人        XㅋFㅂ
                      ↓            ↓
      ㄷTㅍJ  →    ♡    →    □    →    ㅎIㄹS
                      ↓            ↓
      ㅈHㄴO  →    △    →    ♡    →    HㅈOㄴ
                      ↓            ↓
                    ㄹK人Q        △
                                   ↓
                                 ㅊYㅁG
```

Easy

25

ㄱEWN → □ → ♡ → ?

① VMㅎㅋ　　　　　　　　② ㅎㅋVM

③ XMㄴㅋ　　　　　　　　④ ㄴㅋXM

⑤ XOㅎ

26

ㅎBㄱG → □ → △ → ?

① FAㄱㄴ　　　　　　　　② CHㅍㅎ

③ FㄴAㄱ　　　　　　　　④ CㅎHㅍ

⑤ AㄱㄴF

※ 다음 도식에서 기호들은 일정한 규칙에 따라 문자를 변화시킨다. ?에 들어갈 적절한 문자를 고르시오
(단, 규칙은 가로와 세로 중 한 방향으로만 적용된다). [27~30]

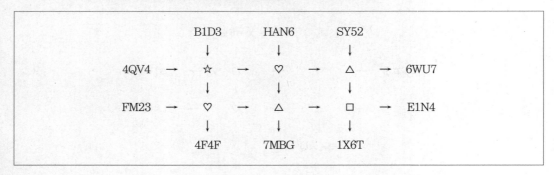

┃ 2022년 상반기 CJ그룹

27

> US24 → □ → ☆ → ?

① 4S2U   ② 2US4
③ 4V8V   ④ 8V4V
⑤ 48VV

┃ 2022년 상반기 CJ그룹

28

> KB52 → ☆ → ♡ → ?

① 37KE   ② 37EO
③ E37K   ④ EO52
⑤ E37O

┃ 2022년 상반기 CJ그룹

29

> ? → △ → ♡ → △ → 9381

① 1839   ② 3819
③ 2748   ④ 4827
⑤ 8472

┃ 2022년 상반기 CJ그룹

30

> ? → □ → △ → 96II

① 96HJ   ② 9HJ6
③ 87HJ   ④ 8H7J
⑤ J7H8

앞선 정보 제공! 도서 업데이트

언제, 왜 업데이트될까?

도서의 학습 효율을 높이기 위해 자료를 추가로 제공할 때!
공기업 · 대기업 필기시험에 변동사항 발생 시 정보 공유를 위해!
공기업 · 대기업 채용 및 시험 관련 중요 이슈가 생겼을 때!

01 SD에듀 도서
www.sdedu.co.kr/book
홈페이지 접속

02 상단 카테고리
「도서업데이트」
클릭

03 해당
기업명으로
검색

참고자료, 시험 개정사항 등 정보 제공으로 학습효율을 높여 드립니다.

기출이
답이다

합격의 모든 것

본 도서는 **항균잉크**로 인쇄하였습니다.

2023 최신판 ALL NEW 100% 전면개정

GSAT

온라인
삼성직무적성검사

편저 | SD적성검사연구소

정답 및 해설

[합격시대]
온라인 모의고사
무료쿠폰

[WIN시대]
AI면접
무료쿠폰

10대기업
면접 기출
질문 자료집

SD에듀
(주)시대고시기획

PART **02**

기출복원문제

정답 및 해설

잠깐!

도서 관련 최신 정보 및 정오사항이 있는지
우측 QR을 통해 확인해 보세요!

| 01 | 수리논리

01	02	03	04	05	06	07	08	09	10
④	②	②	③	④	③	③	②	①	②

01 정답 ④

첫 번째 날 또는 일곱 번째 날에 총무부 소속 팀이 봉사활동을 하게 될 확률은 1에서 마케팅 소속 팀이 첫 번째 날과 일곱 번째 날에 봉사활동을 반드시 하는 확률을 제외한 것과 같다.

마케팅부의 5팀 중 첫 번째 날과 일곱 번째 날에 봉사활동 할 팀을 배치하는 순서의 경우의 수는 $_5P_2=5 \times 4=20$가지이고, 총무부 2팀을 포함한 5팀을 배치하는 경우의 수는 5!가지이므로 총 $20 \times 5!$가지이다.

첫 번째 날과 일곱 번째 날에 마케팅팀이 봉사활동 하는 확률은 $\dfrac{20 \times 5!}{7!}=\dfrac{20 \times 5 \times 4 \times 3 \times 2 \times 1}{7 \times 6 \times 5 \times 4 \times 3 \times 2 \times 1}=\dfrac{10}{21}$ 이므로 첫 번째 날 또는

일곱 번째 날에 총무부 소속 팀이 봉사활동 하는 확률은 $1-\dfrac{10}{21}=\dfrac{11}{21}$ 이다.

따라서 $a-b=21-11=10$이다.

02 정답 ②

7회 말까지 B팀이 얻은 점수를 X점이라 가정하면 8, 9회에서는 A팀이 얻은 점수는 $(12-X)$점, B팀은 $(9-X)$점이다. 방정식을 세우면 $2(9-X)=12-X \rightarrow X=6$이다.

따라서 8, 9회에서 B팀은 $9-6=3$점을 획득하였다.

03 정답 ②

전 직원의 주 평균 야간근무 빈도는 직급별 사원 수를 알아야 구할 수 있는 값이다. 단순히 직급별 주 평균 야간근무 빈도를 모두 더하여 평균을 구하는 것은 적절하지 않다.

오답분석

① 자료를 통해 확인할 수 있다.

③ 0.2시간은 60분×0.2=12분이다. 따라서 4.2시간은 4시간 12분이다.

④ 대리는 주 평균 1.8일, 6.3시간의 야간근무를 한다. 야근 1회 시 평균 6.3÷1.8=3.5시간 근무로 가장 긴 시간 동안 일한다.

⑤ 과장은 60분×4.8=288분(4시간 48분)의 야간근무를 하는데, 60분의 3분의 2(40분) 이상 채울 시 1시간으로 야간근무수당을 계산한다. 따라서 5시간으로 계산하여 50,000원을 받는다.

04 정답 ③

- A기업
  - 화물자동차 : $200,000+(1,000×5×100)+(100×5×100)=750,000$원
  - 철도 : $150,000+(900×5×100)+(300×5×100)=750,000$원
  - 연안해송 : $100,000+(800×5×100)+(500×5×100)=750,000$원
- B기업
  - 화물자동차 : $200,000+(1,000×1×200)+(100×1×200)=420,000$원
  - 철도 : $150,000+(900×1×200)+(300×1×200)=390,000$원
  - 연안해송 : $100,000+(800×1×200)+(500×1×200)=360,000$원

따라서 A는 모든 수단의 운임이 같고, B는 연안해송이 가장 저렴하다.

05 정답 ④

미혼모 가구 수는 2019년까지 감소하다가 2020년부터 증가하였고, 미혼부 가구 수는 2018년까지 감소하다가 2019년부터 증가하였으므로 증감 추이가 바뀌는 연도는 같지 않다.

오답분석

① 한부모 가구 중 모자 가구 수의 전년 대비 증가율은 다음과 같다.
- 2018년 : $2,000÷1,600=1.25$배
- 2019년 : $2,500÷2,000=1.25$배
- 2020년 : $3,600÷2,500=1.44$배
- 2021년 : $4,500÷3,600=1.25$배

따라서 2020년을 제외하고 1.25배씩 증가하였다.

② 한부모 가구 중 모자 가구 수의 20%를 구하면 다음과 같다.
- 2017년 : $1,600×0.2=320$천 명
- 2018년 : $2,000×0.2=400$천 명
- 2019년 : $2,500×0.2=500$천 명
- 2020년 : $3,600×0.2=720$천 명
- 2021년 : $4,500×0.2=900$천 명

따라서 부자 가구가 20%를 초과한 해는 2020년(810천 명), 2021년(990천 명)이다.

③ 2020년 미혼모 가구 수는 모자 가구 수의 $\dfrac{72}{3,600}×100=2$%이다.

⑤ 2018년 부자 가구 수는 미혼부 가구 수의 $340÷17=20$배이다.

06 정답 ③

㉠ 2018~2020년까지 전년 대비 세관 물품 신고 수가 증가와 감소를 반복한 것은 '증가 – 감소 – 증가'인 B와 D이다. 따라서 가전류와 주류는 B와 D 중 하나에 해당한다.

㉡ A~D의 전년 대비 2021년 세관 물품 신고 수의 증가량은 다음과 같다.
- A : $5,109-5,026=83$만 건
- B : $3,568-3,410=158$만 건
- C : $4,875-4,522=353$만 건
- D : $2,647-2,135=512$만 건

C가 두 번째로 증가량이 많으므로 담배류에 해당한다.

㉢ B, C, D를 제외하면 잡화류는 A임을 바로 알 수 있지만, 표의 수치를 보면 A가 2018~2021년 동안 매년 세관물품 신고 수가 가장 많음을 확인할 수 있다.

㉣ 2020년도 세관 물품 신고 수의 전년 대비 증가율을 구하면 D의 증가율이 세 번째로 높으므로 주류에 해당하고, ㉠에 따라 B가 가전류가 된다.

- A : $\dfrac{5,026-4,388}{4,388}\times100 ≒ 14.5\%$
- B : $\dfrac{3,410-3,216}{3,216}\times100 ≒ 6.0\%$
- C : $\dfrac{4,522-4,037}{4,037}\times100 ≒ 12.0\%$
- D : $\dfrac{2,135-2,002}{2,002}\times100 ≒ 6.6\%$

따라서 A는 잡화류, B는 가전류, C는 담배류, D는 주류이다.

07 　정답　③

월평균 매출액이 35억 원이므로 연매출은 $35\times12=420$억 원이며, 연매출액은 상반기와 하반기 매출액을 합한 금액이다. 상반기의 월평균 매출액은 26억 원이므로 상반기 총매출액은 $26\times6=156$억 원이고, 하반기 총매출액은 $420-156=264$억 원이다. 따라서 하반기 평균 매출액은 $264÷6=44$억 원이며, 상반기 때보다 $44-26=18$억 원 증가하였다.

08 　정답　②

2021년 4/4분기의 생활물가지수가 95.9라면, 총합은 407포인트이므로 이를 4분기로 나누면 101.75포인트이다. 따라서 2020년 생활물가지수는 100.175포인트이므로 상승지수는 2포인트 미만이다.

오답분석

① 2020년 소비자물가지수 분기 총합이 401.4로, 1분기당 평균 100.35이므로 2018년 지수 100과 거의 같다고 할 수 있다.
③ 2018년 이후 분기마다 지수가 약간씩 상승하고 있으므로 매년 상승했다.
④ 2020년에는 소비자물가지수가 생활물가지수보다 약 0.7포인트 높으므로 적절한 판단이다.
⑤ 전년 동기와 비교하여 상승 폭이 가장 클 때는 2018년 4/4분기 소비자물가지수(4.2%)이고, 가장 낮을 때는 2019년 2/4분기 생활물가지수(2.4%)와 2019년 3/4분기 소비자 물가지수(2.4%)이다.

09 　정답　①

- X조건에서 Z세균은 피보나치 수열의 계차로 번식한다.

구분	1일 차	2일 차	3일 차	4일 차	5일 차	6일 차	7일 차	8일 차	9일 차	10일 차
X조건에서의 Z세균	10	30	50	90	150	250	410	670	1,090	(A)
계차		20	20	40	60	100	160	260	420	680

따라서 (A)=1,090+680=1,770이다.

- Y조건에서 Z세균은 전날의 2배로 번식한다.

구분	1일 차	2일 차	3일 차	4일 차	5일 차	6일 차	7일 차	8일 차	9일 차	10일 차
Y조건에서의 Z세균	1	1×2^1	1×2^2	1×2^3	1×2^4	1×2^5	1×2^6	1×2^7	1×2^8	(B)

따라서 (B)=1×2^9=512이다.

10　정답 ②

최초 투입한 원유의 양을 aL라 하자.

- LPG를 생산하고 남은 원유의 양 : $(1-0.05a)=0.95a$L
- 휘발유를 생산하고 남은 원유의 양 : $0.95a(1-0.2)=0.76a$L
- 등유를 생산하고 남은 원유의 양 : $0.76a(1-0.5)=0.38a$L
- 경유를 생산하고 남은 원유의 양 : $0.38a(1-0.1)=0.342a$L

따라서 아스팔트의 생산량은 $0.342a \times 0.04 = 0.01368a$L이고, 아스팔트는 최초 투입한 원유량의 $0.01368 \times 100 = 1.368\%$가 생산된다.

|02| 추리

01	02	03	04	05	06	07	08	09	10	11	12	13	14	15	16	17	18	19	20
③	②	①	④	④	④	⑤	①	②	②	④	⑤	⑤	②	①	③	③	③	③	⑤

01　정답 ③

'환율이 하락하다.'를 A, '수출이 감소한다.'를 B, 'GDP가 감소한다.'를 C, '국가 경쟁력이 떨어진다.'를 D라고 했을 때, 첫 번째 명제는 A → D, 세 번째 명제는 B → C, 네 번째 명제는 B → D이므로 마지막 명제가 참이 되려면 C → A라는 명제가 필요하다. 그러므로 C → A의 대우 명제인 ③이 답이 된다.

02　정답 ②

'공부를 열심히 한다.'를 A, '지식을 함양하지 않는다.'를 B, '아는 것이 적다.'를 C, '인생에 나쁜 영향이 생긴다.'를 D로 놓고 보면 첫 번째 명제는 C → D, 세 번째 명제는 B → C, 네 번째 명제는 ~A → D이므로 네 번째 명제가 도출되기 위해서는 ~A → B가 필요하다. 따라서 대우 명제인 ②가 답이 된다.

03　정답 ①

주어진 조건에 따라 시험 과목의 순서를 배치해보면 다음 표와 같다.

첫 번째	두 번째	세 번째	네 번째	다섯 번째	여섯 번째
ㅁ	ㄹ	ㄱ	ㄴ	ㅅ	ㅂ

첫 번째	두 번째	세 번째	네 번째	다섯 번째	여섯 번째
ㅁ	ㄹ	ㄱ	ㄴ	ㅂ	ㅅ

따라서 ㄱ 다음에 보게 될 시험 과목은 ㄴ이다.

04　정답 ④

먼저 첫 번째 조건과 두 번째 조건에 따라 6명의 신입 사원을 부서별로 1명, 2명, 3명으로 나누어 배치한다. 이때, 세 번째 조건에 따라 기획부에 3명, 구매부에 1명이 배치되므로 인사부에는 2명의 신입 사원이 배치된다. 또한 1명이 배치되는 구매부에는 마지막 조건에 따라 여자 신입 사원이 배치될 수 없으므로 반드시 1명의 남자 신입 사원이 배치된다. 남은 5명의 신입 사원을 기획부와 인사부에 배치하는 방법은 다음과 같다.

구분	기획부(3명)	인사부(2명)	구매부(1명)
경우 1	남자 1명, 여자 2명	남자 2명	남자 1명
경우 2	남자 2명, 여자 1명	남자 1명, 여자 1명	

경우 1에서는 인사부에 남자 신입 사원만 배치되므로 '인사부에는 반드시 여자 신입 사원이 배치된다.'의 ④는 적절하지 않다.

05 정답 ④

B와 C의 말이 모순되므로 B와 C 중 한 명은 반드시 진실을 말하고 다른 한 명은 거짓을 말한다.
1) B가 거짓, C가 진실을 말하는 경우
   B가 거짓을 말한다면 E의 말 역시 거짓이 되어 롤러코스터를 타지 않은 사람은 E가 된다. 그러나 A는 E와 함께 롤러코스터를 탔다고 했으므로 A의 말 또한 거짓이 된다. 이때, 조건에서 5명 중 2명만 거짓을 말한다고 했으므로 이는 성립하지 않는다.
2) C가 거짓, B가 진실을 말하는 경우
   B가 진실을 말한다면 롤러코스터를 타지 않은 사람은 D가 되며, E의 말은 진실이 된다. 이때, D는 B가 회전목마를 탔다고 했으므로 D가 거짓을 말하는 것을 알 수 있다. 따라서 거짓을 말하는 사람은 C와 D이며, 롤러코스터를 타지 않은 사람은 D이다.

06 정답 ④

A는 엘리베이터보다 계단이 더 가까운 곳에 살고 있으므로 1001호나 1002호에 살고 있다. C와 D는 계단보다 엘리베이터에 더 가까운 곳에 살고 있다고 하였으므로 1003호와 1004호에 살고 있다. D는 A 바로 옆에 살고 있으므로, D는 1003호에 살고 있고, A는 1002호에 살고 있음을 알 수 있다. 이를 정리하면 다음과 같다.

계단	1001호	1002호	1003호	1004호	엘리베이터
	B	A	D	C	

따라서 B가 살고 있는 곳에서 엘리베이터 쪽으로는 3명이 살고 있으므로 ④는 항상 거짓이다.

07 정답 ⑤

제시된 단어는 유의 관계이다.
'간섭'은 '다른 사람의 일에 참견함'을 뜻하고, '참견'은 '자기와 별로 관계없는 일이나 말 따위에 끼어들어 쓸데없이 아는 체하거나 이래라저래라 함'을 뜻한다. 따라서 '간절히 바라고 구함'의 뜻인 '갈구'와 유의 관계인 단어는 '열렬하게 바람'의 뜻인 '열망'이다.

오답분석
① 관여 : 어떤 일에 관계하여 참여함
② 개입 : 자신과 직접적인 관계가 없는 일에 끼어 듦
③ 경외 : 공경하면서 두려워함
④ 관조 : 고요한 마음으로 사물이나 현상을 관찰하거나 비추어 봄

08 정답 ①

제시된 단어는 반의 관계이다.
'호평'은 '좋게 평함. 또는 그런 평판이나 평가'를 뜻하고, '악평'은 '나쁘게 평함. 또는 그런 평판이나 평가'를 뜻한다. 따라서 '보통 있는 일'의 뜻인 '예사'와 반의 관계인 단어는 '보통 수준보다 훨씬 뛰어나게'의 뜻인 '비범'이다.

오답분석
② 통상 : 특별하지 아니하고 예사임
③ 보통 : 특별하지 아니하고 흔히 볼 수 있음. 또는 뛰어나지도 열등하지도 아니한 중간 정도
④ 험구 : 남의 흠을 들추어 헐뜯거나 험상궂은 욕을 함
⑤ 인기 : 어떤 대상에 쏠리는 대중의 높은 관심이나 좋아하는 기운

09 정답 ②

아리스토텔레스에게는 물체의 정지 상태가 물체의 운동 상태와는 아무런 상관이 없었으며, 물체에 변화가 있어야만 운동한다고 이해했다.

오답분석

㉠ 이론적인 선입견을 배제한다면 일상적인 경험에 의거해 아리스토텔레스의 논리가 더 그럴듯하게 보일 수는 있다고 했지만, 뉴턴 역학이 적절하지 않다고 언급하지는 않았다.

㉡ 제시문의 두 번째 줄에서 '아리스토텔레스에 의하면 물체가 똑같은 운동 상태를 유지하기 위해서는 외부에서 끝없이 힘이 제공되어야만 한다.'고 하고 있다. 그러므로 아리스토텔레스의 주장과 반대되는 내용이다.

㉢ 제시문만으로는 당시에 뉴턴이나 갈릴레오가 아리스토텔레스의 논리를 옳다고 판단했는지는 알 수 없다.

10 정답 ②

기계화·정보화의 긍정적인 측면보다는 부정적인 측면을 부각시키고 있는 본문을 통해 기계화·정보화가 인간의 삶의 질 개선에 기여하고 있음을 경시한다고 지적할 수 있다.

11 정답 ④

제시문은 소음의 규제에 대한 이야기를 하고 있다. 따라서 소리가 시공간적 다양성을 담아내는 문화 구성 요소라는 주장을 통해 단순 소음 규제에 반박할 수 있다.

오답분석

① 관현악단 연주 사례를 통해 알 수 있는 사실이다.

②·③·⑤ 지문의 내용으로 적절하다.

12 정답 ⑤

자기 공명 방식이 상용화되기 위해서는 현재 사용되는 코일 크기로는 일반 가전제품에 적용할 수 없으므로 코일을 소형화해야 할 필요가 있다고 언급하였다.

오답분석

① 자기 유도 방식은 유도 전력을 이용하지만, 무선 전력 전송을 하기 때문에 철심을 이용하지 않는다.

② 자기 유도 방식은 전력 전송율이 높으나 1차 코일에 해당하는 송신부와 2차 코일에 해당하는 수신부가 수 센티미터 이상 떨어지거나 송신부와 수신부의 중심이 일치하지 않게 되면 전력 전송 효율이 급격히 저하된다.

③ 자기 유도 방식의 2차 코일은 교류 전류 방식이다.

④ 자기 공명 방식에서 2차 코일은 공진 주파수를 전달 받는다. 1차 코일에서 공진 주파수를 만든다.

13 정답 ⑤

프리드만의 항상소득가설은 일시적인 소득을 임시소득으로 보며, 소비에 직접적인 영향을 주지 않는다고 보았다.

오답분석

①·② 프리드만의 항상소득가설에 대한 설명이다.

③ 프리드만의 항상소득가설에 따르면 재난지원금은 임시소득으로 소비에 고려되지 않는다.

④ 케인즈의 절대소득가설에 대한 설명이다.

14 정답 ②

규칙은 가로로 적용된다.
첫 번째 도형을 데칼코마니처럼 좌우로 펼친 도형이 두 번째 도형이고, 두 번째 도형을 수평으로 반을 잘랐을 때의 아래쪽 도형이 세 번째 도형이다.

15 정답 ①

규칙은 세로로 적용된다.
첫 번째 도형과 두 번째 도형을 겹쳤을 때, 생기는 면에 색을 칠한 도형이 세 번째 도형이다.

16 정답 ③

규칙은 가로로 적용된다.
첫 번째 도형을 수직으로 반을 잘랐을 때의 왼쪽 도형이 두 번째 도형이고, 두 번째 도형을 수평으로 반을 자른 후 아래쪽 도형을 시계 방향으로 90° 회전시킨 도형이 세 번째 도형이다.

17 정답 ③

♨ : 각 자릿수 +2, +1, +2, +1
◀ : 각 자릿수 −4, −3, −2, −1
◈ : 1234 → 4231

S4X8 → U5Z9 → 95ZU
　　　♨　　　　◈

18 정답 ③

W53M → S21L → L21S
　　　◀　　　　◈

19 정답 ③

T83I → V95J → R63I
　　　♨　　　◀

20 정답 ⑤

6SD2 → 2PB1 → 1PB2 → 3QD3
　　　◀　　　　◈　　　　♨

| 01 | 수리논리

01	02	03	04	05	06	07	08	09	10
④	②	①	⑤	③	④	④	③	⑤	②

01 정답 ④

네 사람이 모두 한 번씩 출장을 가고 그 중 한 사람이 출장을 한 번 더 가면 된다. 네 사람을 A, B, C, D라고 하고 두 번 출장 가는 사람을 A라 하면 경우의 수는 $\frac{5!}{2}=60$가지이다.

따라서 네 사람이 적어도 한 번 이상씩 출장 갈 경우의 수는 $60 \times 4 = 240$가지이다.

02 정답 ②

작년 B부서의 신입사원 수를 x명이라고 하면 올해 A부서와 B부서의 신입사원은 각각 $55+5=60$명, $(x+4)$명이다.
올해 B부서의 신입사원 수의 1.2배가 A부서의 신인사원 수와 같으므로
$(x+4) \times 1.2 = 60 \rightarrow x+4 = 50$
$\therefore x = 46$
따라서 작년 B부서의 신입사원 수는 46명이다.

03 정답 ①

6개의 팀을 배치할 경우의 수는 $6 \times 5 \times 4 \times 3 \times 2 \times 1 = 720$가지이고, A팀과 B팀이 2층에 들어갈 경우의 수는 $4 \times 3 \times 2 \times 1 \times 2 = 48$가지이다.

따라서 A팀과 B팀이 2층에 들어갈 확률은 $\frac{48}{720} = \frac{1}{15}$이다.

04 정답 ⑤

두 제품 A와 B의 원가를 각각 a원, b원이라고 하면 다음과 같다.
$a+b = 50,000$
$(a \times 0.1 + b \times 0.12) \times 5 = 28,200$
정리하면
$a+b = 50,000$
$5a+6b = 282,000$
따라서 $b = 282,000 - 50,000 \times 5 = 32,000$원이다.

05 정답 ③

인사 이동 전 A부서와 B부서의 인원을 각각 a명, b명이라고 하면 $a \times \frac{15}{100} = 6$, $b \times \frac{12}{100} = 6$이므로 a=40, b=50이다.

따라서 인사이동 전 두 부서의 인원 차이는 10명이다.

06 정답 ④

8명 중 3명을 선택하는 경우의 수는 $_8C_3 = 56$가지이고, 각 조에서 한 명씩 선택하는 경우의 수는 $4 \times 2 \times 2 = 16$가지이다.

따라서 이번 주 청소 당번이 각 조에서 한 명씩 뽑힐 확률은 $\frac{16}{56} = \frac{2}{7}$이다.

07 정답 ④

ㄱ. 휴대폰 A~D의 항목별 기본점수를 계산하면 다음과 같다.

구분	A	B	C	D
디자인	5	4	2	3
가격	2	3	4	5
해상도	3	4	5	2
음량	4	2	5	3
화면크기·두께	4	5	2	3
내장·외장메모리	2	3	4	5
합계	20	21	22	21

따라서 기본점수가 가장 높은 휴대폰은 22점인 휴대폰 C이다.

ㄷ. 휴대폰 A~D의 항목별 고객평가 점수를 단순 합산하면 다음과 같다.

구분	A	B	C	D
디자인	8	7	4	6
가격	4	6	7	8
해상도	5	6	8	4
음량	6	4	7	5
화면크기·두께	7	8	3	4
내장·외장메모리	5	6	7	8
합계	35	37	36	35

따라서 각 항목의 점수를 단순 합산한 점수가 가장 높은 휴대폰은 제품 B이다.

ㄹ. 성능점수인 해상도, 음량, 내장·외장메모리 항목의 점수를 제외한, 디자인, 가격, 화면크기·두께 항목의 점수만을 단순 합산한 점수를 계산하면 다음과 같다.

기본점수	A	B	C	D
디자인	8	7	4	6
가격	4	6	7	8
화면크기·두께	7	8	3	4
합계	19	21	14	18

따라서 휴대폰 B의 점수는 휴대폰 C 점수의 $\frac{21}{14} = 1.5$배이다.

ㄴ. 휴대폰 A ~ D의 성능점수를 계산하면 다음과 같다.

구분	A	B	C	D
해상도	3	4	5	2
음량	4	2	5	3
내장·외장메모리	2	3	4	5
합계	9	9	14	10

따라서 성능점수가 가장 높은 휴대폰은 14점인 휴대폰 C이다.

08 정답 ③

먼저 표의 빈칸을 구하면 다음과 같다.

- A의 서류점수 : $\dfrac{\text{㉠}+66+65+80}{4}=70.75$점

  $\therefore$ ㉠=72

- A의 평균점수 : $\dfrac{72+85+68}{3}=75$점

  $\therefore$ ㉡=75

- C의 필기점수 : $\dfrac{85+71+\text{㉢}+88}{4}=80.75$점

  $\therefore$ ㉢=79

- C의 평균점수 : $\dfrac{65+79+84}{3}=76$점

  $\therefore$ ㉣=76

이에 따라 각 부서에 배치할 인원은 다음과 같다.

- 홍보팀 : 면접점수가 85점으로 가장 높은 B
- 총무팀 : 평균점수가 76점으로 가장 높은 C
- 인사팀 : A와 D의 서류점수와 필기점수의 평균을 구하면 A가 $\dfrac{72+85}{2}=78.5$점, D가 $\dfrac{80+88}{2}=84$점이다.

  따라서 인사팀에는 D가 적절하다.

- 기획팀 : 가장 마지막 배치순서이므로 A가 배치될 것이다.

09 정답 ⑤

2019 ~ 2021년 국가채무는 아래와 같다.

- 2019년 : 334.7+247.2+68.5+24.2+48.6=723.2조 원
- 2020년 : 437.5+256.4+77.5+27.5+47.7=846.6조 원
- 2021년 : 538.9+263.5+92.5+27.5+42.9=965.3조 원

ㄷ. 2020년 공적자금 등으로 인한 국가채무는 47.7조 원으로, 27.5조 원인 지방정부 순채무의 $\dfrac{47.7}{27.5}\times100 = 173\%$이므로 60% 이상 많음을 알 수 있다.

ㄹ. 한 해의 GDP는 'GDP$\times\left(\dfrac{\text{GDP 대비 국가채무 비율}}{100}\right)=$국가채무'이므로 국가채무와 GDP 대비 비율을 이용하여 도출할 수 있다.

2019년 GDP를 미지수 x라고 하자. 위 식에 각 항목을 대입하면 $x\times\dfrac{37.6}{100}=723.2$조 원이므로 2019년 GDP는 약 1,923.4조 원이 된다.

그리고 이렇게 도출한 GDP에서 외환시장안정용 국가채무가 차지하는 비율은 $\left(\dfrac{\text{외환시장안정용 국가채무}}{(GDP)}\right)\times100=\dfrac{247.2}{1,923.4}\times100 \fallingdotseq 12.9\%$이다.

동일한 방식으로 구하면 2020년 GDP를 y라 하였을 때 $y\times\dfrac{43.8}{100}=846.6$조 원이므로 2020년 GDP는 약 1,932.9조 원이 된다. 그 중 2020년 외환시장안정용 국가채무가 차지하는 비율은 $\dfrac{256.4}{1,932.9}\times100 \fallingdotseq 13.3\%$로 2019년의 12.9%보다 높으므로 적절한 설명이다.

오답분석

ㄱ. 2020년에 서민주거안정용 국가채무가 국가채무에서 차지하는 비중은 $\dfrac{77.5}{846.6}\times100 \fallingdotseq 9.2\%$이며, 2021년에 서민주거안정용 국가채무가 국가채무에서 차지하는 비중은 $\dfrac{92.5}{965.3}\times100 \fallingdotseq 9.6\%$이다. 따라서 2021년에 전년 대비 증가하였으므로 적절하지 않은 설명임을 알 수 있다.

ㄴ. GDP 대비 국가채무 비율은 2020년과 2021년 모두 증가하였지만, 지방정부 순채무의 경우 2020년에는 전년 대비 증가하고, 2021년에는 전년 대비 불변이다.

10   정답 ②

환경 A에서 배양하는 세균은 1부터 $+2^1$, $+2^2$, $+2^3$, … 규칙으로 증가하고, 환경 B에서 배양하는 세균은 10부터 $+10$, $+20$, $+30$, … 규칙으로 증가한다.

환경 A의 세균이 더 많아질 때까지 표를 그려보면 아래와 같다.

구분	1시간	2시간	3시간	4시간	5시간	6시간	7시간	8시간	9시간
환경 A	1	3	7	15	31	63	127	255	511
환경 B	10	20	40	70	110	160	220	290	370

따라서 9시간 후에 환경 A의 세균이 환경 B의 세균보다 더 많아진다.

| 02 | 추리

01	02	03	04	05	06	07	08	09	10
④	②	②	④	②	⑤	③	①	⑤	③

01 정답 ④

'수학을 좋아한다.'를 '수', '과학을 잘한다.'를 '과', '호기심이 많다.'를 '호'라고 하자.

구분	명제	대우
전제1	수 → 과	과× → 수×
전제2	호× → 과×	과 → 호

전제1과 전제2의 대우에 의해 수 → 과 → 호이다. 따라서 수 → 호 또는 호× → 수×이므로 결론은 '호기심이 적은 사람은 수학을 좋아하지 않는다.'인 ④이다.

02 정답 ②

'물에 잘 번진다.'를 '물', '수성 펜이다.'를 '수', '뚜껑이 있다.'를 '뚜', '잉크 찌꺼기가 생긴다.'를 '잉'이라고 하자.

구분	명제	대우
전제1	물 → 수	수× → 물×
전제2	수 → 뚜	뚜× → 수×
전제3	물× → 잉	잉× → 물

전제1, 전제2의 대우와 전제3에 의해 뚜× → 수× → 물× → 잉이다. 따라서 뚜× → 잉이므로 결론은 '뚜껑이 없는 펜은 잉크 찌꺼기가 생긴다.'인 ②이다.

03 정답 ②

각각의 명제를 벤다이어그램으로 나타내면 아래와 같다.
전제1.

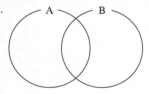

결론.

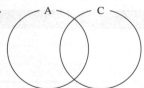

마지막 명제가 참이 되기 위해서는 A와 공통되는 부분의 B와 C가 연결되어야 하므로 B를 C에 모두 포함시켜야 한다. 따라서 전제2에 들어갈 명제는 'B를 구매한 모든 사람은 C를 구매했다.'인 ②이다.

다음과 같은 경우 성립하지 않는다.

① · ③
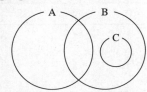

④
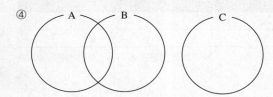

⑤
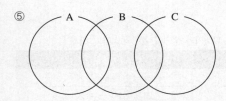

04 정답 ④

단 한 명이 거짓말을 하고 있으므로 C와 D 중 한 명은 반드시 거짓을 말하고 있다. 즉, C의 말이 거짓일 경우 D의 말은 참이 되며, D의 말이 참일 경우 C의 말은 거짓이 된다.

1) D의 말이 거짓일 경우
   C와 B의 말이 참이므로, A와 D가 모두 신발 당첨자가 되어 모순이 된다.
2) C의 말이 거짓일 경우
   A는 신발 당첨자가 되지 않으며, 나머지 진술에 따라 D가 신발 당첨자가 된다.

따라서 C가 거짓을 말하고 있으며, 신발 당첨자는 D이다.

05 정답 ②

주어진 조건을 표로 정리하면 다음과 같다.

구분	아메리카노	카페라테	카푸치노	에스프레소
A	○	×	×	×
B				○
C				×

① · ⑤ 주어진 조건만으로는 C가 좋아하는 커피를 알 수 없다.
③ B는 에스프레소를 좋아하지만, C는 에스프레소를 좋아하지 않는다.
④ A와 B는 좋아하는 커피가 다르다고 했으므로, A는 에스프레소를 좋아하지 않는다. 또한 주어진 조건에서 카페라테와 카푸치노 도 좋아하지 않는다고 했으므로 A가 좋아하는 커피는 아메리카노이다.

06　정답　⑤

조건에 따라 사용할 수 있는 숫자는 1, 5, 6을 제외한 나머지 2, 3, 4, 7, 8, 9의 총 6개이다. (한 자리 수)×(두 자리 수)=156이 되는 수를 알기 위해서는 156의 소인수를 구해보면 된다. $156=2^2 \times 3 \times 13$이고, 156이 되는 수의 곱 중에 조건을 만족하는 것은 2×78과 4×39이다. 따라서 선택지 중에 A팀 또는 B팀에 들어갈 수 있는 암호배열은 39밖에 없으므로 답은 ⑤이다.

07　정답　③

A~D 네 명의 진술을 정리하면 다음과 같다.

구분	진술 1	진술 2
A	C는 B를 이길 수 있는 것을 냈다.	B는 가위를 냈다.
B	A는 C와 같은 것을 냈다.	A가 편 손가락의 수는 B보다 적다.
C	B는 바위를 냈다.	A~D는 같은 것을 내지 않았다.
D	A, B, C 모두 참 또는 거짓을 말한 순서가 동일하다.	이 판은 승자가 나온 판이었다.

먼저 A~D는 반드시 가위, 바위, 보 세 가지 중 하나를 내야 하므로 그 누구도 같은 것을 내지 않았다는 C의 진술 2는 거짓이 된다. 따라서 C의 진술 중 진술 1은 참이 되므로 B가 바위를 냈다는 것을 알 수 있다. 이때, B가 가위를 냈다는 A의 진술 2는 참인 C의 진술 1과 모순되므로 A의 진술 중 진술 2가 거짓이 되는 것을 알 수 있다. 결국 A의 진술 중 진술 1이 참이 되므로 C는 바위를 낸 B를 이길 수 있는 보를 냈다는 것을 알 수 있다.

한편, 바위를 낸 B는 손가락을 펴지 않으므로 A가 편 손가락의 수가 자신보다 적었다는 B의 진술 2는 거짓이 된다. 따라서 B의 진술 중 진술 1이 참이 되므로 A는 C와 같은 보를 냈다는 것을 알 수 있다. 이를 바탕으로 A~C의 진술에 대한 참, 거짓 여부와 가위바위보를 정리하면 다음과 같다.

구분	진술 1	진술 2	가위바위보
A	참	거짓	보
B	참	거짓	바위
C	참	거짓	보

따라서 참 또는 거짓에 대한 A~C의 진술 순서가 동일하므로 D의 진술 1은 참이 되고, 진술 2는 거짓이 되어야 한다. 이때, 승자가 나오지 않으려면 D는 반드시 A~C와 다른 것을 내야 하므로 가위를 낸 것을 알 수 있다.

오답분석

① B와 같은 것을 낸 사람은 없다.
② 보를 낸 사람은 2명이다.
④ B가 기권했다면 가위를 낸 D가 이기게 된다.
⑤ 바위를 낸 사람은 1명이다.

08　정답　①

'근면'은 부지런히 일하며 힘쓰는 것이고, '태만'은 열심히 하려는 마음이 없고 게으른 것으로 서로 반의 관계이다. '긴장'의 반의어는 '완화'이다.
• 긴장(緊張) : 마음을 조이고 정신을 바짝 차림
• 완화(緩和) : 긴장된 상태나 급박한 것을 느슨하게 함

오답분석

② 경직(硬直) : 몸 따위가 굳어서 뻣뻣하게 됨
③ 수축(收縮) : 부피나 규모가 줄어듦
④ 압축(壓縮) : 일정한 범위나 테두리를 줄임
⑤ 팽창(膨脹) : 부풀어서 부피가 커짐

09 정답 ⑤

'고집'은 자기의 의견을 바꾸거나 고치지 않고 굳게 버티는 것이고, '집념'은 한 가지 일에 매달려 마음을 쏟는 것으로 서로 유의 관계이다. '정점'의 유의어는 '절정'이다.
- 정점(頂點) : 사물의 진행이나 발전이 최고의 경지에 달한 상태
- 절정(絕頂) : 사물의 진행이나 발전이 최고의 경지에 달한 상태

오답분석

① 제한(制限) : 일정한 한도를 정하거나 그 한도를 넘지 못하게 막음
② 경계(境界) : 사물이 어떠한 기준에 의하여 분간되는 한계
③ 한도(限度) : 한정된 정도
④ 절경(絕景) : 더할 나위 없이 훌륭한 경치

10 정답 ③

가해자의 징벌을 위해 부과되는 것은 벌금이다.

오답분석

① 불법 행위를 감행하기 쉬운 상황일수록 이를 억제하는 데에는 금전적 제재 수단이 효과적이다.
② 벌금은 형사적 제재이고, 과징금은 행정적 제재이다. 두 제재는 서로 목적이 다르므로 한 가지 행위에 대해 동시 적용이 가능하다.
④ 우리나라에서는 기업의 불법 행위에 대해 손해 배상 소송이 제기되거나 벌금이 부과되는 경우는 드물며, 과징금 등 행정적 제재 수단이 억제 기능을 수행하는 경우가 많다.
⑤ 행정적 제재인 과징금은 국가에 귀속되므로 피해자에게 직접적인 도움이 되지는 못한다.

| 01 | 수리논리

01	02	03	04	05	06	07	08	09	10	11	12	13	14					
②	②	②	④	⑤	④	②	①	②	⑤	④	④	②	②					

01 정답 ②

A가 가장 첫 번째 자리에 앉았으므로 남은 자리는 총 일곱 자리이다. 남은 일곱 자리에 B와 C가 붙어 앉을 수 있는 경우는 6가지이고, 나머지 다섯 자리에 D가 앉는 경우는 5가지이다. 또한 B와 C가 자리를 서로 바꾸어 앉는 경우도 생각해야 한다.
따라서 총 $6 \times 5 \times 2 = 60$가지이다.

02 정답 ②

공기청정기와 선풍기를 모두 구매한 사람은 20명이므로 공기청정기만을 구매한 사람은 100명이다. 공기청정기와 선풍기를 구매한 사람 수에서 두 개를 모두 구매한 사람 수와 공기청정기만을 구매한 사람 수를 제외하면 선풍기만을 구매한 사람의 수를 구할 수 있다. 그러므로 선풍기만을 구매한 사람은 80명이다.
따라서 총 매출액은 $100 \times 15 + 80 \times 7 + 20 \times (15 + 7 - 2) = 2,460$만 원이다.

03 정답 ②

전월 여자와 남자 인원수를 각각 x, y명이라고 하면 전월 인원수는 총 1,000명이므로 $x + y = 1,000$이다. 이번 달에는 전월 대비 여자는 20% 증가했고, 남자는 10% 감소하여 총 인원수가 80명 증가했으므로 $0.2x - 0.1y = 80$이다. 두 식을 정리하여 연립하면 다음과 같다.
$x + y = 1,000 \cdots$ ㉠
$0.2x - 0.1y = 80 \rightarrow 2x - y = 800 \cdots$ ㉡
㉠+㉡ $\rightarrow 3x = 1,800$
$\therefore x = 600$, $y = 400$

04 정답 ④

1회차에 당첨된 한 명은 2회차 추첨에서 제외되고, 2회차에 당첨된 다른 한 명은 3회차 추첨에서 제외된다. 1회차에 당첨된 한 명은 3회차 추첨에 다시 포함된다. 그러므로 A가 이번 달에 총 2번 당첨되려면 1회차와 3회차에 당첨되어야 함을 알 수 있다.
1, 2, 3회차에 10명의 참여자 중 당첨자를 추첨하는 경우의 수는 $10 \times 9 \times 9$가지이다.
A가 1회차에 당첨되고 2회차에는 A를 제외한 9명 중 1명이 당첨되며, 3회차에 다시 A가 당첨되는 경우의 수는 $1 \times 9 \times 1$가지이다.
따라서 이번 달에 A가 2번 당첨될 확률은 $\dfrac{1 \times 9 \times 1}{10 \times 9 \times 9} = \dfrac{1}{90}$이다.

05 　정답 　⑤

20대가 적어도 1명 이상 포함될 경우는 전체의 경우에서 20대가 1명도 포함되지 않을 경우를 제외한 것과 같다.

전체의 경우의 수는 $_6C_2$ 가지이고 20대를 1명도 포함시키지 않고 2명을 뽑는 경우의 수는 30대에서 2명을 모두 뽑는 경우의 수와 같으므로 $_3C_2$ 가지이다.

$$\therefore \frac{_6C_2 - _3C_2}{_6C_2} = \frac{15-3}{15} = \frac{12}{15} = \frac{4}{5}$$

06 　정답 　④

Y는 6시간 동안 1개를 생산하였으므로 60시간 동안에는 10개를 생산한다. Y와 Z가 함께 60시간 동안 21개를 생산하였으므로 Z는 11개를 생산하였다. 그러므로 X가 15시간 동안 1개, Y가 6시간 동안 1개, Z는 60시간 동안 11개를 생산한다.

따라서 X, Y, Z가 함께 360시간 동안 생산하는 A제품은 $360 \div 15 \times 1 + 360 \div 6 \times 1 + 360 \div 60 \times 11 = 24 + 60 + 66 = 150$개이다.

07 　정답 　②

2019년의 인원수는 2018년 대비 25% 감소하였으므로 $300 \times (1-0.25)$명이다.

2020년의 인원수는 2019년 대비 20% 증가하였으므로 $300 \times (1-0.25) \times (1+0.2)$명이다.

따라서 2018년과 2020년의 인원수 차이는 $300 - 300 \times (1-0.25) \times (1+0.2) = 300 - 300 \times 0.75 \times 1.2 = 300 - 270 = 30$명이다.

08 　정답 　①

10명인 S부서에서 3명을 뽑는 경우의 수는 $_{10}C_3$ 가지이다.

6명인 제조팀에서 2명, 4명인 영업팀에서 1명이 뽑히는 경우의 수는 $_6C_2 \times _4C_1$ 가지이다.

따라서 S부서에서 3명을 뽑을 때 제조팀에서 2명, 영업팀에서 1명이 뽑힐 확률은 $\dfrac{_6C_2 \times _4C_1}{_{10}C_3} = \dfrac{\dfrac{6 \times 5}{2 \times 1} \times 4}{\dfrac{10 \times 9 \times 8}{3 \times 2 \times 1}} = \dfrac{15 \times 4}{120} = \dfrac{1}{2}$ 이다.

09 　정답 　②

ㄴ. 기계장비 부문의 상대수준은 일본이다.

ㄷ. 한국의 전자 부문 투자액은 301.6억 달러, 전자 외 부문 투자액의 총합은 $3.4 + 4.9 + 32.4 + 16.4 = 57.1$억 달러로, $57.1 \times 6 = 342.6 > 301.6$이다. 따라서 적절하지 않다.

오답분석

ㄱ. 제시된 자료를 통해 한국의 IT서비스 부문 투자액은 최대 투자국인 미국 대비 상대수준이 1.7%임을 알 수 있다.

ㄹ. 일본은 '전자 – 바이오·의료 – 기계장비 – 통신 서비스 – IT서비스' 순이고, 프랑스는 '전자 – IT서비스 – 바이오·의료 – 기계장비 – 통신 서비스' 순서이다.

10 정답 ⑤

S사의 부서별 전년 대비 순이익의 증감률은 다음과 같다.

(단위 : %)

구분	리조트	보험	물류	패션	건설
2017년	60	0	25	50	20
2018년	150	25	60	0	50
2019년	25	50	25	400	100
2020년	20	40	20	-70	-50
2021년	15	0	25	200	100

2018년 건설 부서의 순이익은 전년 대비 50% 증가하였는데 ⑤번 그래프에서는 40%보다 낮다.

11 정답 ④

(X상품 생산지수)=10일 때, (Y상품 생산지수)=52이므로

$52=a\times(10\div10)^2+b\times10 \rightarrow 52=a+10b \cdots$ (가)

(X상품 생산지수)=20일 때, (Y상품 생산지수)=108이므로

$108=a\times(20\div10)^2+b\times20 \rightarrow 108=4a+20b \rightarrow 27=a+5b \cdots$ (나)

(가)와 (나)를 연립하면

(가)-(나) $\rightarrow a=2$, $b=5 \rightarrow$ (Y상품 생산지수)$=2\times[$(X상품 생산지수)$\div10]^2+5\times$(X상품 생산지수)

(X상품 생산지수)=30일 때

(Y상품 생산지수)$=2\times(30\div10)^2+5\times30=168 \cdots$ ⓛ

(Y상품 생산지수)=300일 때

$300=2\times[$(X상품 생산지수)$\div10]^2+5\times$(X상품 생산지수)

$\rightarrow$ (X상품 생산지수)$^2\div50+5\times$(X상품 생산지수)$-300=0$

$\rightarrow$ (X상품 생산지수)$^2+250\times$(X상품 생산지수)$-15,000=0$

$\rightarrow \{$(X상품 생산지수)$+300\}\{$(X상품 생산지수)$-50\}=0$

$\rightarrow$ (X상품 생산지수)$=50 \cdots$ ㉠ (∵ X, Y상품의 생산지수는 양수)

따라서 ㉠=50, ⓛ=168이다.

12 정답 ④

A회사와 B회사 매출액의 증감 규칙은 다음과 같다.

• A회사

3,500　　5,000　　6,400　　7,700

　　+1,500　+1,400　+1,300

　　　　-100　　-100

주어진 수열의 계차는 공차가 -100인 등차수열이다.

• B회사

1,500　　2,100　　2,700　　3,300

　　+600　　+600　　+600

앞의 항에 +600을 하는 등차수열이다.

2020년을 기준으로 n년 후에 A회사의 매출액은 $7,700+\sum_{k=1}^{n}(1,300-100k)$백만 원이고, B회사의 매출액은 $3,300+600n$백만 원이다.

B회사 매출액이 A회사 매출액의 절반을 뛰어넘는 연도를 구하라고 하였으므로 다음과 같다.

$$\frac{7{,}700+\sum\limits_{k=1}^{n}(1{,}300-100k)}{2}<3{,}300+600n \;\rightarrow\; -50n^2+1{,}250n+7{,}700<2\times(3{,}300+600n)$$

$$\left[\because \sum_{k=1}^{n}k=\frac{n(n+1)}{2}, \;\sum_{k=1}^{n}m=nm \;(\text{단, } m\text{은 상수이다})\right]$$

$\rightarrow\; -50n^2+1{,}250n+7{,}700<6{,}600+1{,}200n$

$\rightarrow\; -50n^2+50n+1{,}100<0$

$\rightarrow\; -50(n^2-n-22)<0$

$\rightarrow\; n^2-n-22>0$

$\therefore\; n\geq 6$

따라서 n이 6보다 크거나 같아야 n^2-n-22이 0보다 크므로 2020년으로부터 6년 후인 2026년에 B회사 매출액이 A회사 매출액의 절반을 뛰어넘는다.

직접 계산하는 방법으로 하면 A, B회사의 매출액은 다음과 같다.

(단위 : 백만 원)

구분	2020년	2021년	2022년	2023년	2024년	2025년	2026년
A회사	7,700	8,900	10,000	11,000	11,900	12,700	13,400
B회사	3,300	3,900	4,500	5,100	5,700	6,300	6,900

따라서 2026년에 B회사 매출액이 A회사 매출액의 절반을 뛰어넘는 것을 알 수 있다.

13 정답 ②

A사원과 B사원이 T상품에 가입시킨 고객 수의 증가 규칙은 다음과 같다.

• A사원

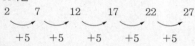

공차가 +5인 등차수열이다.

• B사원

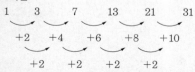

주어진 수열의 계차는 공차가 +2인 등차수열이다.

증가 규칙에 따라 12월에 A사원과 B사원이 가입시킨 고객 수를 구하면 다음과 같다.

(단위 : 명)

구분	6월	7월	8월	9월	10월	11월	12월
A사원	27	32	37	42	47	52	57
B사원	31	43	57	73	91	111	133

A사원과 B사원의 12월 성과금은 각각 114(=57×2)만 원, 266(=133×2)만 원이다.

14 정답 ②

X상품과 Y상품의 수익의 증가 규칙은 다음과 같다.
- A사원

$$25,000 \quad 26,000 \quad 27,000 \quad 28,000 \quad 29,000$$
$$+1,000 \quad +1,000 \quad +1,000 \quad +1,000$$

공차가 $+1,000$인 등차수열이다.
- B사원

$$5,000 \quad 6,000 \quad 9,000 \quad 14,000 \quad 21,000$$
$$+1,000 \quad +3,000 \quad +5,000 \quad +7,000$$
$$+2,000 \quad +2,000 \quad +2,000$$

주어진 수열의 계차는 공차가 $+2,000$인 등차수열이다.

2021년 5월을 기준으로 n달 후에 X상품의 수익은 $29,000+1,000n$천만 원이고, Y상품의 수익은 $21,000+\sum\limits_{k=1}^{n}(7,000+2,000k)$

천만 원이다.
Y상품 수익이 X상품 수익의 3배가 되는 달을 구하라고 하였으므로 다음과 같다.

$$21,000+\sum_{k=1}^{n}(7,000+2,000k)=3\times(29,000+1,000n)$$
$$\rightarrow 21,000+7,000n+1,000n(n+1)=87,000+3,000n$$
$$\rightarrow 1,000n^2+5,000n-66,000=0$$
$$\rightarrow n^2+5n-66=0$$
$$\rightarrow (n-6)(n+11)=0$$
$$\therefore n=6(\because 2021년 5월 이후)$$

2021년 5월을 기준으로 6달 후인 2021년 11월에 Y상품 수익이 X상품 수익의 3배가 된다.
직접 계산하는 방법으로 하면 X상품과 Y상품의 수익은 다음과 같다.

(단위 : 천만 원)

구분	5월	6월	7월	8월	9월	10월	11월
X상품	29,000	30,000	31,000	32,000	33,000	34,000	35,000
Y상품	21,000	30,000	41,000	54,000	69,000	86,000	105,000

따라서 2021년 11월에 Y상품 수익이 X상품 수익의 3배가 되는 것을 알 수 있다.

| 02 | 추리

01	02	03	04	05	06	07	08	09	10	11	12	13	14	15	16	17	18	19	20
④	⑤	②	②	⑤	③	⑤	②	②	③	⑤	②	①	③	②	③	⑤	①	②	④
21	22	23	24	25	26	27													
③	⑤	②	①	③	⑤	④													

01 　정답　④

'연극을 좋아한다.'를 '연', '발레를 좋아한다.'를 '발', '영화를 좋아한다.'를 '영'이라고 하자.

구분	명제	대우
전제1	연 → 발	발✕ → 연✕
전제2	영✕ → 발✕	발 → 영

전제1과 전제2의 대우에 의해 연 → 발 → 영이다. 따라서 연 → 영이므로 결론은 '연극을 좋아하면 영화를 좋아한다.'인 ④이다.

02 　정답　⑤

'부품을 만든다.'를 '부', '공장이 있다.'를 '공', '제조를 한다.'를 '제'라고 하자.

구분	명제	대우
전제1	부 → 공	공✕ → 부✕
결론	부 → 제	제✕ → 부✕

전제1이 결론으로 연결되려면, 전제2는 공 → 제가 되어야 한다. 따라서 전제2는 '공장이 있는 회사는 제조를 한다.'인 ⑤이다.

03 　정답　②

'와인을 좋아한다.'를 '와', '치즈를 좋아한다.'를 '치', '포도를 좋아한다.'를 '포'라고 하면 다음과 같이 벤다이어그램으로 나타낼 수 있다.

전제1.

결론.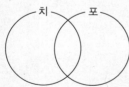

결론이 참이 되기 위해서는 '와'와 공통되는 '치'의 부분과 '포'가 연결되어야 한다. 즉, 다음과 같은 벤다이어그램이 성립할 때 결론이 참이 될 수 있으므로 전제2에 들어갈 명제는 어떤 와 → 포이거나 어떤 포 → 와이다. 따라서 전제2에 들어갈 명제는 '와인을 좋아하는 어떤 회사원은 포도를 좋아한다.'인 ②이다.

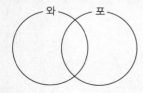

04 정답 ②

'연극을 좋아하는 아이'를 '연', '드라마를 보는 아이'를 '드', '영화를 보는 아이'를 '영'이라고 하면, 전제1과 전제2는 다음과 같은 벤다이어그램으로 나타낼 수 있다.

전제1.

전제2.

이를 정리하면 다음과 같은 벤다이어그램이 성립한다.

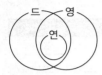

따라서 '영화를 보는 어떤 아이는 드라마를 본다.'라는 결론이 도출된다.

오답분석

⑤

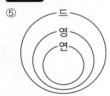

이 경우에는 성립하지 않으므로 적절하지 않다.

05 정답 ⑤

'C언어를 한다.'를 'C', '파이썬을 한다.'를 '파', 'Java를 한다.'를 'J'라고 하자.

구분	명제	대우
전제1	C → 파	파× → C×
전제2	J → C	C× → J×

전제2와 전제1에 의해 J → C → 파이다. 따라서 J → 파이므로 결론은 'Java를 하는 사원은 파이썬을 한다.'의 대우명제인 ⑤이다.

06 정답 ③

E는 B보다 먼저 포장을 완료했고 B는 보관함 2열, E는 보관함 3행에 넣어졌으므로 B는 8번 보관함, E는 7번 보관함에 넣어졌다. D는 A보다 한 행 아래, C보다 왼쪽 열에 넣어졌고, C는 두 번째로 포장이 완료되었으므로 A → C → D 순서로 포장이 완료되었음을 알 수 있다. 또한 짝수 번의 보관함에는 한 개의 상품만 넣어졌으므로 8번에 넣어진 B를 제외하고는 모두 홀수 번의 보관함에 넣어졌다.

따라서 A는 1번 보관함, C는 3번 보관함, D는 5번 보관함에 넣어졌다.

07 정답 ⑤

C는 가장 마지막에 출근하였으므로 여섯 번째로 출근했고, 케냐 커피를 마셨다. F는 바로 앞에 출근한 사원이 마신 커피와 다른 종류의 커피를 마셨으므로 네 번째로 출근했고 케냐 커피를 마셨다. A와 B는 연이어 출근하였고 B는 E보다 나중에 출근하였으므로 E는 첫 번째로 출근했다. A와 B는 두 번째, 세 번째로 연이어 출근했고, D는 다섯 번째로 출근했다.

구분	에티오피아 커피			케냐 커피		
	첫 번째	두 번째	세 번째	네 번째	다섯 번째	여섯 번째
경우 1	E	A	B	F	D	C
경우 2	E	B	A	F	D	C

08 정답 ②

첫 번째와 세 번째 조건에 의해 F>(A, B)>E이다.
두 번째와 네 번째 조건까지 고려하면 다음과 같다.

구분	첫 번째	두 번째	세 번째	다섯 번째	여섯 번째	일곱 번째
경우 1	F	C	A	B	D	E
경우 2	F	C	B	A	D	E
경우 3	F	A	C	B	E	D
경우 4	F	A	D	B	E	C
경우 5	F	B	C	A	E	D

따라서 E가 맨 끝에 서 있는 경우는 경우 1, 2이므로 C는 F 바로 뒤에 서 있다.

오답분석
① 경우 4에서 D는 E와 떨어져 있다.
③ 경우 3, 4에서 A는 C보다 앞에 서 있다.
④ 경우 5에서 E가 여섯 번째로 서 있지만 A는 B보다 뒤에 서 있다.
⑤ 경우 3, 4에서 A가 F 바로 뒤에 서 있지만 B는 다섯 번째에 서 있다.

09 정답 ②

D가 첫 번째 경기에 출전했으므로 1, 2번 자리에 배치되었고, F는 두 번째 경기에 출전했으므로 3, 4번 자리에 배치되었다. D는 결승전에 진출했고 B는 준결승전에서 패배하였으므로 B와 D는 준결승전에서 만났다. D는 1, 2번 자리에 배치되었으므로 B는 3, 4번 자리에 배치되었다.
준결승에서 만난 G와 E는 5, 6, 7번 자리에 배치되었다.
따라서 준결승에 진출한 네 명은 B, D, E, G이므로 C는 1라운드에서 승리할 수 없다.

오답분석
① D는 결승전에 진출했고, G와 E는 준결승에서 만났으므로 G가 E를 이긴다면 D와 결승전에서 만날 수도 있다.
③ 5, 6, 7번 자리에 배치된 G와 E가 준결승에서 만났으므로 A는 부전승으로 준결승전에 출전할 수 없다.
④ B와 F는 3, 4번 자리에 배치되었으므로 1라운드에서 만났다.
⑤ G나 E가 7번 자리에 배치될 수 있으므로 A와 C는 경기를 3번 했다.

10 정답 ③

각 직무의 담당자는 2명이고 C와 D가 담당하는 직무는 서로 다르므로 A와 B가 담당하는 직무도 서로 다르다. B는 공정설계 직무를 담당하므로 A는 공정설계 직무를 담당하지 않고, D는 설비기술 직무를 담당하므로 C는 설비기술 직무를 담당하지 않는다.
이때 D가 회로설계 직무를 담당하면 C는 공정설계와 품질보증 직무를 담당하는데, A와 C는 1개의 직무를 함께 담당하고 A는 공정설계를 담당하지 않으므로 A와 C는 품질보증 직무를 함께 담당한다.

구분	공정설계	설비기술	회로설계	품질보증
A	×			○
B	○			×
C	○	×	×	○
D	×	○	○	×

① B가 회로설계 직무를 담당하면 A는 설비기술과 품질보증 직무를 담당한다. A와 C가 1개의 직무를 함께 담당해야 하므로 C는 품질보증 직무를 담당한다. C와 D가 담당하는 직무는 서로 다르므로 D는 품질보증 직무를 담당하지 않는다.

구분	공정설계	설비기술	회로설계	품질보증
A	×	○	×	○
B	○	×	○	×
C		×		○
D		○		×

② A가 설비기술 직무를 담당하지 않으면 회로설계와 품질보증 직무를 담당한다. A와 C는 1개의 직무를 함께 담당하므로 C는 회로설계와 품질보증 직무 중 1개의 직무를 담당한다.

구분	공정설계	설비기술	회로설계	품질보증
A	×	×	○	○
B	○	○	×	×
C		×		
D		○		

④ C가 품질보증 직무를 담당하지 않으면 공정설계와 회로설계 직무를 담당한다. A와 C는 1개의 직무를 함께 담당하므로 A는 회로설계 직무를 담당한다. A와 B는 담당하는 직무가 서로 다르므로 B는 회로설계 직무를 담당하지 않는다.

구분	공정설계	설비기술	회로설계	품질보증
A	×		○	
B	○		×	
C	○	×	○	×
D	×	○	×	○

⑤ B가 설비기술 직무를 담당하지 않으면 A는 설비기술 직무를 담당한다. A는 회로설계와 품질보증 직무 중 1개의 직무를 담당할 수 있으므로 회로설계 직무를 담당하지 않는지는 알 수 없다.

구분	공정설계	설비기술	회로설계	품질보증
A	×	○		
B	○	×		
C		×		
D		○		

11 정답 ⑤

가장 작은 숫자가 적힌 카드를 가지고 있다는 A와 A가 가지고 있는 카드의 숫자보다 작은 수가 적힌 카드를 가지고 있다는 E의 진술이 서로 모순된다.

• A의 진술이 거짓일 때

A가 가진 카드에 적힌 숫자는 1이 아니며, C의 진술에 의해 A는 2가 적힌 카드를 가지고 있다. E의 진술에 의해 E는 1이 적힌 카드를 가지고 있고, D의 진술에 의해 D는 0이 적힌 카드를 가지고 있다. 그런데 카드에는 1부터 5까지의 자연수가 적혀있다고 하였으므로 모순이다.

- E의 진술이 거짓일 때

　A는 1이 적힌 카드를 가지고 있고, C의 진술에 의해 C는 2가 적힌 카드를 가지고 있다. B는 C보다는 큰 수이고 5보다는 작은 수가 적힌 카드를 가지고 있으므로 3 또는 4가 적힌 카드를 가지고 있다. D의 진술에 의해 D는 E보다 1만큼 작은 수가 적힌 카드를 가지고 있으므로 D와 E는 각각 4, 5 또는 3, 4가 적힌 카드를 가지고 있다. 그러므로 B는 3, D는 4, E는 5가 적힌 카드를 가지고 있다.

따라서 가장 큰 숫자가 적힌 카드를 가지고 있는 사람은 E이다.

12　정답　②

- A의 진술이 거짓일 때

　A는 거짓을 말했으므로 나팀이고, A와 C는 같은 팀이 아니다. C는 나팀이 아니므로 E가 나팀이라는 C의 말은 참이다. E는 나팀이므로 B가 나팀이 아니라는 진술은 거짓이다. B가 나팀이므로 한 팀은 2명 이하로 구성되어 있다는 전제에 모순된다.

- A의 진술이 참일 때

　A는 진실을 말했으므로 A와 C는 같은 팀이고 나팀이 아니다. C도 진실을 말했으므로 E는 나팀이다. E는 나팀이므로 B는 나팀이 아니라는 E의 진술은 거짓이다. B는 나팀이므로 B의 진술은 거짓이다. 따라서 A와 C는 가팀, B와 E는 나팀, D는 다팀이다.

13　정답　①

규칙은 세로 방향으로 적용된다.

첫 번째 도형과 두 번째 도형을 합쳤을 때 검은색과 검은색, 흰색과 흰색이 합쳐지는 부분은 흰색, 검은색과 흰색이 합쳐지는 부분은 검은색으로 표현된 것이 세 번째 도형이다.

14　정답　③

규칙은 가로 방향으로 적용된다.

원은 시계 방향으로 한 칸씩 이동하면서 해당 칸의 색으로 바뀐다. 원이 위치한 칸의 색은 항상 흰색이고, 원이 다른 칸으로 이동하면 원래 색으로 바뀐다.

15　정답　②

규칙은 가로 방향으로 적용된다.

첫 번째 도형을 시계 반대 방향으로 90° 회전한 것이 두 번째 도형이고, 이를 180° 회전한 것이 세 번째 도형이다.

16　정답　③

- △ : 각 자릿수 +1, −1, +2, −2
- ○ : 1234 → 2143
- □ : 각 자릿수 +1, −1, −1, +1
- ☆ : 1234 → 1324

BROW　→　CQQU　→　QCUQ
　　　　　△　　　　　○

17　정답　⑤

QWXE　→　RVWF　→　RWVF
　　　　　□　　　　　☆

18 정답 ①

GKHE → GHKE → HGEK
　　☆　　　　○

19 정답 ②

XOST → YNUR → ZMTS
　　△　　　　□

20 정답 ④

- △ : 각 자릿수 +1, +2, +1, +2
- ○ : 1234 → 4321
- □ : 각 자릿수 +0, +1, +0, −1
- ☆ : 1234 → 1324

HLJW → HMJV → HJMV
　　□　　　　☆

21 정답 ③

SEMV → TGNX → TNGX
　　△　　　　☆

22 정답 ⑤

EHFP → PFHE → QHIG
　　○　　　　△

23 정답 ②

ALVK → AMVJ → JVMA
　　□　　　　○

24 정답 ①

제시된 단어의 대응 관계는 반의 관계이다.
'조잡하다'는 '말이나 행동 따위가 거칠고 품위가 없다.'라는 뜻으로 '자세하고 꼼꼼하다.'라는 뜻의 '치밀하다'와 반의 관계이다.
따라서 '활동 범위나 세력을 넓혀 나아가다.'라는 뜻을 가진 '진출하다'와 반의 관계인 단어는 '거두어들이거나 걷어치우다.'라는
뜻인 '철수하다'이다.

오답분석

② 자립하다 : 남에게 의지하지 않고 스스로 서다.
③ 인식하다 : 사물을 분별하고 판단하여 알다.
④ 막론하다 : 이것저것 따지고 가려 말하지 아니하다.
⑤ 분별하다 : 서로 다른 일이나 사물을 구별하여 가르다.

25 정답 ③

아보카도는 실내 온도에서 3일 정도밖에 보관되지 않는다.

26 정답 ⑤

해시 함수 3은 해시 값이 02와 03으로 다르지만 입력 값이 같으므로 해시 함수라고 할 수 없다.

오답분석
① 입력 값과 해시 함수 1에 의해 대응하는 해시 값이 서로 다르므로 해시 충돌이 발생하지 않았다.
② 해시 함수 2는 입력 값 B와 C에 대응하는 해시 값이 02로 같으므로 해시 충돌이 발생했다.
③ 해시 함수 3은 해시 함수라고 할 수 없으므로 암호로 사용될 수 없다.
④ 주어진 자료만으로 판단했을 때 해시 함수 2는 해시 충돌이 발생했고, 해시 함수 1은 해시 충돌이 발생하지 않았으므로 해시 함수 2보다는 해시 함수 1이 검색 비용이 적게 들 것이다.

27 정답 ④

전자식 보정은 광학식 보정보다 성능은 떨어지지만 가격이 저렴한 장점이 있으므로 상황에 따라 적절하게 선택하여 활용하는 것이 좋다.

오답분석
① 광학식 보정은 전자식 보정보다는 가격이 높다는 단점이, 성능이 우수하다는 장점이 있다.
② 전자식 보정은 사진을 찍은 후 떨림을 보정하는 기술이므로 사진을 찍기 전까지는 보정되는 정도를 확인할 수 없다.
③ 거치대를 이용하여 사진을 찍는 경우에는 손떨림이 없으므로 보정 기술이 거의 필요 없다. 따라서 광학식 보정보다는 전자식 보정을 선택하는 것이 가격 면에서 이득이다.
⑤ 광학식 보정은 손이 떨리는 방향과 반대 방향으로 렌즈를 이동시켜 흔들림을 상쇄하는 기술이므로 손이 왼쪽으로 떨리면 렌즈를 오른쪽으로 이동시켜 흔들림을 상쇄한다.

| 01 | 수리논리

01	02	03	04	05	06	07	08	09	10
②	②	③	④	④	③	①	②	④	④

01 정답 ②

스마트패드만 구입한 고객의 수를 x명, 스마트패드와 스마트폰을 모두 구입한 고객의 수를 y명이라고 하자.
스마트폰만 구입한 고객은 19명이고, S사에서 스마트패드와 스마트폰을 구매한 고객은 총 69명이므로 $x+y+19=69$이다.
한 달 동안 S사의 매출액은 4,554만 원이므로 $80 \times x + 91 \times y + 17 \times 19 = 4,554$이다.
두 식을 정리하여 연립하면 다음과 같다.
$x+y=50 \cdots \bigcirc$
$80x+91y=4,231 \cdots \bigcirc\!\bigcirc$
$\bigcirc\!\bigcirc - 80 \times \bigcirc \rightarrow x=29,\ y=21$
따라서 스마트패드와 스마트폰을 모두 구입한 고객의 수는 21명이다.

02 정답 ②

20대, 30대, 40대 직원 수를 각각 a, b, c명이라고 하자.
20대가 30대의 50%이므로 $a=b \times 50\% = b \times \dfrac{1}{2}$이다.
40대가 30대보다 15명이 많으므로 $c=b+15$이다.
총 직원의 수는 100명이므로 $a+b+c=100$이고, 앞서 구한 식을 이용하여 b에 관한 식으로 만들면 $b \times \dfrac{1}{2} + b + b + 15 = 100$이다.
따라서 $b=34$이므로 30대 직원은 총 34명이다.

03 정답 ③

투자금	100억 원	
주식 종류	A	B
수익률	10%	6%
수익금	7억 원	

100억 원을 A와 B에 분산투자하므로 A에 투자하는 금액을 x억 원이라고 하고, B에 투자하는 금액을 y억 원이라 하자.
$x+y=100 \rightarrow y=100-x$
A의 수익률 10%, B의 수익률 6%로 7억 원의 수익을 내면 다음과 같다.
$x \times 10\% + (100-x) \times 6\% = 7$
$\rightarrow 0.1x + 0.06(100-x) = 7$
$\rightarrow 10x + 6(100-x) = 700$

$$\rightarrow 10x+600-6x=700$$
$$\rightarrow 4x=100$$
$$\therefore x=25$$

따라서 7억 원의 수익을 내기 위해서 A에 투자할 금액은 25억 원이다.

04　정답 ④

고급반 가, 나, 다 수업은 이어서 개설되므로 하나의 묶음으로 생각한다. 고급반 가, 나, 다 수업이 하나의 묶음 안에서 개설되는 경우의 수는 3!가지이다.

초급반 A, B, C수업은 이어서 개설되지 않으므로 6개 수업을 순차적으로 개설하는 방법은 다음과 같은 두 가지 경우가 있다.

초급반 A, B, C	고급반 가, 나, 다	초급반 A, B, C	초급반 A, B, C
초급반 A, B, C	초급반 A, B, C	고급반 가, 나, 다	초급반 A, B, C

두 가지 경우에서 초급반 A, B, C수업의 개설 순서를 정하는 경우의 수는 3!가지이다.

따라서 6개 수업을 순차적으로 개설하는 경우의 수는 3!×2×3!=72가지이다.

05　정답 ④

• 전체 경우

구분	1년	2년	3년
조장 가능 인원	6명	5명(첫 번째 연도 조장 제외)	5명(두 번째 연도 조장 제외)

연임이 불가능할 때 3년 동안 조장을 뽑는 경우의 수는 6×5×5가지이다.

• A가 조장을 2번 하는 경우

구분	1년	2년	3년
조장	1명(A)	5명(A 제외 5명 중 1명)	1명(A)

연임은 불가능하므로 3년 동안 A가 조장을 2번 할 수 있는 경우는 첫 번째와 마지막에 조장을 하는 경우이다. 그러므로 A가 조장을 2번 하는 경우의 수는 1×5×1가지이다.

$$\therefore \frac{1\times5\times1}{6\times5\times5}=\frac{1}{30}$$

06　정답 ③

인천과 세종의 여성 공무원 비율은 다음과 같다.

• 인천 : $\frac{10,500}{20,000}\times100=52.5\%$

• 세종 : $\frac{2,200}{4,000}\times100=55\%$

따라서 비율 차이는 55-52.5=2.5%p이다.

오답분석

① 남성 공무원 수가 여성 공무원 수보다 많은 지역은 서울, 경기, 부산, 광주, 대전, 울산, 강원, 경상, 제주로 총 9곳이다.

② 광역시의 남성 공무원 수와 여성 공무원 수의 차이는 다음과 같다.

　• 인천 : 10,500-9,500=1,000명
　• 부산 : 7,500-5,000=2,500명
　• 대구 : 9,600-6,400=3,200명
　• 광주 : 4,500-3,000=1,500명

- 대전 : 3,000−1,800=1,200명
- 울산 : 2,100−1,900=200명

따라서 차이가 가장 큰 광역시는 대구이다.

④ 수도권(서울, 경기, 인천)과 광역시(인천, 부산, 대구, 광주, 대전, 울산)의 공무원 수는 다음과 같다.
- 수도권 : 25,000+15,000+20,000=60,000명
- 광역시 : 20,000+12,500+16,000+7,500+4,800+4,000=64,800명

따라서 차이는 64,800−60,000=4,800명이다.

⑤ 제주의 전체 공무원 중 남성 공무원의 비율은 $\frac{2,800}{5,000}\times100=56\%$이다.

07 정답 ①

대부분의 업종에서 2019년 1분기보다 2019년 4분기의 영업이익이 더 높지만, 철강업에서는 2019년 1분기(10,740억 원)가 2019년 4분기(10,460억 원)보다 높다.

오답분석

② 2020년 1분기 영업이익이 전년 동기(2019년 1분기) 대비 영업이익보다 높은 업종은 다음과 같다.
- 반도체(40,020 → 60,420)
- 통신(5,880 → 8,880)
- 해운(1,340 → 1,660)
- 석유화학(9,800 → 10,560)
- 항공(−2,880 → 120)

③ 2020년 1분기 영업이익이 적자가 아닌 업종 중 영업이익이 직전 분기(2019년 4분기) 대비 감소한 업종은 건설(19,450 → 16,410), 자동차(16,200 → 5,240), 철강(10,460 → 820)이다.

④ 2019년 1, 4분기에 흑자였다가 2020년 1분기에 적자로 전환된 업종은 디스플레이, 자동차부품, 조선, 호텔로 4개이다.

⑤ 항공업은 2019년 1분기(−2,880억 원)와 4분기(−2,520억 원) 모두 적자였다가 2020년 1분기(120억 원)에 흑자로 전환되었다.

08 정답 ②

제시된 식으로 응시자와 합격자 수를 계산하였을 때 다음과 같다.

구분	2016년	2017년	2018년	2019년	2020년
응시자	2,810	2,660	2,580	2,110	2,220
합격자	1,310	1,190	1,210	1,010	1,180

응시자 중 불합격자 수는 응시자에서 합격자 수를 뺀 값으로 연도별 수치는 다음과 같다.
- 2016년 : 2,810−1,310=1,500명
- 2017년 : 2,660−1,190=1,470명
- 2018년 : 2,580−1,210=1,370명
- 2019년 : 2,110−1,010=1,100명
- 2020년 : 2,220−1,180=1,040명

제시된 수치는 접수자에서 합격자 수를 뺀 값으로 적절하지 않은 그래프이다.

오답분석

① 미응시자 수는 접수자 수에서 응시자 수를 제외한 값이다.
- 2016년 : 3,540−2,810=730명
- 2017년 : 3,380−2,660=720명
- 2018년 : 3,120−2,580=540명
- 2019년 : 2,810−2,110=700명
- 2020년 : 2,990−2,220=770명

09 정답 ④

(운동시간)=1일 때, (운동효과)=4이므로

$4 = a \times 1 - b^2 \cdots$ (가)

(운동시간)=2일 때, (운동효과)=62이므로

$62 = a \times 2 - \dfrac{b^2}{2} \cdots$ (나)

(가)와 (나)를 연립하면

2(가)$-$(나) $\rightarrow a = 40$, $b^2 = 36 \rightarrow$ (운동효과)$= 40 \times$ (운동시간) $- \dfrac{36}{(운동시간)}$

(운동시간)=3일 때

(운동효과)$= 40 \times 3 - \dfrac{36}{3} = 108 = \bigcirc$

(운동시간)=4일 때

(운동효과)$= 40 \times 4 - \dfrac{36}{4} = 151 = \bigcirc\!\bigcirc$

따라서 $\bigcirc = 108$, $\bigcirc\!\bigcirc = 151$이다.

10 정답 ④

A제품과 B제품 매출액의 증감 규칙은 다음과 같다.

• A제품

100   101   103   107   115

　　+1　　+2　　+4　　+8

$+2^0$, $+2^1$, $+2^2$, $+2^3$, …인 수열이다.

2020년을 기준으로 n년 후의 A제품 매출액은 $115 + \displaystyle\sum_{k=1}^{n} 2^{k+3}$억 원이다.

• B제품

80   78   76   74   72

　　−2　　−2　　−2　　−2

앞의 항에 −2를 하는 수열이다.

2020년을 기준으로 n년 후의 B제품 매출액은 $72 - 2n$억 원이다.

2020년을 기준으로 n년 후 두 제품의 매출액의 합은 $\left(115 + \displaystyle\sum_{k=1}^{n} 2^{k+3} + 72 - 2n\right)$억 원이다.

300억 원을 초과하는 연도를 구하라고 하였으므로 $115 + \displaystyle\sum_{k=1}^{n} 2^{k+3} + 72 - 2n > 300$인 n값을 구한다.

$115 + \displaystyle\sum_{k=1}^{n} 2^{k+3} + 72 - 2n > 300 \rightarrow 187 + 2^4 \sum_{k=1}^{n} 2^{k-1} - 2n > 300 \rightarrow 187 + 2^4 \times \dfrac{2^n - 1}{2 - 1} - 2n > 300$

$\rightarrow 187 + 2^4 \times 2^n - 16 - 2n > 300 \rightarrow 16 \times 2^n - 2n > 129$

n	$16 \times 2^n - 2n$
1	30
2	60
3	122
4	248

따라서 2020년을 기준으로 4년 후에 매출액이 300억 원을 초과하므로 2024년이다.

| 02 | 추리

01	02	03	04	05	06	07	08	09	10	11	12	13	14	15	16	17	18	19	20
③	④	①	④	②	②	⑤	③	②	②	②	④	③	⑤	⑤	③	⑤	⑤	③	①
21	22	23	24	25															
④	⑤	③	②	②															

01 정답 ③

'대한민국에 산다.'를 '대', '국내 여행을 간다.'를 '국', '김치찌개를 먹는다.'를 '김'이라고 하자.

구분	명제	대우
전제1	대 → 국	국× → 대×
전제2	김× → 국×	국 → 김

전제1과 전제2의 대우에 의해 대 → 국 → 김이다. 따라서 대 → 김이므로 결론은 '대한민국에 사는 사람은 김치찌개를 먹는다.'인 ③이다.

02 정답 ④

'작곡가를 꿈꾼다.'를 '작', 'TV 시청을 한다.'를 'T', '안경을 썼다.'를 '안'이라고 하자.

구분	명제	대우
전제1	작 → T	T× → 작×
결론	안× → 작×	작 → 안

전제1의 대우가 결론으로 연결되려면, 전제2는 안× → T×가 되어야 한다. 따라서 전제2는 '안경을 쓰지 않은 사람은 TV 시청을 하지 않는다.'인 ④이다.

03 정답 ①

'피아노를 배운다.'를 '피', '바이올린을 배운다.'를 '바', '필라테스를 배운다.'를 '필'이라고 하자.

구분	명제	대우
전제2	바 → 필	필× → 바×
결론	피 → 필	필× → 피×

전제2가 결론으로 연결되려면, 전제1은 피 → 바가 되어야 한다. 따라서 전제1은 '피아노를 배우는 사람은 바이올린을 배운다.'인 ①이다.

04 정답 ④

'커피를 좋아한다.'를 '커', '와인을 좋아한다.'를 '와', '생강차를 좋아한다.'를 '생'이라고 하자.

구분	명제	대우
전제1	커× → 와×	와 → 커
결론	커× → 생	생× → 커

전제1이 결론으로 연결되려면, 전제2는 와× → 생이 되어야 한다. 따라서 전제2는 '와인을 좋아하지 않으면, 생강차를 좋아한다.'인 ④이다.

05 정답 ②

'유행에 민감하다.'를 '유', '고양이를 좋아한다.'를 '고', '쇼핑을 좋아한다.'를 '쇼'라고 하면 다음과 같은 벤다이어그램으로 나타낼 수 있다.

전제1.

결론.

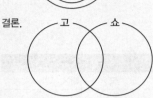

결론이 참이 되기 위해서는 '유'와 공통되는 '고'의 부분과 '쇼'가 연결되어야 한다. 즉, 다음과 같은 벤다이어그램이 성립할 때 결론이 참이 될 수 있으므로 전제2에 들어갈 명제는 어떤 유 → 쇼이거나 어떤 쇼 → 유이다. 따라서 전제2에 들어갈 명제는 '유행에 민감한 어떤 사람은 쇼핑을 좋아한다.'인 ②이다.

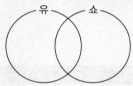

06 정답 ②

C 혼자 딸기맛을 선택했고, A와 D는 서로 같은 맛을 선택했으므로 A와 D는 바닐라맛 또는 초코맛을 선택했음을 알 수 있다. 또한 B와 E는 서로 다른 맛을 선택했고 마지막에 주문한 E는 인원 초과로 선택한 아이스크림을 먹지 못했으므로 E는 A, D와 같은 맛을 선택했다.

구분	A	B	C	D	E
경우 1	바닐라	초코맛	딸기맛	바닐라	바닐라
경우 2	초코맛	바닐라	딸기맛	초코맛	초코맛

따라서 C가 딸기맛이 아닌 초코맛을 선택했어도 B는 C와 상관없이 아이스크림을 먹을 수 있으므로 ②는 적절하지 않다.

07 정답 ⑤

B는 검은색 바지를, C는 흰색 셔츠를 입어보았고, 티셔츠를 입어본 사람은 바지를, 코트를 입어본 사람은 셔츠를 입어보지 않았다. B는 티셔츠를 입어보지 않았고, C는 코트를 입어보지 않았다.

종류	티셔츠		바지		코트		셔츠	
색상	검은색	흰색	검은색	흰색	검은색	흰색	검은색	흰색
A			×					×
B	×	×	○	×				×
C			×		×	×	×	○
D			×					×

코트는 A, B가, 티셔츠는 A, C가 입어보았고, 검은색 코트와 셔츠는 A와 D가 입어보았으므로 검은색 코트는 A가 입어본 것을 알 수 있다. 또, 검은색 셔츠는 D가, 흰색 코트는 B, 흰색 바지는 D가 입어보았음을 알 수 있다.

종류	티셔츠		바지		코트		셔츠	
색상	검은색	흰색	검은색	흰색	검은색	흰색	검은색	흰색
A			×	×	○	×	×	×
B	×	×	○	×	×	○	×	×
C			×	×	×	×	×	○
D	×	×	×	○	×	×	×	×

같은 색상으로 입어본 사람은 2명이라고 하였으므로, A는 검은색 티셔츠를, C는 흰색 티셔츠를 입어보았음을 알 수 있다.

종류	티셔츠		바지		코트		셔츠	
색상	검은색	흰색	검은색	흰색	검은색	흰색	검은색	흰색
A	○	×	×	×	○	×	×	×
B	×	×	○	×	×	○	×	×
C	×	○	×	×	×	×	×	○
D	×	×	×	○	×	×	○	×

따라서 D는 흰색 바지와 검은색 셔츠를 입었다.

08　정답　③

B가 세 번째에 뽑은 카드에 적힌 숫자를 a라고 하면 A가 세 번째에 뽑은 카드에 적힌 숫자는 $a+1$이고, B가 첫 번째에 뽑은 카드에 적힌 숫자는 $a-1$이다.
또한 첫 번째, 두 번째, 세 번째에 A가 뽑은 카드에 적힌 숫자는 B가 뽑은 카드에 적힌 숫자보다 1만큼 크므로 A가 첫 번째로 뽑은 카드에 적힌 숫자는 $a-2$이다.
또한 B가 두 번째에 뽑은 카드에 적힌 숫자를 b라고 하면, A가 두 번째에 뽑은 카드에 적힌 숫자는 $b+1$이다.

구분	첫 번째	두 번째	세 번째
A	a	$b+1$	$a+1$
B	$a-1$	b	a

A와 B는 같은 숫자가 적힌 카드를 한 장 뽑았고, 그 숫자는 2라고 하였으므로 $a=2$이다.

구분	첫 번째	두 번째	세 번째
A	2	$b+1$	3
B	1	b	2

2가 적힌 카드를 제외하고 A, B가 뽑은 카드에 적힌 숫자가 달라야 하므로 $b=4$임을 알 수 있다.

구분	첫 번째	두 번째	세 번째
A	2	5	3
B	1	4	2

따라서 A와 B가 뽑은 카드에 적힌 숫자의 합 중 가장 큰 조합은 A가 두 번째, B가 두 번째인 경우이다.

09　정답　②

B는 3번 콘센트를 사용하고, A와 E, C와 D는 바로 옆 콘센트를 이용하므로 B를 기준으로 A와 E, C와 D가 이용한 콘센트가 나뉜다. 또한 D는 5번 콘센트를 이용하지 않고, A는 1번이나 5번 콘센트를 이용하므로 다음과 같이 3가지 경우가 나온다.

구분	1번 콘센트 (작동 ○)	2번 콘센트 (작동 ○)	3번 콘센트 (작동 ○)	4번 콘센트 (작동 ○)	5번 콘센트 (작동 ×)
경우 1	A	E	B	D	C
경우 2	D	C	B	E	A
경우 3	C	D	B	E	A

C가 B의 바로 옆 콘센트를 이용하는 것은 경우 2이므로, A의 휴대폰에는 전원이 켜지지 않는다.

① C의 휴대폰에 전원이 켜지지 않는 것은 C가 5번 콘센트를 이용하는 경우 1이므로, E는 2번 콘센트를 이용한다.
③ E가 4번 콘센트를 이용하는 것은 경우 2, 3이므로, C는 B의 바로 옆 콘센트를 이용할 수도 있고 그렇지 않을 수도 있다.
④ A의 휴대폰에 전원이 켜지지 않는 것은 A가 5번 콘센트를 이용하는 경우 2, 3이므로, D는 1번 콘센트를 이용할 수도 있고 그렇지 않을 수도 있다.
⑤ D가 2번 콘센트를 이용하는 것은 경우 3이므로, E는 4번 콘센트를 이용하고 휴대폰에 전원이 켜진다.

10 　정답　 ②

A가 가 마을에 살고 있다고 가정하면, B 또는 D는 가 마을에 살고 있다. F가 가 마을에 살고 있다고 했으므로 C, E는 나 마을에 살고 있음을 알 수 있다. 하지만 C는 A, E 중 한 명은 나 마을에 살고 있다고 말한 것은 진실이므로 모순이다.
A가 나 마을에 살고 있다고 가정하면, B, D 중 한 명은 가 마을에 살고 있다는 말은 거짓이므로 B, D는 나 마을에 살고 있다. A, B, D가 나 마을에 살고 있으므로 나머지 C, E, F는 가 마을에 살고 있음을 알 수 있다.

11 　정답　 ②

제시된 단어의 대응 관계는 반의 관계이다.
'영겁'은 '영원한 세월'의 뜻으로 '아주 짧은 동안'이라는 뜻인 '순간'과 반의 관계이다. 따라서 '훌륭하고 귀중함'의 뜻을 가진 '고귀'와 반의 관계인 단어는 '격이 낮고 속됨'이라는 뜻인 '비속'이다.

① 숭고 : 뜻이 높고 고상함
③ 고상 : 고귀한 인상
④ 존귀 : 지위나 신분이 높고 귀함
⑤ 신성 : 고결하고 거룩함

12 　정답　 ④

제시된 단어의 대응 관계는 반의 관계이다.
'팽대'는 '세력이나 기운 따위가 크게 늘어나거나 퍼짐'의 뜻으로 '세력이나 기운, 사업 따위가 약화됨 또는 그런 세력'이라는 뜻인 '퇴세'와 반의 관계이다. 따라서 '그릇된 것이나 묵은 것을 버리고 새롭게 함'의 뜻을 가진 '쇄신'과 반의 관계인 단어는 '예로부터 해오던 방식이나 수법을 좇아 그대로 행함'이라는 뜻인 '답습'이다.

① 진보 : 정도나 수준이 나아지거나 높아짐
② 은폐 : 덮어 감추거나 가리어 숨김
③ 세파 : 모질고 거센 세상의 어려움
⑤ 개혁 : 제도나 기구 따위를 새롭게 뜯어고침

13 　정답　 ③

'임대'는 '자기 물건을 남에게 돈을 받고 빌려줌'이라는 뜻이므로 '남에게 물건을 빌려서 사용함'이라는 뜻인 '차용'과 반의 관계이고, 나머지는 유의 관계이다.

① • 참조 : 참고로 비교하고 대조하여 봄
　 • 참고 : 살펴서 도움이 될 만한 재료로 삼음
② • 숙독 : 글의 뜻을 생각하면서 차분하게 읽음
　 • 탐독 : 어떤 글이나 책 따위를 열중하여 읽음

④ • 정세 : 일이 되어 가는 형편
   • 상황 : 일이 되어 가는 과정
⑤ • 분별 : 서로 다른 일이나 사물을 구별하여 가름
   • 인식 : 사물을 분별하고 판단하여 앎

14 정답 ⑤

'겸양하다'는 '겸손한 태도로 남에게 양보하거나 사양하다.'라는 뜻이므로 '잘난 체하며 남을 업신여기는 데가 있다.'이라는 뜻인 '거만하다'와 반의 관계이고, 나머지는 유의 관계이다.

오답분석

① • 옹호하다 : 두둔하고 편들어 지키다.
   • 편들다 : 어떤 편을 돕거나 두둔하다.
② • 상정하다 : 어떤 정황을 가정적으로 생각하여 단정하다.
   • 가정하다 : 사실이 아니거나 또는 사실인지 아닌지 분명하지 않은 것을 임시로 인정하다.
③ • 혁파하다 : 묵은 기구, 제도, 법령 따위를 없애다.
   • 폐지하다 : 실시하여 오던 제도나 법규, 일 따위를 그만두거나 없애다.
④ • 원용하다 : 자기의 주장이나 학설을 세우기 위하여 문헌이나 관례 따위를 끌어다 쓰다.
   • 인용하다 : 남의 말이나 글을 자신의 말이나 글 속에 끌어 쓰다.

15 정답 ⑤

규칙은 세로 방향으로 적용된다.
첫 번째 도형을 색 반전한 것이 두 번째 도형이고, 이를 시계 반대 방향으로 90° 회전한 것이 세 번째 도형이다.

16 정답 ③

규칙은 가로 방향으로 적용된다.
첫 번째 도형을 시계 반대 방향으로 90° 회전한 것이 두 번째 도형이고, 이를 시계 방향으로 45° 회전한 것이 세 번째 도형이다.

17 정답 ⑤

규칙은 세로 방향으로 적용된다.
첫 번째 도형을 180° 회전한 것이 두 번째 도형이고, 이를 색 반전한 것이 세 번째 도형이다.

18 정답 ⑤

△ : 각 자릿수 0, +1, −1, +1
○ : 1234 → 4123
☆ : 각 자릿수 −1, 0, 0, +1
□ : 1234 → 2314

QE1O → E1QO → D1QP
     □   ☆

19 정답 ③

JW37 → JX28 → 8JX2
     △   ○

20 정답 ①

UNWD → UOVE → OVUE
    △   □

21 정답 ④

6753 → 5754 → 5845
   ☆   △

22 정답 ⑤

의료용 3D프린팅 기술의 안전성 검증의 과정에서 전체적 동식물 유전자 조작에 대한 부정적 견해를 유발할 수 있다.

오답분석
① 3D프린터는 재료와 그 크기에 따라 사람의 치아나 피부, 자동차까지 다양한 사물을 인쇄할 수 있다.
② 3D프린터 기술의 발전에 따라 환자의 필요한 장기를 인쇄함으로써 별도의 장기기증자를 기다리지 않아도 될 것이다.
③ 피부를 직접 환자에게 인쇄하기 위해서는 피부 세포와 콜라겐 섬유소 등으로 구성된 바이오 잉크가 필요하다.
④ 환자 본인의 세포에서 유래된 바이오 잉크를 사용했느냐에 따라 거부 반응의 유무가 달라지기 때문에 같은 바이오 잉크를 사용한다 하더라도 거부 반응이 발생할 수 있다.

23 정답 ③

제시문을 통해 산업 및 가정에서 배출된 생활폐기물을 바이오매스 자원으로 활용하여 에너지를 생산하기 위한 화이트 바이오 연구가 진행되고 있음을 알 수 있다.

오답분석
① 바이오매스를 살아있는 유기물로 정의하는 생태학과 달리, 산업계에서는 산업용 폐자재나 가축의 분뇨, 생활폐기물과 같이 죽은 유기물이라 할 수 있는 유기성 폐자원 또한 바이오매스로 정의하고 있다.
② 산업계는 미생물을 활용한 화이트 바이오를 통해 온실가스 배출, 악취 발생, 수질오염 등 환경적 문제를 해결할 것으로 기대하고 있다.
④ 보건 및 의료 분야의 바이오산업인 레드 바이오나, 농업 및 식량 분야의 그린 바이오보다 늦게 발전을 시작했다는 점에서 앞선 두 바이오산업에 비해 규모가 작을 것임을 추측할 수 있다.
⑤ 화이트 바이오 산업이 대체하려는 기존 화학 산업의 경우 화석원료를 이용하는 제조방식으로 인한 이산화탄소 배출이 문제가 되고 있음을 추측할 수 있다.

24 정답 ②

제시문은 현재의 정치, 경제적 구조로는 제로섬적인 요소를 지니는 경제 문제에 전혀 대처할 수 없다고 하였다. 그리고 이러한 특성 때문에 평균적으로는 사회를 더 잘살게 해주는 해결책이라고 할지라도 사람들은 자신이 패자가 될 경우에 줄어들 수입을 보호하기 위해 경제적 변화가 일어나는 것을 막거나 이러한 정책이 시행되는 것을 막기 위해 싸울 것이라는 내용을 담고 있다. 따라서 이 글이 비판의 대상으로 삼는 것은 앞서 언급한 '평균적으로 사회를 더 잘살게 해주는 해결책'을 지지하는 것이 되어야 하므로 ②가 가장 적절하다.

25 　정답 　②

그린 컨슈머는 환경과 건강을 위한 소비자로 소비자가 할 수 있는 Refuse, Reduce, Reuse, Recycle 등을 활동한다. 과대 포장 공정 같은 경우는 소비자가 직접 조정할 수 있는 것이 아니고 기업이 행하여야 할 행동이다.

오답분석

① 커피숍에 텀블러를 가지고 가 일회용품 소비를 줄이고, 물품을 구입할 때 필요 없는 것을 사지 않는 것은 그린 컨슈머의 행동이다.
③ 패션업계도 환경을 생각하는 것에 동참한다면 옷을 만들 때 친환경적인 것을 고려하고 알리는 컨셔스 패션 활동을 할 것이다.
④ 필환경 시대가 아니라고 생각한다면 그린 컨슈머의 활동을 안 할 것이고, 이는 지금과 생활과 같을 것이다.
⑤ A씨는 집에 쌓여있는 필요 없는 잡동사니를 보고 그린 컨슈머에 동참하였으므로 불필요한 물건을 사는 것 등에서 쓰레기 생산에 관여했다고 느꼈을 것이다.

| 01 | 수리논리

01	02	03	04	05	06	07	08	09	10
③	②	④	③	②	②	④	⑤	③	⑤

01 정답 ③

주어진 정보를 표로 나타내고 미지수를 설정한다.

구분	소금물 1		소금물 2		섞은 후
농도	25%	$+$	10%	$=$	$\dfrac{55}{y} \times 100$
소금의 양	$200 \times \dfrac{25}{100} = 50g$		$x \times 0.1g$		55g
소금물의양	200g		xg		yg

섞기 전과 섞은 후의 소금의 양과 소금물의 양으로 다음과 같이 식을 세울 수 있다.

$50 + x \times 0.1 = 55$

$200 + x = y$

계산하면 $x = 50$, $y = 250$이다.

문제에서 섞은 후의 소금물의 농도를 구하라고 하였으므로 $\dfrac{55}{y} \times 100 = \dfrac{55}{250} \times 100 = 22\%$이다.

02 정답 ②

(이익)=(할인가)−(원가)이므로 이익이 생산비용보다 같거나 많아야 손해를 보지 않을 수 있다.

S사에서 생산하는 A상품의 개수를 x개라고 하면 다음과 같다.

(A상품 1개당 할인가)=$300 \times (1 - 25\%) = 225$원

(A상품 1개당 이익)=(A상품 1개당 할인가)−(A상품 1개당 원가)=$225 - 200 = 25$원

(생산비용)=10억 원=$1,000,000,000$원

(A상품 x개의 이익)≥(생산비용)

$25 \times x \geq 1,000,000,000$

∴ $x \geq 40,000,000$

따라서 A상품을 4천만 개 이상 생산해야 손해를 보지 않는다.

03 정답 ④

20억 원을 투자하였을 때 기대수익은 (원가)×(기대수익률)로 구할 수 있다. 기대수익률은 {(수익률)×(확률)}의 합으로 구할 수 있으므로 기대수익은 (원가)×{(수익률)×(확률)}의 합이다.

$20 \times \{10\% \times 50\% + 0\% \times 30\% + (-10\%) \times 20\%\} = 0.6$억 원이다. 따라서 기대수익은 0.6억 원=6,000만 원이다.

(원가)+(수익)을 구하여 마지막에 (원가)를 빼서 (수익)을 구하는 방법도 있다.

{(원가)+(수익)}은 $20 \times (110\% \times 50\% + 100\% \times 30\% + 90\% \times 20\%) = 20.6$억 원이다.

따라서 기대수익은 $20.6 - 20 = 0.6$억 원=6,000만 원이다.

04 정답 ③

일의 양을 1이라고 하고 A, B, C가 각자 혼자 일을 하였을 때 걸리는 기간을 각각 a, b, c일이라고 하면 다음과 같다.

• A가 혼자 하루에 할 수 있는 일의 양 : $\dfrac{1}{a}$

• B가 혼자 하루에 할 수 있는 일의 양 : $\dfrac{1}{b}$

• C가 혼자 하루에 할 수 있는 일의 양 : $\dfrac{1}{c}$

A, B, C 모두 혼자 일했을 때의 능률과 함께 일을 하였을 때의 능률이 같다고 하였으므로 다음과 같다.

• A, B, C가 하루에 할 수 있는 일의 양 : $\dfrac{1}{a} + \dfrac{1}{b} + \dfrac{1}{c} = \dfrac{1}{6}$ ⋯ ㉠

• A, B가 하루에 할 수 있는 일의 양 : $\dfrac{1}{a} + \dfrac{1}{b} = \dfrac{1}{12}$ ⋯ ㉡

• B, C가 하루에 할 수 있는 일의 양 : $\dfrac{1}{b} + \dfrac{1}{c} = \dfrac{1}{10}$ ⋯ ㉢

B가 혼자 일을 하였을 때 걸리는 기간을 구하는 문제이므로 ㉠, ㉡, ㉢을 다음과 같이 연립할 수 있다.

• ㉡+㉢ → $\dfrac{1}{a} + \dfrac{2}{b} + \dfrac{1}{c} = \dfrac{1}{12} + \dfrac{1}{10} = \dfrac{11}{60}$

• (㉡+㉢)−㉠ → $\dfrac{1}{a} + \dfrac{2}{b} + \dfrac{1}{c} - \left(\dfrac{1}{a} + \dfrac{1}{b} + \dfrac{1}{c} \right) = \dfrac{11}{60} - \dfrac{1}{6}$ → $\dfrac{1}{b} = \dfrac{1}{60}$

따라서 B가 혼자 일을 하면 60일이 걸린다.

05 정답 ②

총 9장의 손수건을 구매했으므로 B손수건 3장을 제외한 나머지 A, C, D손수건은 각각 $\dfrac{9-3}{3} = 2$장씩 구매하였다. 먼저 3명의 친구들에게 서로 다른 손수건을 3장씩 나눠 줘야하므로 B손수건을 1장씩 나눠준다. 나머지 A, C, D손수건을 서로 다른 손수건으로 2장씩 나누면 (A, C), (A, D), (C, D)로 묶을 수 있다. 이 세 묶음을 3명에게 나눠주는 방법은 3!=3×2=6가지가 나온다. 따라서 친구 3명에게 종류가 다른 손수건 3장씩 나눠주는 경우의 수는 6가지이다.

06 정답 ②

A사와 B사로부터 동일한 양의 부품을 공급받는다고 하였으므로 x개라고 하자.

구분	A사	B사
개수	x개	x개
불량률	0.1%	0.2%
선별률	50%	80%

S사가 선별한 A사 부품의 개수는 $x \times 50\%$개, B사 부품의 개수는 $x \times 80\%$개다.

S사가 선별한 부품 중 불량품의 개수는 A사는 $x \times 50\% \times 0.1\%$개, B사는 $x \times 80\% \times 0.2\%$개다.

S사가 선별한 부품 중 불량품의 개수는 $x \times 50\% \times 0.1\% + x \times 80\% \times 0.2\%$개이므로 하자가 있는 제품이 B사 부품일 확률은 다음과 같다.

$$\frac{x \times 80\% \times 0.2\%}{x \times 50\% \times 0.1\% + x \times 80\% \times 0.2\%} = \frac{x \times 80 \times 0.2}{x \times 50 \times 0.1 + x \times 80 \times 0.2} = \frac{16}{5+16} = \frac{16}{21}$$

07 　정답　④

지방 전체 주택 수의 10%(1,115×0.1=111.5만 호) 이상을 차지하는 수도권 외(지방) 지역은 부산, 경북, 경남이다. 이 중 지방 주택보급률인 109%보다 낮은 지역은 부산(103%)이며, 부산의 주택보급률과 전국 주택보급률의 차이는 약 104－103=1%p이다.

오답분석

① 전국 주택보급률(104%)보다 낮은 지역은 수도권(서울, 인천, 경기), 지방에는 부산, 대전이 있다.
② 수도권 외(지방) 지역 중 주택 수가 가장 적은 지역은 12만 호인 세종이며, 세종의 주택보급률 109%보다 높은 지역은 '울산, 강원, 충북, 충남, 전북, 전남, 경북, 경남'으로 여덟 곳이다.
③ 가구 수가 주택 수보다 많은 지역은 주택보급률이 100% 미만인 서울이며, 전국에서 가구 수가 두 번째로 많다.
⑤ 주택 수가 가구 수의 1.1배 이상인 지역은 주택보급률이 110% 이상인 지역을 말한다. '울산, 강원, 충북, 충남, 전북, 전남, 경북, 경남'에서 가구 수가 세 번째로 적은 지역인 충북의 주택보급률은 지방 주택보급률보다 약 113－109=4%p 높다.

08 　정답　⑤

ㄷ. 출산율은 2017년까지 계속 증가하였으며, 2018년에는 감소하였다.
ㄹ. 출산율과 남성 사망률의 차이는 2014년부터 2018년까지 각각 18.2%p, 20.8%p, 22.5%p, 23.7%p, 21.5%p로 2017년이 가장 크다.

오답분석

ㄱ. 2014년 대비 2018년의 전체 인구수의 증감률은 $\frac{12,808-12,381}{12,381} \times 100 ≒ 3.4\%$이다.
ㄴ. 가임기 여성의 비율과 출산율은 서로 증감 추이가 다르다.

09 　정답　③

ⓒ 전체 인구수는 계속하여 증가하고 있다.
ⓔ 여성 사망률이 가장 높았던 해는 7.8%로 2017년이다.
ⓜ 2018년은 출산율이 계속 증가하다가 감소한 해이다.

10 　정답　⑤

첫 항은 220개이고 n시간($n \geq 1$) 경과할 때마다 2^{n-1}개가 증가한다. n시간 경과했을 때의 세포 수를 a_n개라고 하면

$a_n = 220 + \sum_{k=1}^{n} 2^{k-1}$이고 $\sum_{k=1}^{n} 2^{k-1} = \frac{2^n-1}{2-1} = 2^n - 1$이므로 $a_n = 220 + 2^n - 1 = 219 + 2^n$이다.

따라서 9시간 경과 후인 a_9는 $219 + 2^9 = 731$개이다.

| 02 | 추리

01	02	03	04	05	06	07	08	09	10	11	12	13	14	15	16	17		
②	①	③	②	⑤	⑤	②	⑤	④	①	①	④	⑤	①	⑤	④	②		

01 정답 ②

'야근을 하는 사람'을 A, 'X분야의 업무를 하는 사람'을 B, 'Y분야의 업무를 하는 사람'을 C라고 하면, 전제1과 전제2는 다음과 같은 벤다이어그램으로 나타낼 수 있다.

전제1.

전제2.

이를 정리하면 다음과 같은 벤다이어그램이 성립한다.

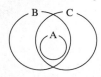

따라서 'Y분야의 업무를 하는 어떤 사람은 X분야의 업무를 한다.'라는 결론이 도출된다.

02 정답 ①

K씨는 2020년 상반기에 입사하였으므로 K씨의 사원번호 중 앞의 두 자리는 20이다. 또한 K씨의 사원번호는 세 번째와 여섯 번째 자리의 수가 같다고 하였으므로 세 번째와 여섯 번째 자리의 수를 x, 나머지 네 번째, 다섯 번째 자리의 수는 차례로 y, z라고 하자.

자리	첫 번째	두 번째	세 번째	네 번째	다섯 번째	여섯 번째
사원번호	2	0	x	y	z	x

사원번호 여섯 자리의 합은 9이므로 $2+0+x+y+z+x=9$이다. 이를 정리하면 $2x+y+z=7$이다. K씨의 사원번호 자리의 수는 세 번째와 여섯 번째 자리의 수를 제외하고 모두 다르다는 것을 주의하며 1부터 대입해보면 다음과 같다.

구분	x	y	z
경우 1	1	2	3
경우 2	1	3	2
경우 3	2	0	3
경우 4	2	3	0
경우 5	3	0	1
경우 6	3	1	0

네 번째 조건에 따라 y와 z자리에는 0이 올 수 없으므로 경우 1, 경우 2만 성립하고 K씨의 사원번호는 '201231'이거나 '201321'이다.

② '201321'은 가능한 사원번호이지만 문제에서 항상 참인 것을 고르라고 하였으므로 답이 될 수 없다.
③ K씨의 사원번호는 '201231'이거나 '201321'이다.
④ 사원번호 여섯 자리의 합이 9가 되어야 하므로 K씨의 사원번호는 '211231'이 될 수 없다.
⑤ K씨의 사원번호 네 번째 자리의 수가 다섯 번째 자리의 수보다 작다면 '201231'과 '201321' 중 K씨의 사원번호로 적절한 것은 '201231'이다.

03 정답 ③

1행과 2행에 빈자리가 한 곳씩 있고 a자동차는 대각선을 제외하고 주변에 주차된 차가 없다고 하였으므로 a자동차는 1열이나 3열에 주차되어 있다. b자동차와 c자동차는 바로 옆에 주차되어 있다고 하였으므로 같은 행에 주차되어 있다. 1행과 2행에 빈자리가 한 곳씩 있다고 하였으므로 b자동차와 c자동차가 주차된 행에는 a자동차와 d자동차가 주차되어 있을 수 없다. 따라서 a자동차와 d자동차는 같은 행에 주차되어 있다. 이를 정리하면 다음과 같다.

• 경우 1

a		d
	b	c

• 경우 2

a		d
	c	b

• 경우 3

d		a
b	c	

• 경우 4

d		a
c	b	

따라서 a자동차는 2열에 주차되어 있다는 ③은 항상 거짓이다.

① 경우 1, 4에서는 b자동차의 앞 주차공간이 비어있지만, 경우 2, 3에서는 b자동차의 앞 주차공간에 d자동차가 주차되어 있으므로 항상 거짓은 아니다.
② 경우 1, 4에서는 c자동차의 옆 주차공간에 빈자리가 없지만, 경우 2, 3에서는 c자동차의 옆 주차공간에 빈자리가 있으므로 항상 거짓은 아니다.
④ 경우 1, 2, 3, 4에서 모두 a자동차와 d자동차는 1행에 주차되어 있으므로 항상 참이다.
⑤ 경우 1, 4에서는 d자동차와 c자동차가 같은 열에 주차되어 있지만, 경우 2, 3에서는 d자동차와 c자동차가 같은 열에 주차되어 있지 않으므로 항상 거짓은 아니다.

04 정답 ②

가장 최근에 입사한 사람이 D이므로 D의 이름은 가장 마지막인 다섯 번째에 적혔다. C와 D의 이름은 연달아 적히지 않았으므로 C의 이름은 네 번째에 적힐 수 없다. 또한 E는 C보다 먼저 입사하였으므로 E의 이름은 C의 이름보다 앞에 적는다. 따라서 C의 이름은 첫 번째에 적히지 않았다. 이를 정리하면 다음과 같이 3가지 경우가 나온다.

구분	첫 번째	두 번째	세 번째	네 번째	다섯 번째
경우 1	E	C			D
경우 2	E		C		D
경우 3		E	C		D

여기서 경우 2와 경우 3은 A와 B의 이름이 연달아서 적혔다는 조건에 위배된다. 경우 1만 성립하므로 정리하면 다음과 같다.

구분	첫 번째	두 번째	세 번째	네 번째	다섯 번째
경우 1	E	C	A	B	D
경우 2	E	C	B	A	D

E의 이름은 첫 번째에 적혔으므로 E는 가장 먼저 입사하였다. 따라서 B가 E보다 먼저 입사하였다는 ②는 항상 거짓이다.

오답분석
① C의 이름은 두 번째로 적혔고 A의 이름은 세 번째나 네 번째에 적혔으므로 항상 적절하다.
③ E의 이름은 첫 번째에 적혔고 C의 이름은 두 번째로 적혔으므로 항상 적절하다.
④ A의 이름은 세 번째에 적히면 B의 이름은 네 번째에 적혔고, A의 이름이 네 번째에 적히면 B의 이름은 세 번째에 적혔다. 따라서 참일 수도, 거짓일 수도 있다.
⑤ B의 이름은 세 번째 또는 네 번째에 적혔고, C는 두 번째에 적혔으므로 항상 적절하다.

05 정답 ⑤

제시된 단어의 대응 관계는 유의 관계이다.
'변변하다'는 '지체나 살림살이가 남보다 떨어지지 아니하다.'는 뜻으로 '살림살이가 모자라지 않고 여유가 있다.'라는 뜻인 '넉넉하다'와 유의 관계이다. 따라서 '여럿이 떠들썩하게 들고일어나다.'라는 뜻을 가진 '소요(騷擾)하다'와 유의 관계인 단어는 '시끄럽고 어수선하다.'라는 뜻인 '소란하다'이다.

오답분석
① 치유하다 : 치료하여 병을 낫게 하다.
② 한적하다 : 한가하고 고요하다.
③ 공겸하다 : 삼가는 태도로 겸손하게 자기를 낮추다.
④ 소유하다 : 가지고 있다.

06 정답 ⑤

제시된 단어의 대응 관계는 유의 관계이다.
'공시하다'는 '일정한 내용을 공개적으로 게시하여 일반에게 널리 알리다.'는 뜻으로 '세상에 널리 퍼뜨려 모두 알게 하다.'라는 뜻인 '반포하다'와 유의 관계이다. 따라서 '서로 이기려고 다투며 덤벼들다.'는 뜻을 가진 '각축하다'와 유의 관계인 단어는 '같은 목적에 대하여 이기거나 앞서려고 서로 겨루다.'라는 뜻인 '경쟁하다'이다.

오답분석
① 공들이다 : 어떤 일을 이루는 데 정성과 노력을 많이 들이다.
② 통고하다 : 서면(書面)이나 말로 소식을 전하여 알리다.
③ 독점하다 : 혼자서 모두 차지하다.
④ 상면하다 : 서로 만나서 얼굴을 마주 보다.

07 정답 ②

제시된 단어의 대응 관계는 반의 관계이다.
'침착하다'는 '행동이 들뜨지 아니하고 차분하다.'는 뜻으로 '말이나 행동이 조심성 없이 가볍다.'라는 뜻인 '경솔하다'와 반의 관계이다. 따라서 '곱고 가늘다.'라는 뜻을 가진 '섬세하다'와 반의 관계인 단어는 '거칠고 나쁘다.'라는 뜻인 '조악하다'이다.

오답분석
① 찬찬하다 : 동작이나 태도가 급하지 않고 느릿하다.
③ 감분(感憤)하다 : 마음속 깊이 분함을 느끼다.
④ 치밀하다 : 자세하고 꼼꼼하다.
⑤ 신중하다 : 매우 조심스럽다.

08 정답 ⑤

제시된 단어의 대응 관계는 유의 관계이다.

'겨냥하다'는 '목표물을 겨누다.'는 뜻으로 '목표나 기준에 맞고 안 맞음을 헤아려 보다.'라는 뜻인 '가늠하다'와 유의 관계이다. 따라서 '기초나 터전 따위를 굳고 튼튼하게 하다.'는 뜻을 가진 '다지다'와 유의 관계인 단어는 '세력이나 힘을 더 강하고 튼튼하게 하다.'라는 뜻인 '강화하다'이다.

오답분석
① 진거하다 : 앞으로 나아가다.
② 겉잡다 : 겉으로 보고 대강 짐작하여 헤아리다.
③ 요량하다 : 앞일을 잘 헤아려 생각하다.
④ 약화하다 : 세력이나 힘이 약해지다.

09 정답 ④

'유지(維持)'는 '어떤 상태나 상황을 그대로 보존하거나 변함없이 계속하여 지탱함'이라는 뜻이므로 '상당히 어렵게 보존하거나 유지하여 나감'이라는 뜻인 '부지(扶持 / 扶支)'와 유의 관계이고, 나머지는 반의 관계이다.

오답분석
① • 황혼 : 해가 지고 어스름해질 때. 또는 그때의 어스름한 빛
  • 여명 : 희미하게 날이 밝아 오는 빛. 또는 그런 무렵
② • 유별 : 여느 것과 두드러지게 다름
  • 보통 : 특별하지 아니하고 흔히 볼 수 있음
③ • 낭설 : 터무니없는 헛소문
  • 진실 : 거짓이 없는 사실
⑤ • 서막 : 일의 시작이나 발단
  • 결말 : 어떤 일이 마무리되는 끝

10 정답 ①

규칙은 가로 방향으로 적용된다.

두 번째는 첫 번째 도형을 시계 반대 방향으로 120° 회전시킨 도형이고, 세 번째는 두 번째 도형을 시계 방향으로 60° 회전시킨 도형이다.

11 정답 ①

▼ : 1234 → 4321
△ : 각 자릿수 -1, +1, -1, +1
● : 각 자릿수 0, -1, 0, -1
□ : 1234 → 1324

ㅅㄴㄹㅁ → ㅁㄹㄴㅅ → ㅁㄴㄹㅅ
       ▼   □

12 정답 ④

isog → irof → hsng
     ●   △

13 정답 ⑤

wnfy → yfnw → yenv
     ▼   ●

14 정답 ①

ㅈㄹㅋㄷ → ㅈㅋㄹㄷ → ㅇㅌㄷㄹ
       □   △

15 정답 ⑤

케플러식 망원경은 상의 상하좌우가 뒤집힌 도립상을 보여주며, 갈릴레이식 망원경은 상의 상하좌우가 같은 정립상을 보여준다.

오답분석

① 최초의 망원경은 네덜란드의 안경 제작자인 한스 리퍼쉬(Hans Lippershey)에 의해 만들어졌지만, 이 최초의 망원경 발명에는 리퍼쉬의 아들이 발견한 렌즈 조합이 계기가 되었다.
② 갈릴레오는 초점거리가 긴 볼록렌즈를 망원경의 대물렌즈로 사용하고 초점 거리가 짧은 오목렌즈를 초점면 앞에 놓아 접안렌즈로 사용하였다.
③ 갈릴레오는 자신이 발명한 망원경으로 금성의 각크기가 변한다는 것을 관측함으로써 금성이 지구를 중심으로 공전하는 것이 아니라 태양을 중심으로 공전하고 있다는 것을 증명하였다.
④ 케플러식 망원경은 장초점의 볼록렌즈를 대물렌즈로 하고 단초점의 볼록렌즈를 초점면 뒤에 놓아 접안렌즈로 사용한 구조이다.

16 정답 ④

제시문에서는 비타민D의 결핍으로 인해 발생하는 건강문제를 근거로 신체를 태양빛에 노출하여 건강을 유지해야 한다고 주장하고 있다. 따라서 태양빛에 노출되지 않고도 충분한 비타민D 생성이 가능하다는 근거가 있다면 지문에 대한 반박이 되므로 ④가 정답이 된다.

오답분석

① 태양빛에 노출될 경우 피부암 등의 질환이 발생하는 것은 사실이나, 이것이 비타민D의 결핍을 해결하는 또 다른 방법을 제시하거나 지문에서 주장하는 내용을 반박하고 있지는 않다.
② 비타민D는 칼슘과 인의 흡수 외에도 흉선에서 면역세포를 생산하는 작용에 관여하고 있다. 따라서 칼슘과 인의 주기적인 섭취만으로는 문제를 해결할 수 없으며, 지문에 대한 반박이 되지 못한다.
③ 지문에서는 비타민D 보충제에 대해 언급하고 있지 않다. 따라서 비타민D 보충제가 태양빛 노출을 대체할 수 있을지 판단하기 어렵다.
⑤ 지문에서는 자외선 차단제를 사용했을 때 중파장 자외선이 어떻게 작용하는지 언급하고 있지 않다. 또한 자외선 차단제를 사용한다는 사실이 태양빛에 노출되어야 한다는 지문의 주장을 반박한다고는 보기 어렵다.

17 정답 ②

제시문에서는 제품의 굽혀진 곡률을 나타내는 R의 값이 작을수록 패널이 받는 폴딩 스트레스가 높아진다고 언급하고 있다. 따라서 1.4R의 곡률인 S전자의 인폴딩 폴더블 스마트폰은 H기업의 아웃폴딩 스마트폰보다 곡률이 작을 것이므로 폴딩 스트레스가 높다고 할 수 있다.

오답분석

① H기업은 아웃폴딩 패널을 사용하였다.
③ 동일한 인폴딩 패널이라고 해도 S전자의 R값이 작으며, R값의 차이에 따른 개발 난이도는 지문에서 확인할 수 없다.
④ 인폴딩 패널은 아웃폴딩 패널보다 상대적으로 곡률이 작아 개발 난이도가 높다. 따라서 아웃폴딩 패널을 사용한 H기업의 폴더블 스마트폰의 R값이 인폴딩 패널을 사용한 A기업의 폴더블 스마트폰보다 작을 것이라고 보기엔 어렵다.
⑤ 지문에서 여러 층으로 구성된 패널을 접었을 때 압축응력과 인장응력이 동시에 발생한다고는 언급하고 있으나 패널의 수가 스트레스와 연관된다는 사실은 확인할 수 없다. 따라서 S전자의 폴더블 스마트폰의 R값이 작은 이유라고는 판단하기 어렵다.

| 01 | 수리논리

01	02	03	04	05	06	07	08		
③	⑤	②	④	⑤	③	③	①		

01 정답 ③

처음 5% 소금물의 양을 xg이라고 하자.

$$\frac{\frac{5}{100} \times x + 40}{x + 40} \times 100 = 25$$

$\rightarrow 5x + 4,000 = 25x + 1,000$

$\rightarrow 20x = 3,000$

$\therefore x = 150$

02 정답 ⑤

욕조에 물을 가득 채웠을 때 물의 양을 1이라고 하면 A는 1분에 $\frac{1 \times 75\%}{18} = \frac{0.75}{18}$ 만큼 채울 수 있고 B는 1분에 $\frac{0.75}{18} \times 1.5$ 만큼 채울 수 있다.

A가 15분간 욕조를 채운 양은 $\frac{0.75}{18} \times 15$ 이고, 욕조를 가득 채우기까지 남은 양은 $1 - \frac{0.75}{18} \times 15$ 이다.

따라서 남은 양을 B가 채웠을 때 걸리는 시간은 $\dfrac{1 - \dfrac{0.75}{18} \times 15}{\dfrac{0.75}{18} \times 1.5} = \dfrac{18 - 0.75 \times 15}{0.75 \times 1.5} = \dfrac{18 - 11.25}{1.125} = \dfrac{6.75}{1.125} = 6$분이다.

03 정답 ②

대리는 X프로젝트와 Z프로젝트를 선택할 수 있으며, 사원은 Y프로젝트와 Z프로젝트를 선택할 수 있으므로, 대리와 사원은 한 사람당 2가지의 선택권이 있다.

따라서 대리 2명, 사원 3명이 프로젝트를 선택하여 진행하는 경우의 수는 $(2 \times 2) \times (2 \times 2 \times 2) = 2^2 \times 2^3 \times = 2^5 = 32$가지이다.

04 정답 ④

A가 목적지까지 이동하는 거리와 걸리는 시간을 계산하면 다음과 같다.

• 이동거리 : $0.8 + 36 \times \frac{8}{60} = 5.6$, 5.6km

• 소요시간 : 12분 + 8분 = 20분

따라서 자전거를 이용해 같은 시간 동안 같은 경로로 이동할 때 평균 속력은 $5.6 \div 20 = 0.28$km/분이다.

05 정답 ⑤

X경로의 거리를 $x$km, Y경로의 거리를 $y$km, A의 이동 속력을 $r$km/h, B의 이동 속력은 $z$km/h라 하자.

$$\frac{x}{r} = \frac{x}{z} + 1 \cdots (\text{i})$$

$$\frac{x}{r} + 1 = \frac{y}{z} \cdots (\text{ii})$$

$x + 160 = y$이므로 (ii)에 대입하면 $\frac{x}{r} + 1 = \frac{x + 160}{z}$ 이고,

(i)과 연립하면 $\frac{x}{z} + 1 + 1 = \frac{x + 160}{z} \rightarrow \frac{x}{z} + 2 = \frac{x}{z} + \frac{160}{z} \rightarrow 2 = \frac{160}{z} \rightarrow z = 80$이다.

06 정답 ③

영희는 철수보다 높은 수가 적힌 카드를 뽑는 경우는 다음과 같다.

구분	철수	영희
카드에 적힌 수	1	2 ~ 9
	2	3 ~ 9
	...	...
	8	9

따라서 영희가 철수보다 큰 수가 적힌 카드를 뽑는 모든 경우의 수는 1부터 8까지의 합이므로 $\frac{8 \times 9}{2} = 36$가지이다.

07 정답 ③

이벤트에 당첨될 확률은 다음과 같다.

• 처음 주사위를 던져서 당첨이 될 확률 : $\frac{1}{6}$

• 처음 주사위를 던져서 5, 6이 나오고, 가위바위보를 하여 당첨될 확률 : $\frac{2}{6} \times \frac{1}{3}$

• 처음 주사위를 던져서 5, 6이 나오고, 가위바위보를 하여 비겨서 다시 가위바위보를 하여 당첨될 확률 : $\frac{2}{6} \times \frac{1}{3} \times \frac{1}{3}$

$\therefore \frac{1}{6} + \frac{2}{6} \times \frac{1}{3} + \frac{2}{6} \times \frac{1}{3} \times \frac{1}{3} = \frac{17}{54}$

08 정답 ①

작년 직원 중 안경을 쓴 사람을 x명, 안경을 쓰지 않은 사람을 y명이라고 하면 $x + y = 45$이므로 $y = 45 - x$이다.
또한 올해는 작년보다 $58 - 45 = 13$명 증가하였으므로 다음과 같다.

$x \times 0.2 + (45 - x) \times 0.4 = 13$

$\rightarrow -0.2x = 13 - 45 \times 0.4$

$\rightarrow -0.2x = -5$

$\therefore x = 25$

따라서 올해 입사한 사람 중 안경을 쓴 사람의 수는 $x \times 0.2 = 25 \times 0.2 = 5$명이다.

| 02 | 추리

01	02	03	04	05	06	07	08	09	10	11	12								
②	④	③	⑤	④	①	②	②	④	①	①	③								

01 　정답　②

②는 '반의 관계'이며 나머지 단어는 '유의 관계'이다.
• 엄정(嚴正) : 엄격하고 바름
• 해이 : 긴장이나 규율 따위가 풀려 마음이 느슨함

02 　정답　④

④는 '유의 관계'이며 나머지 단어는 '반의 관계'이다.
• 판이하다 : 비교 대상의 성질이나 모양, 상태 따위가 아주 다르다.
• 다르다 : 비교가 되는 두 대상이 서로 같지 아니하다.

오답분석
① • 득의 : 일이 뜻대로 이루어져 만족해하거나 뽐냄
　 • 실의 : 뜻이나 의욕을 잃음
② • 엎어지다 : 서 있는 사람이나 물체 따위가 앞으로 넘어지다.
　 • 자빠지다 : 뒤로 또는 옆으로 넘어지다.
③ • 화해 : 싸움하던 것을 멈추고 서로 가지고 있던 안 좋은 감정을 풀어 없앰
　 • 결렬 : 교섭이나 회의 따위에서 의견이 합쳐지지 않아 각각 갈라서게 됨
⑤ • 고상 : 품위나 몸가짐이 속되지 아니하고 훌륭함
　 • 저열 : 품격이 낮고 보잘것없는 특성이나 성질

03 　정답　③

'뇌까리다'와 '지껄이다'는 각각 '아무렇게나 되는대로 마구 지껄이다.'와 '약간 큰 소리로 떠들썩하게 이야기하다.'는 뜻의 유의 관계이다. 따라서 빈칸에는 '복되고 길한 일이 일어날 조짐이 있다.'는 뜻의 '상서롭다'와 유의 관계인 '운이 좋거나 일이 상서롭다.'는 뜻의 '길하다'가 오는 것이 적절하다.

오답분석
① 망하다 : 개인, 가정, 단체 따위가 제 구실을 하지 못하고 끝장이 나다.
② 성하다 : 물건이 본디 모습대로 멀쩡하다.
④ 실하다 : 실속 있고 넉넉하다.
⑤ 달하다 : 일정한 표준, 수량, 정도 따위에 이르다.

04 　정답　⑤

'초췌하다'와 '수척하다'는 각각 '병, 근심, 고생 따위로 얼굴이나 몸이 여위고 파리하다.'와 '몸이 몹시 야위고 마른 듯하다.'는 뜻의 유의 관계이다. 따라서 빈칸에는 '능력이나 품성 따위를 길러 쌓거나 갖춤'이란 뜻의 '함양'과 유의 관계인 '길러 자라게 함'이란 뜻의 '육성'이 오는 것이 적절하다.

오답분석
① 집합 : 사람들을 한곳으로 모으거나 모임
② 활용 : 충분히 잘 이용함
③ 결실 : 일의 결과가 잘 맺어짐
④ 도출 : 어떤 생각이나 결론, 반응 따위를 이끌어냄

05 정답 ④

'피자를 좋아하는 사람'을 p, '치킨을 좋아하는 사람'을 q, '감자튀김을 좋아하는 사람'을 r, '나'를 s라고 하면, 첫 번째 명제는 $p \rightarrow q$, 두 번째 명제는 $q \rightarrow r$, 세 번째 명제는 $s \rightarrow p$이다. 따라서 $s \rightarrow p \rightarrow q \rightarrow r$이 성립되며, ④의 $s \rightarrow r$이 답임을 확인할 수 있다.

06 정답 ①

'갈매기'를 p, '육식을 하는 새'를 q, '바닷가에 사는 새'를 r, '헤엄을 치는 새'를 s라고 하면, 첫 번째 명제는 $p \rightarrow q$, 세 번째 명제는 $r \rightarrow p$, 네 번째 명제는 $s \rightarrow q$이다. 따라서 $s \rightarrow r$이 빈칸에 들어가야 $s \rightarrow r \rightarrow p \rightarrow q$가 되어 네 번째 명제인 $s \rightarrow q$가 성립된다. 참인 명제의 대우 역시 참이므로 '바닷가에 살지 않는 새는 헤엄을 치지 않는다.'가 답이 된다.

07 정답 ②

조건대로 원탁에 인원을 배치할 경우 A를 기준으로 오른쪽으로 돌았을 때 'A → D → F → B → C → E'와 'A → D → F → C → B → E' 두 가지 경우의 수가 생긴다. 두 경우에서 A와 D는 늘 붙어있으므로 ②가 정답이다.

08 정답 ②

네 사람이 진실을 말하고 있으므로 거짓말을 하는 사람이 한 명만 발생하는 경우를 찾아내면 된다. 확실하게 순서를 파악할 수 있는 C, D, E의 증언대로 자리를 배치할 경우 A는 첫 번째, C는 두 번째, D는 세 번째로 줄을 서게 된다. 이후 A와 B의 증언대로 남은 자리에 배치할 경우 B의 증언에서 모순이 발생하게 된다. 또한 B의 증언은 A의 증언과도 모순이 생기므로 B가 거짓말을 하는 사람임을 확인할 수 있다.

09 정답 ④

셔츠를 구입한 정을 기준으로 제시된 조건을 풀어내면 다음과 같다.
• 정은 셔츠를 구입했으므로, 치마와 원피스를 입지 않는 을은 바지를 구입하게 된다.
• 갑은 셔츠와 치마를 입지 않으므로 을이 구입한 바지 대신 원피스를 고르게 된다.
• 병은 원피스, 바지, 셔츠 외에 남은 치마를 구입하게 된다.
따라서 정답은 ④이다.

10 정답 ①

규칙은 세로로 적용된다.
두 번째 도형은 첫 번째 도형을 시계 방향으로 90° 돌린 도형이고, 세 번째 도형은 두 번째 도형을 좌우 반전시킨 도형이다.

11 정답 ①

규칙은 가로로 적용된다.
두 번째 도형은 첫 번째 도형을 좌우 대칭하여 합친 도형이다.
세 번째 도형은 두 번째 도형을 시계 방향으로 90° 돌린 도형이다.

12 정답 ③

오골계는 살과 가죽, 뼈 등이 검은 것 외에도 일반 닭에 비해 발가락 수가 5개로 하나 더 많기 때문에 일반 닭과 큰 차이가 없다고 보기는 어렵다.

오답분석

① 검은색 털을 지닌 오계와 달리 오골계는 흰색이나 붉은 갈색의 털을 지니고 있어 털의 색으로도 구분이 가능하다.

② 손질된 오골계와 오계 고기는 살과 가죽, 뼈가 모두 검정이기 때문에 구분이 쉽지 않을 것이다.

④ 오계의 병아리는 일반 병아리와 달리 털이 검은색이며 발가락 수가 다르기 때문에 구분하기가 쉽다고 할 수 있다.

⑤ 오계는 야생성이 강하고 사육기간이 길어 기르는 것이 쉽지 않은 데다 동의보감에서 약효와 쓰임새가 기록되어 있는 것을 통해 식재보다는 약용으로 더 많이 쓰였을 것으로 짐작할 수 있다.

07 | 2019년 하반기 기출복원문제

| 01 | 수리논리

01	02	03	04	05	06	07			
①	⑤	③	④	⑤	②	⑤			

01 정답 ①

전체 일의 양을 1이라고 할 때 A, B, C직원이 각각 1분 동안 혼자 할 수 있는 일의 양을 각각 a, b, c라고 하자.

$a = \dfrac{1}{120}$

$a + b = \dfrac{1}{80} \rightarrow b = \dfrac{1}{80} - \dfrac{1}{120} = \dfrac{1}{240}$

$b + c = \dfrac{1}{60} \rightarrow c = \dfrac{1}{60} - \dfrac{1}{240} = \dfrac{1}{80}$

따라서 $a + b + c = \dfrac{1}{120} + \dfrac{1}{240} + \dfrac{1}{80} = \dfrac{2 + 1 + 3}{240} = \dfrac{1}{40}$ 이므로 A, B, C직원이 함께 건조기 1대의 모터를 교체하는 데 걸리는 시간은 40분이다.

02 정답 ⑤

작년에 입사한 남자 신입사원 수를 x명, 여자 신입사원 수를 y명이라고 하자.

$x + y = 55 \cdots$ ㉠

$1.5x + 0.6y = 60 \cdots$ ㉡

㉠과 ㉡을 연립하면

$x = 30$, $y = 25$

따라서 올해 여자 신입사원 수는 $25 \times 0.6 = 15$명이다.

03 정답 ③

A는 8일마다 $\dfrac{1}{2}$씩 포장할 수 있으므로 24일 후에 남은 물품의 수는 다음과 같다.

처음	8일 후	16일 후	24일 후
512개	256개	128개	64개

B가 처음 받은 물품의 개수를 x개라고 하자. 24일 후에 B에게 남은 물품의 개수는 64개이고 2일마다 $\dfrac{1}{2}$씩 포장하므로 24일 동안 12번을 포장한다.

$x \times \left(\dfrac{1}{2}\right)^{12} = 64 \rightarrow x \times 2^{-12} = 2^6 \rightarrow x = 2^{6+12}$

따라서 B는 처음에 2^{18}개의 물품을 받았다.

04 정답 ④

동전을 던져서 앞면이 나오는 횟수를 x회, 뒷면이 나오는 횟수를 y회라고 하자.

$x+y=5 \cdots \bigcirc$

0에서 출발하여 동전의 앞면이 나오면 $+2$만큼 이동하고, 뒷면이 나오면 -1만큼 이동하므로

$2x-y=4 \cdots \bigcirc$

$\bigcirc$과 $\bigcirc$을 연립하면

$x=3,\ y=2$

동전의 앞면이 나올 확률과 뒷면이 나올 확률은 각각 $\dfrac{1}{2}$이다.

따라서 동전을 던져 수직선 위의 A가 4로 이동할 확률은 ${}_5C_3 \left(\dfrac{1}{2}\right)^3 \left(\dfrac{1}{2}\right)^2 = \dfrac{5}{16}$이다.

05 정답 ⑤

3월의 개체 수는 1월과 2월의 개체 수를 합한 것과 같고, 4월의 개체 수는 2월과 3월을 합한 것과 같다. 즉, 물고기의 개체 수는 피보나치수열로 증가하고 있다.

n을 월이라고 하고 A물고기의 개체 수를 a_n이라고 하자.

$a_1=1,\ a_2=1,\ a_n=a_{n-1}+a_{n-2}(n \ge 3)$

구분	1월	2월	3월	4월	5월	6월	7월	8월	9월	10월	11월	12월
개체 수	1	1	2	3	5	8	13	21	34	55	89	144

따라서 12월의 A물고기 수는 144마리이다.

06 정답 ②

중국의 의료 빅데이터 예상 시장 규모의 전년 대비 성장률을 구하면 다음과 같다.

구분	2015년	2016년	2017년	2018년	2019년	2020년	2021년	2022년	2023년	2024년
성장률(%)	–	56.3	90.0	60.7	93.2	64.9	45.0	35.0	30.0	30.0

2021년과 2022년의 증감률은 전년 대비 비슷한 감소폭을 보이는 것에 비해 ④의 그래프는 증감률이 크게 차이를 보이므로 ②의 그래프가 적절하다.

07 정답 ⑤

ㄱ. 2017년 대비 2019년 의사 수의 증가율은 $\dfrac{11.40-10.02}{10.02} \times 100 = 13.77\%$이며, 간호사 수의 증가율은 $\dfrac{19.70-18.60}{18.60} \times 100$

$= 5.91\%$이다. 따라서 의사 수의 증가율은 간호사 수의 증가율보다 $13.77-5.91=7.86$%p 높다.

ㄷ. $2010 \sim 2014$년 동안 의사 한 명당 간호사 수를 구하면 다음과 같다.

• 2010년 : $\dfrac{11.06}{7.83} = 1.41$명 ・ 2011년 : $\dfrac{11.88}{8.45} = 1.40$명

• 2012년 : $\dfrac{12.05}{8.68} = 1.38$명 ・ 2013년 : $\dfrac{13.47}{9.07} = 1.48$명

• 2014년 : $\dfrac{14.70}{9.26} = 1.58$명

따라서 2014년도의 의사 한 명당 간호사 수가 약 1.58명으로 가장 많다.

ㄹ. $2013 \sim 2016$년까지 간호사 수 평균은 $\dfrac{13.47+14.70+15.80+18.00}{4} = 15.49$만 명이다.

오답분석

ㄴ. $2011 \sim 2019$년 동안 전년 대비 의사 수 증가량이 2천 명 이하인 해는 2014년이다. 2014년의 의사와 간호사 수의 차이는 $14.7-9.26=5.44$만 명이다.

| 02 | 추리

01	02	03	04	05	06				
③	②	②	①	②	④				

01 정답 ③

제시된 단어는 유의 관계로, '만족하다'의 유의어는 '탐탁하다'이다.

02 정답 ②

'돛단배'는 '바람'의 힘으로 움직이고, '전등'은 '전기'의 힘으로 빛을 낸다.

03 정답 ②

오디는 뽕나무의 열매이고, 뽕잎은 뽕나무의 잎이다.

오답분석

①·③·④·⑤는 앞의 단어가 뒤의 단어의 재료가 된다. 즉, 재료와 가공품의 관계이다.
• 견사(絹絲) : 깁이나 비단을 짜는 명주실

04 정답 ①

'괄시(恝視)'는 '업신여겨 하찮게 대함'이고, '후대(厚待)'는 '아주 잘 대접함'으로 반의 관계이다.

오답분석

②·③·④·⑤는 유의 관계이다.

05 정답 ②

첫 번째 조건과 두 번째 조건에 따라 물리학과 학생은 흰색만 좋아하는 것을 알 수 있으며, 세 번째 조건과 네 번째 조건에 따라
지리학과 학생은 흰색과 빨간색만 좋아하는 것을 알 수 있다. 전공별로 좋아하는 색을 정리하면 다음과 같다.

경제학과	물리학과	통계학과	지리학과
검은색, 빨간색	흰색	빨간색	흰색, 빨간색

이때 검은색을 좋아하는 학과는 경제학과뿐이므로 C가 경제학과임을 알 수 있으며, 빨간색을 좋아하지 않는 학과는 물리학과뿐이므
로 B가 물리학과임을 알 수 있다. 따라서 항상 참이 되는 것은 ②이다.

06 정답 ④

규칙은 가로로 적용된다.
첫 번째 도형의 색칠된 부분과 두 번째 도형의 색칠된 부분이 겹치는 부분을 색칠한 도형이 세 번째 도형이 된다.

| 01 | 수리논리

01	02	03	04	05	06	07			
①	③	④	④	②	⑤	③			

01 　정답 ①

1팀에 속한 사람이 모두 만나 한 번씩 경기하는 횟수는 5+4+3+2+1=15번이고, 마찬가지로 2팀에 속한 사람이 경기하는 횟수는 6+5+4+3+2+1=21번이다.
각 팀의 1, 2위가 본선에 진출하여 경기하는 횟수는 2명씩 준결승 경기 각각 2번, 결승전 1번, 3·4위전 1번으로 총 4번이다.
따라서 경기를 관람하는데 필요한 총 비용은 (21+15)×20,000+4×30,000=720,000+120,000=840,000원이다.

02 　정답 ③

A는 0, 2, 3을 뽑았으므로 320이 만들 수 있는 가장 큰 세 자리 숫자이다. 이처럼 5장 중 3장의 카드를 뽑는데 카드의 순서를 고려하지 않고 뽑는 전체 경우의 수는 $_5C_2$=10가지이다.
B가 이기려면 4가 적힌 카드를 뽑거나 1, 2, 3의 카드를 뽑아야 한다.
4가 적힌 카드를 뽑는 경우의 수는 4가 한 장을 차지하고 나머지 2장의 카드를 뽑아야 하므로 $_4C_2$=6가지이고, 1, 2, 3카드를 뽑는 경우는 1가지이다.
따라서 B가 이길 확률은 $\frac{7}{10}\times100$=70%이다.

03 　정답 ④

O사원이 걸어간 거리는 1.8×0.25=0.45km이고, 자전거를 탄 거리는 1.8×0.75=1.35km이다. 3km/h와 30km/h를 각각 분단위로 환산하면 각각 0.05km/분, 0.5km/분이다. 이를 기준으로 이동시간을 계산하면 O사원이 걸은 시간은 $\frac{0.45}{0.05}$=9분이고, 자전거를 탄 시간은 $\frac{1.35}{0.5}$=2.7분이다. 즉, 총 이동시간은 9+2.7=11.7분이고, 0.7분을 초로 환산하면 0.7×60=42초이다. 따라서 O사원이 출근하는 데 걸린 시간은 11분 42초이다.

04 　정답 ④

증발하기 전 농도가 15%인 소금물의 양을 xg이라고 하자. 이 소금물의 소금의 양은 $0.15x$g이고, 5% 증발했으므로 증발한 후의 소금물의 양은 $0.95x$g이다. 또한, 농도가 30%인 소금물의 소금의 양은 200×0.3=60g이다.
$\frac{0.15x+60}{0.95x+200}$=0.2 → 0.15$x$+60=0.2(0.95$x$+200) → 0.15$x$+60=0.19$x$+40 → 0.04$x$=20 → x=500
따라서 증발 전 농도가 15%인 소금물의 양은 500g이다.

05 정답 ②

A금붕어, B금붕어가 팔리는 일을 n일이라고 하고, 남은 금붕어의 수를 각각 a_n, b_n이라고 하자.

A금붕어는 하루에 121마리씩 감소하고 있으므로 $a_n = 1,675 - 121(n-1) = 1,796 - 121n$이다.

$1,796 - 121 \times 10 = 1,796 - 1,210 = 586$

10일 차에 남은 A금붕어는 586마리이다.

B금붕어는 매일 3, 5, 9, 15, …마리씩 감소하고 있고, 계차의 차는 2, 4, 6, …이다.

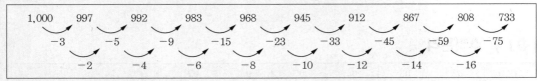

10일 차에 남은 B금붕어는 733마리이다.

따라서 A금붕어는 586마리, B금붕어는 733마리가 남았다.

06 정답 ⑤

강수량의 증감 추이를 나타내면 다음과 같다.

1월	2월	3월	4월	5월	6월	7월	8월	9월	10월	11월	12월
−	증가	감소	증가	감소	증가	증가	감소	감소	감소	감소	증가

이와 동일한 추이를 보이는 그래프는 ⑤이다.

오답분석

① 증감 추이는 같지만 4월의 강수량이 50mm 이하로 표현되어 있다.

07 정답 ③

ⓛ 국가채권 중 조세채권의 전년 대비 증가율은 다음과 같다.

• 2015년 : $\dfrac{30-26}{26} \times 100 ≒ 15.4\%$

• 2017년 : $\dfrac{38-34}{34} \times 100 ≒ 11.8\%$

따라서 조세채권의 전년 대비 증가율은 2017년에 비해 2015년이 높다.

ⓒ 융자회수금의 국가채권과 연체채권의 총합이 가장 높은 해는 142조 원으로 2017년이다. 연도별 경상 이전수입의 국가채권과 연체채권의 총합을 구하면 각각 15, 15, 17, 18조 원이므로 2017년이 가장 높다.

오답분석

⊙ 2014년 총 연체채권은 27조 원으로 2016년 총 연체채권의 80%인 $36 \times 0.8 = 28.8$조 원보다 작다.

ⓔ 2014년 대비 2017년 경상 이전수입 중 국가채권의 증가율은 $\dfrac{10-8}{8} \times 100 = 25\%$이며, 경상 이전수입 중 연체채권의 증가율은

$\dfrac{8-7}{7} \times 100 ≒ 14.3\%$로 국가채권 증가율이 더 높다.

| 02 | 추리

01	02	03	04	05					
⑤	③	②	①	④					

01 　정답　⑤

'응분'은 '어떤 정도나 분수에 맞음'을 의미하며, '분수에 넘침'을 의미하는 '과분'과 반의 관계이다. '겸양하다'는 '겸손한 태도로 양보하거나 사양하다.'라는 의미로, '잘난 체하다.'라는 의미의 '젠체하다'와 반의 관계이다.

02 　정답　③

'칠칠하다'는 '성질이나 일 처리가 반듯하고 야무지다.'라는 의미로, '야무지다'와 유의 관계이다. '널널하다'와 '너르다'는 모두 '공간 이 넓다. 또는 어떤 일이 여유가 있다.'라는 의미로, 서로 유의 관계이다.

오답분석
② • 낙찰 : 경매나 경쟁 입찰 등에서 물건이나 일이 어떤 사람이나 단체에 가도록 결정됨
 • 유찰 : 입찰 결과 낙찰이 결정되지 않고 무효로 돌아감
④ • 가축 : 집에서 기르는 짐승
 • 야수 : 사람에게 길들지 않은 사나운 야생의 짐승

03 　정답　②

A는 B와 C를 범인으로 지목하고, D는 C를 범인으로 지목하고 있다. A의 진술은 진실인데 D는 거짓일 수 없으므로 A와 D의 진술이 모두 진실인 경우와, A의 진술이 거짓이고 D의 진술은 참인 경우, 그리고 A와 D의 진술이 모두 거짓인 경우로 나누어 볼 수 있다.
ⅰ) A와 D의 진술이 모두 진실인 경우 : B와 C가 범인이므로 B와 C가 거짓을 말해야 하며, A, D, E는 반드시 진실을 말해야 한다. 그런데 E가 거짓을 말하고 있으므로 2명만 거짓을 말해야 한다는 조건에 위배된다.
ⅱ) A의 진술은 거짓, D의 진술은 진실인 경우 : B는 범인이 아니고 C만 범인이므로 B는 진실을 말하고, B가 범인이 아니라고 한 E도 진실을 말한다. 따라서 A와 C가 범인이다.
ⅲ) A와 D의 진술이 모두 거짓일 경우 : 범인은 A와 D이고, B, C, E는 모두 진실이 된다.
따라서 A와 C 또는 A와 D가 동시에 범인이 될 수 있다.

04 　정답　①

6명이 앉은 테이블은 빈자리가 없고, 4명이 앉은 테이블에만 빈자리가 있으므로 첫 번째, 세 번째 조건에 따라 A, I, F는 4명이 앉은 테이블에 앉아 있음을 알 수 있다. 4명이 앉은 테이블에서 남은 자리는 1개뿐이므로, 두 번째, 다섯 번째, 여섯 번째 조건에 따라 C, D, G, H, J는 6명이 앉은 테이블에 앉아야 한다. 마주보고 앉는 H와 J를 6명이 앉은 테이블에 먼저 배치하면 G는 H의 왼쪽 또는 오른쪽 자리에 앉고, 따라서 C와 D는 J를 사이에 두고 앉아야 한다. 이때 네 번째 조건에 따라 어떤 경우에도 E는 6명이 앉은 테이블에 앉을 수 없으므로, 4명이 앉은 테이블에 앉아야 한다. 따라서 4명이 앉은 테이블에는 A, E, F, I가, 6명이 앉은 테이블에는 B, C, D, G, H, J가 앉는다. 이를 정리하면 다음과 같다.

• 4명이 앉은 테이블 : A와 I 사이에 빈자리가 하나 있고, F는 양 옆 중 오른쪽 자리만 비어 있다. 따라서 다음과 같이 4가지 경우의 수가 발생한다.

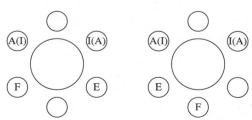

• 6명이 앉은 테이블 : H와 J가 마주본 상태에서 G가 H의 왼쪽 또는 오른쪽 자리에 앉고, C와 D는 J를 사이에 두고 앉는다.
  따라서 다음과 같이 4가지 경우의 수가 발생한다.

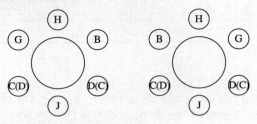

어떤 경우에도 A와 B는 다른 테이블이므로, ①은 항상 거짓이다.

05 　정답　④

규칙은 세로로 적용된다.
위쪽 도형과 가운데 도형의 색칠된 부분을 합치면 아래쪽 도형이 된다.

2018년 하반기 기출복원문제

| 01 | 수리논리

01	02	03	04	05	06				
③	③	④	①	⑤	④				

01 정답 ③

8팀이 리그전으로 경기를 하려면 $_8C_2 = \dfrac{8 \times 7}{2} = 28$번의 경기를 해야 한다.

또한, 상위 4개 팀이 토너먼트로 경기를 할 경우 준결승전 2번, 결승전 1번을 해야 하므로 경기는 3번 진행된다.
따라서 모든 경기를 보기 위해 티켓에 들어가는 비용은 28×1만 원+3×2만 원=34만 원이다.

02 정답 ③

어떤 프로젝트를 진행하는 일의 양을 1이라고 하고, B사원이 혼자 프로젝트를 시작해서 끝내기까지의 시간을 x시간이라고 하면,

2시간 동안 A사원과 B사원이 함께 한 일의 양은 $\left(\dfrac{1}{4} + \dfrac{1}{x}\right) \times 2$이고, A사원이 40분 동안 혼자서 한 일의 양은 $\dfrac{1}{4} \times \dfrac{40}{60}$이다. 따라서

식을 세우면 다음과 같다.

$$\left(\dfrac{1}{4} + \dfrac{1}{x}\right) \times 2 + \dfrac{1}{4} \times \dfrac{40}{60} = 1 \ \rightarrow \ \dfrac{x+4}{2x} + \dfrac{1}{4} \times \dfrac{2}{3} = 1$$

$$\rightarrow \ \dfrac{x+4}{2x} = \dfrac{5}{6}$$

$$\rightarrow \ 4x = 24$$

$$\therefore \ x = 6$$

따라서 B사원 혼자서 프로젝트를 수행했을 때 끝내기까지 걸리는 시간은 6시간이다.

03 정답 ④

A세포와 B세포의 배양 후 경과일 수를 각각 a일, b일이라 하면, A세포는 a일 후 4^a개, B세포는 b일 후 3^b개로 늘어난다. 각
세포의 개수에 대한 부등식을 세우면 다음과 같다($\log 5 = 1 - \log 2 = 1 - 0.30 = 0.70$).

• A세포 : 1개$\times 4^a \geq 250$개
  → $a \times \log 4 \geq \log 250$
  → $a \times 2\log 2 \geq 1 + 2\log 5$
  → $a \geq \dfrac{1 + 1.40}{0.60}$
  → $a \geq 4$

- B세포 : 2개$\times 3^b \geq$ 250개
  - → $\log2 + b\times\log3 \geq \log250$
  - → $b\times\log3 \geq 1 + 2\log5 - \log2$
  - → $b \geq \dfrac{1 + 1.40 - 0.30}{0.48}$
  - → $b \geq 4.375$일

따라서 각 세포가 250개 이상이 되는 것은 A세포는 4일, B세포는 5일 후부터이다.

04 정답 ①

모니터의 가격을 k원이라 하면, 불량률이 10%일 때와 불량률이 15%일 때의 매출액이 적어도 같아야 하므로, 식을 세우면 다음과 같다.

$k\times0.85\times$(모니터 생산량)$=$17만 원$\times0.9\times$(모니터 생산량)

→ $k = \dfrac{17\times0.9}{0.85} =$ 18만 원

따라서 이번 달의 모니터 한 대당 가격은 최소 18만 원으로 해야 지난달보다 매출액이 떨어지지 않는다.

05 정답 ⑤

달러 환율이 가장 낮은 달은 1월이고, 가장 높은 달은 10월이다. 1월의 엔화 환율은 946원/100엔, 10월의 엔화 환율은 1,003원/100엔이다. 따라서 1월의 엔화 환율은 10월의 엔화 환율 대비 $\dfrac{946 - 1,003}{1,003}\times100 ≒ -5.7\%$이므로 5% 이상 낮다.

오답분석

① 1월의 엔화 환율 946원/100엔은 2월의 엔화 환율 990원/100엔 대비 $\dfrac{946 - 990}{990}\times100 ≒ -4.4\%$이므로 5% 미만 이득이다.

② 달러 환율은 6월과 8월에 전월 대비 감소하였다.

③ 월별로 달러 환율과 엔화 환율의 차를 구하면, 1월은 1,065$-$946$=$119원, 2월은 1,090$-$990$=$100원, 3월은 1,082$-$1,020 $=$62원, 4월은 1,070$-$992$=$78원, 5월은 1,072$-$984$=$88원, 6월은 1,071$-$980$=$91원, 7월은 1,119$-$1,011$=$108원, 8월은 1,117$-$1,003$=$114원, 9월은 1,119$-$1,004$=$115원, 10월은 1,133$-$1,003$=$130원이다. 따라서 달러 환율과 엔화 환율의 차가 가장 큰 것은 10월이다.

④ 전월 대비 7월의 달러 환율 증가율은 $\dfrac{1,119 - 1,071}{1,071}\times100 ≒ 4.5\%$이고, 전월 대비 10월의 달러 환율 증가율은 $\dfrac{1,133 - 1,119}{1,119}\times100 ≒ 1.3\%$이므로 4배인 5.2%에 못 미친다.

06 정답 ④

2015년부터 2017년까지 경기 수가 계속 증가하는 종목은 배구와 축구 2종류이다.

오답분석

① 농구의 전년 대비 2015년 경기 수 감소율은 $\dfrac{403 - 413}{413}\times100 ≒ -2.4\%$이며, 2018년 전년 대비 증가율은 $\dfrac{410 - 403}{403}\times100 ≒ 1.7\%$이다. 절대값으로 비교하면 전년 대비 2015년 경기 수 감소율이 더 크다.

② 2014년은 413$+$432$+$226$+$228$=$1,299회, 2015년은 403$+$442$+$226$+$230$=$1,301회, 2016년은 403$+$425$+$227$+$231 $=$1,286회, 2017년은 403$+$433$+$230$+$233$=$1,299회, 2018년은 410$+$432$+$230$+$233$=$1,305회이다. 따라서 경기 수 총합이 가장 많았던 연도는 2018년이다.

③ 5년 동안의 야구와 축구 경기 수의 평균은 다음과 같다.
  - 야구 : (432$+$442$+$425$+$433$+$432)$\div$5$=$432.8회
  - 축구 : (228$+$230$+$231$+$233$+$233)$\div$5$=$231.0회

야구의 평균 경기 수는 432.8회이고, 이는 축구의 평균 경기 수인 231.0회의 약 1.87배로 2배 이하이다.

⑤ 2014 ~ 2018년 경기 수 평균은 농구는 406.4회, 야구 432.8회, 배구 227.8회, 축구 231회이다. 따라서 2018년 경기 수가 이보다 적은 스포츠는 야구뿐이다.

|02| 추리

01	02	03	04	05	06				
②	①	⑤	③	⑤	②				

01 정답 ②

사자성어와 사자성어에 등장하는 동물의 관계이다. 용호상박(龍虎相搏)은 '용과 호랑이가 서로 싸운다.'는 뜻이고, 토사구팽(兎死狗烹)은 '토끼를 잡으면 사냥하던 개는 쓸모가 없어져 삶아 먹는다.'는 뜻이다.

02 정답 ①

사자성어와 사자성어에 포함된 색깔의 관계이다. 동가홍상(同價紅裳)은 '같은 값이면 붉은 치마'라는 뜻으로 붉을 홍(紅)자가 포함되고, 청렴결백(淸廉潔白)은 '마음이 맑고 깨끗하여 욕심이 없음'이라는 뜻으로 흰 백(白)자가 포함된다.

오답분석

② 청렴결백의 청(淸)은 '맑을 청'으로, '푸를 청(靑)'과는 다르다.

03 정답 ⑤

돈은 지갑 안에 들어있는 내용물이지, 지갑의 재료는 아니다.

오답분석

①・②・③・④는 재료 – 결과물의 관계이다.

04 정답 ③

홍차를 주문한 사람은 2명이었으나, 주문 결과 홍차가 1잔이 나왔으므로 홍차의 주문이 잘못된 것임을 알 수 있다. 즉, E는 본래 홍차를 주문하였으나, 직원의 실수로 딸기주스를 받았다. 또한 커피는 총 2잔이 나왔으므로 D는 녹차가 아닌 커피를 주문한 것임을 알 수 있다. A, B, C, D, E의 주문 내용을 정리하면 다음과 같다.

A	B	C	D	E
홍차	커피	녹차	커피	홍차(딸기주스로 주문됨)

따라서 녹차를 주문한 사람은 C이다.

05 정답 ⑤

모든 조건을 조합하면 다음과 같이 두 가지 경우의 수가 있음을 알 수 있다.

ⅰ)

영업2팀

김팀장						
강팀장	이대리	유사원	김사원	박사원	이사원	

벽 (왼쪽) / 복도 (오른쪽)

영업1팀

ⅱ)

영업2팀

김팀장						
강팀장	이대리	김사원	박사원	이사원	유사원	

벽 (왼쪽) / 복도 (오른쪽)

영업1팀

두 가지 경우에서 강팀장과 이대리의 자리는 항상 인접하므로 항상 옳은 것은 ⑤이다.

오답분석
① 두 가지 경우에서 유사원과 이대리의 자리는 인접할 수도, 그렇지 않을 수도 있다.
② 두 가지 경우에서 박사원의 자리는 유사원의 자리보다 왼쪽에 있을 수도, 그렇지 않을 수도 있다.
③ 두 가지 경우에서 이사원의 자리는 복도 옆에 위치할 수도, 그렇지 않을 수도 있다.
④ 두 가지 경우에서 김사원과 유사원의 자리는 인접할 수도, 그렇지 않을 수도 있다.

06 정답 ②

어떤 글에 대한 논리적인 반박은 그 글의 중심 주장이 성립할 수 없다는 것을 증명하는 것이다. 따라서 제시된 글의 주장이 성립할 수 없다는 근거를 제시해야 한다. 제시된 글의 중심 주장은 '아마란스를 쌀 대신 대량으로 재배해야 한다.'이고, ②는 아마란스를 쌀 대신 대량으로 재배할 수 없다는 근거가 되므로, 제시된 글에 대한 가장 논리적인 반박이라고 할 수 있다.

오답분석
① 마지막 문단에서 '백미 대신 동일한 양의 아마란스를 섭취하는 것은 ~ 체중 조절에 훨씬 유리하다.'라고 하였으므로, 아마란스를 과량으로 섭취했을 때 체중이 증가한다는 것은 논리적인 반박으로 볼 수 없다.
③·④·⑤ 제시된 글의 주장이 성립할 수 없다는 근거를 제시하지 않았으므로 논리적인 반박으로 볼 수 없다.

| 01 | 수리논리

01	02	03							
④	③	④							

01 정답 ④

스마트폰을 사용하지 않고 충전만 한 시간을 x분, 사용하면서 충전한 시간을 y분이라고 하면

$x+y=48 \cdots \bigcirc$

$2x+y=100-20 \cdots \bigcirc$

$\bigcirc$, $\bigcirc$을 연립하여 풀면

$x=32,\ y=16$

따라서 충전 중 스마트폰을 사용한 시간은 16분이다.

02 정답 ③

농도 10%인 소금물의 양을 xg이라 하면

$\dfrac{0.1x+3.2}{x+40} \times 100 = 9.2$

$\rightarrow 0.1x+3.2=0.092(x+40)$

$\rightarrow 0.008x=0.48$

$\therefore\ x=60$

따라서 농도 10% 소금물의 양은 60g이다.

03 정답 ④

(속력)$=\dfrac{(거리)}{(시간)}$이므로 평균 속력과 관련하여 식을 세우면 $\dfrac{20}{\dfrac{10}{20}+\dfrac{10}{x}}$ 이다.

$24=\dfrac{400x}{10x+200}$

$\rightarrow 400x=240x+4,800$

$\rightarrow 160x=4,800$

$\therefore\ x=30$

| 02 | 추리

01	02	03	04	05					
③	①	②	③	②					

01 정답 ③

마이동풍(馬耳東風)은 '말 귀에 봄바람'이라는 뜻으로 남의 말을 귀담아 듣지 않고 흘려버리는 것을 말한다. 제시된 두 단어 중 말은 마이동풍에 등장하는 동물이고, '서당 개 삼 년이면 풍월을 읊는다.'는 의미의 당구풍월(堂狗風月)에 등장하는 동물은 개이므로 빈칸에 들어갈 단어는 '개'이다.

02 정답 ①

수필은 문학에 포함되는 개념이고, 포유류에 포함되는 개념은 박쥐이다.

오답분석

펭귄은 조류, 도마뱀은 파충류, 상어는 어류, 개구리는 양서류에 해당한다.

03 정답 ②

'다독 – 정독'을 제외한 나머지는 모두 유의 관계를 이루고 있다.
- 다독(多讀) : 많이 읽음
- 정독(精讀) : 뜻을 새기며 자세히 읽음

오답분석

④ 파견(派遣)과 파송(派送)은 '일정한 업무를 주고 사람을 보냄'을 뜻한다.
⑤ 우수리는 '물건 값을 제하고 거슬러 받는 잔돈'을 뜻한다.

04 정답 ③

B는 파란색 모자를 쓰지 않았고, C는 파란색 모자를 보고 있는 입장이므로 파란색 모자를 쓸 수 있는 사람은 A뿐이다. 조건에 따라 나올 수 있는 경우는 다음과 같다.
 ⅰ) B(노란색) – A(파란색) – C(빨간색)
 ⅱ) B(빨간색) – A(파란색) – C(노란색)
 ⅲ) A(파란색) – C(노란색) – B(빨간색)
 ⅳ) A(파란색) – C(빨간색) – B(노란색)
따라서 그 어떤 경우에도 B는 노란색 모자를 쓰고 두 번째에 서 있을 수 없다.

05 정답 ②

심장 질환 예방에 도움을 주는 것은 맥주의 원료인 홉과 맥아이다.

오답분석

① 글의 전체적인 내용을 통해 확인할 수 있다.
③ 여섯 번째 문단에 따르면 맥주 효모는 탈모 개선에 도움이 된다고 하였으므로 탈모 환자에게 도움이 될 것이라 추론할 수 있다.
④ 두 번째 문단과 세 번째 문단을 통해 확인할 수 있다.
⑤ 여덟 번째 문단에 따르면 맥주의 효소가 여드름 등의 피부 트러블을 예방하는 데 도움이 된다고 하였으므로 여드름으로 고민 중인 사람들에게 추천해 줄 수 있다.

2017년 하반기 기출복원문제

| 01 | 수리논리

01	02	03	04						
⑤	①	③	③						

01 정답 ⑤

A, B, C물건 세 개를 모두 좋아하는 사람의 수를 x명이라고 하면

$(280+160+200)-110-3x+x=400-30$

$\therefore x=80$

따라서 세 물건을 모두 좋아하는 사람은 80명이다.

02 정답 ①

선과 선이 만나는 부분까지 갈 수 있는 방법의 수는 다음과 같다.

			1	1	1	A
			4	3	2	1
10	10	P 10	6	3	1	
30	20	10				
60	30	10				

B

따라서 A지점에서 B지점까지 P지점을 거쳐서 갈 수 있는 경우의 수는 60가지이다.

03 정답 ③

ㄱ. 임차인 A의 전·월세 전환율이 6%일 때 전세금을 x만 원이라고 하면 $6=\dfrac{50\times12}{x-25,000}\times100$

  $\therefore x=35,000$

ㄹ. 임차인 E의 전·월세 전환율이 12%일 때 월세를 x만 원이라고 하면 $12=\dfrac{x\times12}{58,000-53,000}\times100$

  $\therefore x=50$

오답분석

ㄴ. $\dfrac{60\times12}{42,000-30,000}\times100=6\%$

ㄷ. 임차인 C의 전·월세 전환율이 3%일 때 월세보증금을 x만 원이라고 하면 $3=\dfrac{70\times12}{60,000-x}\times100$

  $\therefore x=32,000$

04 정답 ③

ㄴ. 표에서 장애인 고용률이 가장 낮은 기관을 살펴보면 고용률 1.06%인 A이므로 A가 서부청이다.

ㄱ. 표에서 장애인 고용의무인원을 비교해 보면 C>B>D>A 순서이고, 조건을 정리해 보면 남부청>동부청>서부청(A)이 된다.

ㄷ. 장애인 고용의무인원은 북부청이 남부청보다 적으므로 조건 ㄱ의 내용과 종합하면 남부청의 인원이 가장 많다는 것이 된다. B~D 중 장애인 고용의무인원이 가장 많은 것은 C이므로 C가 남부청이다.

ㄹ. 남은 B와 D 중에 남동청보다 장애인 고용인원은 많고, 장애인 고용률은 낮은 것은 B이므로 B가 동부청이 되며, 그 결과 자연히 D는 북부청이 된다.

|02| 추리

01	02	03	04	05	06	07			
④	④	⑤	②	①	④	⑤			

01 정답 ④

'공부를 잘하는 사람은 모두 꼼꼼하다.'라는 전제를 통해 '꼼꼼한 사람 중 일부는 시간 관리를 잘한다.'는 결론이 나오기 위해서는 '공부를 잘한다.'와 '시간 관리를 잘한다' 사이에 어떤 관계가 성립되어야 한다. 그런데 결론에서 그 범위를 '모두'가 아닌 '일부'로 한정하였으므로 공부를 잘하는 사람 중 일부가 시간 관리를 잘한다는 전제가 필요하다.

02 정답 ④

'고매하다'는 '인격이나 품성, 학식, 재질 등이 높고 빼어나다.'라는 뜻이고, '고결하다'는 '성품이 고상하고 순결하다.'는 의미로 두 단어는 서로의 유의어이다. 그리고 '곱다'에는 '가루나 알갱이 따위가 아주 잘다.'라는 뜻이 있으며, 이는 '아주 곱고 촘촘하다.'는 의미의 '치밀하다'와 비슷한 말이다.

03 정답 ⑤

세 가지 조건을 종합해 보면 A상자에는 테니스공과 축구공이, B상자에는 럭비공이, C상자에는 야구공이 들어가게 됨을 알 수 있다. 따라서 B상자에는 럭비공과 배구공, 또는 럭비공과 농구공이 들어갈 수 있으며, C상자에는 야구공과 배구공, 또는 야구공과 농구공이 들어갈 수 있다. 그러므로 럭비공은 배구공과 같은 상자에 들어갈 수도 있고 아닐 수도 있다.

오답분석

① 농구공을 C상자에 넣으면 배구공이 들어갈 수 있는 상자는 B밖에 남지 않게 된다.

② 세 가지 조건을 종합해 보면 테니스공과 축구공이 들어갈 수 있는 상자는 A밖에 남지 않음을 알 수 있다.

③ A상자는 이미 꽉 찼고 남은 상자는 B와 C인데, 이 두 상자에도 각각 공이 하나씩 들어가 있으므로 배구공과 농구공은 각각 두 상자에 나누어져 들어가야 한다. 따라서 두 공은 같은 상자에 들어갈 수 없다.

④ B상자에 배구공을 넣으면 농구공을 넣을 수 있는 상자는 C밖에 남지 않게 된다. 따라서 농구공과 야구공은 함께 C상자에 들어가게 된다.

04 정답 ②

조건에 따르면 A는 3반 담임이 되고, E는 2반 또는 4반, B는 1반 또는 5반의 담임이 된다. 따라서 B가 5반을 맡을 경우 C는 1반, 2반, 4반 중 하나를 맡게 되므로 반드시 1반을 맡는다고는 할 수 없다.

오답분석
① C가 2반을 맡으면 E는 4반을 맡고 D는 1반 또는 5반을 맡는다.
③ 조건에서 E는 A의 옆 반 담임을 맡는다고 하였으므로 2반 또는 4반을 맡는다.
④ 조건에서 B는 양 끝에 위치한 반 중 하나의 담임을 맡는다고 하였으므로 B는 양 끝 반인 1반 또는 5반을 맡는다.
⑤ 1반을 B가, 2반을 E가 맡으면 A는 3반을 맡으므로 남은 4, 5반은 C, D가 맡는다. 따라서 이 경우 C는 D의 옆 반이다.

05 정답 ①

기호가 하나만 적용된 부분부터 살펴보면 HㅋJ5가 5ㅋJH로 변하였으므로 ●은 양 끝에 있는 문자의 위치를 서로 바꾸는 기호임을 알 수 있다. ㅊㄱEB에 이 기호를 거꾸로 적용하면 BㄱEㅊ이 되고, AㄷBㅎ이 ■을 거쳐 BㄱEㅊ이 된 셈이므로 이는 각 항에 +1, -2, +3, -4를 하는 기호임을 알 수 있다. 다음으로 4ㅍHI가 ▲을 거쳐 5ㅋJH로 변한 과정을 살펴보면 각 항에 +1, -2, +2, -1을 한 것임을 밝힐 수 있다. 그러므로 이 모든 규칙을 정리하면 다음과 같다.

● : 1234 → 4231
■ : 각 자릿수에 +1, -2, +3, -4
▲ : 각 자릿수에 +1, -2, +2, -1

GHKT   →   HFNP   →   PFNH
　　　　　■　　　　　　●

06 정답 ④

5454   →   6273   →   3276
　　　▲　　　　　　●

07 정답 ⑤

76ㄱI   →   84ㄷH   →   92ㅂD
　　　▲　　　　　　■

CHAPTER 12 | 2017년 상반기 기출복원문제

| 01 | 수리논리

01	02	03	04	05					
④	③	⑤	③	③					

01 　정답 ④

각 동전을 지불하는 경우의 수는 다음과 같다.
- 10원짜리 : 0원, 10원, 20원, 30원(4가지)
- 50원짜리 : 0원, 50원(2가지)
- 100원짜리 : 0원, 100원, 200원(3가지)
- 500원짜리 : 0원, 500원(2가지)

따라서 동전을 모두 이용해 지불할 수 있는 경우의 수는 $4 \times 2 \times 3 \times 2 = 48$가지이고, 0원은 지불한 것으로 보지 않으므로, 모든 동전을 지불하지 않는 1가지 경우를 제외하면 47가지이다.

02 　정답 ③

500m의 거리에 가로등과 벤치를 각각 50m, 100m 간격으로 설치하므로, 총 거리를 간격으로 나누면 각각 10개, 5개이다. 단, 시작 지점은 포함되지 않았으므로 1개씩을 더해주면 가로등은 11개, 벤치는 6개가 되어 총 17개이다.

03 　정답 ⑤

기차는 다리에 진입하여 완전히 벗어날 때까지 다리의 길이인 800m에 기차의 길이 100m를 더한 총 900m(0.9km)를 36초(0.01시간) 동안 이동했다. 따라서 기차의 (속력)$=\dfrac{(거리)}{(시간)}=\dfrac{0.9}{0.01}=90$km/h이다.

04 　정답 ③

사교육비와 참여율의 변화 양상이 동일한 지역은 부산(감소, 증가), 대전(감소, 감소), 세종(유지, 증가), 강원(감소, 증가), 전남(감소, 증가), 경북(증가, 감소)으로 총 6곳이다.

오답분석

① 2014년 대비 2015년 사교육비가 감소한 지역의 수는 5곳, 2014년 대비 2015년 참여율이 감소한 지역의 수는 5곳으로 같다.
② 2015년 시·도를 통틀어 사교육 참여율이 가장 높은 지역은 74.3%로 서울이고, 가장 낮은 지역은 59.6%로 전남이다. 따라서 이 두 지역의 차는 $74.3-59.6=14.7$%p이다.
④ 2014년 도 지역 중 학생 1인당 월평균 사교육비가 가장 높은 지역은 26.0만 원으로 경기이고 가장 낮은 지역은 16.4만 원으로 전남이다. 따라서 이 두 지역의 차는 9.6만 원이다.
⑤ 서울·경기 지역은 2014~2015년 모두 사교육비와 참여율에서 1, 2위를 차지하므로 평균 이상의 수치를 보여주고 있다고 볼 수 있다.

05 정답 ③

여자의 기대여명은 70세와 80세에서 전년 대비 2015년 기대여명의 변동이 없었고, 90세와 100세 이상의 기대여명은 감소했다.

오답분석

① 2015년에 1970년 대비 변동폭은 남자, 여자 모두 0.4세로 100세 이상의 연령대가 가장 작다.
② 1970년 대비 2015년의 기대여명이 가장 많이 늘어난 것은 20.3세 차이로 0세 남자이다.
④ 기대여명은 동일 연령에서 여자가 남자보다 항상 높음을 자료에서 확인할 수 있다.
⑤ 2014년 대비 2015년의 기대여명의 증감 수치는 항상 남자가 여자보다 크다.

| 02 | 추리

01	02	03	04	05	06	07	08		
④	②	③	③	②	④	①	②		

01 정답 ④

'만족'과 '흡족'은 모자란 것 없이 충분하고 넉넉함을 뜻하는 단어로 동의관계이다. 따라서 요구되는 기준이나 양에 미치지 못해 충분하지 않음을 뜻하는 '부족'의 동의어로는 있어야 하는 것이 모자라거나 없음을 뜻하는 '결핍'이 적절하다.

오답분석

① 미미 : 보잘것없이 매우 작음
② 곤궁 : 가난하여 살림이 구차하고 딱함
③ 궁핍 : 몹시 가난함
⑤ 가난 : 살림살이가 부족함

02 정답 ②

직업 – 도구 – 결과물의 관계이다. 대장장이는 망치나 가위 등으로 철이나 구리 같은 금속을 담금질하여 연장 또는 기구를 만드는 장인으로, 광물은 그 결과물이 아니다.

03 정답 ③

우선 세 번째 조건에 따라 '윤지 – 영민 – 순영'의 순서가 되는데, 첫 번째 조건에서 윤지는 가장 먼저 출장을 가지 않는다고 하였으므로 윤지 앞에는 먼저 출장 가는 사람이 있어야 한다. 따라서 '재철 – 윤지 – 영민 – 순영'의 순서가 되고, 마지막으로 출장 가는 순영의 출장지는 미국이 된다. 또한 재철은 영국이나 프랑스로 출장을 가야하는데, 영국과 프랑스는 연달아 갈 수 없으므로 두 번째 출장지는 일본이며, 첫 번째와 세 번째 출장지는 영국 또는 프랑스로 재철과 영민이 가게 된다.

구분	첫 번째	두 번째	세 번째	네 번째
출장 가는 사람	재철	윤지	영민	순영
출장 가는 나라	영국 또는 프랑스	일본	영국 또는 프랑스	미국

오답분석

① 윤지는 일본으로 출장을 간다.
② 재철은 영국으로 출장을 갈 수도, 프랑스로 출장을 갈 수도 있다.
④ 순영은 네 번째로 출장을 간다.
⑤ 윤지와 순영의 출장 순서는 두 번째와 네 번째로, 연이어 출장을 가지 않는다.

04 정답 ③

가장 먼저 물건을 고를 수 있는 동성이 세탁기를 받을 경우와 컴퓨터를 받을 경우 두 가지로 나누어 생각해 볼 수 있다.

1. 동성이가 세탁기를 받을 경우 : 현규는 드라이기를 받게 되고, 영희와 영수는 핸드크림 또는 로션을 받게 되며, 미영이는 컴퓨터를 받게 된다.
2. 동성이가 컴퓨터를 받을 경우 : 동성이 다음 순서인 현규가 세탁기를 받을 경우와 드라이기를 받을 경우로 나누어 생각해 볼 수 있다.
   1) 현규가 세탁기를 받을 경우 : 영희와 영수는 로션 또는 핸드크림을 각각 가지게 되고, 미영이는 드라이기를 받게 된다.
   2) 현규가 드라이기를 받을 경우 : 영희와 영수는 로션 또는 핸드크림을 각각 가지게 되고, 미영이는 세탁기를 받게 된다.

따라서 미영이가 드라이기를 받는 경우도 존재한다.

05 정답 ②

도형의 규칙은 가로로 적용된다. 첫 번째 도형과 세 번째 도형을 합쳤을 때 두 번째 도형이 되는데, 겹치는 칸이 모두 색칠되어 있거나 색칠되어 있지 않은 경우 그 칸의 색은 비워두고, 색칠된 칸과 색칠되지 않은 칸이 겹칠 경우 색칠하여 완성한다. 따라서 물음표에는 ②가 와야 한다.

06 정답 ④

가로 두 번째 줄과 세로 첫 번째 줄을 살펴보면 2개의 기호가 적용되었고 공통적으로 ■를 거치는데, 가로 두 번째 줄은 순서만 변화하고, 세로 첫 번째 줄은 문자와 순서에 모두 변화가 있다. 따라서 ■는 1234 → 3412인 순서 바꾸기 규칙임을 알 수 있고, 그 전에 ◎가 3 → 4, ㅛ → ㅠ, ㅁ → ㅇ, J → N으로 바뀌었으므로 ◎는 각 항에 +1, +2, +3, +4를 하는 규칙임을 알 수 있다. 이를 토대로 가로 첫 번째 줄에 대입하면 ▲는 각 자릿수에 −1, −2, −1, −2를 하는 규칙임을 알 수 있으며, 마지막으로 세로 두 번째 줄에 대입하면 ◇는 1234 → 4321인 규칙임을 알 수 있다. 그러므로 이 모든 규칙을 정리하면 다음과 같다.

■ : 1234 → 3412
◎ : 각 자릿수에 +1, +2, +3, +4
▲ : 각 자릿수에 −1, −2, −1, −2
◇ : 1234 → 4321

2U ㅓ ㅋ   →   ㅋ ㅓ U2   →   ㅊ ㅏ T0
      ◇   ▲

07 정답 ①

ㅂ5ㄴ6   →   ㄴ6ㅂ5   →   ㄷ8ㅈ9
      ■   ◎

08 정답 ②

4ㅜDH   →   3ㅗCF   →   FCㅗ3   →   GEㅠ7
     ▲   ◇   ◎

| 01 | 수리논리

01	02	03	04						
④	③	②	④						

01 정답 ④

x : 영업직 수

y : 일반사무직 수

z : 마케팅직 수

(일반사무직 일당)$=10\times\dfrac{80}{100}=8$

(마케팅직 일당)$=10\times\left(1+\dfrac{20}{100}\right)=12$

$x+y+z=30 \cdots \bigcirc$

$y=x+10=2\times z \cdots \bigcirc$

㉠과 ㉡을 연립하면

$x=6,\ y=16,\ z=8$

따라서 추가 편성해야 할 총 일일 인건비는 $6\times10+16\times8+8\times12=284$만 원이다.

02 정답 ③

(A) : (전체 사업체 수)$=53+94+1+6+3=157$

(B) : (업체당 평균매출액)$=$(매출액)$\div$(사업체 수)$=373,853\div1=373,853$

(C) : (1인당 평균매출액)$=$(매출액)$\div$(종사자 수)$=373,853\div295≒1,267$

03 정답 ②

작업 시작	작업 성능	소요 시간	누적 처리량
오후 3시	초기화 작업	1시간	0TB
오후 4시	시간당 2TB	2시간	4TB
오후 6시	시간당 3TB	6시간	22TB
자정	시스템 점검	3시간	22TB
새벽 3시	시간당 3TB	6시간	40TB
오전 9시	시간당 2TB	5시간	50TB

04　정답　④

(전북지역 농가수 감소율)=(235−100)÷235×100≒57.4%

(경남지역 농가수 감소율)=(297−131)÷297×100≒55.9%

따라서 농가수 감소율은 경남지역보다 전북지역이 더 큼을 알 수 있다.

오답분석

① 첫 번째 자료를 통해 총 가구 중 농가 비중은 지속적으로 감소함을 알 수 있다.

② 132÷1,088×100≒12.1%

③ 두 번째 자료를 통해 농가수는 전국 모든 지역에서 감소함을 알 수 있다.

⑤ (33−53)÷53×100≒−37.7%

|02| 추리

01	02	03	04	05	06	07			
④	⑤	①	⑤	③	⑤	②			

01　정답　④

가로등의 원동력은 전기이고, 증기기관의 원동력은 수증기이다.

02　정답　⑤

주스를 좋아하는 사람은 우유를 좋아하지 않으므로 대우 법칙을 생각했을 때, 우유를 좋아하는 사람은 주스를 좋아하지 않는다. 주스를 좋아하지 않는 사람은 치즈를 좋아한다고 했으므로 빵을 좋아하는 사람은 우유를 좋아하고, 우유를 좋아하는 사람은 주스를 좋아하지 않으며, 주스를 좋아하지 않는 사람은 치즈를 좋아한다는 결론이 도출된다. 따라서 빵을 좋아하는 사람은 치즈를 좋아한다.

03　정답　①

진실게임 문제의 경우 가정할 범위를 가능한 좁혀야 한다. 보기의 조건 중 A~D의 주장은 각각 1명씩을 범인으로 지목하기 때문에 이들 중 한 명을 진실 혹은 거짓으로 가정한다고 하더라도, 다른 주장과 모순되는 경우가 발생한다. 반면, E의 주장은 2명이 범인이 아니라고 주장하므로, E의 주장을 참으로 가정하면 A, B의 주장과 일치하므로 C와 D가 범인임을 알 수 있다.

04　정답　⑤

조선시대에 들어 유교적 혈통률의 영향을 받았다고 했으므로 ⑤는 적절한 추론이다.

오답분석

① 처거제는 '장가가다'와 일맥상통한다.

② 두 번째 문장을 통해 확인할 수 있다.

③ 마지막 문장을 통해 확인할 수 있다.

④ 제시된 글을 통해서는 알 수 없다.

05   정답 ③

△ : 각 자릿수 +3, -2, +4, -1
☆ : 1234 → 2431
◎ : 각 자릿수 -1, +2, -3, -4
□ : 각 자릿수마다 +3
♡ : 1234 → 3124

ㄷM4G   →   4ㄷMG   →   7ㄱQF
            ♡   △

06   정답 ⑤

4Gㅕ5   →   3Iㅏ1   →   6Lㅕ4
         ◎   □

07   정답 ②

ㅛㅎㅁA   →   ㅎAㅁㅛ   →   ㅍㄷㄴㅑ
          ☆   ◎

| 01 | 수리논리

01	02	03	04	05					
②	①	②	③	④					

01 정답 ②

영희가 집에서 할머니를 기다린 10분을 제외하면, 학교에서 병원까지 총 이동시간은 1시간 40분이다.

1시간 40분은 $1+\dfrac{40}{60}=1+\dfrac{2}{3}=\dfrac{5}{3}$ 시간이므로 집과 병원 사이의 거리를 $x$km라고 하면,

$$\dfrac{2x}{4}+\dfrac{x}{3}=\dfrac{5}{3} \rightarrow \dfrac{5x}{6}=\dfrac{5}{3}$$

$\therefore\ x=2$

따라서 병원에서 집까지의 거리는 2km이다.

02 정답 ①

작년 A고등학교의 1학년과 3학년 학생 수를 각각 x, y명이라고 하면, 2학년 학생 수는 $\dfrac{x+y}{2}$ 명이다.

$$x+\dfrac{x+y}{2}+y=1,200 \rightarrow \dfrac{3(x+y)}{2}=1,200 \rightarrow \dfrac{x+y}{2}=1,200\div 3=400$$

올해 2학년 학생 수는 $400\times1.05=420$명이고, 3학년 학생 수는 $420-12=408$명이다.
따라서 올해 필요한 신입생의 수는 $1,200-420-408=372$명이다.

03 정답 ②

10일 동안 $0.3\times3\times10=9$kg이 증가하므로 영진이는 총 19kg을 감량해야 한다. 일요일에는 헬스장에 가지 않으므로 하루에 운동해야 하는 시간은 $19\div(0.5\times9)\fallingdotseq4.22$이다.
따라서 소수점 둘째 자리에서 반올림하면 하루에 4.2시간씩 운동해야 한다.

04 정답 ③

해영이가 이동한 거리는 $25\times60=1,500$m이고, 수현이가 이동한 거리는 $10\times80=800$m이다. 해영이와 수현이 사이의 거리를 xm라 하면, 피타고라스의 정리를 이용하여 $x^2=800^2+1,500^2=1,700^2$
$\therefore\ x=1,700$
따라서 해영이와 수현이 사이의 직선 거리는 1.7km이다.

05 　정답　④

각 팀은 3명씩 구성된다. 부장과 과장이 같은 팀일 경우, 나머지 4명 중 팀원으로 남자 대리를 뽑을 확률은 0.25이다. 부장과 과장이 다른 팀일 경우, 팀을 나누는 전체 경우의 수는 $_4C_2 \times _2C_2 \times \dfrac{1}{2!} \times 2 = 6$가지이고, 그중 부장과 남자 대리가 같은 팀인 경우는 3가지이다.

따라서 확률은 0.3×0.25+0.7×0.5=0.425, 즉 42.5%이다.

| 02 | 추리

01	02	03	04	05	06	07	08		
②	②	⑤	①	③	③	④	⑤		

01 　정답　②

키 : 원숭이>기린
몸무게 : 원숭이>기린>하마
따라서 원숭이가 가장 무겁다.

오답분석

① 원숭이와 하마와의 키 관계는 알 수 없다.
③·⑤ 기린과 하마와의 키 관계는 알 수 없다.
④ 하마는 기린보다 가볍다.

02 　정답　②

높새바람과 하늬바람은 둘 다 바람의 일종으로 '바람'이라는 단어가 생략된 채 제시되었다. 여우비는 맑은 날 잠깐 내리는 비이며, 이슬비는 아주 가늘게 내리는 비를 뜻한다.

03 　정답　⑤

오답분석

①·②·③·④ 대등관계이다.

04 　정답　①

오답분석

②·③·④·⑤ 목적어 – 서술어 관계이다.

05 　정답　③

오답분석

①·②·④·⑤ 제작자 – 제품 – 사용자이다.

06 정답 ③

○ : 각 자릿수 +1, -2, +1, -2
◆ : 각 자릿수마다 +2
▼ : 1234 → 2143
■ : 1234 → 3412

5ㅂ2ㅌ → ㅂ5ㅌ2 → ㅅ3ㅍ0
      ▼   ○

07 정답 ④

ㄴㅅㅌㅈ → NㅈGㅋ → GㅋNㅈ
      ◆   ■

08 정답 ⑤

ㄱBㄷV → ㄷVㄱB → ㄹTㄴZ
     ■   ○

15 | 2015년 하반기 기출복원문제

| 01 | 수리논리

01	02	03							
③	③	⑤							

01 정답 ③

A제품의 불량률을 x라 하면
$600(1-x) \geq 2,400x \rightarrow 3,000x \leq 600$
$\therefore x \leq 0.2$
따라서 불량률은 20%를 넘지 않아야 한다.

02 정답 ③

무게가 1kg, 2kg, 3kg인 추의 개수를 각각 x, y, z개라고 하면
$x+y+z=30 \cdots \bigcirc$
$x+2y+3z=50 \cdots \bigcirc\!\!\bigcirc$
$y \geq 2z \cdots \bigcirc\!\!\bigcirc\!\!\bigcirc$
$x>y>z \cdots \textcircled{e}$
$\bigcirc$을 $\bigcirc\!\!\bigcirc$에 대입하면
$y+2z=20 \rightarrow y=20-2z \cdots \textcircled{p}$
$\textcircled{p}$을 $\bigcirc\!\!\bigcirc\!\!\bigcirc$에 대입하면
$20-2z \geq 2z \rightarrow z \leq 5$
따라서 두 번째 조건에 의해 3kg 추의 개수는 2개 또는 4개이다.
그러므로 추의 개수로 가능한 경우는 다음과 같다.
ⅰ) 1kg : 12개, 2kg : 16개, 3kg : 2개
ⅱ) 1kg : 14개, 2kg : 12개, 3kg : 4개
이때 ⅰ)은 마지막 조건을 만족하지 못한다.
따라서 무게가 2kg인 추는 12개이다.

03 정답 ⑤

평상시에 12층까지 올라가는 데 걸리는 시간은 엘리베이터를 이용할 때 75초, 비상계단을 이용할 때 410초로, 335초의 차이가 난다.
엘리베이터를 이용하는 것보다 계단을 이용할 때 12층에 빨리 도착하는 시각이 저녁 8시 x분이라 하면
$\frac{x}{2} \times 35 \geq 335 \rightarrow \frac{x}{2} \geq \frac{67}{7} \fallingdotseq 9.6 \rightarrow x \geq 19.2$
따라서 저녁 8시 20분부터는 계단을 이용하면 12층에 빨리 도착한다.

| 02 | 추리

01	02	03	04	05	06	07			
④	③	①	②	④	①	③			

01 정답 ④

'중요'는 '귀중하고 요긴함'의 뜻으로, '요긴'과 유의 관계이다.
• 특성 : 일정한 사물에만 있는 특수한 성질
• 특질 : 특별한 기질이나 성질

오답분석
① 성질 : 사람이 지닌 마음의 본바탕
② 특별 : 보통과 구별되게 다름
③ 특이 : 보통 것이나 보통 상태에 비하여 두드러지게 다름
⑤ 특수 : 특별히 다른 것

02 정답 ③

'세입'은 '국가나 지방 자치 단체의 한 회계 연도에 있어서의 모든 지출'이라는 뜻으로, '세출'과 반의 관계이다.
• 할인 : 일정한 값에서 얼마를 뺌
• 할증 : 일정한 값에 얼마를 더함

오답분석
① 상승 : 낮은 데서 위로 올라감
② 인상 : 물건값, 봉급 등을 올림
④ 감소 : 양이나 수치가 줆. 또는 양이나 수치를 줄임
⑤ 인하 : 물건 따위를 끌어내림

03 정답 ①

오답분석
②・③・④・⑤ 서비스 공급자 − 서비스 수요자

04 정답 ②

② 목적어 − 서술어 관계이다.

오답분석
①・③・④・⑤ 주어 − 서술어 관계이다.

05 정답 ④

□ : 1234 → 4231
△ : 각 자릿수 +1, −1, +1, −1
☆ : 각 자릿수 −1, −2, −3, −4
○ : 각 자릿수 +1, 0, 0, +1

LIKE → MIKF → FIKM
      ○   □

06 정답 ①

7288 → 8287 → 7053
    □   ☆

07 정답 ③

MJㅊㅍ → LHㅅㅈ → MHㅅㅊ
    ☆   ○

16 | 2015년 상반기 기출복원문제

| 01 | 수리논리

01	02	03	04	05					
⑤	②	⑤	①	⑤					

01 정답 ⑤

- 사무용품 구매액 : $300,000 \times 0.8 = 240,000$원
- 사무용품 구매 후 남은 예산 : $300,000 - 240,000 = 60,000$원
- 서랍장 구매액 : $60,000 \times 0.4 = 24,000$원
- 서랍장 구매 후 남은 예산 : $60,000 - 24,000 = 36,000$원
- 볼펜 1개의 인터넷 구매액 : $500 \times \left(1 - \dfrac{20}{100}\right) = 400$원

$36,000 \div 400 = 90$이므로, 남은 예산으로 볼펜 90개를 살 수 있다.

02 정답 ②

자동차를 1일 이용할 경우, 교통비는 $5,000 + 2,000 \times 2 = 9,000$원이다. 즉, 지하철을 1일 이용하는 대신 자동차를 1일 이용할 경우 6,000원의 차액이 발생한다.
이번 달과 다음 달의 차이는 프로젝트 기간 5일의 유무이다. 따라서 5일간의 교통비 차액이 이번 달과 다음 달의 교통비 차액이다. 따라서 $6,000 \times 5 = 30,000$원의 차액이 생긴다.

03 정답 ⑤

올라갈 때의 거리를 $x$km라 하면, 내려갈 때의 거리는 $(x+3)$km이다.

$\dfrac{x}{4} + \dfrac{x+3}{5} = 5$

$\rightarrow 5x + 4(x+3) = 100$

$\rightarrow 9x = 88$

$\therefore x = \dfrac{88}{9}$

따라서 S대리가 걸은 거리는 $2x + 3 = \dfrac{176}{9} + 3 \fallingdotseq 22.6$km이다.

04 정답 ①

i) A업체에서 구매할 경우

50=(10+1)×4+6이므로, (100만 원)×4+(10만 원)×6=460만 원이 필요하다.

이때 100만 원당 5만 원을 할인해주므로, 가습기 구매에 총 460-5×4=440만 원이 필요하다.

ii) B업체에서 구매할 경우

50=(9+1)×5이므로, (90만 원)×5=450만 원이 필요하다.

따라서 A업체에서 구매하는 것이 10만 원 더 저렴하다.

05 정답 ⑤

$$\frac{122}{122+58}\times100=\frac{122}{180}\times100=\frac{610}{9}≒68\%$$

|02| 추리

01	02	03	04	05	06	07	08	09	
④	③	⑤	①	②	④	③	④	③	

01 정답 ④

데스크탑에 휴대성을 갖춘 것이 노트북이고, 집에 휴대성을 갖춘 것은 캠핑카이다.

02 정답 ③

말은 마차를 끌고, 소는 쟁기를 끈다.

03 정답 ⑤

우표는 우체국에서 취급하고, 곡식은 방앗간에서 취급한다.

04 정답 ①

오답분석

②·③·④·⑤ 유의 관계이다.

05 정답 ②

태양을 기준으로 거리가 멀어지는 순서대로 나열한 것이다.

오답분석

①·③·④·⑤ 시간이 지남에 따라 발생하는 것을 나열한 것이다.

06 정답 ④

① · ② · ③ · ⑤ 포함 관계이다.

07 정답 ③

♡ : 1234 → 3412
△ : 1234 → 4321
□ : 각 자릿수 +1, −1, +1, −1

ㄱㅌWN → ㄴㅋXM → XMㄴㅋ
       □   ♡

08 정답 ④

IUㄹㅅ → ㅅㄹUI → UIㅅㄹ
    △   ♡

09 정답 ③

ㅎBㄱG → ㄱAㄴF → FㄴAㄱ
    □   △

3개년 주요기업
기출복원문제

정답 및 해설

| 언어 |

01	02	03	04	05	06	07	08	09	10	11	12	13	14	15	16	17	18	19	20
③	④	④	④	⑤	②	④	③	③	①	④	③	⑤	①	①	①	④	③	①	②
21	22	23	24	25	26	27	28	29	30	31	32	33	34	35	36	37			
②	②	①	④	④	④	⑤	③	④	③	③	④	②	③	①	④	③			

01 정답 ③

계약면적은 공급면적과 기타공용면적을 더한 것이고, 공급면적은 전용면적과 주거공용면적을 더한 것이다. 따라서 계약면적은 전용면적, 주거공용면적, 기타공용면적을 더한 것이다.

오답분석

① 발코니 면적은 서비스면적에 포함되며, 서비스면적은 전용면적과 공용면적에서 제외된다.
② 관리사무소 면적은 공용면적 중에서도 기타공용면적에 포함된다. 공급면적은 전용면적과 주거공용면적을 더한 것이므로 관리사무소 면적은 공급면적에 포함되지 않는다.
④ 공용계단과 공용복도의 면적은 주거공용면적에 포함되므로 공급면적에 포함된다.
⑤ 현관문 안쪽의 전용 생활공간인 거실과 주방의 면적은 전용면적에 포함된다.

02 정답 ④

슈퍼문일 때는 지구와 달의 거리가 35만 7,000km 정도로 가까워지며, 이때 지구에서 보름달을 바라보는 시각도는 0.56도로 커지므로 0.49의 시각도보다 크다는 판단은 적절하다.

오답분석

① 케플러의 행성운동 제1법칙에 따라 태양계의 모든 행성은 태양을 중심으로 타원 궤도로 돈다. 따라서 지구도 태양을 타원 궤도로 돌기 때문에 지구에서 태양까지의 거리는 항상 일정하지 않을 것이다.
② 달이 지구에 가까워지면 달의 중력이 더 강하게 작용하여, 달을 향한 쪽의 해수면이 평상시보다 더 높아진다. 즉, 지구와 달의 거리에 따라 해수면의 높이가 달라지므로 서로 관계가 있다.
③ 달이 지구에 가까워지면 평소 달이 지구를 당기는 힘보다 더 강하게 지구를 당긴다. 따라서 이와 반대로 달이 지구에서 멀어지면 지구를 당기는 달의 힘은 약해질 것이다.
⑤ 달의 중력 때문에 높아진 해수면이 지구의 자전을 방해하게 되고, 이 때문에 지구의 자전 속도가 느려져 100만 년에 17초 정도씩 길어진다고 하였으므로 지구의 자전 속도는 점점 느려지고 있다.

03 정답 ④

우리나라의 낮은 장기 기증률은 전통적 유교 사상 때문이라고 주장하고 있는 A와 달리, B는 이에 대하여 다양한 원인을 제시하고 있다. 따라서 A의 주장에 대해 반박할 수 있는 내용으로 ④가 적절하다.

04　정답　④

제시된 글은 정부가 제공하는 공공 데이터를 활용한 앱 개발에 대한 설명으로, 먼저 다양한 앱을 개발하려는 사람들을 통해 화제를 제시한 (라) 문단이 오는 것이 적절하며, 이러한 앱 개발에 있어 부딪히는 문제들을 제시한 (가) 문단이 그 뒤에 오는 것이 적절하다. 그리고 이러한 문제들을 해결하기 위한 방법으로 공공 데이터를 제시하는 (나) 문단이 오고, 공공 데이터에 대한 추가 설명으로 공공 데이터를 위한 정부의 노력인 (다) 문단이 마지막으로 오는 것이 적절하다.

05　정답　⑤

먼저 귀납에 대해 설명하고 있는 (나) 문단이 오는 것이 적절하며, 다음으로 특성으로 인한 귀납의 논리적 한계가 나타난다는 (라) 문단이 오는 것이 적절하다. 이후 이러한 한계에 대한 흄의 의견인 (다) 문단과 이에 따라 귀납의 정당화 문제에 대해 설명하는 (가) 문단이 차례로 오는 것이 적절하다.

06　정답　②

문화재를 설명하고, 그중 유형문화재만을 대상으로 하는 국보를 설명하는 (가) 문단이 첫 번째 문단으로 적당하며, 이러한 국보의 선정 기준을 설명하는 (다) 문단이 그 다음으로, 국보 선정 기준으로 선발된 문화재에는 어떠한 것이 있는지 제시하는 (나) 문단이 그 다음으로 적절하다. 마지막 문단으로는 국보 선정 기준으로 선발된 문화재의 의미를 설명하는 (라) 문단이 적절하다.

07　정답　④

안전속도 5030 정책에 대한 연령대별 인지도의 평균은 $\dfrac{59.7+66.6+70.2+72.1+77.3}{5}=69.18\%$이다.

오답분석

① 운전자를 대상으로 안전속도 5030 정책 인지도를 조사한 결과 68.1%의 운전자가 정책을 알고 있다고 하였으므로 10명 중 6명 이상은 정책을 알고 있다.
② 안전속도 5030 정책에 대한 20대 이하 운전자의 인지도는 59.7%로 가장 낮다.
③ 20대는 59.7%, 30대는 66.6%, 40대는 70.2%, 50대는 72.1%, 60대 이상은 77.8%로 연령대가 높을수록 정책에 대한 인지도가 높다.
⑤ 안전속도 5030 정책은 일반도로의 제한속도를 시속 50km로, 주택가 등의 이면도로는 시속 30km 이하로 하향 조정하는 정책이다.

08　정답　③

수면 패턴은 휴일과 평일 모두 일정하게 지키는 것이 성장하는 아이들의 수면 리듬을 유지하는 데 좋다. 따라서 휴일에 늦잠을 자는 것은 적절하지 않다.

09　정답　③

제시문의 마지막 문장에서 '언어 변화의 여러 면을 이해할 수 있다.'라고 언급했으므로 맨 앞에 나오는 문장으로는 일반적인 상위 진술인 '접촉의 형식도 언어 변화에 영향을 미치는 요소로 지적되고 있다.'가 가장 적절함을 알 수 있다.

10　정답　①

식사에 관한 상세한 설명이 주어지거나, 요리가 담긴 접시 색이 밝을 때 비만인 사람들의 식사량이 증가했다는 내용을 통해 비만인 사람들이 외부로부터의 자극에 의해 식습관에 영향을 받기 쉽다는 것을 추론할 수 있다.

11 정답 ④

서양의 자연관은 인간이 자연보다 우월한 자연지배관이며, 동양의 자연관은 인간과 자연을 동일 선상에 놓거나 조화를 중요시한다고 설명한다. 따라서 제시문의 중심내용은 서양의 자연관과 동양의 자연관의 차이로 보는 것이 가장 적절하다.

12 정답 ③

제시문은 또 다른 물의 재해인 '지진'의 피해에 대해 설명하는 글로, 두 번째 문단과 세 번째 문단은 '지진'의 피해에 대한 구체적인 사례를 제시하고 있다. 따라서 제목으로 가장 적절한 것은 ③이다.

13 정답 ⑤

현대는 텔레비전이나 만화책을 보는 문화가 신문이나 두꺼운 책을 읽는 문화를 대체하고 있다. 이처럼 휴식이 따라오는 보는 놀이는 사람들의 머리를 비게 하여 생각 없는 사회로 치닫게 한다. 즉, 사람들은 텔레비전을 보는 동안 휴식을 취하며 생각을 하지 않으므로 텔레비전을 많이 볼수록 생각하는 시간이 적어짐을 추론할 수 있다.

14 정답 ①

첫 번째 문단에서 주시경이 늣씨 개념을 도입한 것은 서양의 블룸필드보다 훨씬 이전이라고 하였으므로 적절하지 않다.

오답분석

② 첫 번째 문단의 '과학적 연구 방법이 전무하다시피 했던 국어학 연구에서, 그는 단어의 원형을 밝혀 적는 형태주의적 입장을 가지고 독자적으로 문법 현상을 분석하고 이론으로 체계화하는 데 힘을 쏟았다.'는 내용으로 알 수 있다.

③ 세 번째 문단의 '그는 맞춤법을 확립하는 정책에도 자신의 학문적 성과를 반영하고자 했다.'는 내용으로 알 수 있다.

④ 두 번째 문단의 '그는 언어를 민족의 정체성을 나타내는 징표로 보았으며, 국가와 민족의 발전이 말과 글에 달려 있다고 생각하여 국어 교육에 온 힘을 다하였다.'는 내용으로 알 수 있다.

⑤ 세 번째 문단의 '1907년에 설치된 국문 연구소의 위원으로 국어 정책을 수립하는 일에도 적극 참여하였다.'는 내용으로 알 수 있다.

15 정답 ①

귀족은 직령포를 평상복으로만 입었고, 서민과 달리 의례와 같은 공식적인 행사에는 입지 않았다고 하였다. 따라서 서민들은 공식적인 행사에서도 직령포를 입었음을 추론할 수 있다.

오답분석

② 고려시대에는 복식 구조가 크게 변했는데 특히 귀족층은 중국옷을 그대로 받아들여 입었지만, 서민층은 우리 고유의 복식을 유지하여, 복식의 이중 구조가 나타났다고 하였다. 따라서 모든 계층에서 중국옷을 그대로 받아들여 입었던 것은 아니다.

③ 중기나 후기에 들어서면서 띠 대신 고름을 매기 시작했으며, 후기에는 마고자와 조끼를 입기 시작했는데 조끼는 서양 문물의 영향을 받은 것이라고 하였다. 하지만 마고자에 대해서는 그러한 언급이 없으므로 적절하지 않은 내용이다.

④ 임금이 입었던 구군복에만 흉배를 붙였다고 하였으므로 다른 무관들이 입던 구군복에는 흉배가 붙여져 있지 않았을 것이다.

⑤ 문무백관의 상복도 곤룡포와 모양은 비슷했으나 무관 상복의 흉배에는 호랑이를, 문관 상복의 흉배에는 학을 수놓았다고 하였으므로 적절하지 않은 내용이다.

16 정답 ①

ㄱ. 지지도 방식에서는 적극적 지지자만 지지자로 분류하고 나머지는 기타로 분류하므로 적극적 지지자의 수가 많은 A후보가 더 많은 지지를 받을 것이다. 따라서 적절한 내용이다.

오답분석

ㄴ. 선호도 방식에서는 적극적 지지자와 소극적 지지자를 모두 지지자로 분류하므로 둘의 합계가 많은 후보가 더 많은 지지를 받을 것이다. 그런데 ㄴ의 경우에는 각 후보의 지지자 수의 대소관계를 알 수 없으므로 판단이 불가능하다. 따라서 적절하지 않은 내용이다.

ㄷ. 지지도 방식에서는 적극적 지지자의 대소로 판단하지만 선호도 방식에서는 적극적, 소극적 지지자의 합의 대소로 판단하게 된다. 예를 들어 A후보가 B후보보다 적극적 지지자가 10이 많고 소극적 지지자가 20이 많다면, 지지도 방식에서의 차이는 10이지만 선호도 방식에서의 차이는 30이 된다. 따라서 적절하지 않은 내용이다.

17 정답 ④

조선 전기에는 처거제(여자에게 유리) – 부계제(남자에게 유리)가 유지되었다고 하였으므로 남녀 간 힘의 균형이 무너졌다고 보기는 어렵다.

오답분석

① 처거제에서 부거제로 전환된 시점을 정확하게 지목하기는 힘들지만 조선 후기에 부거제가 시행되었다고 하였고, 거주율이 바뀌었다는 것은 대단한 사회변동이라고 하였으므로 적절한 내용이다.

② 조선시대 들어 유교적 혈통률의 영향을 받아 부계제로 변화하였으며, 부거제는 조선 후기에 시행되었다고 하였으므로 적절한 내용이다.

③ 우리나라는 역사적으로 거주율에 있어서 처거제를 오랫동안 유지하였고, 조선 전기에도 이러한 체제가 유지되었다고 하였으므로 적절한 내용이다.

⑤ 고려시대까지는 처거제 – 모계제를 유지하였으나 조선 시대에 들어와 처거제 – 부계제로 변화하였으며 조선 후기에는 부거제 – 부계제로 변화하였으므로 적절한 내용이다.

18 정답 ③

제시문은 그림만으로는 정확한 의사소통이 이루어지기 힘들다는 것을 일화와 예시를 통해 보여주고 있다.

오답분석

① 제시문은 그림이나 기호로는 완벽한 의사소통이 어려울 수 있음을 보여주는 글로, 언어적 표현의 의미는 본문에서 찾아볼 수 없다.

② 두 번째 문단의 네 번째 문장 '왜냐하면 ~ 결정되기 때문이다.'를 보면, 약속에 의해 기호의 의미가 결정됨을 알 수 있다.

④ 첫 번째 문단을 종합해 보면, 어떤 언어적 표현도 없고 단지 그림만 가지고는 의사소통이 힘들다는 것을 설명하는 내용이므로 알 수 없다.

⑤ '상이한 사물에 대한 그림들은 동일한 의미로 이해될 수 없다.'는 내용은 본문에서 찾아볼 수 없다.

19 정답 ①

제시문에서 언급한 '다양한 접근'이란 표시되는 장치에 맞추어 해상도, 크기 등을 조절하거나 주요 콘텐츠를 제외한 나머지 소스를 잘라내는 방법 등을 의미한다. 하지만 ①은 이와 달리 기존의 콘텐츠를 재구성하는 것일 뿐 표시되는 장치에 타깃을 맞춘 것이라고 보기는 어렵다.

20 정답 ②

오키프 박사와 모세르 부부는 장소세포와 격자세포를 발견했으나 장소세포가 어떻게 생성되고 변화하는지는 밝혀내지 못했다. 이를 밝혀낸 것은 뇌과학운영단의 세바스천 로열 박사팀이다.

21 정답 ②

밑줄 친 부분에서 전달하고자 하는 바는 우리가 의도하는 바와 그 결과가 반드시 일치(동일)하지는 않는다는 것이다.

22 정답 ②

제시문에서 '당분 과다로 뇌의 화학적 균형이 무너져 정신에 장애가 왔다고 주장'한 것과, '정제한 당의 섭취를 원천적으로 차단'한 실험 결과를 토대로 추론하면 '과다한 정제당 섭취가 반사회적 행동을 유발할 수 있다.'로 귀결된다.

23 정답 ①

앞부분에서 위기 상황을 제시해 놓았고, 뒷부분에서는 인류의 각성을 촉구하는 내용을 다루고 있다. 앞뒤의 내용을 논리적으로 자연스럽게 연결시키기 위해서는 각성의 당위성을 이끌어내는 데 필요한 전제가 들어가야 하므로 ①이 적절하다.

24 정답 ④

두 번째 문단에서 마이크로비드는 '면역체계 교란, 중추신경계 손상 등의 원인이 되는 잔류성유기오염물질을 흡착한다'고 설명하고 있다.

25 정답 ④

1998년 개발도상국에 대한 은행 융자 총액은 500억 달러였는데, 2005년에는 670억 달러가 되었으므로 1998년 수준을 회복하였다.

오답분석

① 경제적 수익을 추구하기 위한 것으로 포트폴리오 투자를 들 수 있으며, 회사 경영에 영향력을 행사하기 위한 것으로 외국인 직접투자를 들 수 있다.

② 지금까지 해외 원조는 개발도상국에 대한 경제적 효과가 있다고 여겨져 왔으나 최근 경제학자들 사이에서는 그러한 경제적 효과가 없다는 주장이 힘을 얻고 있다고 하였다.

③ 개발도상국으로 흘러드는 외국자본은 크게 원조, 부채, 투자가 있는데, 그중 부채는 은행 융자와 채권, 투자는 포트폴리오 투자와 외국인 직접투자로 나눌 수 있다.

⑤ 개발도상국에 대한 포트폴리오 투자액은 90억 달러에서 410억 달러로 320억 달러 증가하였고, 채권은 230억 달러에서 440억 달러로 210억 달러 증가하였다. 따라서 포트폴리오의 증감액이 더 크다.

26 정답 ④

신경교 세포가 전체 뉴런을 조정하면서 기억력과 사고력을 향상시킨다는 가설하에, 인간의 신경교 세포를 갓 태어난 생쥐의 두뇌에 주입하는 실험을 하였다. 그리고 그 실험결과는 이 같은 가설을 뒷받침해주는 결과를 가져왔으므로 적절한 내용이라고 할 수 있다.

오답분석

① 인간의 신경교 세포를 생쥐의 두뇌에 주입하였더니 쥐가 자라면서 주입된 인간의 신경교 세포도 성장했고, 이 세포들이 주위의 뉴런들과 완벽하게 결합되어 쥐의 두뇌 전체에 걸쳐 퍼지게 되었다고 하였다. 그러나 이 과정에서 쥐의 뉴런에 어떠한 영향을 주는지에 대해서는 언급하고 있지 않다.

②·③ 제시문의 실험은 인간의 신경교 세포를 쥐의 두뇌에 주입했을 때의 변화를 살펴본 것이지 인간의 뉴런 세포를 주입한 것이 아니므로 추론할 수 없는 내용이다.
⑤ 쥐에 주입된 인간의 신경교 세포는 그 기능을 그대로 간직한다고 하였으므로 적절하지 않은 내용이다.

27 정답 ⑤

전통적인 경제학은 외부성의 비효율성을 줄이기 위해 정부의 개입을 해결책으로 제시하고 있다. 따라서 정부의 개입이 오히려 비용을 높일 수 있다는 주장을 반박으로 제시할 수 있다.

오답분석
①·② 외부성에 대한 설명이다.
③·④ 전통적인 경제학의 주장이다.

28 정답 ③

(다) 문단은 비실명 금융거래의 폐해로 금융실명제 도입의 필요성에 대해 설명하고 있다. 따라서 ③은 소제목으로 적절하지 않다.

29 정답 ④

담수 동물은 육상 동물과 같이 몸 밖으로 수분을 내보내고 있지만, 육상 동물의 경우에는 수분 유지를 위한 것이 아니므로 수분 유지는 공통점이 아니다.

30 정답 ③

동족방뇨(凍足放尿)는 '언 발에 오줌 누기'라는 뜻으로 그때 상황만 모면하고자 바로 뒤에 올 결과는 생각을 안 하여, 일시적인 효과만 있고 결과는 나빠지는 것을 말한다.

오답분석
① 유비무환(有備無患) : 준비가 되어 있다면 근심이 없다는 뜻
② 근주자적(近朱者赤) : 주위환경이 중하다는 뜻
④ 세불십년(勢不十年) : 권력은 오래가지 못하고 변한다는 뜻

31 정답 ③

제시문에 따르면 젊은 사람들의 경우 장시간 전자 기기를 사용하는 근거리 작업과 전자 기기에서 나오는 블루라이트 등으로 인해 노안 발생률이 증가하고 있다. 따라서 노안을 예방하기 위해서는 전자 기기 사용을 줄이고 블루라이트 차단 제품을 사용하며, 눈에 충분한 휴식을 주어 눈의 부담을 덜어주어야 한다. 그러나 눈 운동과 관련된 내용은 제시문에서 찾아볼 수 없다.

32 정답 ④

ㄴ. 전자 기기의 블루라이트 불빛은 노안의 원인이 되므로 장시간 스마트폰을 사용한다면 노안을 의심해볼 수 있다.
ㅁ. 노안이 발생하면 수정체의 조절 능력이 저하되어 가까운 거리의 시야가 흐리게 보인다.
ㅂ. 노안의 대표적인 증상이다.

오답분석
ㄱ. 안경 착용은 노안과 관계가 없다.
ㄷ. 책을 읽거나 컴퓨터 작업을 할 때 두통이 발생한다면 노안을 의심할 수 있지만, 평상시의 갑작스러운 두통이나 어지럼증은 노안의 증상으로 보기 어렵다.
ㄹ. 최신 스마트폰 사용은 노안과 관계가 없으며, 스마트폰의 장시간 사용이 노안의 발생 원인이 된다.

33 정답 ②

4차 산업혁명으로 대량실업 사태가 발생할 수 있다는 우려가 꾸준히 제기되고 있다는 마지막 문장을 통해 앞으로 4차 산업혁명의 부정적 영향에 관한 이야기가 이어질 것임을 추론할 수 있다.

34 정답 ③

• 관장하다 : 일을 맡아서 주관하다.
• 장관하다 : 일을 맡아서 주관하다.

오답분석

① 처리하다 : 1. 사무나 사건 따위를 절차에 따라 정리하여 치르거나 마무리를 짓다.
               2. 일정한 결과를 얻기 위하여 화학적 또는 물리적 작용을 일으키다.
② 방관하다 : 어떤 일에 직접 나서서 관여하지 않고 곁에서 보기만 하다.
④ 권장하다 : 권하여 장려하다.

35 정답 ①

매슬로우의 인간 욕구 5단계 이론을 소개한 (나), 다섯 가지 욕구와 그 우선순위를 설명하는 (라), 다섯 단계의 욕구를 더 자세히 설명하는 (다), 인간 욕구 5단계 이론이 경영학 중 하나인 인사 분야에서 사용됨을 설명하는 (가), 마지막으로 경영학 중 다른 하나인 마케팅 분야에서 사용됨을 설명하는 (마) 순서로 나열된다.

36 정답 ④

행복한 가정을 이루고 싶어 하는 것은 소속과 애정의 욕구로 볼 수 있다.

오답분석

① 첫 번째 단계인 생리적 욕구에 해당한다.
② (라) 문단을 통해 확인할 수 있다.
③ (가) 문단을 통해 확인할 수 있다.

37 정답 ③

노후 대비를 위해 연금보험에 가입한 것은 경제적 위험으로부터 보호받고 싶어 하는 안전 욕구로 볼 수 있다.

오답분석

① 자아실현 욕구 사례이다.
② 생리적 욕구 사례이다.
④ 소속과 애정의 욕구 사례이다.

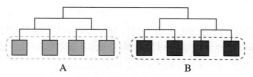

01	02	03	04	05	06	07	08	09	10	11	12	13	14	15	16	17	18	19	20
④	④	④	⑤	④	③	②	③	③	④	①	③	①	②	①	④	③	①	⑤	②
21	22	23	24	25	26	27	28	29	30	31	32	33	34	35	36	37	38	39	40
①	②	④	①	④	②	②	⑤	②	④	②	⑤	③	③	①	③	①	④	②	①
41	42	43	44	45	46	47	48	49	50	51	52	53	54	55	56	57	58	59	60
②	②	③	③	①	⑤	⑤	③	①	③	③	①	②	③	④	④	③	③	③	④
61	62	63	64	65	66	67													
④	③	④	③	④	④	④													

01 정답 ④

오염물질의 양은 $\frac{14}{100} \times 50 = 7$g이므로 깨끗한 물을 xg 더 넣어 오염농도를 10%로 만든다면

$$\frac{7}{50+x} \times 100 = 10 \rightarrow 700 = 10 \times (50+x)$$

∴ $x=20$

따라서 깨끗한 물을 20g 더 넣어야 한다.

02 정답 ④

어떤 자연수를 x라 하면, $245-5=240$과 $100-4=96$으로는 x가 나누어떨어진다고 할 수 있다. 따라서 가장 큰 x는 240과 96의 최대공약수인 48이다.

03 정답 ④

{(시침의 숫자)+(분침의 숫자)}×5=(가운데 숫자)

A : $(9+7) \times 5 = 80$

B : $(B+6) \times 5 = 65 \rightarrow B+6=13 \rightarrow B=7$

∴ $2B - \frac{A}{20} = 2 \times 7 - \frac{80}{20} = 14 - 4 = 10$

04 정답 ⑤

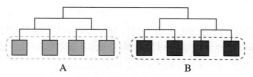

위의 그림과 같이 8강전 대진표를 살펴보면 결승전은 4명 중에서 1명씩 진출하는 것을 알 수 있다. 결승전 전까지 같은 국가의 선수 대결을 피하기 위해서는 A그룹과 B그룹에 두 명의 선수들이 나누어 들어가야 한다.

대진표상 A그룹과 B그룹은 따로 구별이 필요하지 않다. 하지만 두 명의 한국 선수가 각 그룹에 들어갔다고 하였을 때, 선수를 기준으로 두 그룹의 구별이 발생한다. 해당 그룹에 각 나머지 나라의 선수들이 배치되는 경우의 수는 $2 \times 2 \times 2 = 8$이다.

따라서 분배된 인원들의 경기의 경우의 수를 구하면 $_4C_2 \times _2C_2 \div 2 \times _4C_2 \times _2C_2 \div 2 = 9$이므로 $8 \times 9 = 72$가지이다.

05 정답 ④

남자 회원 수를 x명, 여자 회원 수를 y명이라고 하면

$y=0.8x \cdots \bigcirc$

$x-5=y+1 \cdots \bigcirc\bigcirc$

$\bigcirc$과 $\bigcirc\bigcirc$을 연립하면 $x=30$, $y=24$

$\therefore x+y=30+24=54$명

따라서 모임의 회원 수는 54명이다.

06 정답 ③

• 20분 동안 30m/min의 속력으로 간 거리

 : $20 \times 30 = 600$m

• 20분 후 남은 거리 : $2,000 - 600 = 1,400$m

• 1시간 중 남은 시간 : $60 - 20 = 40$분

따라서 20분 후 속력은 $1,400 \div 40 = 35$m/min이므로, 이후에는 35m/min의 속력으로 가야 한다.

07 정답 ②

A가 합격할 확률을 P_A 라 하고, B가 합격할 확률을 P_B 라 할 때, 두 사람의 합격 여부는 서로 영향을 미치지 않으므로 A, B 모두 합격할 확률은 $P_A \cap P_B = P_A \times P_B = 0.3$이다.

$P_A = 0.4$이므로 $P_B = \dfrac{0.3}{0.4} = \dfrac{3}{4} = 0.75$이다.

따라서 두 사람 모두 불합격할 확률은 $(1-0.4) \times (1-0.75) = 0.6 \times 0.25 = 0.15$이다.

08 정답 ③

파란색 식권 3장 → 최대 3명이 식사 가능

초록색 식권 2장 → 최대 4명이 식사 가능

따라서 최대 7명이 식사할 수 있다.

09 정답 ③

두 사람이 각각 헤어숍에 방문하는 간격인 10과 16의 최소공배수 80을 일주일 단위로 계산하면 11주 3일($80 \div 7 = 11 \cdots 3$)이 되므로 두 사람은 일요일의 3일 후인 수요일에 다시 만나는 것을 알 수 있다.

10 정답 ④

철수가 농구코트의 모서리에 서 있으며, 농구공은 농구코트 안에서 철수로부터 가장 멀리 떨어진 곳에 있다고 하였다. 즉, 농구공과 철수는 대각선으로 마주 보고 있으므로 농구코트의 가로와 세로 길이를 이용하여 대각선의 길이를 구한다.

따라서 피타고라스의 정리를 이용하면 대각선의 길이는 $\sqrt{5^2 + 12^2} = 13$m이다.

11 정답 ①

소금물 A의 농도를 $x\%$, 소금물 B의 농도를 $y\%$라고 하면, 다음 두 방정식이 성립한다.

$$\frac{x}{100} \times 200 + \frac{y}{100} \times 300 = \frac{9}{100} \times 500 \rightarrow 2x + 3y = 45 \cdots ㉠$$

$$\frac{x}{100} \times 300 + \frac{y}{100} \times 200 = \frac{10}{100} \times 500 \rightarrow 3x + 2y = 50 \cdots ㉡$$

두 방정식을 연립하면 $x = 12$, $y = 7$이 나오므로 소금물 A의 농도는 12%이며, 소금물 B의 농도는 7%임을 알 수 있다.

12 정답 ③

두 사이트 전체 참여자의 평균 평점은 전체 평점의 합을 전체 인원으로 나눈 것이다.

따라서 전체 참여자의 평균 평점은 $\dfrac{(1,000 \times 5.0) + (500 \times 8.0)}{1,000 + 500} = 6.0$점이다.

13 정답 ①

막내의 나이를 x살, 나이가 같은 3명의 멤버 중 한 명의 나이를 y살이라 하면

$y = 105 \div 5 = 21 (\because y = 5$명의 평균 나이$)$

$24 + 3y + x = 105$

$\rightarrow x + 3 \times 21 = 81$

$\therefore x = 18$

따라서 막내의 나이는 18살이다.

14 정답 ②

평균속력은 $\dfrac{(총\ 이동거리)}{(총\ 걸린시간)}$이며, B대리가 이동한 총거리를 구하면 $14 + 6.8 + 10 = 30.8$km이다.

이동하는 데 걸린 시간(모든 시간 단위는 시간으로 환산)은 $1.5 + \dfrac{18}{60} + 1 = 2.5 + \dfrac{3}{10} = 2.8$시간이다.

따라서 B대리가 출퇴근하는 평균속력은 $\dfrac{30.8}{2.8} = 11$km/h이다.

15 정답 ①

초콜릿의 개수를 x라고 하자.

초콜릿을 3명이 나눠 먹었을 때 2개가 남고, 4명이 나눠먹었을 때도 2개가 남았으므로 $(x-2)$는 3과 4의 배수이다.

$x - 2 = 3n = 4m$

$x-2$	x
12	14
24	26
36	38
…	…

따라서 $x \leq 25$이므로 $x = 14$이고, 초콜릿을 7명이 나눠먹었을 때 남는 초콜릿은 0개이다.

16 정답 ④

하루 최대 4명까지 휴가를 줄 수 있다고 했으므로, 4일 동안 사원들에게 휴가를 줄 수 있는 방법은 (4, 4, 1, 1), (4, 3, 2, 1), (4, 2, 2, 2) (3, 3, 2, 2), (3, 3, 3, 1)로 5가지이다. 날짜 순서가 바뀌는 경우에 따라 각각의 경우의 수를 구하면 $_4C_2=6$가지, $4!=24$가지, $_4C_1=4$가지, $_4C_2=6$가지, $_4C_1=4$가지이다.

따라서 가능한 경우의 수는 $6+24+4+6+4=44$가지이다.

17 정답 ③

총 평균이 65점이므로 여섯 명의 점수의 합은 $65\times6=390$점이다. 중급을 획득한 세 사람의 평균이 62점이므로 세 사람 점수의 합은 $62\times3=186$점이다. S의 시험 점수 최댓값을 구하라고 하였으므로 S가 고급을 획득했다고 가정하면 S를 포함해 고급을 획득한 2명의 점수의 합은 $390-186-54=150$점이다. 고급을 획득한 S의 점수가 최댓값인 경우는 고급을 획득한 다른 한 명의 점수가 합격 최저 점수인 70점을 받았을 때이므로 80점이 최대 점수이다.

18 정답 ①

• 추 1개를 사용할 경우 : 2kg, 3kg, 7kg
• 추 2개를 함께 놓을 경우 : (2+3)kg, (2+7)kg, (3+7)kg → 5kg, 9kg, 10kg
• 추 3개를 함께 놓을 경우 : (2+3+7)kg → 12kg
• 추를 양 쪽 그릇에 1개씩 놓을 경우 : (3-2)kg, (7-2)kg, (7-3)kg → 1kg, 5kg, 4kg
• 추를 오른쪽에 2개, 왼쪽에 1개를 놓을 경우 : 7-(2+3)kg, (7+2)-3kg, (7+3)-2kg → 2kg, 6kg, 8kg

따라서 두 번 중복되는 무게는 2kg, 5kg이므로 A씨가 잴 수 있는 산딸기 무게의 경우의 수는 11가지이다.

19 정답 ⑤

A, B, C 세 사람이 가위바위보를 할 때의 나올 수 있는 모든 경우는 $3\times3\times3=27$가지이다. A만 이기는 경우를 순서쌍으로 나타내면 (보, 바위, 바위), (가위, 보, 보), (바위, 가위, 가위)로 3가지가 나온다. 따라서 A만 이길 확률은 $\dfrac{3}{27}=\dfrac{1}{9}$이다.

20 정답 ②

학교에서 도서관까지의 거리를 $x$km라고 하자.

$\dfrac{x}{40}=\dfrac{x}{45}+\dfrac{1}{6} \rightarrow 9x-8x=60$

$\therefore x=60$

따라서 학교에서 도서관까지의 거리는 60km이다.

21 정답 ①

A상품 6개와 B상품 5개 구매 가격 : $7,500\times6+8,000\times5=85,000$원
A상품과 B상품 반품 배송비 : 5,000원
C상품 배송비 : 3,000원
→ C상품을 구매할 수 있는 금액 : $85,000-(5,000+3,000)=77,000$원

따라서 구매할 수 있는 C상품의 개수는 $77,000\div5,500=14$개이다.

22　정답 ②

첫 번째에서 세 번째 자리까지 변경할 수 있는 경우의 수는 0 ~ 9의 숫자를 사용하고 중복해서 사용할 수 있으므로 $10 \times 10 \times 10$가지, 네 번째 자리를 변경할 수 있는 경우의 수는 특수기호 #, * 두 가지를 사용하므로 2가지이다. 그러므로 변경할 수 있는 비밀번호의 경우의 수는 $10 \times 10 \times 10 \times 2$가지이다.

변경된 비밀번호와 기존 비밀번호 네 자리 중 자리와 그 문자가 하나만 같은 경우는 비밀번호가 네 자리이므로 모두 4가지이다. 앞서 구한 변경할 수 있는 비밀번호의 경우의 수로 변경된 비밀번호와 기존 비밀번호의 각 자리가 일치할 확률을 구하면 다음과 같다.

- 변경된 비밀번호와 기존 비밀번호의 첫 번째 자리가 일치하는 경우의 수

  변경된 비밀번호와 기존 비밀번호의 첫 번째 자리가 8로 일치하고 나머지 세 자리는 일치하지 않아야 한다. 그러므로 변경된 비밀번호의 두 번째 자리는 기존 비밀번호의 두 번째 자리의 기호였던 6이 될 수 없다. 변경된 비밀번호의 세 번째도 마찬가지로 2를 제외한 기호가 들어갈 수 있다. 마지막 네 번째 자리는 기존 비밀번호의 네 번째 자리의 기호가 #이므로 *이 되어야 한다.

  $1 \times 9 \times 9 \times 1 = 81$

- 변경된 비밀번호와 기존 비밀번호의 두 번째 자리가 일치하는 경우의 수

  $9 \times 1 \times 9 \times 1 = 81$

- 변경된 비밀번호와 기존 비밀번호의 세 번째 자리가 일치하는 경우의 수

  $9 \times 9 \times 1 \times 1 = 81$

- 변경된 비밀번호와 기존 비밀번호의 네 번째 자리가 일치하는 경우의 수

  $9 \times 9 \times 9 \times 1 = 729$

따라서 변경된 비밀번호가 기존 비밀번호 네 자리 중 한 자리와 그 문자가 같을 확률은 $\dfrac{81+81+81+729}{10 \times 10 \times 10 \times 2} = \dfrac{972}{2,000} = \dfrac{486}{1,000}$이다.

23　정답 ④

5개월 동안 평균 외식비가 12만 원 이상 13만 원 이하일 때, 총 외식비는 $12 \times 5 = 60$만 원 이상 $13 \times 5 = 65$만 원 이하가 된다.
1월부터 4월까지 지출한 외식비는 $110,000 + 180,000 + 50,000 + 120,000 = 460,000$원이다.
따라서 A씨가 5월에 최대로 사용할 수 있는 외식비는 $650,000 - 460,000 = 190,000$원이다.

24　정답 ①

프린터를 x개월 사용한다고 할 때, 구입 시에 드는 비용이 대여료만 낼 경우보다 저렴해야 한다. 이를 부등식으로 나타내면
$200,000 + 15,000x < 22,000x \rightarrow 200,000 < 7,000x$
$\therefore x > 28.57 \cdots$
따라서 최소 29개월 이상 사용하면 프린터를 대여하는 것보다 구입하는 것이 더 저렴하다.

25　정답 ④

A기차가 터널을 빠져나가는 데에 56초가 걸렸고, 기차 길이가 더 짧은 B기차는 160초가 걸렸으므로 A기차가 B기차보다 속력이 빠르다는 것을 알 수 있다. 두 기차가 터널 양 끝에서 출발하면 $\dfrac{1}{4}$ 지점에서 만나므로 A기차 속력이 B기차 속력의 3배가 된다.
B기차 속력을 am/s, 길이를 bm라고 가정하면 A기차의 속력과 길이는 각각 $3a$m/s, $(b+40)$m가 된다.
두 기차가 터널을 완전히 빠져나갈 때까지 걸리는 시간$\left(= \dfrac{\text{거리}}{\text{속력}} \right)$에 대한 방정식을 세우면

- A기차 : $\dfrac{720 + (b+40)}{3a} = 56 \rightarrow b + 760 = 168a \cdots \bigcirc$

- B기차 : $\dfrac{720 + b}{a} = 160 \rightarrow b + 720 = 160a \cdots \bigcirc\bigcirc$

$\bigcirc$과 $\bigcirc\bigcirc$을 연립하여 풀면 $a = 5$, $b = 80$임을 알 수 있다.
따라서 B기차의 길이는 80m, 속력은 5m/s이고, A기차의 길이는 120m, 속력은 15m/s이다.

26 정답 ②

각 신호등이 켜지는 시간간격은 다음과 같다.

• 첫 번째 신호등 : 6+10=16초
• 두 번째 신호등 : 8+4=12초

따라서 16과 12의 최소공배수는 48이며, 동시에 불이 켜지는 순간은 48초 후이다.

27 정답 ②

불만족을 선택한 고객을 x명, 만족을 선택한 고객을 $100-x$명이라 하자.

고객관리 점수가 80점 이상이 되려면 x의 최댓값은

$3 \times (100-x)-4x \geq 80 \rightarrow 300-80 \geq 7x$

$\therefore \ x \leq 31.4$

따라서 최대 31명의 고객에게 불만족을 받으면 된다.

28 정답 ⑤

A, B기차의 길이를 각각 a, bm라고 가정하고 터널을 지나는 시간에 대한 방정식을 세우면 다음과 같다.

• A기차 : $\dfrac{600+a}{36}=25 \rightarrow 600+a=900 \rightarrow a=300$

• B기차 : $\dfrac{600+b}{36}=20 \rightarrow 600+b=720 \rightarrow b=120$

따라서 A기차의 길이는 300m, B기차의 길이는 120m이다.

29 정답 ②

원기둥의 부피를 구하는 공식은 (반지름)×(반지름)×(원주율)×(높이)이다.

따라서 $5 \times 5 \times 3.14 \times 10=785\text{cm}^3$이다.

30 정답 ④

A기계와 B기계 생산대수의 증감 규칙은 다음과 같다.

• A기계

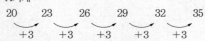

공차가 +3인 등차수열이다.

• B기계

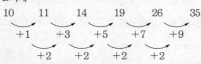

주어진 수열의 계차는 공차가 +2인 등차수열이다.

2025년의 A기계 생산량은 $35+5 \times 3=50$대이고, B기계 생산량은 $35+\displaystyle\sum_{k=1}^{5}(9+2k)=35+9 \times 5+2 \times \dfrac{5 \times 6}{2}=110$대이다.

따라서 A기계와 B기계의 총 생산량은 $50+110=160$대이다.

31 정답 ②

앞의 항에 $\times(-1)$, $\times(-2)$, $\times(-3)$, …인 수열이다.

따라서 (   )$=(-120)\times(-6)=7200$이다.

32 정답 ⑤

앞의 항에 각 자리 숫자를 합한 값을 더한다.

따라서 (   )$=115+(1+1+5)=122$가 된다.

33 정답 ③

홀수 항은 1^2, 2^2, 3^2, …씩 더해지는 수열이고, 짝수 항은 -1, -2, -3, …씩 더해지는 수열이다.

따라서 (   )$=68+1=69$이다.

34 정답 ③

$+1$과 -3이 반복되는 수열이다.

따라서 (   )$=3+1=4$이다.

35 정답 ①

각 항을 세 개씩 묶고 각각을 A, B, C라고 하면

$\underline{A\ B\ C} \to A\times B\times C=1$

따라서 (   )$=\dfrac{7}{9}\times3\times($ $)=1 \to 1\div\dfrac{7}{9}\div3=\dfrac{3}{7}$이다.

36 정답 ③

홀수 항은 $\div2$, 짝수 항은 $\div4$인 수열이다.

따라서 (   )$=20\div4=5$이다.

37 정답 ①

나열된 수를 각각 A, B, C라고 하면

$\underline{A\ B\ C\ D} \to 2\times(A+C)=B+D$

따라서 $2\times\left(4+\dfrac{7}{2}\right)=5+($ $)$이므로 (   )$=15-5=10$이다.

38 정답 ④

수열의 n번째 항을 A_n이라고 하면 $\dfrac{n+(n+1)}{n\times(n+1)}$인 수열이다.

따라서 (   )$=\dfrac{6+7}{6\times7}=\dfrac{13}{42}$이다.

39 정답 ②

이산화탄소의 농도가 계속해서 증가하고 있는 것과 달리 오존전량은 2015년부터 2018년까지 차례로 감소하고 있다.

오답분석

① 이산화탄소의 농도는 2015년 387.2에서 시작하여 2021년 395.7ppm으로 해마다 증가했다.
③ 2021년 오존전량은 335DU로, 2015년의 331DU보다 4DU 증가했다.
④ 2021년 이산화탄소 농도는 2016년의 388.7ppm에서 395.7ppm으로 7ppm 증가했다.
⑤ 2016년 오존전량은 1DU 감소하였고, 2017년에는 2DU, 2018년에는 3DU 감소하였다. 2021년에는 8DU 감소하였다.

40 정답 ①

전년 대비 소각 증가율은 다음과 같다.

• 2019년 : $\dfrac{11,604-10,609}{10,609}\times100 ≒ 9.4\%$

• 2020년 : $\dfrac{12,331-11,604}{11,604}\times100 ≒ 6.3\%$

전년 대비 2019년도 소각 증가율은 2020년 소각 증가율의 2배인 약 12.6%보다 작으므로 적절하지 않다.

오답분석

② 매년 재활용량은 전체 생활 폐기물 처리량 중 50% 이상을 차지한다.
③ 5년간 소각량 대비 매립량 비율은 다음과 같다.

• 2017년 : $\dfrac{9,471}{10,309}\times100 ≒ 91.9\%$ • 2018년 : $\dfrac{8,797}{10,609}\times100 ≒ 82.9\%$

• 2019년 : $\dfrac{8,391}{11,604}\times100 ≒ 72.3\%$ • 2020년 : $\dfrac{7,613}{12,331}\times100 ≒ 61.7\%$

• 2021년 : $\dfrac{7,813}{12,648}\times100 ≒ 61.8\%$

따라서 매년 소각량 대비 매립량 비율은 60% 이상임을 알 수 있다.
④ 2017년부터 2020년까지 매립량은 감소하고 있다.
⑤ 2021년 재활용된 폐기물량 비율은 $\dfrac{30,454}{50,915}\times100 ≒ 59.8\%$로 2017년 소각량 비율 $\dfrac{10,309}{50,906}\times100 ≒ 20.3\%$의 3배인 60.9%보다 작으므로 적절한 보기이다.

41 정답 ②

한국의 소방직 공무원과 경찰직 공무원의 인원 수 격차는 2019년이 66,523−39,582=26,941명, 2020년이 72,392−42,229=30,163명, 2021년이 79,882−45,520=34,362명으로 매년 증가하고 있다.

오답분석

① 한국의 전년 대비 전체 공무원의 증가 인원수는 2020년이 920,291−875,559=44,732명, 2021년이 955,293−920,291=35,002명으로 2020년이 2021년도보다 많다.
③ 2019년 대비 2021년 한국과 미국의 소방직과 경찰직 공무원의 증가 인원수는 다음과 같다.

(단위 : 명)

국가	구분	2019년	2021년	인원 증가 수
한국	소방직 공무원	39,582	45,520	45,520−39,582=5,938
	경찰직 공무원	66,523	79,882	79,882−66,523=13,359
미국	소방직 공무원	220,392	340,594	340,594−220,392=120,202
	경찰직 공무원	452,482	531,322	531,322−452,482=78,840

따라서 2019년 대비 2021년 증가 인원수는 한국은 소방직 공무원이 경찰직보다 적지만, 미국은 그 반대임을 알 수 있다.

④ 미국의 소방직 공무원의 전년 대비 증가율은 2020년이 약 $\frac{282,329-220,392}{220,392} \times 100 ≒ 28.1\%$,

2021년이 약 $\frac{340,594-282,329}{282,329} \times 100 ≒ 20.6\%$로, 2020년이 2021년보다 약 $28.1-20.6=7.5\%$ 더 높다.

⑤ 미국의 경찰직 공무원이 미국 전체 공무원 중 차지하는 비율은 2019년이 $\frac{452,482}{1,882,428} \times 100 ≒ 24.0\%$, 2020년이 $\frac{490,220}{2,200,123} \times$

$100 ≒ 22.3\%$, 2021년이 $\frac{531,322}{2,586,550} \times 100 ≒ 20.5\%$로 매년 감소하고 있다.

42 정답 ②

D사의 판매율이 가장 높은 연도는 2021년, G사의 판매율이 가장 높은 연도는 2019년으로 다르다.

오답분석

① D사와 G사는 2020년도만 감소하여 판매율 증감이 같다.
③ D사의 판매율이 가장 높은 연도는 2021년이고, U사의 판매율이 가장 낮은 연도도 2021년으로 동일하다.
④ G사의 판매율이 가장 낮은 연도는 2017년이고, U사의 판매율이 가장 높은 연도도 2017년으로 동일하다.
⑤ U사의 가장 높은 판매율은 34%, 가장 낮은 판매율은 11%로 그 차이는 23%p이다.

43 정답 ③

ㄴ. 학생 확진자 중 초등학생의 비율은 $\frac{489}{1,203} \times 100 ≒ 40.6\%$이고, 전체 확진자 중 초등학교 기관의 비율은 $\frac{(489+73)}{(1,203+233)} \times 100$

$≒ 39.1\%$ 로 학생 확진자 중 초등학생 비율이 더 높다.

ㄷ. 전체 확진자 중 고등학생의 비율은 $\frac{351}{(1,203+233)} \times 100 ≒ 24.4\%$이고, 유치원생의 비율은 $\frac{56}{(1,203+233)} \times 100 ≒ 3.9\%$로,

확진자는 유치원생의 비율보다 고등학생의 비율이 약 6.3배 이상이다.

오답분석

ㄱ. 확진자 중 퇴원수의 비율은 학생이 $\frac{1,089}{1,203} \times 100 ≒ 90.5\%$이고 교직원의 비율은 $\frac{226}{233} \times 100 ≒ 97.0\%$으로 약 6% 이상 차이가

난다.

ㄹ. 고등학교와 중학교 소속 확진자 수는 $351+58+271+68=748$명이고 이는 전체 확진자 $1,203+233=1,436$(명)의 약 52.1%

이다.

44 정답 ③

2021년 1관당 인구 수는 2018년 1관당 인구 수에 비해 12,379명 감소했다.

오답분석

① 공공도서관 수는 644 → 703 → 759 → 786으로 증가하는 추세이다.
② 2021년 1인당 장서 수는 1.49권임을 표에서 쉽게 확인할 수 있다.
④ 2020년 공공도서관에 258,315,000명이 방문했음을 표에서 쉽게 확인할 수 있다.

45 정답 ①

연도별 성인 참여율과 증가율은 다음과 같다.

(단위 : %)

구분	2017년	2018년	2019년	2020년	2021년
참여 증가율	-	7.7	−21.6	−5.7	−34.8
참여율	6.4	6.8	5.2	4.9	3.2

ㄱ. 성인 참여율은 2018년도가 6.8%로 가장 높다.

ㄴ. 2019년도 참여율은 5.2%로 2020년도 참여율 4.9%보다 높다.

오답분석

ㄷ. 자원봉사 참여 인구는 2018년도 증가 후 계속 감소하였으므로 참여 증가율이 가장 높은 해는 2018년도이며, 참여 증가율이 가장 낮은 해는 2021년이다.

ㄹ. 2017년부터 2020년까지의 자원봉사에 참여한 성인 인구수는 $2,667,575+2,874,958+2,252,287+2,124,110=9,918,930$명으로 천만 명 이하이다.

46 정답 ⑤

여자 흡연율의 전년도와의 차이를 정리하면 다음과 같다.

구분	2017년	2018년	2019년	2020년	2021년
여자 흡연율(%)	7.4	7.1	6.8	6.9	7.3
전년도 대비 차이(%p)		−0.3	−0.3	+0.1	+0.4

따라서 가장 많은 차이를 보이는 해는 2021년이다.

오답분석

① 2017년부터 2021년까지 계속 감소하고 있다.

② 2019년까지 감소하다가 이후 증가하고 있다.

③ 남자와 여자의 흡연율 차이를 정리하면 다음과 같다.

구분	2017년	2018년	2019년	2020년	2021년
남자 흡연율(%)	48.7	46.2	44.3	42.2	40.7
여자 흡연율(%)	7.4	7.1	6.8	6.9	7.3
남자·여자 흡연율 차이(%p)	41.3	39.1	37.5	35.3	33.4

따라서 남자와 여자의 흡연율 차이는 감소하고 있다.

④ 남자 흡연율의 전년도와의 차이를 정리하면 다음과 같다.

구분	2017년	2018년	2019년	2020년	2021년
남자 흡연율(%)	48.7	46.2	44.3	42.2	40.7
전년도 대비 차이(%p)		−2.5	−1.9	−2.1	−1.5

따라서 가장 많은 차이를 보이는 해는 2018년이다.

47 정답 ⑤

ㄷ. 2017년 대비 2021년 청소년 비만율의 증가율은 $\dfrac{26.1-18}{18}\times100=45\%$이다.

ㄹ. 2021년과 2019년의 비만율 차이를 구하면 다음과 같다.

  - 유아 : $10.2-5.8=4.4\%p$
  - 어린이 : $19.7-14.5=5.2\%p$
  - 청소년 : $26.1-21.5=4.6\%p$

  따라서 2021년과 2019년의 비만율 차이가 가장 큰 아동은 어린이임을 알 수 있다.

ㄱ. 유아의 비만율은 전년 대비 계속 감소하고 있고, 어린이와 청소년의 비만율은 전년 대비 계속 증가하고 있다.

ㄴ. 2018년 이후의 어린이 비만은 유아보다 크고 청소년보다 작지만, 2017년 어린이 비만율은 9.8%로, 유아 비만율인 11%와 청소년 비만율인 18%보다 작다.

48   정답 ③

ㄱ. 대형마트의 종이봉투 사용자 수는 $2,000 \times 0.05 = 100$명으로, 중형마트의 종이봉투 사용자 수인 $800 \times 0.02 = 16$명의 $\frac{100}{16} = 6.25$배이다.

ㄷ. 비닐봉투 사용자 수를 정리하면 다음과 같다.
- 대형마트 : $2,000 \times 0.07 = 140$명
- 중형마트 : $800 \times 0.18 = 144$명
- 개인마트 : $300 \times 0.21 = 63$명
- 편의점 : $200 \times 0.78 = 156$명

따라서 비닐봉투 사용률이 가장 높은 곳은 78%로 편의점이며, 비닐봉투 사용자 수가 가장 많은 곳도 156명으로 편의점이다.

ㄹ. 마트규모별 개인장바구니의 사용률을 살펴보면, 대형마트가 44%, 중형마트가 36%, 개인마트가 29%이다. 따라서 마트의 규모가 커질수록 개인장바구니 사용률이 커짐을 알 수 있다.

ㄴ. 전체 종량제봉투 사용자 수를 구하면 다음과 같다.
- 대형마트 : $2,000 \times 0.28 = 560$명
- 중형마트 : $800 \times 0.37 = 296$명
- 개인마트 : $300 \times 0.43 = 129$명
- 편의점 : $200 \times 0.13 = 26$명
- 전체 종량제봉투 사용자 수 : $560 + 296 + 129 + 26 = 1,011$명

따라서 대형마트의 종량제봉투 사용자 수인 560명은, 전체 종량제봉투 사용자 수인 1,011명의 절반을 넘는다.

49   정답 ①

공장 안의 기온은 23℃로 유지 중이며, 수증기 함유량은 12g/kg이다.

따라서 상대습도 공식에 대입하면 $\frac{12}{20.8} \times 100 ≒ 57.7\%$임을 알 수 있다.

50   정답 ④

2019년과 2017년 30대의 전년 대비 데이트폭력 경험횟수 증가율을 구하면 다음과 같다.

- 2017년 : $\frac{11.88 - 8.8}{8.8} \times 100 = 35\%$

- 2019년 : $\frac{17.75 - 14.2}{14.2} \times 100 = 25\%$

따라서 30대의 2019년 전년 대비 데이트폭력 경험횟수 증가율은 2017년보다 작다.

① 2018년 이후 연도별 20대와 30대의 평균 데이트폭력 경험횟수와 전 연령대 평균 데이트폭력 경험횟수를 구하면 다음과 같다.

구분	2018년	2019년	2020년
전체	$5.7 + 15.1 + 14.2 + 9.2 + 3.5$ $= 47.7$회	$7.9 + 19.2 + 17.75 + 12.8 + 3.3$ $= 60.95$회	$10.4 + 21.2 + 18.4 + 18 + 2.9$ $= 70.9$회
전체의 절반	23.85회	30.475회	35.45회
20·30대	$15.1 + 14.2 = 29.3$회	$19.2 + 17.75 = 36.95$회	$21.2 + 18.4 = 39.6$회

따라서 20대와 30대의 평균 데이트폭력 경험횟수의 합은 전 연령대 평균 데이트폭력 경험횟수의 절반 이상임을 알 수 있다.

② 10대의 평균 데이트폭력 경험횟수는 3.2회, 3.9회, 5.7회, 7.9회, 10.4회로 매년 증가하고 있고, 50대의 평균 데이트폭력 경험횟수는 4.1회, 3.8회, 3.5회, 3.3회, 2.9회로 매년 감소하고 있다.

③ 2020년 40대의 평균 데이트폭력 경험횟수 18회로, 2016년 데이트폭력 경험횟수인 2.5회의 $\frac{18}{2.5}=7.2$배에 해당한다.

51 정답 ③

'1권 이상 읽음'의 성인 독서율은 2018년 대비 2020년 사례수 증가율만큼 증가한다.

빈칸에 해당되는 50대 성인 독서율의 경우, 2018년 대비 2020년 사례수가 $\frac{1,200-1,000}{1,000} \times 100 = 20\%$ 증가하였다.

따라서 '1권 이상 읽음'의 성인 독서율 '가'에 알맞은 수치는 60×1.2=72가 된다.

52 정답 ①

㉠ 연령대별 '매우 불만족'이라고 응답한 비율은 10대가 19%, 20대가 17%, 30대가 10%, 40대가 8%, 50대가 3%로 연령대가 높아질수록 그 비율은 낮아진다.

㉢ 연령대별 부정적인 답변을 구하면 다음과 같다.
- 10대 : 28+19=47%
- 20대 : 28+17=45%
- 30대 : 39+10=49%
- 40대 : 16+8=24%
- 50대 : 23+3=26%

따라서 모든 연령대에서 부정적인 답변이 50% 미만이므로 긍정적인 답변은 50% 이상이다.

오답분석

㉡ '매우 만족'과 '만족'이라고 응답한 비율은 다음과 같다.
- 10대 : 8+11=19%
- 20대 : 3+13=16%
- 30대 : 5+10=15%
- 40대 : 11+17=28%
- 50대 : 14+18=32%

따라서 가장 낮은 연령대는 30대(15%)이다.

㉣ • 50대에서 '불만족' 또는 '매우 불만족'이라고 응답한 비율 : 23+3=26%
  • 50대에서 '만족' 또는 '매우 만족'이라고 응답한 비율 : 14+18=32%

따라서 $\frac{26}{32} \times 100 = 81.25\%$로 80% 이상이다.

53 정답 ②

20대 신규 확진자 수가 10대 신규 확진자 수보다 적은 지역은 3월에 E, F, H지역, 4월은 A, G, H지역으로 각각 3곳으로 동일하다.

오답분석

① C, G지역의 3월과 4월의 10대 미만 신규 확진자 수는 각각 동일하다.

③ 3월 신규 확진자 수가 세 번째로 많은 지역은 C지역(228명)으로 C지역의 4월 신규 확진자 수가 가장 많은 연령대는 60대(26명)이다.

④ H지역의 4월 신규 확진자 수는 93명으로 4월 전체 신규 확진자 수인 121+78+122+95+142+196+61+93+54=962명에서 차지하는 비율은 $\frac{93}{962} \times 100 = 9.7\%$로 10% 미만이다. 또한 4월 전체 신규 확진자 수의 10%는 962×0.1=96.2명으로 H지역의 4월 신규 확진자 수인 93명보다 많다.

⑤ 3월 대비 4월 신규 확진자 수의 비율은 F지역이 $\frac{196}{320} \times 100 ≒ 61.3\%$, G지역이 $\frac{61}{185} \times 100 ≒ 33\%$이다. 따라서 G지역 비율의 2배는 $33 \times 2 = 66\%$로 F지역이 G지역의 2배 이하이다.

54　정답　③

전년 대비 업체 수가 가장 많이 증가한 해는 103개소가 증가한 2019년이며, 생산금액이 가장 많이 늘어난 해는 402,017백만 원이 증가한 2020년이다.

오답분석

① 조사기간 동안 업체 수는 해마다 증가했으며, 품목 수도 꾸준히 증가했다.

② 증감률 전체 총합이 27.27%이며, 이를 7로 나누면 약 3.89%이다.

④ 2017 ~ 2020년 사이 운영인원의 증감률 추이와 품목 수의 증감률 추이는 증가 – 증가 – 증가 – 감소로 같다.

⑤ 전체 계산을 하면 정확하겠지만 시간이 없을 때는 각 항목의 격차를 어림잡아 계산해야 한다. 즉, 품목 수의 증감률은 업체 수에 비해 한 해(2020년)만 뒤쳐져 있으며 그 외에는 모두 앞서고 있으므로 올바른 판단이다.

55　정답　④

2019년 산업통상자원부 지원금을 지급받는 중소기업 수는 총 $244 + 1,138 + 787 + 252 + 4 = 2,425$개이므로 2019년 산업통상자원부 지원금을 지급받는 총 기업 수 2,815개의 약 $\frac{2,425}{2,815} ≒ 86.1\%$로 85% 이상이다.

오답분석

① 매년 대기업 수는 감소하고, 중소기업 수는 증가하고 있다.

② 중소기업 총지원액의 최소금액과 대기업 총지원액의 최대금액을 비교를 통해 확인할 수 있다. 먼저 최소금액을 구하기 위해 지원액 규모를 각각 0원, 5억 원, 10억 원, 20억 원, 50억 원이라고 가정하고 지원액 규모별 중소기업의 수를 곱해 총 지원액을 구하면 $(0 \times 244) + (5 \times 1,138) + (10 \times 787) + (20 \times 252) + (50 \times 4) = 18,800$억 원이다.

반대로 최대금액을 구하기 위해 지원액 규모를 각각 5억 원, 10억 원, 20억 원, 50억 원, 100억 원으로 가정하고 지원액 규모별 대기업의 수를 곱해 총 지원액을 구하면 $(5 \times 4) + (10 \times 11) + (20 \times 58) + (50 \times 38) + (100 \times 22) = 5,390$억 원이다. 이를 통해 지원액 규모가 얼마인지 정확하게 알 수는 없지만, 2019년 중소기업 총지원액은 대기업 총지원액보다 많다는 것을 알 수 있다.

③ 매년 대기업과 중견기업은 지원액 규모가 10억 이상 20억 미만에서, 중소기업은 5억 이상 10억 미만에서 가장 많은 기업이 산업통상자원부 지원금을 지급받는다.

56　정답　④

㉠ 2017년 대비 2018년 이용객 수가 증가한 항공노선은 제주행, 일본행, 싱가폴행, 독일행, 미국행으로 총 다섯 개이며, 감소한 항공노선 역시 중국행, 영국행, 스페인행, 캐나다행, 브라질행으로 총 다섯 개로 동일하다.

㉡ 2017년부터 2019년까지의 총 이용객 수는 아시아행(제주, 중국, 일본, 싱가폴)이 $416 + 743 + 342 + 323 = 1,824$명, 유럽행(독일, 영국, 스페인)이 $244 + 342 + 860 = 1,446$명, 아메리카행(미국, 캐나다, 브라질)이 $400 + 630 + 61 = 1,091$명으로 아시아행 – 유럽행 – 아메리카행 순으로 많다.

㉣ 2017년 이용객 수가 적은 하위 2개의 항공노선은 브라질행(23), 독일행(75)이고, 2018년도는 브라질행(21), 독일행(81)이며, 2019년도 또한 브라질행(17), 독일행(88)으로 동일하다.

오답분석

㉢ 전체 이용객 중 제주행노선 이용객 비율은 2017년 약 $\frac{128}{1,407} \times 100 ≒ 9.1\%$, 2018년 $\frac{134}{1,419} \times 100 ≒ 9.4\%$, 2019년 $\frac{154}{1,535} \times 100 ≒ 10.0\%$이다. 따라서 전년 대비 차이는 2018년이 $9.4 - 9.1 = 0.3\%p$, 2019년이 $10.0 - 9.4 = 0.6\%p$로 2018년이 2019년보다 낮다.

57 정답 ③

ㄴ. 그래프를 통해 2월 21일의 원/달러 환율이 지난주 2월 14일보다 상승하였음을 알 수 있다.

ㄷ. 달러화의 강세란 원/달러 환율이 상승하여 원화가 평가절하되면서 달러의 가치가 높아지는 것을 의미한다. 3월 12일부터 3월 19일까지는 원/달러 환율이 계속해서 상승하는 추세이므로 적절한 설명이다.

오답분석

ㄱ. 3월 원/엔 환율의 경우 최고 환율은 3월 9일의 1172.82원으로, 3월 한 달 동안 1,100원을 상회하는 수준에서 등락을 반복하고 있다.

ㄹ. 달러/엔 환율은 $\dfrac{(\text{원/엔 환율})}{(\text{원/달러 환율})}$ 로 도출할 수 있다. 그래프에 따르면 3월 27일 원/달러 환율은 3월 12일에 비해 상승하였고, 반대로 원/엔 환율은 하락하였다. 즉, 분모는 증가하고 분자는 감소하였으므로 3월 27일의 달러/엔 환율은 3월 12일보다 하락하였음을 알 수 있다.

58 정답 ③

2019년에 국유재산의 규모가 10조를 넘는 국유재산은 토지, 건물, 공작물, 유가증권 이렇게 4개이다.

59 정답 ③

ㄱ. 2019년과 2021년에 종류별로 국유재산 규모가 큰 순서는 토지 – 공작물 – 유가증권 – 건물 – 입목죽 – 선박·항공기 – 무체재산 – 기계·기구 순으로 동일하다.

ㄴ. 2017년과 2018년에 규모가 가장 작은 국유재산은 기계·기구로 동일하다.

ㄷ. 2018년 국유재산 중 건물과 무체재산, 유가증권 규모의 합계는 616,824억+10,825억+1,988,350억=2,615,999억 원으로 260조보다 크다.

오답분석

ㄹ. 2019년 대비 2020년에 국유재산 중 선박·항공기는 감소하였으나, 기계·기구는 증가하였다.

60 정답 ④

ㄴ. 대구의 냄새에 대한 민원건수는 414건으로 강원의 $\dfrac{414}{36}$=11.5배에, 제주의 $\dfrac{414}{23}$=18배에 해당하는 수치이다.

ㄷ. 세종과 대전의 각 민원내용별 민원건수의 합계와 부산의 수치를 정리하면 다음과 같다.

구분	낮은 수압	녹물	누수	냄새	유충
대전	133	108	56	88	18
세종	47	62	41	31	9
대전+세종	180	170	97	119	27
부산	248	345	125	274	68

따라서 세종과 대전의 각 민원내용별 민원건수의 합계는 부산보다 작음을 확인할 수 있다.

오답분석

ㄱ. 경기 지역의 민원은 총 (120+203+84+152+21)=580건으로 이 중 녹물에 대한 민원 비율이 $\dfrac{203}{580}\times100$=35%이다.

ㄹ. 수도권인 서울, 경기, 인천에서 가장 많은 민원 건수가 발생한 것은 녹물에 대한 것이다. 하지만, 가장 낮은 민원 건수가 발생한 것은 경기와 인천은 유충에 대한 것이고, 서울은 누수에 대한 것이다.

61 정답 ④

자료상 유충에 대한 민원건수는 알 수 있지만, 실제로 유충이 발생한 건수에 대한 것은 알 수 없다.

62 정답 ③

전체 조사자 중 20·30대는 $1,800+2,500+2,000+1,400=7,700$명이므로, 전체 조사자 20,000명 중 $\frac{7,700}{20,000}\times100=38.5\%$ 이다.

오답분석

① 운전면허 소지현황 비율이 가장 높은 연령대는 남성은 75%로 40대이고, 여성도 54%로 40대이다.
② 70대 여성의 운전면허 소지비율은 12%로 남성인 25%의 절반 이하이다.
④ 50대 운전면허 소지자는 다음과 같다.
　• 남 : $1,500\times0.68=1,020$명
　• 여 : $1,500\times0.42=630$명
　따라서 50대 운전면허 소지는 $1,020+630=1,650$명이다.

63 정답 ④

20·30대 여성의 운전면허소지자를 구하면 다음과 같다.
• 20대 여성 : $2,000\times0.22=440$명
• 30대 여성 : $1,400\times0.35=490$명

따라서 20·30대 여성의 운전면허소지자는 $440+490=930$명이다. 이는 전체 조사자의 $\frac{930}{20,000}\times100=4.65\%$이다.

오답분석

① 조사에 참여한 60·70대는 다음과 같다.
　• 남성 : $1,500+1,200=2,700$명
　• 여성 : $2,000+1,000=3,000$명
　따라서 여성이 남성보다 더 많다.
② 40대 여성과 남성의 운전면허소지자를 구하면 다음과 같다.
　• 40대 여성 : $1,600\times0.54=864$명
　• 40대 남성 : $2,000\times0.75=1,500$명

　따라서 40대 여성의 운전면허소지자는 40대 남성의 운전면허소지자의 $\frac{864}{1,500}\times100=57.6\%$이다.
③ 20대 남성과 70대 남성의 운전면허소지자를 구하면 다음과 같다.
　• 20대 남성 : $1,800\times0.38=684$명
　• 70대 남성 : $1,200\times0.25=300$명

　따라서 20대 남성의 운전면허소지자는 70대 남성의 $\frac{684}{300}=2.28$배이다.

64 정답 ③

• 2019년 전년 대비 감소율 : $\frac{23-24}{24}\times100 ≒ -4.17\%$

• 2020년 전년 대비 감소율 : $\frac{22-23}{23}\times100 ≒ -4.35\%$

따라서 2020년이 2019년보다 더 큰 비율로 감소하였다.

① 2021년 총지출을 a억 원이라고 가정하면, $a \times 0.06 = 21$억 원 $\rightarrow a = \dfrac{21}{0.06} = 350$, 총지출은 350억 원이므로 320억 원 이상이다.

② 2018년 경제 분야 투자규모의 전년 대비 증가율은 $\dfrac{24-20}{20} \times 100 = 20\%$이다.

④ 2017 ~ 2021년 동안 경제 분야에 투자한 금액은 $20 + 24 + 23 + 22 + 21 = 110$억 원이다.

⑤ 2018 ~ 2021년 동안 경제 분야 투자규모의 전년 대비 증감추이는 '증가 – 감소 – 감소 – 감소'이고, 총지출 대비 경제 분야 투자규모 비중의 경우 '증가 – 증가 – 감소 – 감소'이다.

65 정답 ④

생후 1주일 내 사망자 수는 $1,162 + 910 = 2,072$명이고, 생후 셋째 날 사망자 수는 $166 + 114 = 280$명이므로, 전체의 약 13.5%를 차지한다.

① 생후 첫날 신생아 사망률은 여아가 $3.8 + 27.4 + 8.6 = 39.8\%$이고, 남아가 $2.7 + 26.5 + 8.3 = 37.5\%$로 여아가 남아보다 높다.

② 신생아 사망률은 산모의 연령이 40세 이상일 때가 제일 높으나, 출생아 수는 40세 이상이 제일 적기 때문에, 신생아 사망자 수는 산모의 연령이 19세 미만인 경우를 제외하고는 40세 이상의 경우보다 나머지 연령대가 더 많다.

③ 생후 1주일 내에서 첫날 여아의 사망률은 39.8%이고, 남아의 사망률은 37.5%이므로, 첫날 신생아 사망률은 40%를 넘지 않는다.

⑤ 25 ~ 29세 미만 산모의 신생아 사망률이 20 ~ 24세 산모의 신생아 사망률보다 높다.

66 정답 ④

2019년 5월 발화요인별 화재발생 건수는 부주의가 1,374건으로 가장 많으며, 그 다음으로는 전기적 요인 819건, 기타 405건, 기계적 요인 340건, 교통사고 46건, 화학적 요인 32건, 가스누출 22건 순서로 많다.

67 정답 ④

ㄷ. 10월의 경우, 기계적 요인으로 인한 화재발생 건수는 405건으로, 기타 요인으로 인한 화재발생 건수인 394건보다 많음을 알 수 있다.

ㄹ. 2019년에 합계 값이 두 번째로 큰 발화요인은 부주의 다음으로 큰 전기적 요인이다.

ㄱ. 가스누출로 인한 화재발생 건수는 10월에 18건, 11월에 25건으로 증가하였다.

ㄴ. 2월 부주의로 인한 화재발생 건수는 2,707건으로, 기타 요인으로 인한 화재발생 건수의 3배인 $550 \times 3 = 1,650$건보다 많다.

추리

01	02	03	04	05	06	07	08	09	10	11	12	13	14	15	16	17	18	19	20
③	①	①	②	⑤	④	②	①	③	①	③	②	④	①	③	⑤	③	②	①	④

21	22	23	24	25	26	27	28	29	30										
②	③	④	①	③	③	④	②	①	⑤										

01 정답 ③

'한 씨'를 'A', '부동산을 구두로 양도했다.'를 'B', '무효'를 'C' 라고 하자

구분	명제	대우
전제1	A → B	~B → ~A
결론	A → C	~C → ~A

전제1이 결론으로 연결되려면, 전제2는 'B → C'가 되어야 한다. 따라서 전제2는 '부동산을 구두로 양도하면, 무효다.'인 ③이다.

02 정답 ①

A고등학교 학생은 봉사활동을 해야 졸업한다.
즉, A고등학교 졸업생 중에는 봉사활동을 하지 않은 학생이 없다.

03 정답 ①

①이 들어가면, 재경 – 선영 – 경식 순으로 나이가 많다.

오답분석
②가 들어가면, 재경이와 선영이 중 누가 더 나이가 많은지 알 수 없다.
③이 들어가면, 선영 – 경식 – 재경 순으로 나이가 많다.
④가 들어가면, 세 번째 문장과 모순된다.
⑤가 들어가면, 두 번째 문장과 모순된다.

04 정답 ②

하루살이는 인생보다 짧고, 인생은 예술보다 짧다. 즉, 하루살이는 인생과 예술보다 짧다.

05 정답 ⑤

모든 미술가는 피카소를 좋아한다. 그러나 미술가가 아닌 사람(나)이 피카소를 좋아하는지 아닌지는 알 수 없다.

06 정답 ④

바나나>방울토마토, 바나나>사과>딸기로 바나나의 열량이 가장 높은 것을 알 수 있으나, 제시된 사실만으로는 방울토마토와 딸기의 열량을 비교할 수 없으므로 가장 낮은 열량의 과일은 알 수 없다.

07 　정답 ②

제시된 명제만으로는 진실 여부를 판별할 수 없다.

오답분석

① 첫 번재와 두 번째 명제에 의해 참이다.
③ 두 번째 명제로부터 참이라는 것을 알 수 있다.
④ 두 번째와 세 번째 명제를 통해 참이라는 것을 알 수 있다.
⑤ 모든 사람이 자신을 비방하지 않는 사람에게 호의적이라고 했을 때, 세 번째 명제에 의해 참이다.

08 　정답 ①

가격이 높은 순서대로 나열하면 '파프리카 – 참외 – 토마토 – 오이'이므로 참외는 두 번째로 비싸다.

09 　정답 ③

각 경로의 통행료를 계산하면 다음과 같다. ②와 ⑤의 경로에서는 각각 나 게이트와 다 게이트에서 통행료 할인을 적용받는다.

경로	통행료
A – B – 가 – S	$46,100+38,400=84,500$원
A – B – 나 – S	$46,100+(51,500 \times 0.9)=92,450$원
A – K – 가 – S	$37,900+38,400=76,300$원
A – K – 나 – S	$37,900+51,500=89,400$원
A – K – 다 – S	$37,900+(40,500 \times 0.95)=76,375$원

따라서 A – K – 가 – S 경로가 76,300원으로 통행료가 가장 저렴하다.

10 　정답 ①

D가 4등일 경우에는 C – E – A – D – F – B 순서로 들어오게 된다.

11 　정답 ③

10번 문제와 같이 D가 4등이라는 조건이 있다면 C가 1등이 되지만, 주어진 제시문으로는 C가 1등 또는 4등이기 때문에 알 수 없다.

12 　정답 ②

주어진 조건에 따라 머리가 긴 순서대로 나열하면 '슬기 – 민경 – 경애 – 정서 – 수영'이 된다.
따라서 슬기의 머리가 가장 긴 것을 알 수 있으며, 경애가 단발머리인지는 주어진 조건만으로 알 수 없다.

13 　정답 ④

주어진 조건에 따라 매대를 추론해보면 다음과 같다.

4층	사과
3층	배
2층	귤
1층	감

귤은 2층, 배는 3층, 감은 1층이므로, 귤이 배와 감 사이에 위치하는 추론이 적절하다.

14　정답 ①

A와 E의 진술이 모순이므로 두 경우를 확인한다.
- A의 진술이 참인 경우
  A와 D의 진술에 따라, 거짓말을 하는 사람이 C, D, E이다. 따라서 거짓말을 하는 사람이 1명이라는 조건에 위배된다.
- E의 진술이 참인 경우
  C의 말이 참이므로 A는 거짓말을 하고, B, D는 진실을 말하는 사람이다. 이때 D의 진술에서 전제(A의 말이 참이면)가 성립하지 않는다. 따라서 D의 진술은 참이다.

15　정답 ③

B의 발언이 참이라면 C가 범인이고 F도 참이 된다. F는 C 또는 E가 범인이라고 했으므로 C가 범인이라면 E는 범인이 아니고, E의 발언 역시 참이 되어야 한다. 하지만 E의 발언이 참이라면 F가 범인이어야 하므로 모순이다. 따라서 B의 발언이 거짓이며, C 또는 E가 범인이라고 말한 F 역시 범인임을 알 수 있다.

16　정답 ⑤

ⓒ과 ⓔ·ⓐ은 상반되며, ⓒ과 ⓗ·ⓞ·ⓩ 역시 상반된다.
1) 김대리가 짬뽕을 먹은 경우 : ⓗ, ⓞ, ⓩ 3개의 진술이 참이 되므로 성립하지 않는다.
2) 박과장이 짬뽕을 먹은 경우 : ⓖ, ⓒ, ⓓ 3개의 진술이 참이 되므로 성립하지 않는다.
3) 최부장이 짬뽕을 먹은 경우 : 최부장이 짬뽕을 먹었으므로 ⓖ, ⓗ, ⓞ은 반드시 거짓이 된다. 이때, ⓒ은 반드시 참이 되므로 상반되는 ⓗ, ⓩ은 반드시 거짓이 되고, ⓔ, ⓐ 또한 반드시 거짓이 되므로 상반되는 ⓒ이 참이 되는 것을 알 수 있다.
따라서 짬뽕을 먹은 사람은 최부장이고, 참인 진술은 ⓒ·ⓒ이다.

17　정답 ③

은호의 신발 사이즈는 235mm이며, 은호 아빠의 신발 사이즈는 270mm이므로 은호 아빠와 은호의 신발 사이즈 차이는 $270-235=35$mm이다.

오답분석

① 은호의 엄마는 은호보다 5mm 큰 신발을 신으므로 은호 엄마의 신발 사이즈는 240mm이다. 따라서 은호 아빠와 엄마의 신발 사이즈 차이는 $270-240=30$mm이다.
② 은수의 신발 사이즈는 230mm 이하로 엄마의 신발 사이즈와 최소 10mm 이상 차이가 난다.
④ 235mm인 은호의 신발 사이즈와 230mm 이하인 은수의 신발 사이즈는 최소 5mm 이상 차이가 난다.
⑤ 은수의 정확한 신발 사이즈는 알 수 없다.

18　정답 ②

주어진 조건을 세 번째까지 고려하면 'C－K－A－B' 또는 'K－C－A－B' 순으로 대기하고 있다는 것을 알 수 있다. 그중 K－C－A－B의 경우에는 마지막 조건을 만족시킬 수 없으므로 대기자 5명은 'C－K－A－B－D' 순서로 대기하고 있다.
따라서 K씨는 두 번째로 진찰을 받을 수 있다.

19 정답 ①

C, D, E의 진술이 연관되어 있고 두 사람만 진실을 말하고 있다고 하였으므로 C, D, E의 진술은 거짓이고 A, B의 진술이 참이다.

오답분석

②·③·④·⑤ 서로 진실을 말하고 있다는 C와 D의 진술은 동시에 참이 되거나 거짓이 되어야 한다.

20 정답 ④

먼저 C는 첫 번째, 세 번째 결과에 따라 A 바로 전 또는 바로 뒤의 순서로 출근한 E보다 먼저 출근하였으므로 A보다도 먼저 출근한 것을 알 수 있다. 마찬가지로 D 역시 두 번째, 다섯 번째 결과에 따라 F 바로 뒤에 출근한 B보다 먼저 출근하였으므로 F보다도 먼저 출근한 것을 알 수 있다.

또한 E는 네 번째 결과에 따라 F보다 늦게 출근하였으므로 결국 C, D, B보다도 늦게 출근하였음을 알 수 있다. 따라서 E가 다섯 번째 또는 마지막 순서로 출근하였음을 알 수 있으나, 꼴찌에는 해당하지 않으므로 결국 E는 다섯 번째로 출근하였고, A가 마지막 여섯 번째로 출근하였음을 알 수 있다.

이때 주어진 결과만으로는 C와 D의 순서를 비교할 수 없으므로 A ~ F의 출근 순서는 다음과 같이 나타낼 수 있다.

구분	첫 번째	두 번째	세 번째	네 번째	다섯 번째	여섯 번째
경우 1	D	F	B	C	E	A
경우 2	D	C	F	B	E	A
경우 3	C	D	F	B	E	A

따라서 D가 C보다 먼저 출근했다면, D는 반드시 첫 번째로 출근하므로 자신을 포함한 A ~ F의 출근 순서를 알 수 있다.

오답분석

① A는 마지막에 출근하므로 B의 출근 시각을 알 수 없다.
② 경우 2와 경우 3에서 B가 C보다 나중에 출근하므로 C의 출근 시각을 알 수 없다.
③ 경우 1에서 C는 자신과 E, A의 출근 순서를 알 수 있으나, D, F, B의 출근 순서는 알 수 없다.

21 정답 ②

먼저 을의 진술이 거짓일 경우 갑과 병은 모두 세미나에 참석하지 않으며, 병의 진술이 거짓일 경우 을과 병은 모두 세미나에 참여한다. 따라서 을과 병의 진술은 동시에 거짓이 될 수 없으므로 둘 중 한 명의 진술은 반드시 참이 된다.
1) 을의 진술이 참인 경우
   갑은 세미나에 참석하지 않으며, 을과 병은 모두 세미나에 참석한다. 을과 병 모두 세미나에 참석하므로 정은 세미나에 참석하지 않는다.
2) 병의 진술이 참인 경우
   갑의 진술은 거짓이므로 갑은 세미나에 참석하지 않으며, 을은 세미나에 참석한다. 병은 세미나에 참석하지 않으나, 을이 세미나에 참석하므로 정은 세미나에 참석하지 않는다.
따라서 반드시 세미나에 참석하는 사람은 을이다.

22 정답 ③

민수가 철수보다, 영희가 철수보다, 영희가 민수보다 숨은 그림을 더 많이 찾았다. 따라서 영희 – 민수 – 철수 순서로 숨은 그림을 더 많이 찾았다.

23 정답 ④

진실을 말하는 사람이 1명뿐인데, 만약 E의 말이 거짓이라면 5명 중에 먹은 사과의 개수가 겹치는 사람은 없어야 한다. 그런데 먹은 사과의 개수가 겹치지 않고 5명이서 12개의 사과를 나누어 먹는 것은 불가능하다. 따라서 E의 말은 참이고, A, B, C, D의 말은 거짓이므로 이를 정리하면 다음과 같다.

- A보다 사과를 적게 먹은 사람이 있다.
- B는 사과를 3개 이상 먹었다.
- C는 D보다 사과를 많이 먹었고, B보다 사과를 적게 먹었다.
- 사과를 가장 많이 먹은 사람은 A가 아니다.
- E는 사과를 4개 먹었고, 먹은 사과의 개수가 같은 사람이 있다.

E가 먹은 개수를 제외한 나머지 사과의 개수는 모두 8개이고, D<C<B(3개 이상)이며, 이 중에서 A보다 사과를 적게 먹은 사람이 있어야 한다. 이를 모두 충족시키는 먹은 사과 개수는 B 3개, C 2개, D 1개, A 2개이다.

따라서 사과를 가장 많이 먹은 사람은 E, 가장 적게 먹은 사람은 D이다.

24 정답 ①

첫 번째 정보에서 3종류의 과자를 2개 이상씩 구입했으며, 두 번째 정보를 보면 B과자를 A과자보다 많이 샀고, 세 번째 정보까지 적용하면 3종류 과자의 구입한 개수는 'A<B≤C'임을 알 수 있다. 따라서 가장 적게 산 A과자를 2개 또는 3개 구입했을 때 구입 방법을 정리하면 다음 표와 같다.

(단위 : 개)

구분	A과자	B과자	C과자
경우 1	2	4	9
경우 2	2	5	8
경우 3	2	6	7
경우 4	2	7	6
경우 5	3	6	6

경우 1은 마지막 정보를 만족시키지 못하므로 제외된다. 그리고 경우 4는 C과자 개수보다 B과자가 더 많으므로 세 번째 정보에 맞지 않는다. 따라서 가능한 방법은 경우 2, 경우 3, 경우 5로 총 3가지이다.

ㄱ. 하경이가 B과자를 살 수 있는 개수는 5개 또는 6개이다.

오답분석
ㄴ. 경우 5에서 C과자는 6개 구입 가능하다.

ㄷ. 경우 5에서 A과자는 3개 구입 가능하다.

25 정답 ③

♡ : 1234 → 3412

△ : 1234 → 4321

□ : 각 자릿수 +1, −1, +1, −1

ㄱㅌWN → ㄴㅋXM → XMㄴㅋ
       □   ♡

26 정답 ③

ㅎBㄱG → ㄱAㄴF → FㄴAㄱ
       □   △

27　정답　④

☆ : 각 자릿수 +4, +3, +2, +1
♡ : 1234 → 4321
□ : 1234 → 4231
△ : 각 자릿수 +1, −1, +1, −1

US24　→　4S2U　→　8V4V
　　　　□　　　　　☆

28　정답　②

KB52　→　OE73　→　37EO
　　　☆　　　　　♡

29　정답　①

1839　→　2748　→　8472　→　9381
　　　△　　　　♡　　　　△

30　정답　⑤

J7H8　→　87HJ　→　96II
　　　□　　　　△

좋은 책을 만드는 길
독자님과 함께하겠습니다.

도서나 동영상에 궁금한 점, 아쉬운 점, 만족스러운 점이
있으시다면 어떤 의견이라도 말씀해 주세요.
SD에듀는 독자님의 의견을 모아 더 좋은 책으로 보답하겠습니다.

www.sdedu.co.kr

2023 최신판 All-New 기출이 답이다
GSAT 삼성 온라인 직무적성검사 + 무료삼성특강

개정9판1쇄 발행	2023년 03월 10일 (인쇄 2022년 12월 07일)
초 판 발 행	2018년 02월 05일 (인쇄 2017년 11월 27일)
발 행 인	박영일
책 임 편 집	이해욱
편 저	SD적성검사연구소
편 집 진 행	이근희 · 구현정
표지디자인	김도연
편집디자인	채경신 · 김지수 · 윤준호
발 행 처	(주)시대고시기획
출 판 등 록	제 10-1521호
주 소	서울시 마포구 큰우물로 75 [도화동 538 성지 B/D] 9F
전 화	1600-3600
팩 스	02-701-8823
홈 페 이 지	www.sdedu.co.kr
I S B N	979-11-383-4055-7 (13320)
정 가	20,000원